소규모 데이터셋 처리부터
빅데이터 처리,
머신러닝, 시각화까지

파이썬으로 배우는
데이터 과학
입문과
실습

파이썬으로 배우는
데이터 과학 입문과 실습
소규모 데이터셋 처리부터 빅데이터 처리, 머신러닝, 시각화까지

지은이 데이비 실린, 아르노 메이즈맨, 모하메드 알리

펴낸이 박찬규   기술 교정/교열 및 일반 교정/교열 리율   디자인 북누리   표지디자인 Arowa & Arowana

펴낸곳 위키북스   전화 031-955-3658, 3659   팩스 031-955-3660
주소 경기도 파주시 문발로 115 세종출판벤처타운 #311

가격 27,000   페이지 352   책규격 188 x 240mm

초판 발행 2018년 02월 13일
ISBN 979-11-5839-093-8 (93000)

등록번호 제406-2006-000036호   등록일자 2006년 05월 19일
홈페이지 wikibook.co.kr   전자우편 wikibook@wikibook.co.kr

INTRODUCING DATA SCIENCE by Davy Cielen, Arno Meysman and Mohamed Ali
Original English language edition published by Manning Publications.
Copyright © 2017 by Manning Publications.
KOREAN language edition published by WIKIBOOKS PUBLISHING CO., Copyright © 2018
All rights reserved.

이 도서의 국립중앙도서관 출판시도서목록(CIP)은
서지정보유통지원시스템 홈페이지(http://seoji.nl.go.kr)와
국가자료공동목록시스템(http://www.nl.go.kr/kolisnet)에서 이용하실 수 있습니다.
CIP제어번호 CIP2018003121

파이썬으로 배우는
데이터 과학 입문과 실습

소규모 데이터셋 처리부터
빅데이터 처리,
머신러닝, 시각화까지

데이비 실린, 아르노 메이즈맨,
모하메드 알리 지음
/
최용 옮김

MANNING

위키북스

01장

빅데이터 세상에서의 데이터 과학

02장

데이터 과학
진행 과정

05장

빅데이터
첫걸음

08장

텍스트 마이닝과
텍스트 분석

09장

최종 사용자를 위한
데이터 시각화

오늘날 데이터 과학은 곳곳에 존재하며, 인류는 이에 크게 의존하고 있다. 이 책은 컴퓨터 기반의 데이터 과학을 소개할 뿐만 아니라, 연관성을 발견하고 사실을 바탕으로 결론을 도출하며 과거의 경험을 통해 배움으로써 두뇌 능력을 계발하도록 돕는다. 인류는 지구상의 다른 생물에 비해 훨씬 많이 두뇌에 의존한다. 자연에서 살아남기 위해 모든 것을 여기에 걸었다. 지금까지는 그 전략이 먹혀들었고 가까운 미래에도 그럴 것이다. 그러나 우리 두뇌의 계산 능력은 그리 좋지 못하다. 급격히 늘어나는 데이터와 호기심을 따라잡기에는 생물학적인 한계가 있다. 따라서 우리는 패턴을 인식하고, 서로 연관되게 하고, 수많은 질문에 답하는 일을 기계에 맡기기로 했다. 우리의 유전자에는 지식에 대한 탐구심이 아로새겨져 있다. 컴퓨터에 일을 맡기는 것이 우리의 본능은 아니겠지만, 그것은 우리의 운명이다.

'데이터 과학'이라는 용어는 몇 년 전부터 널리 사용되었지만, 이전에도 데이터를 가공하고 분석, 예측하여 의사결정에 활용하는 작업은 존재했다. 데이터의 양이 엄청난 속도로 늘어나는 바람에 그러한 작업이 한층 복잡하고 어려워졌지만, 지식과 기술로 무장한 데이터 과학자들은 난관을 극복하고 더욱 가치 있는 결과를 얻어내고 있다.

'데이터 과학'이 과학이라고 할 수 있는가에 대한 댓글 논쟁을 본 적이 있다. 그 이름이 무엇인가 하는 것보다는 그 내용이 중요하다. '데이터 과학'은 빅데이터와 사물인터넷, 인공지능의 시대를 살고 있는 우리가 데이터를 다루고자 할 때 갖추어야 할 이론과 실기를 아우른다. '데이터 과학'이라는 용어가 앞으로도 계속 사용될지와 관계 없이, 그것이 가리키는 내용은 사라지지 않을 것이다.

한 권의 책으로 데이터 과학의 모든 면을 빠짐 없이 다룰 수는 없겠지만, 이 책이 독자를 안내하는 이정표가 되기를 바란다.

원서에서는 예제 코드에 파이썬 2.7 버전을 주로 사용했지만, 번역서는 파이썬 3.6 버전을 주로 사용했다. 각종 파이썬 패키지와 소프트웨어를 사용하는 예제도 될 수 있는 한 2017년 현재 쓰이는 버전에 맞도록 수정했다.

책이 나오기까지 여러 모로 애쓰신 위키북스의 여러분께 감사한다.

2018년 1월, 최용

이 책을 펴내는 과정에 참여하고 우리를 안내해준 매닝 출판사의 모든 분에게 정말 감사하다. 전체 기술 교정을 맡은 라비샹카 라자고팔란에게 감사하며, 전문적인 조언을 해준 조나단 톰스와 마이클 로버츠에게 감사한다. 모든 과정에 걸쳐 값진 피드백을 제공한 검토자 알빈 라즈, 아서 주바레프, 빌 마르첸코, 크레이그 스미스, 필립 프라비카, 해미드 이라즈, 헤더 캠벨, 헥터 쿠에스타, 이안 스틱, 제프 스미스, 조엘 코타스키, 조나단 샬리, 요른 딩클라, 마리우스 부틱, 매트R 콜, 매튜 핵, 메러디스 고다르, 롭 에이글, 스콧 차우스, 스티브 로저스에게 감사한다.

우선 이 책을 쓰는 동안 항상 곁에서 나에게 영감과 동기를 부여하여 모든 어려움을 극복하게 해준, 아내 필리파에게 고마움을 표하고 싶다. 나의 목표와 야망을 이루기 위해 시간을 쏟을 수 있도록 배려해 줬으며, 어린 딸을 보살피는 일을 도맡아 줬다. 가족을 돌보는 데에 헌신한 점에 깊이 감사하며 이 책을 아내에게 바친다.

딸 에바와 곧 태어날 아들에게도 감사한다. 아이들은 나에게 큰 기쁨을 주고 나를 항상 미소짓게 한다. 유쾌하고 다정하며 늘 기쁨을 전해 주는 이 아이들은 내 삶에 있어서 신이 내린 가장 큰 선물이며, 아빠 입장에서는 더 이상 바랄 바 없는 아이들이다.

여러 해에 걸쳐 지원해 주신 부모님께 특별히 감사한다. 가족의 무한한 사랑과 격려 없이는 이 책을 마무리하고 내 삶의 목표를 완수하기 위한 여정을 지속할 수 없었을 것이다. 그간의 모험을 함께 해 온 모든 직장 동료, 그중에서도 모와 아르노에게 특히 감사한다. 이들은 나의 든든한 버팀목이며 조언자다. 이 책을 완결할 수 있게 시간과 노력을 쏟아준 점에 감사한다. 그들의 탁월한 능력 없이는 이 책을 쓸 수 없었을 것이다. 끝으로, 나를 지지해 주고 시간을 많이 내지 못한 점을 이해해 준 친구들에게 정말로 감사한다. 일과 집필을 해낼 수 있는 것은 친구들의 애정과 지지 덕분이다.

– 데이비 실린

이 책을 쓰는 내내 나를 지지해 준 가족과 친구들에게 감사한다. 새로운 소재를 발굴하느라 집에 붙어있을 수가 없었다. 내가 아무리 무모한 짓을 벌이더라도 항상 내 편이 되어 주신 부모님과 형제인 제이고, 여자친구 델파인에게 특히 감사한다.

대모와 암 투병 중인 대부께도 감사드린다. 살면서 겪었던 모든 일을 새롭게 바라보게 되었다.

술을 사주며 일을 방해한 친구들에게 감사한다. 나에게 친절을 베풀고 맛있는 음식도 차려 주신 델파인의 부모님, 그의 형제 카렐, 카렐과 결혼할 테스에게 감사한다. 그들 덕분에 멋지게 살 수 있었다.

높은 통찰력을 바탕으로 이 책을 함께 집필한 모하메드와 데이비에게 감사한다. 창업자로서 또한 데이터 과학자로서 매일 그들과 동고동락해왔다. 지금까지 함께 한 시간은 아주 좋았다. 우리에게 앞으로 더 많은 좋은 날이 펼쳐질 것으로 기대한다.

– 아르노 D. B. 메이즈맨

누구보다도 나의 약혼자 무후바의 사랑, 이해, 배려, 인내에 대하여 고마움을 표하고 싶다. 즐거움과 사업적 성공을 가져다준 데이비와 아르노에게 많은 빚을 졌다. 그들의 헌신은 이 책을 펴내는 원동력이었다.

– 모하메드 알리

나는 그 문을 보여줄 수만 있소. 문을 걸어서 지나가야 할 그분은 당신이오.

– 영화 〈매트릭스〉의 모피어스

반갑다! 목차를 읽었다면 이 책에서 다루는 주제가 광범위하다는 것을 알아챘을 것이다. 이 책의 목표는 데이터 과학을 처음 시작할 때 알아야 할 모든 것을 조금씩 알려주는 데 있다. 데이터 과학 분야의 폭이 매우 넓어서 책 한 권으로 다루기는 어렵다. 각 장마다 서로 다르면서도 흥미로운 주제를 골라 실었다. 책이 너무 두꺼워지지 않도록 하느라 고민도 많이 했다. 이 책이 데이터 과학이라는 흥미진진한 세계로 향하는 여러분의 발걸음에 충실한 안내자가 돼 줬으면 한다.

로드맵

1장과 2장은 일반적이고 이론적인 배경지식과 함께 이 책의 뒷부분을 이해하기 위한 틀을 제공한다.

- 1장에서는 데이터 과학 및 빅데이터를 소개하며, 실용적인 예제를 제공한다.
- 2장에서는 데이터 과학 진행 과정을 다루며, 대부분의 데이터 과학 프로젝트에서 따르는 절차를 소개한다.
- 3장부터 5장까지는 머신러닝을 점점 더 큰 데이터셋에 적용해 나간다.
- 3장에서는 작은 데이터셋으로부터 출발한다. 일반적인 컴퓨터의 메모리에 맞는 크기의 데이터를 사용한다.
- 4장에서는 '대량 데이터'를 다룬다. 컴퓨터에 저장할 수는 있지만 RAM 용량보다 더 큰 데이터를 다루는데, 이 정도를 분산하지 않고 처리하기는 쉽지 않다.
- 5장에서 드디어 빅데이터를 살펴본다. 이 정도 일에 컴퓨터 여러 대로 작업할 일은 없다.[1]

6장부터 9장은 데이터 과학의 몇 가지 흥미로운 주제를 다루며, 이것들은 다소 독립적이라 할 수 있다.

---

1 (옮긴이) 한 대의 컴퓨터로도 실습할 수 있다.

- 6장에서는 NoSQL을 살펴보며 관계형 데이터베이스와의 차이를 알아본다.

- 7장에서는 그래프 데이터베이스를 다룬다.

- 8장의 주제는 텍스트 마이닝이다. 모든 데이터가 숫자로 이뤄진 것은 아니다. 이메일, 블로그, 웹 사이트와 같은 텍스트 형식의 데이터에서는 텍스트 마이닝과 텍스트 분석이 중요하다.

- 9장에서는 데이터 과학 절차의 마지막 단계인 데이터 시각화와 프로토타입 애플리케이션의 구축에 집중하며, 이를 위해 몇 가지 유용한 HTML5 도구를 소개한다.

부록 A~D는 엘라스틱서치, Neo4j, MySQL 데이터베이스, 데이터 과학에 특화된 파이썬 코드 패키지인 아나콘다를 설치하는 일을 다룬다.

이 책은 누구를 위한 것인가

이 책은 데이터 과학 분야의 입문서다. 경험 많은 데이터 과학자라면 이 책에서 각 주제를 겉핥기식으로 다룬다는 것을 알 수 있을 것이다. 이 책을 온전히 즐기려면 몇 가지 배경지식이 필요하다. 실용적인 예제를 접하기에 앞서 SQL, 파이썬, HTML5, 통계 혹은 머신러닝에 대한 최소한의 이해를 하는 것이 좋다.

코드 관례 및 다운로드

이 책의 예제에는 파이썬 스크립트를 사용한다. 파이썬은 크게 발전해서 데이터 과학 언어로도 널리 사용된다.

코드에는 이와 같이 고정폭 글꼴을 사용한다. 코드에는 주석을 통해 중요한 개념을 설명한다.

이 책은 많은 예제 코드를 담고 있으며, 대부분은 이 책의 웹사이트 https://www.manning.com/books/introducing-data-science에서 찾을 수 있다. 또 아래 위키북스 홈페이지에서도 내려받을 수 있다.

www.wikibook.co.kr

1장

빅데이터 세상에서의 데이터 과학

이번 장에서는 다음을 설명한다.

- 데이터 과학 및 빅데이터의 정의
- 데이터의 유형에 따른 차이
- 데이터 과학 진행 과정
- 데이터 과학 및 빅데이터의 분야
- 하둡을 사용한 예제

빅데이터(big data)란 너무 크고 복잡해서 관계형 데이터베이스 관리 시스템(relational database management systems, RDBMS)과 같은 전통적인 데이터 관리 기법으로는 다루기 곤란한 데이터를 아우르는 용어다. 오랫동안 RDBMS를 모든 규모에 적용할 수 있는 솔루션으로 여겼으나, 이제는 빅데이터를 다루지 않을 수 없다. **데이터 과학(Data Science)**은 대량의 데이터를 분석해 지식을 추출하는 방법을 포함한다. 빅데이터와 데이터 과학의 관계는 원유와 정유 공장의 관계와 흡사하다. 데이터 과학과 빅데이터는 통계적, 전통적 데이터 관리로부터 발전했으나 이제는 별도의 영역으로 간주한다.

빅데이터의 특징을 V로 시작하는 세 단어로 나타내곤 한다.

- **규모(Volume)**: 얼마나 많은 데이터가 있는가?
- **다양성(Variety)**: 데이터의 종류가 얼마나 많은가?
- **속도(Velocity)**: 새로운 데이터가 얼마나 빨리 생성되는가?

여기에 데이터가 얼마나 정확한지를 뜻하는 정확성(Veracity) 항목을 덧붙이기도 한다. 이러한 속성들이 바로 전통적인 데이터 관리 도구와 빅데이터를 구분 짓는다. 빅데이터는 데이터의 수집과 선별, 저장, 검색, 공유, 전송, 시각화와 같은 하나하나의 과정이 녹록지 않다. 빅데이터에서 통찰을 얻는 것 또한 특별한 기술이라 할 수 있다.

데이터 과학은 오늘날 쏟아지는 대량의 데이터를 다룰 수 있는 통계의 확장판이라고 할 수 있다. 컴퓨터 과학부터 통계학의 단골 메뉴까지 망라하는 기법을 활용한다. 래니(Laney)와 카트(Kart)는 『Emerging Role of the Data Scientist and the Art of Data Science』에서 데이터 과학자, 통계학자, 비즈니스 인텔리전스 분석가와 같은 직무 간의 차이를 자세히 분석했다. 통계학자와 데이터 과학자를 가르는 주된 차이는 빅데이터를 다루는 능력과 머신러닝, 컴퓨팅, 알고리즘에 대한 구축 경험이다. 다루는 도구에도 차이가 있어서 데이터 과학자는 하둡(Hadoop), 피그(Pig), 스파크(Spark), R, 파이썬, 자바 등을 사용하는 능력을 더 많이 언급한다. 이 책에서 이러한 도구들을 소개하기는 하지만 파이썬에 중점을 둘 것이므로 걱정하지 않아도 된다. 파이썬은 데이터 과학 라이브러리와 전문화된 소프트웨어를 널리 지원하므로 데이터 과학을 하기에 아주 좋은 언어다. 예를 들어, 대다수의 NoSQL(노시퀄) 데이터베이스에서는 파이썬 API를 제공한다. 파이썬은 성능을 크게 해치지 않으면서도 프로토타입을 재빨리 수행할 수 있어서 데이터 과학에서의 입지가 커지고 있다.

데이터의 양이 계속 증가하고 활용도가 높아짐에 따라 데이터 과학자는 빅데이터 프로젝트를 필연적으로 겪게 된다.

1.1 데이터 과학 및 빅데이터의 이점과 활용

데이터 과학과 빅데이터는 영리를 목적으로 하든 그렇지 않든 광범위하게 사용되고 있다. 이 책에서는 그중에서 몇 가지 가능성을 보여주는 데 그칠 수밖에 없다.

거의 모든 산업 분야별 기업체에서는 고객, 업무, 직원, 상품에 대한 통찰을 얻기 위해 데이터 과학과 빅데이터를 활용한다. 많은 기업에서 데이터 과학을 사용해 고객에게 더 좋은 경험을 하게 하고 교차 판매[1], 상향 판매[2], 개인화를 꾀한다. 구글 애드센스(Google AdSense)가 그 좋은 예로, 인터넷 사용자로부터 데이터를 수집해 인터넷을 이용하는 사람에게 적절한 광고 메시지를 전달한다. 또 다른 예로 맥스포인트(MaxPoint, http://maxpoint.com/us)라는 실시간 맞춤형 광고를 들 수 있다. 인사 전문가들은 후보 검증을 위해 피플 애널리틱스(people analytics)와 텍스트 마이닝을 사용하며, 직원의 사

---

1 (편주) 다른 물품도 사게 하는 일
2 (편주) 더 비싼 물품을 사게 하는 일

기를 점검하고, 동료 간의 비공식적 네트워크를 연구한다. 피플 애널리틱스는 『Moneyball: The Art of Winning an Unfair Game[3]』이라는 책의 주된 테마이다. 이 책을 통해(영화로도 나왔다), 미국 야구에서 행해지던 주먹구구식 스카우트 방식을 상관 신호에 따른 방식으로 바꿈으로써 모든 것이 달라진 것을 볼 수 있었다. 통계에 의지함으로써 적합한 선수를 채용하고 상대 팀에 대해 가장 큰 효과를 볼 수 있도록 경기에 투입할 수 있었다. 금융 기관에서는 데이터 과학을 사용해 주식 시장을 예측하고, 대출의 위험을 평가하며, 신규 고객을 유치하는 방법을 배운다. 이 책을 쓰고 있는 현재, 전 세계 주식의 최소 50%는 **퀀트(quants)**[4]들이 개발한 알고리즘을 사용해 컴퓨터가 자동으로 거래한다. 거래 알고리즘과 관련해 빅데이터와 데이터 과학 기법으로 무장한 데이터 과학자들이 일하고 있다.

정부 기관에서도 데이터의 가치를 인식하고 있다. 많은 정부 기관에서는 내부의 데이터 과학자로 하여금 가치 있는 정보를 찾아내게 할 뿐만 아니라, 그들이 보유한 데이터를 공공을 위해 공개하고 있다. 이러한 데이터를 이용해 통찰을 얻거나 데이터를 바탕으로 한 애플리케이션을 개발할 수도 있다. 미국 정부의 공개 데이터 사이트인 **data.gov**를 그 예로 들 수 있다[5]. 정부 기관에 속한 데이터 과학자는 부정거래 등의 범죄 행위를 적발하거나 예산 분배를 최적화하는 데 동원된다. 미국과 영국 정보기관의 내부 문서를 유출한 에드워드 스노든을 통해 잘 알려진 바와 같이, 수백만 명의 개인을 감시하는 일에 데이터 과학과 빅데이터를 사용하고 있다. 그들은 구글 지도(Google Maps), 앵그리 버드 게임, 이메일, 문자 메시지 등의 데이터 원천으로부터 500만 건의 데이터를 수집했다. 그런 다음에 데이터 과학을 적용해 정보를 추출했다.

비정부 기구(NGO)에서도 기금을 마련하고 그들의 입장을 옹호하는 일에 데이터를 활용한다. 세계 자연 기금(WWF)에서 기금 마련 활동의 효율을 높이기 위해 데이터 과학자를 고용한 것을 예로 들 수 있다. NGO에서는 데이터를 수집하고 데이터 과학자를 고용할 여유가 없어서 많은 데이터 과학자가 NGO를 위해 자원봉사를 한다. 인류의 이익을 위해 헌신하는 데이터 과학자 그룹인 데이터카인드(DataKind) 같은 곳들이 있다.

대학에서는 데이터 과학을 연구에 활용할 뿐만 아니라 학생들의 학습 경험을 개선하는 데 활용한다. 무크(MOOC, 대중을 대상으로 하는 온라인 공개강좌)가 활발히 이루어짐에 따라 많은 데이터가 만들어졌으며, 대학에서는 이러한 형태의 학습이 어떻게 전통적인 학습을 보완하는지 연구할 수 있게 됐다. 데이터 과학자 겸 빅데이터 전문가가 되고자 하는 이들에게 무크는 더할 나위 없이 소중한 자산이다.

---

3 (편주) 머니볼, 마이클 루이스 지음, 김찬별/노은아 번역, 비즈니스맵, 2011년

4 (편주) 수학, 물리학, 공학 등을 동원해 금융 시장을 정량적으로(quantitatively) 분석해 투자 전략을 세우는 사람을 말한다. 퀀트라는 말은 정량을 의미하는 quantitative에서 따온 것이다.

5 (편주) 한국에는 data.go.kr이 있다.

잘 알려진 코세라(Coursera), 유다시티(Udacity), 에덱스(edX)를 살펴봐야 함은 두말할 필요가 없다. 빅데이터와 데이터 과학 분야는 빠르게 변하므로 정상급의 대학에서 이뤄지는 강좌를 통해 최신 기술을 습득할 수 있다. 아직 접해보시 않았다면 지금 바로 접속하기 바란다.

1.2 데이터 종류

데이터 과학 및 빅데이터에 있어서 여러 유형의 데이터를 접하게 되는데, 서로 다른 도구와 기법을 사용해 그것들을 다뤄야 한다. 데이터의 유형은 크게 다음과 같이 나눌 수 있다.

- 구조적 데이터
- 비구조적 데이터
- 자연어 데이터
- 기계 생성 데이터
- 그래프 기반 데이터
- 오디오, 비디오, 이미지
- 스트리밍 데이터

이러한 모든 흥미로운 데이터 유형에 대해 알아보자.

1.2.1 구조적 데이터

구조적 데이터(structured data)[6]는 데이터 모델에 의존적이며 레코드 내의 고정된 필드에 존재한다. 데이터베이스의 테이블이나 엑셀 파일에 저장하기 쉬운 편이다(그림 1.1). 데이터베이스에 있는 데이터를 관리하고 조회하는 데는 SQL, 즉 구조화된 질의 언어를 사용한다. 구조적 데이터라 할지라도 전통적인 관계형 데이터베이스에 저장하기 까다로운 것도 있다. 가계도와 같은 계층적 데이터가 그 예이다.

실제 세계는 구조적 데이터로 이뤄지지 않는다. 사람들과 기계들 때문이다. 데이터는 비구조적인 경우가 더 많다.

---

6 (편주) 데이터 과학 분야에서는 '정형 데이터'라고도 부른다.

	Indicator ID	Dimension List	Timeframe	Numeric Value	Missing Value Flag	Confidence Inte
1	Indicator ID	Dimension List	Timeframe	Numeric Value	Missing Value Flag	Confidence Inte
2	214390830	Total (Age-adjusted)	2008	74.6%		73.8%
3	214390833	Aged 18-44 years	2008	59.4%		58.0%
4	214390831	Aged 18-24 years	2008	37.4%		34.6%
5	214390832	Aged 25-44 years	2008	66.9%		65.5%
6	214390836	Aged 45-64 years	2008	88.6%		87.7%
7	214390834	Aged 45-54 years	2008	86.3%		85.1%
8	214390835	Aged 55-64 years	2008	91.5%		90.4%
9	214390840	Aged 65 years and over	2008	94.6%		93.8%
10	214390837	Aged 65-74 years	2008	93.6%		92.4%
11	214390838	Aged 75-84 years	2008	95.6%		94.4%
12	214390839	Aged 85 years and over	2008	96.0%		94.0%
13	214390841	Male (Age-adjusted)	2008	72.2%		71.1%
14	214390842	Female (Age-adjusted)	2008	76.8%		75.9%
15	214390843	White only (Age-adjusted)	2008	73.8%		72.9%
16	214390844	Black or African American only (Age-adjusted)	2008	77.0%		75.0%
17	214390845	American Indian or Alaska Native only (Age-adjusted)	2008	66.5%		57.1%
18	214390846	Asian only (Age-adjusted)	2008	80.5%		77.7%
19	214390847	Native Hawaiian or Other Pacific Islander only (Age-adjusted)	2008	DSU		

그림 1.1 엑셀 테이블은 구조적 데이터에 해당한다.

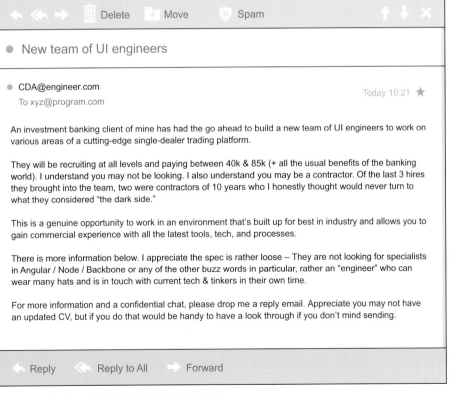

그림 1.2 이메일은 비구조적 데이터인 동시에 자연어 데이터이다.

1.2.2 비구조적 데이터

비구조적 데이터(unstructured data)[7]란 데이터 모델에 잘 맞지 않는 데이터를 가리킨다. 비구조적 데이터의 예로 일반적인 이메일을 들 수 있다(그림 1.2). 이메일에는 발신자, 제목, 본문과 같은 구조적 요소가 포함되기는 하지만, 가령 특정한 직원에 대한 불만 사항을 쓴 사람의 수를 알아내는 것은 만만치 않은 일이다. 어떤 사람을 지칭하는 데만 해도 여러 방법이 있기 때문이다. 수천 가지 언어와 사투리로 인해 문제는 더욱 복잡해진다.

그림 1.2와 같이 사람이 작성한 이메일도 자연어 데이터의 완벽한 예이다.

1.2.3 자연어

자연어는 비구조적 데이터의 특수한 유형이다. 자연어를 처리하기 위해서는 특수한 데이터 과학 기법과 언어학에 대한 지식이 필요하므로 자연어는 처리하기 까다롭다.

자연어 처리 커뮤니티에서는 개체 인식, 주제 파악, 요약문 작성, 텍스트 완성, 정서 분석에서 성공을 거두었지만, 한 분야(domain)에 맞게 훈련한 모델을 다른 분야로 일반화하지는 못한다. 최고의 기술을 동원하더라도 텍스트의 행간까지 풀어내지는 못한다. 사람조차도 자연어를 가지고 씨름을 하는 상황이니 그리 놀랄 만한 일은 아니다. 자연어는 원래 모호하다. '의미'라는 개념 자체도 의문스럽다. 두 사람이 같은 대화를 듣는다고 치자. 두 사람이 그것을 같은 의미로 받아들일까? 듣는 사람의 기분이 좋고 나쁨에 따라서도 같은 단어의 의미가 다르게 느껴질 수 있다.

1.2.4 기계 생성 데이터

기계 생성 데이터란 컴퓨터, 프로세서, 애플리케이션, 기타 기계가 사람의 개입 없이 자동으로 생성한 정보를 가리킨다. 기계 생성 데이터는 주요한 데이터 자료원이 됐으며, 앞으로도 그러할 것이다. 위키본(Wikibon)에서는 **산업 인터넷(industrial Internet)**[8]의 시장 가치가 2020년에 600조 원에 이를 것으로 전망한다. IDC(International Data Corpora tion)에서는 2020년이 되면 사물 간의 연결이 사람 간의 연결에 비해 26배가 될 것으로 전망한다. 이러한 네트워크를 흔히 **사물 인터넷(Internet of Things)**이라고 부른다.

---

7   (편주) 데이터 과학 분야에서는 '비정형 데이터'라고도 부른다.

8   프로스트(Frost)와 설리반(Sullivan)이 만든 용어로 네트워크에 접속된 센서들과 소프트웨어로 복잡하게 뒤얽힌 기계의 통합을 가리킨다.

기계 데이터인 경우에 많은 양의 데이터가 빠른 속도로 쌓이므로 확장성 있는 도구에 상당 부분 의존해 분석해야 한다. 웹 서버 로그, 호출 상세 기록, 네트워크 이벤트 로그, 원격 검침(그림 1.3) 등을 예로 들 수 있다.

```
CSIPERF:TXCOMMIT;313236
2014-11-28 11:36:13, Info          CSI     00000153 Creating NT transaction (seq
69), objectname [6]"(null)"
2014-11-28 11:36:13, Info          CSI     00000154 Created NT transaction (seq 69)
result 0x00000000, handle @0x4e54
2014-11-28 11:36:13, Info          CSI     00000155@2014/11/28:10:36:13.471
Beginning NT transaction commit...
2014-11-28 11:36:13, Info          CSI     00000156@2014/11/28:10:36:13.705 CSI perf
trace:
CSIPERF:TXCOMMIT;273983
2014-11-28 11:36:13, Info          CSI     00000157 Creating NT transaction (seq
70), objectname [6]"(null)"
2014-11-28 11:36:13, Info          CSI     00000158 Created NT transaction (seq 70)
result 0x00000000, handle @0x4e5c
2014-11-28 11:36:13, Info          CSI     00000159@2014/11/28:10:36:13.764
Beginning NT transaction commit...
2014-11-28 11:36:14, Info          CSI     0000015a@2014/11/28:10:36:14.094 CSI perf
trace:
CSIPERF:TXCOMMIT;386259
2014-11-28 11:36:14, Info          CSI     0000015b Creating NT transaction (seq
71), objectname [6]"(null)"
2014-11-28 11:36:14, Info          CSI     0000015c Created NT transaction (seq 71)
result 0x00000000, handle @0x4e5c
2014-11-28 11:36:14, Info          CSI     0000015d@2014/11/28:10:36:14.106
Beginning NT transaction commit...
2014-11-28 11:36:14, Info          CSI     0000015e@2014/11/28:10:36:14.428 CSI perf
trace:
CSIPERF:TXCOMMIT;375581
```

그림 1.3 기계 생성 데이터의 예

그림 1.3의 기계 데이터는 고전적인 테이블 구조로 된 데이터베이스에 잘 들어맞는다. 그렇지만 상호 관계가 복잡하거나 '네트워크를 이루는' 데이터에서는 개체(entity) 간의 관계가 중요하므로 다른 식으로 접근해야 한다.

1.2.5 그래프 데이터 또는 네트워크 데이터

'그래프 데이터'라는 용어는 데이터를 그래프로 나타낸 것과 헷갈릴 수 있다. 여기에서 '그래프'는 수학의 **그래프 이론(graph theory)**을 가리킨다. 그래프 이론에서 그래프란 짝을 이룬 객체 간의 관계(relationship)를 모델링하는 수학적 구조를 말한다. 간단히 말해서 그래프 혹은 네트워크 데이터는 객체 사이의 관계나 인접한 정도에 초점을 맞춘 데이터다. 그래프 구조에서는 꼭짓점(node)[9]과 변(edge)[10], 속성(property)을 가지고 그래프 데이터를 표현하고 저장한다. 그래프 기반의 데이터는 소

---

9   (편주) 즉, 정점 또는 노드
10 (편주) 즉, 간선 또는 선분 또는 선

셜 네트워크(social network)를 표현하는 데 적합하여 어떤 사람의 영향력을 평가하거나 사람들 사이의 최단 경로를 수치화하는 데 이용할 수 있다.

그래프 기반 데이터의 예를 여러 소셜 미디어 웹사이트에서 찾을 수 있다(그림 1.4). 일례로 링크드인(LinkedIn)에서는 누가 어느 회사에 다니는지 알 수 있다. 트위터(Twitter)의 팔로워 목록도 그래프 기반 데이터의 예이다. 같은 노드에 여러 그래프가 중첩될 때 해당 노드가 강력하고 성숙해진다. 페이스북(Facebook)의 '친구'를 보여주는 연결된 각 변을 상상해 보라. 그중에는 링크드인에서 맺은 친구와 겹치는 사람들이 있을 것이다. 넷플릭스(Netflix)에서의 영화 취향을 나타내는 또 다른 그래프도 상상해 보자. 세 가지 그래프를 함께 놓고 본다면 좀 더 흥미로운 질문을 할 수 있을 것이다.

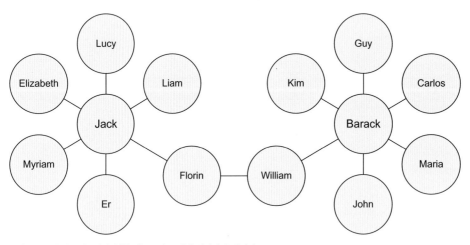

그림 1.4 소셜 네트워크에서의 '친구'는 그래프 기반 데이터의 예이다.

그래프 데이터베이스는 그래프 기반 데이터를 저장하는 데 사용되며, 스파퀄(SPARQL)과 같은 특수한 질의 언어를 사용해 조회한다.

그래프 데이터 자체가 복잡하기는 하지만, 부가적인 데이터와 이미지 데이터를 컴퓨터로 해석하기는 더욱 어렵다.

1.2.6 오디오, 이미지, 비디오

오디오, 이미지, 비디오는 데이터 과학자에게 있어 특히 까다로운 데이터 유형이다. 그림에 있는 사물을 분간하는 것과 같이 사람에게는 간단한 일도 컴퓨터로 하기는 쉽지 않다. 2014년에 MLBAM(메이저 리그 야구 매체)에서는 생중계 도중의 경기 분석에 이용하기 위해 찍는 영상의 분량을 경기당 약

7TB로 늘린다고 밝혔다. 스타디움의 고속 카메라가 공과 선수의 움직임을 포착해 두 베이스라인과 비교한 수비수의 경로 등을 실시간으로 계산한다.

최근 딥마인드(DeepMind)에서는 비디오 게임을 플레이하는 법을 배울 수 있는 알고리즘을 개발하는 데 성공했다. 이 알고리즘은 비디오 화면을 입력으로 받아서 모든 것을 해석하는 법을 복잡한 딥러닝(deep learning)[11] 과정을 거쳐 학습한다. 구글(Google)은 자사의 인공 지능(Artificial Intelligence, AI) 개발 계획을 실현하기 위해 이 회사를 사들였다. 이 학습 알고리즘은 컴퓨터 게임이 생성하는 데이터를 받아들이며, 이는 스트리밍 데이터에 해당한다.

1.2.7 스트리밍 데이터

스트리밍 데이터에는 특별한 속성이 있다. 스트리밍 데이터는 일괄처리(batch)되어 데이터 저장소로 적재되는 것이 아니라, 어떤 사건(event)이 발생할 때 시스템으로 흘러 들어간다. 다른 데이터와 완전히 다르다고는 할 수 없지만, 여기에서는 이러한 유형의 정보를 다루는 과정에 적응할 필요가 있는 것으로 간주한다.

트위터의 '실시간 트렌드(What's trending)'라든지 운동 경기나 음악 공연의 생중계, 주식 시장 등을 스트리밍 데이터의 예로 들 수 있다.

1.3 데이터 과학 진행 과정

데이터 과학 진행 과정은 일반적으로 그림 1.5의 마인드맵과 같이 여섯 단계로 이뤄진다. 각 단계에 대해 간단히 설명하고, 자세한 내용은 2장에서 다루겠다.

1.3.1 연구 목표 설정

대다수 조직에서 데이터 과학을 적용한다. 영업 부서에서 데이터 과학 프로젝트를 요청하면 가장 먼저 할 일은 프로젝트 사명서를 준비하는 것이다. 사명서에는 무엇을 조사할 것인지, 그 결과를 가지고 회사가 어떻게 이익을 낼 것인지, 어떤 데이터와 자원이 필요한지, 일정 및 산출물 등을 포함한다.

---

11 (편주) 심층 학습이라는 뜻이지만 보통 딥러닝이라고 부른다. 다양한 머신러닝 알고리즘 중 한 가지다.

이 책에서는 데이터 과학 진행 과정을 더 큰 사례 연구에 적용해 나가므로 여러 가지 연구 목표에 대한 아이디어를 얻을 수 있을 것이다.

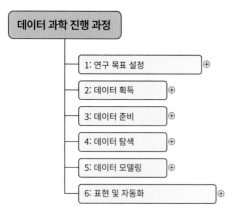

그림 1.5 데이터 과학 진행 과정

1.3.2 데이터 획득

두 번째 단계에서는 데이터를 수집한다. 어떤 데이터가 필요하며 그것을 어디서 얻을 것인지를 사명서에 명시했다. 이 단계에서는 프로그램에서 사용할 데이터가 존재하는지, 품질은 어느 정도인지, 접근할 수 있는지 확인한다. 데이터를 타사에서 얻을 수도 있으며, 엑셀 스프레드시트 혹은 다양한 데이터베이스의 형태로 데이터가 존재할 수 있다.

1.3.3 데이터 준비

데이터를 수집하는 과정에서 오류가 끼어드는 일이 잦다. 이 단계에서 데이터 품질을 높임으로써 이후의 단계에서 쓸 수 있도록 준비한다. 이 단계는 세 개의 하위 단계로 이뤄진다. **데이터 정제(data cleansing)** 단계에서는 데이터 출처로부터의 거짓 데이터를 제거하며, 데이터 출처 사이의 불일치를 해소한다. **데이터 통합(data integration)** 단계에서는 여러 데이터 출처로부터 얻은 정보를 조합함으로써 데이터 출처를 보충한다. **데이터 변환(data transformation)**[12] 단계에서는 데이터를 모델에 적합한 형태로 만든다.

12 (편주) '데이터 변형'이라고 부르기도 한다.

1.3.4 데이터 탐색

데이터 탐색 단계에서는 데이터를 깊이 이해하는 데 주의를 기울인다. 변수들의 상호작용, 데이터의 분포, 이상점의 존재에 대해 이해하려고 노력한다. 이것을 달성하기 위해 기술 통계학(descriptive statistics), 시각화 기법, 단순한 모델링을 주로 사용한다. 이 단계를 탐색적 데이터 분석(exploratory data analysis, EDA)이라고 부르기도 한다.

1.3.5 데이터 모델링 또는 모델 구축

이 단계에서는 이전 단계로부터 얻은 모델, 도메인 지식, 데이터에 관한 통찰을 가지고 연구 과제에 대한 답을 찾는다. 통계학, 머신러닝, 운영과학(operations research)과 같은 분야의 기법을 동원한다. 모델을 구축하는 과정에서는 모델로부터 변수를 선택하고, 모델을 실행하고, 모델을 진단하는 것을 반복적으로 수행한다.

1.3.6 발표 및 자동화

드디어 결과를 경영진에게 발표한다. 결과는 발표 자료나 연구 보고서 등의 여러 형태로 만들어 낼 수 있다. 때로는 업무 수행 과정을 자동화해야 한다. 경영진에서는 여러분이 얻은 통찰을 다른 프로젝트에 적용하기를 원할 수도 있고, 모델로부터 얻은 것을 사용하는 운영 절차를 수립하기를 원할 수도 있다.

 반복되는 과정(iterative process) 데이터 과학 진행 과정에 관한 설명을 읽으면서 그것이 선형적인 과정을 따르는 것 같은 인상을 받았을 수도 있겠지만, 실제로는 이전 단계로 되돌아가서 재작업을 하는 경우가 잦다. 예를 들면, 데이터 탐색 단계에서 이상점을 발견했는데, 그것이 데이터를 가져올 때 발생한 오류일 수도 있다. 데이터 과학 진행 과정 중에 점진적으로 통찰을 얻어감에 따라 새로운 질문이 생길 수 있다. 재작업을 피하려면 시작 단계에서부터 경영진의 질문을 명확하고 완전하게 정의해야 한다.

데이터 과학 진행 과정에 대해 좀 더 이해하게 됐으니 기술에 대해 살펴보자.

1.4 빅데이터 생태계와 데이터 과학

현재 많은 빅데이터 도구와 프레임워크가 나와 있고 새로운 기술도 속속 등장한다. 이 절에서는 목적과 기능이 비슷한 기술끼리 묶음으로써 빅데이터 생태계를 이해하는 데 도움을 주고자 한다. 데이터 과학자는 많은 기술을 활용하지만, 모든 기술을 다 사용하지는 않는다. 가장 중요한 데이터 과학 기술에 관해서는 각 장을 할애했다. 그림 1.6의 마인드맵은 빅데이터 생태계의 구성 요소와 서로 다른 기술이 어디에 속하는지 나타낸다.

이 도표에서 각 도구가 어떤 그룹에 속하며 무슨 일을 하는지 살펴보라. 가장 먼저 알아볼 것은 분산 파일 시스템이다.

1.4.1 분산 파일 시스템

분산 파일 시스템(distributed file system)은 보통의 파일 시스템과 비슷하지만, 동시에 여러 서버에서 동작한다는 특징이 있다. 어쨌든 파일 시스템이므로 일반적인 파일 시스템에서 할 수 있는 대부분의 일을 똑같이 할 수 있다. 파일의 저장, 읽기, 삭제, 보안 등은 모든 파일 시스템의 핵심이며, 분산 파일 시스템에서도 그러하다. 분산 파일 시스템의 주요한 장점은 다음과 같다.

- 한 대의 컴퓨터 디스크 용량보다 더 큰 파일을 저장할 수 있다.
- 중복 또는 병렬 운영을 위해 파일이 여러 서버에 자동으로 복제되며, 사용자는 그와 관련한 복잡성에 신경을 쓰지 않아도 된다.
- 시스템의 규모를 쉽게 변경할 수 있어서 단일 서버의 메모리나 스토리지의 제약에 얽매이지 않는다.

과거에는 모든 것을 더 많은 메모리와 저장장치, 더 빠른 CPU를 가진 서버로 옮기는 식으로 처리 규모를 늘렸다(수직 확장). 요즘에는 작은 서버를 여러 대 추가해 규모를 키울 수 있다(수평 확장). 이 수평 확장이라는 원칙을 따르면 가상적으로 무제한으로 확장할 수 있는 잠재력을 지니게 된다.

현재 가장 잘 알려진 분산 파일 시스템은 **하둡 파일 시스템**(Hadoop File System, HDFS)이다. 이것은 구글 파일 시스템(Google File System)을 오픈 소스로 구현한 것이다. 이 책에서는 가장 널리 사용되는 하둡 파일 시스템을 가지고 설명한다. 하지만 그 외에도 레드햇 클러스터 파일 시스템(Red Hat Cluster File System), 세프 파일 시스템(Ceph File System), 타키온 파일 시스템(Tachyon File System) 등 여러 가지 분산 파일 시스템이 있다.

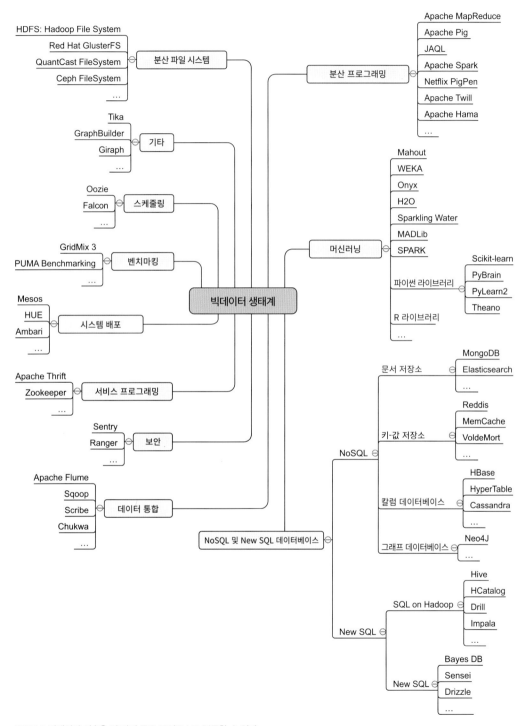

그림 1.6 빅데이터 기술을 몇 가지 주요 구성요소로 분류할 수 있다.

1.4.2 분산 프로그래밍 프레임워크

분산 파일 시스템에 저장된 데이터를 확보했다면 그것을 활용하기를 원할 것이다. 분산된 하드 디스크로 작업할 때에 한 가지 중요한 측면은 데이터를 프로그램 쪽으로 이동하는 것이 아니라, 프로그램을 데이터로 이동한다는 것이다. C, 파이썬, 자바와 같은 일반적인 범용 프로그래밍 언어를 사용해 밑바닥에서부터 시작할 때에는 실패한 작업을 다시 하거나 서로 다른 하위 프로세스로부터 결과를 추적하는 것과 같은 분산 프로그래밍의 복잡성을 다뤄야 한다. 운 좋게도 오픈소스 커뮤니티에서는 이런 것을 처리해주는 많은 프레임워크를 개발해뒀으며, 이것들은 분산된 데이터를 가지고 작업할 때와 그에 수반하는 많은 도전을 다룰 때 더 나은 경험을 제공한다.

1.4.3 데이터 통합 프레임워크

분산 파일 시스템이 준비됐으면 데이터를 추가해야 한다. 데이터를 한 곳에서 다른 곳으로 이동하려고 할 때 아파치 스쿠프(Apache Sqoop) 및 아파치 플럼(Apache Flume)과 같은 데이터 통합 프레임워크를 사용한다. 그 과정은 전통적인 데이터 웨어하우스의 추출, 변환, 적재 과정과 유사하다.

1.4.4 머신러닝 프레임워크

데이터가 준비됐으면 통찰을 얻을 시간이다. 이 분야는 머신러닝, 통계학, 응용 수학 분야에 의존한다. 2차 세계 대전 이전에는 모든 것을 손으로 계산해야 해서 데이터 분석의 가능성을 크게 제한했다. 2차 세계 대전 이후에는 컴퓨터와 과학 계산이 발전했으며 한 대의 컴퓨터로 모든 셈과 계산을 할 수 있게 되면서 기회의 땅이 열렸다. 그러한 격변을 거친 후 사람들은 그저 수식을 도출해서 알고리즘에 대입하고, 데이터를 적재(loading)하기만 하면 됐다. 요즘의 대량 데이터에 따른 작업 부하를 컴퓨터 한 대로는 처리할 수 없게 됐다. 사실 지난 세기에 개발된 몇몇 알고리즘으로는 지구상의 모든 컴퓨터를 사용하더라도 이 세상의 종말이 올 때까지 처리가 끝나지 않을 것이다. 이것은 시간 복잡도 (https://ko.wikipedia.org/wiki/시간_복잡도)와 관련이 있다. 모든 가능한 조합을 시험해 보는 방법으로 패스워드를 깨려고 시도하는 것을 예로 들 수 있는데, 이 방식을 http://stackoverflow.com/ questions/7055652/real-world-example-of-exponentialtime-complexity에서 찾아볼 수 있다. 구식 알고리즘의 가장 큰 문제는 확장성이 좋지 않다는 점이다. 오늘날 우리가 분석해야 하는 데이터는 분량이 많아서 문제가 되며, 대량 데이터를 다루는 데 특화된 프레임워크와 라이브러리가 필요하다. 파이썬에서 가장 유명한 머신러닝 라이브러리는 사이킷런(Scikit-learn)이다. 훌륭한 머신러닝 도구 모음이므로 이 책에서도 사용할 것이다. 물론 그 외의 파이썬 라이브러리도 있다.

- **신경망을 위한 파이브레인(PyBrain):** 신경망(neural network)은 인간의 뇌를 모방한 학습 알고리즘이다. 신경망을 고급 기술이 필요한 블랙박스로 간주하곤 한다.

- **자연어 도구 모음(Natural Language Toolkit, NLTK):** 이름에서 알 수 있듯이 NLTK는 자연어 처리에 중점을 둔 라이브러리다. 데이터 모델링에 도움이 되는 텍스트 말뭉치를 여러 개 포함한 광범위한 라이브러리다.

- **파이런2(Pylearn2):** 또 다른 머신러닝 도구모음으로, 사이킷런에 비해 완성도가 떨어진다.

- **텐서플로(TensorFlow):** 구글에서 개발한 딥러닝 파이썬 라이브러리다.

그 외에도 다양한 파이썬 라이브러리가 있다. 스파크는 새로운 아파치 라이선스가 적용된 머신러닝 엔진으로, 실시간 머신러닝에 특화됐다. 살펴볼 가치가 있으므로 http://spark.apache.org/를 방문해 보라.

1.4.5 NoSQL 데이터베이스

거대한 데이터를 저장해야 한다면 그러한 데이터를 관리하고 질의하는 데 특화된 소프트웨어가 필요하다. 전통적으로 이것은 오라클 시퀄(Oracle SQL), 마이시퀄(MySQL), 사이베이스 아이큐(Sybase IQ)와 같은 관계형 데이터베이스의 영역이었다. 이러한 관계형 데이터베이스가 여전히 많이 사용되고 있는 와중에 새로운 유형의 데이터베이스가 노시퀄(NoSQL) 데이터베이스 그룹으로 부상하고 있다.

이러한 그룹의 이름은 오해를 일으킬 수 있는데, 여기서 'No'는 'Not Only'라는 의미가 있기 때문이다. 패러다임 전환의 가장 큰 이유는 SQL의 기능 부족이 아니라 많은 NoSQL 데이터베이스들이 자체적인 SQL을 구현했기 때문이다. 그러나 전통적인 데이터베이스는 좀처럼 확장하기 힘든 단점이 있다. NoSQL 데이터베이스는 전통적인 데이터베이스의 여러 문제를 해결함으로써 가상적으로 데이터 크기를 끝없이 늘릴 수 있게 했다. 전통적인 데이터베이스의 이러한 단점들은 빅데이터의 모든 속성과 연관돼 있다. 전통적인 데이터베이스의 저장 능력 또는 처리 능력으로는 단일 노드 이상으로 확장할 수 없고, 데이터의 스트리밍, 그래프, 비구조적 형태를 다룰 방법이 없다.

데이터베이스의 많은 다른 유형이 부상했지만, 그것들을 다음과 같은 유형으로 범주화할 수 있다.

- **칼럼 데이터베이스(column databases):** 데이터를 열(column)에 저장해 빠른 질의를 수행하는 알고리즘을 적용할 수 있다. 좀 더 최신의 기술에서는 셀(cell) 단위 스토리지를 사용한다. 테이블 형식의 구조는 여전히 중요하다.

- **문서 저장소(document store):** 문서 저장소에서는 테이블을 사용하지 않으면서도 문서의 모든 관측값을 저장한다. 이는 데이터를 좀 더 유연하게 다룰 수 있게 해 준다.

- **스트리밍 데이터(streaming data)**: 일괄처리가 아닌 실시간으로 수집, 변환, 집계되는 데이터다. 여기에서는 도구의 선택을 돕기 위해 데이터베이스의 일종으로 분류하지만, 특수한 문제이므로 스톰(Storm)과 같이 이것을 다룰 수 있는 기술이 생겨났다.

- **키-값 저장소(key-value store)**: 데이터를 테이블에 저장하는 것이 아니라 모든 값(value)에 키(key)를 부여한다(예: org. marketing.sales.2015: 20000). 이 방법은 규모를 쉽게 늘리고 줄일 수 있게 하지만, 대부분의 구현을 개발자가 떠맡아야 한다.

- **하둡 시퀄(SQL on Hadoop)**: 하둡에서 SQL과 유사한 언어로 된 일괄처리 질의가 백그라운드에 자리 잡은 맵리듀스 프레임워크를 사용한다.

- **신형 시퀄(new SQL)**: NoSQL 데이터베이스의 규모 확장성과 관계형 데이터베이스의 장점을 취한 것이다. SQL 인터페이스와 관계형 데이터 모델을 갖는다.

- **그래프 데이터베이스(graph database)**: 모든 문제를 테이블에 가장 잘 저장할 수 있는 것은 아니다. 특정한 문제는 그래프 이론으로 자연스럽게 설명할 수 있으며 그래프 데이터베이스에 저장할 수 있다. 소셜 네트워크가 이에 대한 고전적인 예이다.

1.4.6 스케줄링 도구

스케줄링 도구를 활용하면 반복 작업을 자동화할 수 있고, 새로운 파일이 폴더에 추가되는 것과 같은 이벤트 발생에 따라 작업을 실행시키는 데 도움이 된다. 리눅스의 크론(cron)과 유사하며 빅데이터를 위해 개발된 것이다. 예컨대 스케줄링 도구를 사용해 디렉터리에 새로운 데이터셋이 들어올 때 맵리듀스를 시작하게 할 수 있다.

1.4.7 벤치마크 도구

이 부류의 도구는 표준화된 프로파일링 스위트를 제공함으로써 빅데이터 설치를 최적화하기 위해 개발됐으며, 빅데이터 작업의 대표 집합으로부터 프로파일링 스위트를 뽑아낸다. 빅데이터 인프라를 구성하는 벤치마크와 최적화는 데이터 과학자의 업무가 아니라 IT 인프라를 구성하는 전문가의 영역이므로 이 책에서 다루지 않는다. 최적화된 인프라를 사용하게 되면 큰 비용을 아낄 수 있다. 예를 들어, 서버 100대로 이뤄진 클러스터에서 10%의 성능 향상을 끌어낸다면 10대의 서버 비용을 절감할 수 있을 것이다.

1.4.8 시스템 배포

빅데이터 인프라를 구성하기가 쉬운 일이 아니며, 시스템 배포 도구는 빅데이터 클러스터에 새로운 애플리케이션을 배포하는 엔지니어를 보조함으로써 빛나게 된다. 그러한 도구들은 빅데이터 구성요소의 설치와 구성을 상당 부분 자동화한다. 이는 데이터 과학자의 핵심 업무가 아니다.

1.4.9 서비스 프로그래밍

하둡상에 세계적 수준의 축구 예측 애플리케이션을 구축하고서는 애플리케이션으로 예측한 내용을 다른 사람들이 사용할 수 있도록 하고 싶다고 가정하자. 하지만 예측을 사용하려는 사람들에게 아키텍처나 기술에 관한 지식이 전혀 없다고 하자. 이런 경우에는 빅데이터 애플리케이션을 다른 애플리케이션에 서비스로 제공한다면 아주 좋을 것이다. 가장 잘 알려진 예로 레스트(REST) 서비스를 들 수 있다. REST는 REpresentational State Transfer(표현 상태 전이)의 앞글자를 딴 것으로, 웹사이트에 데이터를 제공하는 데 종종 사용된다.

1.4.10 보안

데이터에 누구나 접근할 수 있도록 하고 싶은가? 아마도 데이터에 대한 접근을 세세하게 제어하면서도 애플리케이션 하나하나를 관리하고 싶지는 않을 것이다. 빅데이터 보안 툴은 데이터에 대한 접근 제어를 중앙집중적이고 세부적으로 할 수 있게 해준다. 빅데이터 보안은 그 자체로도 넓은 주제다. 데이터 과학자는 데이터 소비자의 역할에 머무르며 보안을 직접 구현하는 일은 드물다. 빅데이터에 보안을 설정하는 일은 보안 전문가의 영역이므로 이 책에서는 그 방법을 설명하지 않는다.

1.5 하둡 작업의 예

빅데이터 맥락에서 작은 애플리케이션을 논의하는 일로 이번 장을 마무리하려고 한다. 이를 위해 호튼웍스(Hortonworks)의 샌드박스(Sandbox) 이미지를 사용할 것이다. 샌드박스는 호튼웍스에서 만든 가상 머신으로, 몇 가지 빅데이터 애플리케이션을 로컬 컴퓨터에서 사용할 수 있게 해준다.

첫 번째 예제에서는 작은 급여 데이터셋을 사용했지만, 수십억 행으로 이뤄진 대규모 데이터셋도 마찬가지로 쉽게 질의할 수 있다. SQL과 비슷한 질의 언어를 사용하면 맵리듀스 작업이 수행되어 직관적인 테이블 형태로 결과를 뽑아내므로 막대 그래프를 그리는 것과 같은 데 사용할 수 있다. 이 예제의 최종 결과는 그림 1.7과 같다.

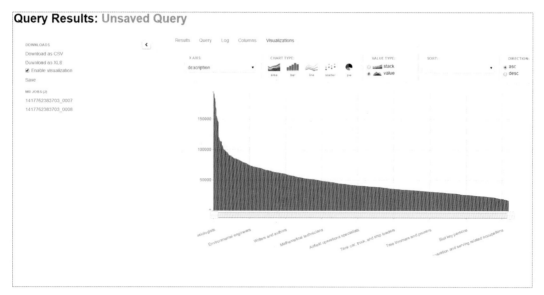

그림 1.7 최종 결과: 직무에 따른 평균 급여

빠른 구성과 실습을 위해 버추얼박스(VirtualBox) 내에서 호튼웍스 샌드박스를 사용한다. 버추얼박스는 운영체제 내에서 또 다른 운영체제를 실행할 수 있게 해주는 가상화 도구다. 이 경우에는 여러분의 운영체제 내에서 하둡이 설치된 CentOS를 실행할 수 있다.

버추얼박스에서 샌드박스를 사용하기 위한 절차는 다음과 같다. 이 책을 쓸 당시(2015년 2월)에는 유효했으나 이후에 바뀌었을 수도 있음에 유의하라.[13]

1. https://hortonworks.com/downloads/#sandbox에서 가상 이미지를 내려받는다.

2. 가상 머신 호스트를 시작한다. https://www.virtualbox.org/wiki/Downloads에서 버추얼박스를 내려받을 수 있다.

3. CTRL+I를 눌러 호튼웍스의 가상 이미지를 선택한다.

4. Next를 클릭한다.

5. Import를 클릭하면 잠시 후에 이미지가 불려온다.

6. 이제 가상 머신을 선택하고 Run을 클릭한다.

7. 잠시 기다리면 하둡이 설치된 CentOS 배포본이 그림 1.8과 같이 시작될 것이다. 샌드박스 버전은 2.6이며, 버전에 따라 약간의 차이가 있을 수 있음에 유의하라.

---

13 (옮긴이) 호튼웍스 샌드박스는 최소 4GB 이상의 메모리를 필요로 하며, 이 책에서 사용하는 각종 서비스를 구동하려면 가상 머신에 최소 8GB의 메모리를 할당해야 한다.

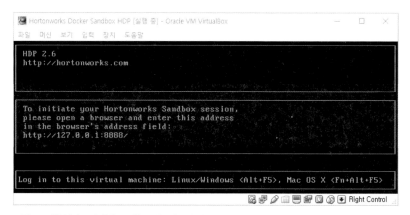

그림 1.8 버추얼박스 내에서 호튼웍스 샌드박스 실행

가상 머신에 직접 로그인하거나 SSH를 통해 로그인할 수 있다. 이 애플리케이션은 웹 인터페이스를 사용할 수 있다. 브라우저에 주소 http://127.0.0.1:8888/을 입력하고 대시보드를 실행해 로그인하면 그림 1.9와 같은 화면을 볼 수 있다.[14]

Hive를 클릭하고 Hive View 2.0을 선택하면 호튼웍스에서 업로드해 놓은 두 개의 예제 집합을 볼 수 있다. HCat 버튼을 클릭하면 테이블을 볼 수 있다(그림 1.10).

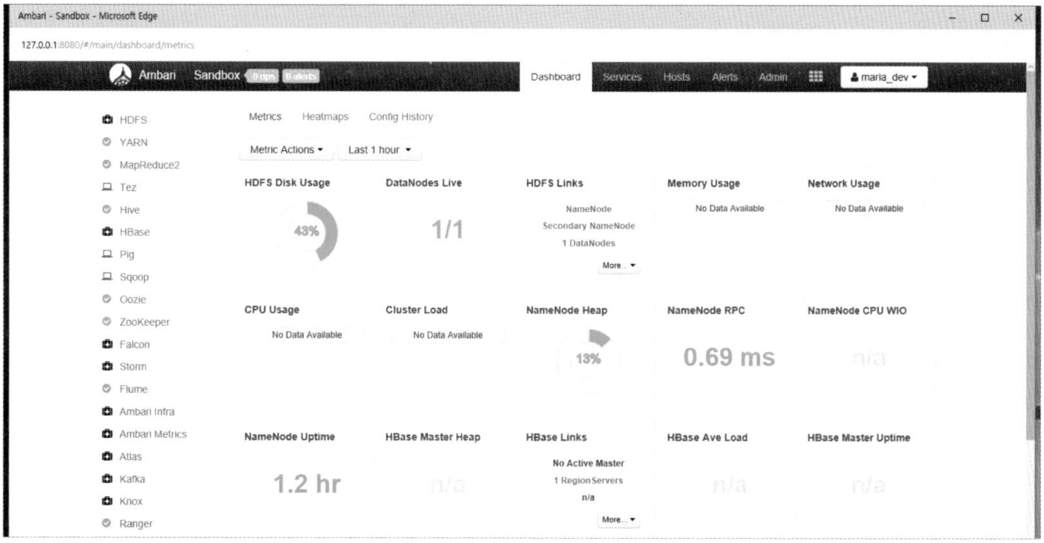

그림 1.9 호튼웍스 샌드박스 대시보드

---

14 (옮긴이) Ambari의 로그인 ID와 패스워드 기본값은 maria_dev이다.

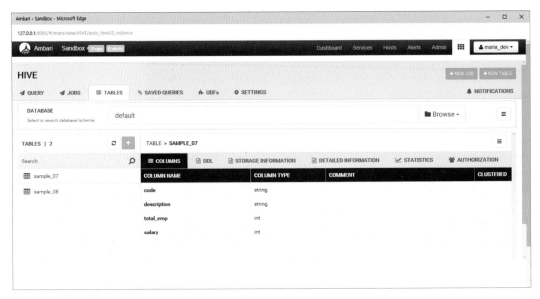

그림 1.10 사용할 수 있는 테이블 목록이 표시된 모습

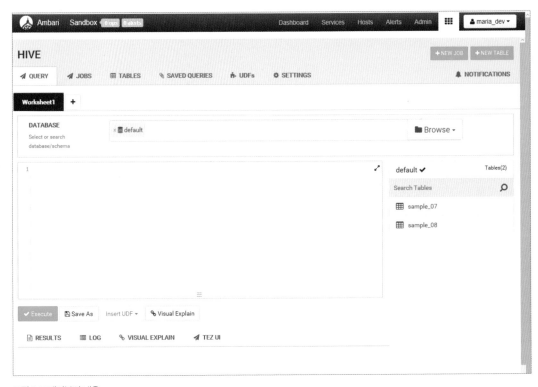

그림 1.11 테이블의 내용

sample_07 항목 옆의 Browse Data 버튼을 클릭하면 테이블의 내용을 볼 수 있다(그림 1.11).

이것은 평범한 테이블처럼 생겼으며, 하이브(Hive)라는 도구를 이용하면 SQL을 통해 일반적인 데이터베이스처럼 접근할 수 있다. 하이브에서는 SQL과 유사한 HiveQL을 사용한다. 메뉴에서 Beeswax 버튼을 클릭해 Beeswax HiveQL 편집기를 연다(그림 1.12).

결과를 얻기 위해서는 다음과 같이 질의를 수행한다.

```
Select description, avg(salary) as average_salary from sample_07 group by description order by
average_salary desc
```

Execute(실행) 버튼을 클릭한다. 하이브는 HiveQL을 맵리듀스 작업으로 변환하고 하둡 환경에서 실행한다(그림 1.13).

지금은 로그 창을 읽는 것이 오히려 혼란스러울 수 있으므로 피하는 것이 좋다. 처음으로 질의를 수행할 때에는 30초가 걸릴 것이다. 하둡은 워밍업이 오래 걸리기로 유명하다. 이에 대해서는 나중에 논의하도록 하자.

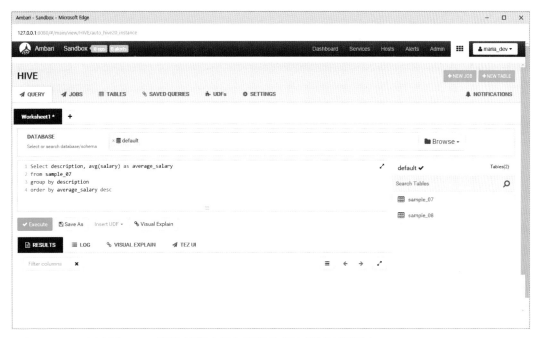

그림 1.12 HiveQL 편집기에서 HiveQL 명령을 실행할 수 있다. 이것은 맵리듀스 작업으로 변환된다.

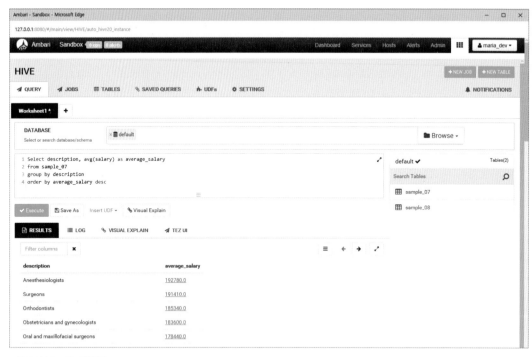

그림 1.13 HiveQL 실행 로그

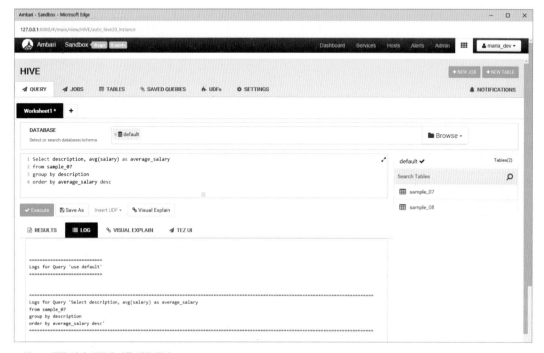

그림 1.14 최종 결과: 직무에 따른 평균 급여

잠시 후 결과가 나타난다. 훌륭하다! 그림 1.14에서 볼 수 있듯이 이것의 결론은 의대에 가는 것이 좋은 투자라는 것이다. 놀랍지 않은가?[15]

하둡에 대한 소개는 여기서 마무리한다.

이번 장이 출발선에 불과함에도 압도되는 느낌을 받았을 수도 있다. 일단은 넘어갔다가 모든 개념을 완전히 알게 된 후에 다시 돌아와서 살펴보기를 권한다. 데이터 과학은 광범위한 분야이므로 많은 용어가 등장하며, 이 책을 통해 대부분을 훑어보려고 한다. 그런 다음에 당신이 가장 흥미를 느끼는 방향으로 목표를 정해서 기술을 연마하도록 하라. 그것이 바로 이 책이 원하는 것이다. 우리와 함께 즐거운 여행을 하기를 바란다.

1.6 요약

이번 장에서는 다음과 같은 것을 배웠다.

- **빅데이터**는 아주 크거나 복잡해서 전통적인 데이터 관리 기술로 처리하기 곤란한 데이터셋 모음을 가리키는 용어다. 빅데이터의 네 가지 특징은 속도, 다양성, 규모, 정확성이다.

- **데이터 과학**에서는 작은 데이터셋을 분석하는 기법을 사용해 엄청난 규모의 빅데이터를 분석한다.

- **데이터 과학 진행 과정**이 선형적이지는 않더라도, 다음과 같은 단계로 구분할 수 있다.

  1. 연구 목표 설정
  2. 데이터 획득
  3. 데이터 준비
  4. 데이터 탐색
  5. 모델링
  6. 표현 및 자동화

- 빅데이터를 처리하는 데 하둡만 사용하는 것이 아니라, 다음과 같은 여러 분야의 기술을 종합적으로 활용한다.

  - 파일 시스템
  - 분산 프로그래밍 프레임워크
  - 데이터 통합

---

15 (옮긴이) 그림 1.14의 결과에서 마취과 의사의 급여가 가장 높게 나왔다.

- 데이터베이스

- 머신러닝

- 보안

- 스케줄링

- 벤치마크

- 시스템 배포

- 서비스 프로그래밍

- 데이터 과학자가 빅데이터에 관련된 모든 기술을 많이 활용하는 것은 아니다. 그들은 파일 시스템, 분산 프로그래밍 프레임워크, 데이터베이스, 머신러닝에 치중한다. 그 외에도 접점이 있지만, 그것들은 각 분야 전문가의 영역이다.

- 데이터는 그 형태가 다양하다.

  - 구조적 데이터

  - 비구조적 데이터

  - 자연어 데이터

  - 기계 데이터

  - 그래프 기반 데이터

  - 스트리밍 데이터

2장

데이터 과학
진행 과정

이번 장에서는 다음을 설명한다.

- 데이터 과학의 진행 과정 이해
- 데이터 과학 진행 과정의 각 단계 논의

이번 장의 목표는 빅데이터를 다루기에 앞서 데이터 과학의 진행 과정을 개괄적으로 살펴보는 데 있다. 대규모 데이터셋, 스트리밍 데이터, 텍스트 데이터를 다루는 방법은 이번 장을 마친 후에 차차 배우게 된다.

2.1 데이터 과학 진행 과정 개요

데이터 과학의 구조화된 접근법을 따른다면 저비용으로 데이터 과학 프로젝트를 성공으로 이끌 가능성을 최대화하는 데 도움이 될 것이다. 또한 프로젝트를 팀 단위로 수행할 수 있게 해주며, 각 팀에서 역할에 충실할 수 있게 해 줄 것이다. 그렇지만 이러한 접근법이 모든 유형의 프로젝트에 적합하거나 데이터 과학을 하는 유일한 방법인 것은 아니다.

일반적인 데이터 과학의 진행 과정은 그림 2.1에 나타낸 것과 같은 여섯 단계로 구성되며 반복적으로 이뤄진다.

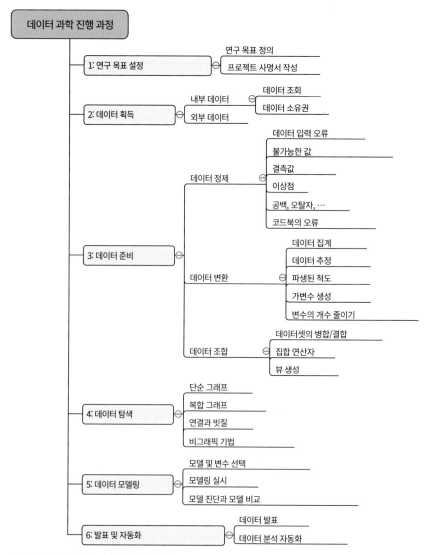

그림 2.1 데이터 과학 진행 과정의 여섯 단계

그림 2.1은 데이터 과학의 진행 과정을 요약하고 프로젝트를 수행하는 동안 거치는 주요 단계와 액션을 보여준다. 다음의 목록은 짧은 요약으로, 이번 장에서 각 단계를 더 깊이 논의할 것이다.

1. 이 과정의 첫 단계는 **연구 목표 설정**(research goal setting)이다. 주된 목적은 모든 이해당사자에게 프로젝트에 대해 **무엇을, 어떻게, 왜** 하는지 이해시키는 것이다. 진지한 프로젝트에서는 이를 프로젝트 사명서로 작성한다.

2. 두 번째 단계는 **데이터 획득**(data retrieval)이다. 분석할 데이터가 있어야 하므로 적당한 데이터를 찾아내서 데이터에 접근하는 과정이다. 그 결과로 날것(raw) 상태인 데이터를 얻게 되며, 사용하기 위해서는 가공을 해야 한다.

3. 기초 데이터(raw data)를 확보했으므로 **데이터 준비(data preparation)**를 할 차례다. 날것 형태 그대로인 데이터를 모델에서 직접 사용할 수 있게 가공한다. 이를 위해 데이터에 섞여 있는 여러 가지 오류를 찾아서 수정하고, 여러 출처에서 얻은 데이터를 조합하고 형태를 바꾼다. 이 단계를 성공적으로 완료하면 데이터 시각화와 모델링으로 나아갈 수 있다.

4. 네 번째 단계는 **데이터 탐색(data exploration)**이다. 이 단계의 목표는 데이터를 깊이 이해하는 것이다. 시각적 및 기술적(descriptive) 기법에 근거해 패턴, 관련성, 편차를 찾는다. 이 단계에서 얻은 통찰력을 바탕으로 모델링을 시작할 수 있게 된다.

5. 드디어 여섯 번째 단계인 **모델 구축(model building)**에 도착했다(이 책에서는 '데이터 모델링'이라고 부를 때가 많다). 바로 이때 프로젝트 사명서에 기술한 대로 통찰을 얻거나 예측하려고 시도한다. 우리의 총을 뽑아 들 때가 바로 지금이지만, 간단한 모델들을 조합하는 편이 복잡한 모델 한 개보다 대체로 더 뛰어나다는 점을 명심하라(항상 그런 것은 아니다). 이 단계를 마쳤다면 거의 다 한 것이다.

6. 데이터 과학 모델의 마지막 단계는 **결과를 발표(presenting your results)**하고, 필요하다면 **분석을 자동화(automating the analysis)**하는 것이다. 프로젝트의 한 가지 목표는 업무 과정을 바꾸고 더 나은 의사결정을 끌어내는 것이다. 당신의 발견이 업무 절차(business process)를 변화시킬 수 있음을 경영진에게 이해시켜야 할 것이다. 이것은 당신의 전도사 역할이 빛나는 곳이다. 이 단계의 중요성은 전략적, 전술적 수준의 프로젝트에서 두드러진다. 어떤 프로젝트에서는 업무 절차를 끝없이 수행해야 할 수도 있으므로 프로젝트를 자동화하면 시간을 절약할 수 있다.

실제로는 1단계부터 6단계까지 선형적으로 진행되는 것은 아니다. 여러 단계를 되돌아가서 되풀이해야 하는 경우가 종종 있다.

이러한 여섯 단계를 따르면 프로젝트 성공률이 높아지고 연구 결과의 임팩트가 강해진다. 이 과정을 따르면 데이터를 살펴보기도 전에 잘 정의된 연구 계획, 업무상 질문에 대한 좋은 이해, 명확한 산출물을 지니게 될 것이라고 확신할 수 있다. 이 과정의 첫 단계에서는 모델에 입력할 고품질의 데이터를 얻는 데 집중한다. 이 방식을 따르면 모델이 나중에 더 잘 수행될 것이다. 데이터 과학에서 잘 알려진 격언에 따르면 **"쓰레기를 넣으면 쓰레기가 나온다(garbage in equals garbage out)"**는 점이다.

구조화된 접근을 따를 때의 또 다른 이점은 최적의 모델을 찾는 동안 **프로토타입 모드(prototype mode)**에서 더 일할 수 있다는 것이다. **프로토타입**을 구축할 때, 여러 모델을 시도할 것이고 프로그램 속도라든지 표준에 따라 코드를 작성하는 것과 같은 문제에 너무 신경 쓰지 않아도 된다. 따라서 사업적인 가치를 창출하는 데 집중할 수 있다.

모든 프로젝트가 업무 자체에서 시작되는 것은 아니다. 분석을 하면서 얻은 통찰 때문이거나 새로운 데이터가 도달하는 바람에 새 프로젝트를 시작하기도 한다. 데이터 과학 팀이 아이디어를 만들 때면 이미 제안을 하고 사업 후원자를 찾기 위한 작업은 끝난 셈이다.

또한 프로젝트를 작은 단계로 나누면 직원들이 팀이 되어 함께 일할 수 있다. 모든 영역의 전문가가 되기는 불가능하다. 그러한 사람이 되려면 모든 데이터를 모든 다른 데이터베이스에 업로드하는 방법을 알아야 하며, 자신의 애플리케이션뿐 아니라 그 밖의 사내 프로젝트와 가장 잘 들어맞도록 데이터를 설계해야 하고, 모든 통계적 기법 및 데이터 마이닝 기법을 꿰고 있어야 하는 동시에 발표 도구와 사업상의 정책에 대해 전문가여야 한다. 이런 사람을 찾기가 어려우므로 점점 더 많은 회사가 모든 일을 다 할 수 있는 사람 한 명을 찾기보다는 여러 명의 전문가로 구성된 팀에 의존하고 있다.

이 절에서 설명하는 과정은 몇 가지 모델만 활용하는 데이터 과학 프로젝트에 가장 적합하다. 모든 유형의 프로젝트에 적합하지는 않다. 예를 들어, 수백만 건의 실시간 모델을 포함하는 프로젝트는 여기에서 다루는 방식과는 다르게 접근해야 한다. 그렇지만 갓 입문한 데이터 과학자라면 어쨌든 이 작업 방식을 따라야 한다.

2.1.1 과정의 노예가 되지 마라

모든 프로젝트가 이러한 청사진을 따르는 것은 아니며 데이터 과학자, 회사, 작업하는 프로젝트의 특성에 따라 과정이 달라질 수 있다. 엄격한 방침을 따라야 하는 회사도 있고, 작업 방식이 좀 더 자유로운 곳도 있다. 일반적으로 복잡한 프로젝트를 수행하거나 많은 사람이 투입될 때는 구조적으로 접근해야 한다.

애자일(agile) 프로젝트 모델은 한 가지 순차적인 과정(a sequential process)을 반복 과정들(iterations)로 대체한 것이다. IT 부서 및 전사적으로 애자일 방법론이 힘을 얻어감에 따라 데이터 과학 커뮤니티에서도 점차 받아들이고 있다. 애자일 방법론이 데이터 과학 프로젝트에 적합하다고는 해도 많은 회사에서는 데이터 과학에 대해 좀 더 딱딱하게 접근하는 것을 선호한다.

데이터 과학의 진행 과정을 세부적으로 계획하는 것이 항상 가능하지는 않으며, 과정의 여러 단계를 반복적으로 수행하는 일이 잦다. 예를 들면, 업무보고를 한 이후로 탐색적 데이터 분석 단계까지는 일반적인 흐름을 따랐다고 하자. 그러다가 그래프에서 남자와 여자 그룹에서 뚜렷한 차이를 발견했다면 어떻게 할 것인가? 고객이 남성인지 여성인지를 나타내는 변수가 없으므로 확신할 수가 없다. 그렇다면 이것을 확증할 데이터를 추가로 획득해야 한다. 이를 위해서는 결재를 받아야 하므로 프로젝트 사명서 같은 것을 제출해야 할 것이다. 큰 기업에서는 프로젝트를 완수하는 데 필요한 모든 데이터를 얻는 일이 고생스러울 수 있다.

2.2 1단계: 연구 목표 설정 및 프로젝트 사명서 작성

'무엇'과 '왜'와 '어떻게'를 이해하는 일로부터 프로젝트를 시작해야 한다(그림 2.2). 회사에서는 당신이 무엇을 하기를 바라는가? 그리고 관리부서는 왜 당신의 연구에 그러한 가치를 두는가? 더 큰 전략적 그림의 일부인가, 아니면 누군가가 포착한 기회를 바탕으로 '고독한 늑대'에게 던져준 프로젝트인가? 이러한 세 가지 질문(무엇, 왜, 어떻게)에 답하는 것이 첫 단계의 목표이며, 그래야만 모든 참여자가 무 엇을 해야 할지 알 수 있고, 적절한 행위가 무엇인지에 동의할 수 있다.

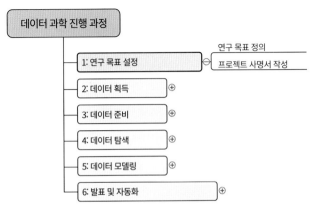

그림 2.2 1단계: 연구 목표 설정

그 결과로 명확한 연구 목표, 맥락에 대한 이해, 잘 정의된 산출물, 일정과 작업 계획을 얻는다. 이러한 정보는 프로젝트 사명서에 잘 드러난다. 물론 사명서의 분량과 형식은 프로젝트나 회사에 따라 다르다. 이와 같은 프로젝트 초기 단계에서는 기술적인 기량보다는 사람을 다루는 기술과 사업적 감각이 더 중 요하므로 이 부분은 직위가 높은 사람이 이끌어가는 경우가 많다.

2.2.1 연구의 목표와 맥락을 이해하는 데 시간을 투자하라

과제의 목적에 초점을 두어 명확하게 기술한 연구 목표가 본질적인 결과물이다. 사업 목표와 맥락을 이 해하는 것이 프로젝트 성공을 판가름한다. 사업적 기대가 무엇인지 정확히 이해할 때까지 계속 질문하 고 예를 들어라. 프로젝트가 큰 그림 중 어떤 부분에 해당하는지 알고, 이 연구가 사업을 어떻게 바꿔가 는지 이해하고, 연구 성과가 어떻게 사용될지 이해하라. 여러 달의 연구 끝에 드디어 문제를 해결해 그 결과를 보고할 때에 이르러서야 문제를 잘못 이해했다는 것을 깨닫는 경우보다 좌절감을 주는 일은 없 을 것이다. 이 단계를 가벼이 여기지 마라. 많은 데이터 과학자들이 실패하는 곳이 바로 이 단계다. 수학적 재능과 과학적 재능이 있는데도 데이터 과학자들은 사업 목표와 맥락을 전혀 이해하지 못하는 것처럼 보인다.

2.2.2 프로젝트 사명서 작성

의뢰인은 그들이 무엇에 돈을 쓰는지 알고 싶어 하므로 사업 현안을 잘 이해해야 하며, 산출물에 대해서 공식적인 합의를 받아 놓도록 노력해야 한다. 이러한 모든 정보를 잘 취합할 수 있는 것이 프로젝트 사명서. 중요한 프로젝트에서는 이것이 필수다.

프로젝트 사명서를 작성할 때는 여럿이 함께 힘을 기울여야 하며, 최소한 다음과 같은 사항을 다뤄야 한다.

- 명확한 연구 목표
- 프로젝트의 사명과 맥락
- 분석 수행 방법
- 사용할 수 있는 자원
- 실현 가능한 프로젝트인지 아니면 개념을 증명하는 것인지
- 산출물 및 성공의 기준
- 일정

의뢰인은 이러한 정보를 바탕으로 프로젝트를 성공으로 이끌기 위해 소요되는 프로젝트 비용과 데이터 및 인력을 산출할 수 있을 것이다.

2.3 2단계: 데이터 획득

데이터 과학의 다음 단계는 필요한 데이터를 얻어내는 것이다(그림 2.3). 현장에 가서 데이터 수집 과정을 직접 설계해야 하는 경우도 있겠지만, 대부분의 시간은 이 단계와 관련이 없다. 많은 회사는 데이터 과학자가 쓸 만한 데이터를 미리 수집해 저장해 뒀을 것이며, 그들이 갖고 있지 않은 것은 제3자로부터 구입할 수 있다. 조직의 외부로 눈을 돌리는 것을 두려워하지 마라. 점점 더 많은 조직이 고품질의 데이터를 공공 및 상업 목적으로 자유롭게 사용할 수 있게 제공하고 있다.

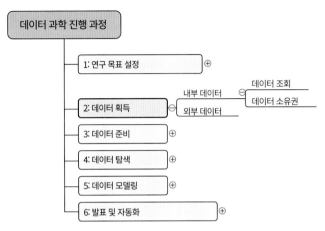

그림 2.3 2단계: 데이터 획득

데이터는 단순 텍스트 파일에서 데이터베이스의 테이블에 이르기까지 여러 형태로 저장될 수 있다. 이제 목표는 필요한 모든 데이터를 확보하는 것이다. 이 일이 어렵기도 하겠지만 설혹 성공하더라도 데이터는 가공되지 않은 원석과 같을 것이므로 가공해야 사용할 수 있다.

2.3.1 회사 내에 저장된 데이터로 시작하기

첫 번째로 할 일은 몸담고 있는 회사 내에 이미 준비되어 있는 데이터의 관련성과 품질을 따져보는 일이어야 한다. 대부분 회사는 중요 데이터를 관리하는 프로그램이 있으며, 이미 정제 작업이 많이 되어 있을 것이다. 이러한 데이터는 IT 전문가들이 관리하는 **데이터베이스(databases), 데이터 마트(data marts), 데이터 웨어하우스(data warehouses), 데이터 호수(data lakes)** 같은 공식 데이터 저장소에 저장될 수 있다. 데이터베이스의 주요 목표는 데이터를 저장하는 것이며, 데이터 웨어하우스는 데이터를 읽고 분석하는 데 초점을 맞춰 설계된 것이다. 데이터 마트는 데이터 웨어하우스의 부분집합으로 특정 업무 조직에 맞추어진 것이다. 데이터 웨어하우스와 데이터 마트가 전처리된 데이터를 저장하는 곳이라면 데이터 호수는 자연스러운 혹은 원시 형태로 데이터를 저장하는 곳이다. 그러나 데이터가 여전히 업무 담당자의 개인 컴퓨터에 엑셀 파일로 존재할 가능성도 있다.

자신이 속한 회사의 데이터를 찾기가 만만치 않을 수도 있다. 회사가 성장함에 따라 데이터는 여기저기로 흩어진다. 사람들이 직책을 바꾸거나 퇴사하는 바람에 데이터에 관한 지식이 흩어져버릴 수 있다. 관리자가 문서화와 메타데이터를 항상 최우선으로 두지는 않기 때문에, 잃어버린 부분을 찾기 위해서는 셜록 홈즈 수준의 기술을 키워야 할 수도 있다.

데이터에 접근하는 일도 난제다. 조직은 데이터의 가치와 민감성을 이해하며, 누구나 필요한 것에는 접근할 수 있지만, 그 외의 데이터에는 접근할 수 없게끔 정책을 세우기도 한다. 이러한 정책은 물리적 장벽 또는 디지털 장벽과 같다. 많은 국가에 이러한 '벽'이 존재하며 고객 정보에 대해서는 더욱 규제가 심하다. 이런 현상은 좋은 의도로 인한 것이다. 신용카드 회사의 직원 중 아무나 당신의 소비 행태에 접근할 수 있다고 상상해 보라. 데이터에 접근하는 일에는 시간이 들고, 회사 정책과도 관련이 있다.

2.3.2 여기저기서 데이터를 사는 일을 두려워 마라

소속된 조직 내에서 데이터를 구할 수 없다면 외부로 눈을 돌려야 한다. 가치 있는 정보를 전문적으로 수집하는 회사가 많이 있다. 이 방면에서는 닐슨(Nielsen)과 지에프케이(GFK)가 잘 알려진 소매업자다. 다른 회사들도 그들의 서비스 및 생태계를 강화할 목적으로 데이터를 제공한다. 트위터, 링크드인, 페이스북 등이 그 예다.

회사에 따라서는 데이터가 석유보다 값진 자산으로 간주하지만, 정부 기관 및 공적 조직에서는 그들의 데이터를 점점 더 널리 공개하는 추세다. 데이터를 생성하고 관리하는 주체에 따라서는 이러한 데이터의 품질이 뛰어날 수도 있다. 그들이 공유하는 정보는 특정 지역의 사고 발생 건수, 약물 오남용 실태, 인구 자료와 같이 광범위한 주제를 다룬다. 이 데이터는 독점적 데이터를 보강하고자 할 때 도움이 될 뿐만 아니라, 데이터 과학 기술을 향상하기 위한 연습용으로 쓰기에도 좋다. 표 2.1에 실은 내용은 점점 늘어나는 개방 데이터 제공자의 일부에 불과하다.

표 2.1 이용 가능한 개방 데이터 제공자의 목록

개방 데이터 사이트	설명
data.gov	미국 정부의 공공 데이터[1]
https://open-data.europa.eu/	유럽 위원회의 공공 데이터
freebase.org	위키백과(Wikipedia), 뮤직브레인스(MusicBrains), SEC 아카이브와 같은 사이트로부터 정보를 얻는 개방 데이터베이스
data.worldbank.org	세계은행에서 제공하는 개방 데이터
aiddata.org	국제적 개발을 위한 개방 데이터
open.fda.gov	미국 식약청의 개방 데이터

---

1 (편주) 한국에는 data.go.kr이 있다.

2.3.3 문제가 일어나지 않게 데이터의 품질을 미리 확인하라

프로젝트에 있어 데이터의 수정과 정제에 들어가는 시간이 때로는 80%에 이른다. 데이터 과학 진행 과정 중 데이터 획득 단계에서 처음으로 데이터를 검사한다. 데이터 획득 단계에서 접하는 오류 대부분은 쉽게 찾아낼 수 있지만, 너무 부주의하면 데이터를 가져오는 동안 방지할 수도 있었을 문제들을 해결하는 데 많은 시간을 쏟게 될 것이다.

데이터 획득, 정제, 탐색의 매 단계에서 데이터를 조사하게 된다. 각 단계에서 행해지는 조사의 목적과 깊이에는 차이가 난다. 데이터 획득(data retrieval) 시에는 데이터가 원본 문서에 있는 데이터와 같은지, 올바른 데이터 유형으로 되어 있는지 확인한다. 이 일은 그리 오래 걸리지 않으며, 데이터가 원본 문서에서 찾은 데이터와 유사하다는 점만 확인하면 충분하다. 데이터 준비(data preparation) 시에는 좀 더 면밀하게 확인해야 한다. 앞 단계에서 확인을 잘했다면 지금 발견한 오류가 원본 문서에도 있을 것이다. 중점을 두어야 할 것은 변수의 내용이다. 오자나 탈자 등의 데이터 입력 오류를 제거하여 데이터셋의 공통 표준에 데이터를 맞추기를 원할 것이다. 예를 들면, USD를 USA로, United Kingdom을 UK로 수정하는 식이다. 탐색 단계(exploratory phase)에서는 데이터 과학자가 데이터로부터 무엇을 배울 수 있는지로 초점이 옮겨진다. 이번에는 데이터가 깨끗하다고 가정하며 분포, 상관, 이상점과 같은 통계적 속성을 살핀다. 이러한 과정들은 종종 반복적으로 이뤄진다. 예를 들어, 탐색 단계에서 이상점을 발견했다면 그것은 데이터 입력에 오류가 있었기 때문일 수 있다. 과정 중에서 어떻게 데이터의 질을 높일 수 있는지 이해했으므로 데이터 준비 단계를 더 깊이 살펴보도록 하자.

2.4 3단계: 데이터 정제, 통합, 변환

데이터 획득 단계에서 얻은 데이터는 마치 가공되지 않은 원석과 같다. 지금 해야 할 일은 모델링 및 보고서 구축 단계에서 사용할 수 있게 데이터를 정제하고 준비하는 것이다. 그렇게 하는 것은 모델의 성능을 좋게 하며 이상한 출력을 수정하는 데 낭비하는 시간을 줄일 수 있어 매우 중요하다. 쓰레기를 넣으면 쓰레기가 나올 수밖에 없다는 말을 아무리 강조해도 지나치지 않다. 모델을 위해서는 특정한 형태의 데이터가 필요하므로 항상 데이터 변환을 거치게 된다. 가능한 한 일찍 데이터의 오류를 정정하는 것이 좋은 습관이다. 그렇지만 실제 구성에서는 항상 가능하지는 않으므로 프로그램에서 수정할 필요가 있을 것이다.

그림 2.4는 데이터 정제, 통합, 변환 단계에서 취해야 할 가장 일반적인 액션을 보여준다.

이 마인드맵이 추상적으로 보이겠지만, 다음 절에서 각각에 대해 세부적으로 다룰 것이다. 이러한 모든 행위 사이의 공통점이 많음을 알게 될 것이다.

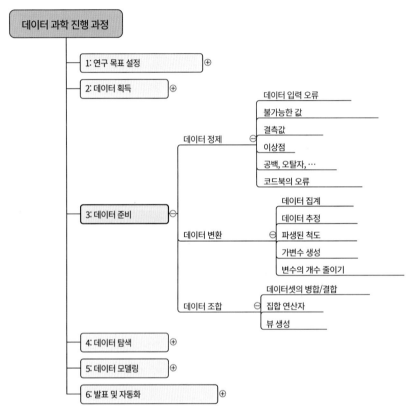

그림 2.4 3단계: 데이터 준비

2.4.1 데이터 정제

데이터 정제는 데이터 과학 진행 과정을 구성하는 한 과정으로, 데이터가 처음부터 올바르고 일관된 표현이 되도록 데이터의 오류를 제거하는 데 초점을 맞춘다.

'올바르고 일관된 표현'이라는 말에서 최소한 두 가지의 오류가 존재함을 알 수 있다. 첫 번째 유형은 **해석의 오류**(interpretation error)로 데이터의 값을 당연하게 여길 때 일어난다. 예를 들어, 사람의 나이가 300살이 넘는다는 데이터 등이 그렇다. 두 번째 유형의 오류는 데이터의 출처 간에 혹은 회사의 표준화된 값에 존재하는 **비일관성(inconsistencies)**을 가리킨다. 이러한 오류의 예로, 여성을 나타내는 값이 한 테이블에는 "Female"로 되어 있고, 또 다른 테이블에는 "F"로 되어 있을 수 있다. 또 다른 예로, 어떤 테이블에서는 파운드를, 또 어떤 테이블에는 달러를 사용하는 경우를 들 수 있다. 이러한 오류가 일어날 가능성은 너무나 많지만, 쉽게 확인할 수 있는 일반적인 오류를 표 2.2에 정리했다.

표 2.2 일반적인 오류

일반적 해법	
데이터 획득 단계에서 문제를 수정하도록 노력하거나, 프로그램에서 수정한다.	
오류 유형	**가능한 해결책**
하나의 데이터셋 내에서 거짓 값을 가리키는 오류	
데이터 입력 실수	수작업으로 수정한다.
불필요한 공백	문자열 함수를 사용한다.
불가능한 값	수작업으로 수정한다.
결측값	관측이나 값을 제거한다.
이상점	검증해보고, 오류로 판명될 경우 결측값과 마찬가지로 처리(제거하거나 삽입)한다.
데이터셋 사이의 비일관성을 나타내는 오류	
코드북으로부터의 편차	키를 일치하게 하거나 수작업으로 수정한다.
측정 단위 불일치	다시 계산한다.
집계 수준의 불일치	집계(aggregation) 또는 외삽(extrapolation)에 동일한 수준의 척도를 사용한다.

때로는 데이터의 오류를 찾고 식별하기 위해 간단한 모델링과 같은 발전된 방법을 사용할 것이다. 진단 도표를 살펴보는 것이 특히 도움이 된다. 예를 들어, 그림 2.5에서 우리는 측정값을 사용해 자리에서 벗어난 것으로 보이는 데이터 점을 식별했다. 데이터를 얻기 위해 회귀를 수행해 회귀선에서의 개별 관측의 영향을 감지했다. 단일 관측값이 너무 큰 영향을 끼칠 경우, 이것은 데이터의 오류를 나타내는 것일 수 있지만, 유효한 값일 가능성도 있다. 그렇지만 이러한 고급 기법은 데이터 정제 단계에서는 거의 적용되지 않으며 어떤 데이터 과학자들은 이를 지나친 것으로 여기기도 한다.

개요를 살펴봤으므로 이러한 오류에 대해 자세히 살펴보자.

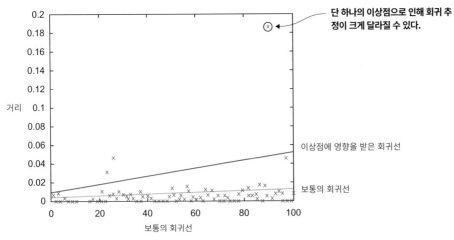

그림 2.5 원으로 표시한 점은 모델에 큰 영향을 끼치며, 데이터가 불충분하거나 데이터에 오류가 있는 곳을 드러낼 가능성이 있으므로 조사할 가치가 있다. 그렇지만 그것이 유효한 데이터 점일 수도 있다.

데이터 입력 오류

데이터 수집과 데이터 입력 과정에서는 오류가 생기기 쉽다. 종종 사람의 개입이 필요하며, 사람은 실수하기 마련이므로 오타를 내거나 잠깐 방심한 사이에 오류를 일으킨다. 그러나 기계 혹은 컴퓨터가 수집한 데이터라고 해서 오류가 없는 것은 아니다. 오류는 사람의 실수가 원인이 되기도 하지만, 기계 또는 하드웨어 장애로 인해 발생할 수도 있다. 기계적인 오류의 예로는 전송 오류라든지 추출, 변환, 적재 단계(extract, transform, load 단계, 즉 ETL 단계)의 오류 등을 들 수 있다.

작은 데이터셋에 대해서는 수작업으로 모든 값을 확인할 수 있다. 변수에 많은 계급(class)이 존재하지 않을 때는 데이터를 센 것을 표로 나타냄으로써 데이터의 오류를 찾아낼 수 있다. "Good"과 "Bad"의 두 값만 갖는 변수가 있을 때는 도수표(frequency table)를 생성해서 정말로 두 값만 나타나는지 확인할 수 있다. 표 2.3에서 "Godo"와 "Bade"로 분류된 최소 16건에 무언가 잘못이 있음을 보여준다.

표 2.3 도수표를 이용해 단순한 변수의 이상점을 검출

값	도수
Good	1598647
Bad	1354468
Godo	15
Bade	1

이러한 유형의 오류는 간단한 할당문과 if-then-else 규칙을 사용해 고칠 수 있다.

```
if x == "Godo":
    x = "Good"
if x == "Bade":
    x = "Bad"
```

불필요한 공백

공백은 눈에 잘 띄지는 않지만, 다른 불필요한 문자와 마찬가지로 오류를 일으킨다. 누구나 한 번쯤 문자열의 끝에 붙은 공백으로 인해 일어난 버그 때문에 며칠을 날려버린 경험이 있을 것이다. 프로그램에서 두 개의 키를 결합(join)한 뒤, 출력 파일에서 관측값이 사라진 것을 발견한다. 코드를 며칠 동안 살펴보고 나서야 버그를 찾는다. 정말로 힘든 일은 프로젝트가 지연된 사유를 관련자에게 설명하는 것이다. ETL 단계 도중의 정제는 잘 수행되지 않았으며, 한 테이블에 있는 키에는 문자열 끝에 공백이 포함돼 있었다. 이것이 키들 간에 불일치를 일으켜서(예: "FR " - "FR"), 일치되지 못한 관측값들을 빠뜨렸다.

불필요한 공백을 제거하는 것은 대부분의 프로그래밍 언어에서 아주 쉽다. 모든 프로그래밍 언어에서는 문자열의 처음이나 끝에 있는 공백을 제거하는 문자열 함수를 제공한다. 예를 들어, 파이썬에서는 처음과 끝의 공백을 제거하는 데 strip( ) 함수를 사용할 수 있다.

 대문자 불일치 정정: 대문자가 일치하지 않는 일도 자주 일어난다. 대부분의 프로그래밍 언어에서는 "Brazil"과 "brazil"을 다른 것으로 취급한다. 이 때는 두 개의 문자열을 모두 소문자로 변환해주는 함수를 적용함으로써 문제를 해결할 수 있다. 파이썬에는 .lower( )가 있어서 "Brazil".lower( ) == "brazil".lower( )는 참이 된다.

불가능한 값에 대한 온전성 검사

데이터 점검의 또 다른 귀중한 방법으로 온전성 검사(sanity check)가 있다. 사람의 키가 3미터가 넘는다거나, 나이가 299살일 수는 없는 것과 같이 물리적 또는 이론적으로 불가능한 값을 확인한다. 온전성 검사는 다음과 같이 직접적인 규칙으로 표현할 수 있다.

```
check = 0 <= age <= 120
```

이상점

이상점(outlier)은 다른 관측값들과 동떨어져 있는 것을 말하는데, 조금 더 구체적으로 말하면 한 가지 관측이 다른 관측과는 다른 논리나 실행 과정을 따르는 것을 말한다. 이상점을 가장 쉽게 찾을 수 있는 방법은 최솟값과 최댓값을 포함하는 도표를 작성하는 것이다. 그 예가 그림 2.6에 있다.

첫 번째 도표에는 이상점이 포함돼 있지 않지만, 두 번째에는 정규 분포가 예상될 때의 잠재적인 이상점이 위쪽에 존재한다. 정규 분포 혹은 가우스 분포는 자연 과학에서 가장 일반적으로 나타나는 분포다. 그것은 대부분의 사례(case)가 분포의 평균 부근에서 발생하며, 멀어질수록 뜸하게 발생함을 보여 준다. 아래 그래프에서 높은 값은 정규 분포를 가정하였을 때는 이상점을 가리키는 것일 수 있다. 앞서 본 회귀 예제처럼 이상점은 데이터 모델링에 큰 영향을 끼치므로 그것들부터 조사하라.

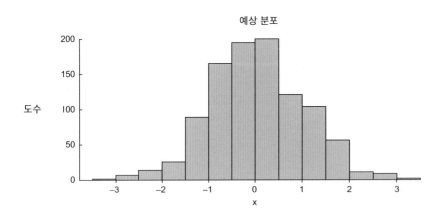

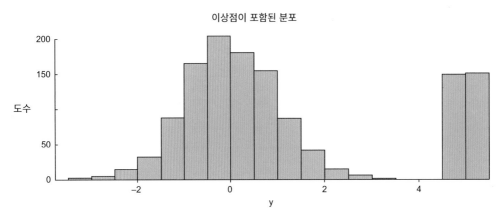

그림 2.6 분포도는 이상점을 발견하고 변수를 이해하는 데 도움이 된다.

결측값 다루기

결측값(missing value)이 반드시 잘못된 것이라고는 할 수 없지만, 결측값을 다룰 수 없는 모델도 있으므로 별도로 처리해야 한다. 결측값은 데이터 수집에서 무언가가 잘못됐거나 ETL 과정에 오류가 있음을 나타내는 신호일 수도 있다. 데이터 과학자들이 일반적으로 사용하는 기법을 표 2.4에 나열했다.

어떤 기법을 언제 적용할 것인지는 특별한 사례에 따라 달라진다. 예를 들어, 여분의 관측값을 갖고 있지 않다면 관측값을 생략해서는 안 될 것이다. 안정적인 분포에 의해 변수를 기술할 수 있다면 이것에 기초해 값을 지어낼 수 있을 것이다. 그렇지만 결측값이 진짜로 '0'을 의미할 수도 있지 않을까? 가령 이러한 예를 판매 사례에서 볼 수 있다. 고객의 바구니에 아무런 판촉용 덤을 끼워주지 않는다면 그 고객에 대한 판촉 내용이 결측되겠지만, 이는 또한 대체로 0에 해당하고 가격을 깎아 주지 않았다는 의미일 것이다.

표 2.4 결측 데이터를 처리하는 기법의 개요

기법	장점	단점
값을 생략	수행하기 쉬움	관측에서 정보를 잃음.
값을 null로 설정	수행하기 쉬움	모든 모델링 기법 및 구현에서 널 값을 다룰 수 있는 것은 아님
0 또는 평균과 같은 정적인 값을 취함	수행하기 쉬움 관측의 다른 변수로 인해 정보를 잃어버리지 않음	모델로부터 잘못된 추산을 도출할 수 있음
값을 추산하거나 이론적인 분포를 따름	모델을 크게 해치지 않음	수행이 어려움 데이터에 대한 가정을 했음
값을 모델링(독립적)	모델을 크게 해치지 않음	모델에서 과도한 신뢰를 이끌 수 있음 변수들 간에 의존성이 생길 수 있음 수행이 어려움 데이터에 대한 가정을 했음

코드북으로 인한 편차

집합 연산의 도움을 받아, 코드북 또는 표준화된 값에서 더 큰 데이터셋에 있는 오류를 탐지할 수 있다. 코드북은 데이터를 메타데이터의 형식으로 기술한다. 관측별 변수의 수, 관측의 수, 변수 내에서의 각 인코딩의 의미와 같은 것들을 포함한다(예를 들어 "0"은 "부정"과 같고, "5"는 "매우 긍정적"을 의미한다). 또한 코드북은 사용자 관점에서 보이는 데이터의 유형을 말해준다. 해당 데이터 유형이 계층적인지, 그래프인지, 그 외의 것인지를 말이다.

집합 A에는 나타나 있지만, 집합 B에는 나타나 있지 않은 값들을 살펴보고 있다고 하자. 이 값들을 바로잡아야 한다. 코드를 작성하게 될 때 사용할 데이터 구조에 집합(set)이 있다는 것은 우연이 아니다. 데이터 구조를 잘 선택하는 습관을 들이도록 하라. 손이 덜 가면서도 프로그램의 성능이 높아질 것이다.

여러 개의 값을 확인해야 한다면 코드북에 있는 값을 테이블에 넣고 두 테이블 사이의 불일치를 difference(차집합) 연산자를 사용해 확인하는 것이 좋다. 데이터베이스의 능력을 십분 활용할 수 있는 방법이다. 이에 관해서는 5장에서 자세히 설명한다.

측정 단위 불일치

두 데이터셋을 통합할 때는 각 측정 단위에 대해 주의를 기울여야 한다. 세계의 휘발유 가격을 조사하는 예를 들어보자. 서로 다른 데이터 제공자로부터 데이터를 수집한다고 했을 때 어떤 데이터셋은 갤런당 가격으로 표시돼 있고, 또 어떤 데이터셋은 리터당 가격으로 표시돼 있을 수 있다. 이때는 간단한 변환을 통해 처리할 수 있다.

집계 수준의 차이

집계 수준의 차이는 측정 단위의 차이와 비슷한 점이 있다. 주간(week)별[2] 데이터를 포함한 데이터셋과 근무 주간(work week)[3]별 데이터를 포함한 데이터셋이 있는 경우를 예로 들 수 있다. 이러한 유형의 오류는 쉽게 탐지할 수 있으며, 데이터셋을 **요약**(또는 반대로 **확대**)함으로써 해결할 수 있다.

데이터 오류를 정제한 뒤 서로 다른 데이터 출처로부터의 정보를 조합한다. 그러나 이 주제를 다루기에 앞서 데이터 정제를 가능한 한 이른 시점에 해야 한다는 점을 강조하려고 한다.

2.4.2 오류를 최대한 일찍 수정하라

문제가 발생한 부분을 수정할 때는 데이터 수집 체인에서 데이터 오류를 가능한 한 빨리 정정하고, 프로그램에서는 가능한 한 적게 수정하는 것이 좋다. 데이터 획득은 어려운 작업이며, 조직에서는 더 나은 의사결정을 기대하며 수백만 달러를 지출한다. 데이터 수집 과정은 오류를 일으키며, 큰 조직에서는 여러 단계와 팀이 관련된다.

---

2   (편주) 1주일 전체
3   (편주) 1주일 중 근무 요일

데이터를 취득한 즉시 정제해야 하는 이유는 다음과 같다.

- 모든 사람이 데이터의 이상을 감지할 수 있는 것은 아니다. 잘못된 데이터를 수정하는 데 실패한 애플리케이션으로부터 얻은 부정확한 데이터에 근거한 정보는 의사결정자의 값비싼 실수를 유발할 수 있다.

- 과정 중 초기에 오류를 수정하지 못하면 그 데이터를 사용하는 모든 프로젝트에서 정제해야 한다.

- 데이터의 오류는 설계대로 작동하지 않음을 가리킬 수도 있다. 예를 들어, 두 저자는 과거에 소매상에서 일한 적이 있는데, 그때 더 많은 사람을 끌어서 이익을 증대시킬 목적으로 쿠폰 시스템을 설계했다. 데이터 과학 프로젝트를 하는 동안 우리는 고객들이 식료품을 구입할 때 쿠폰 시스템을 오용해 돈을 버는 것을 발견했다. 쿠폰 시스템의 목표는 교차 판매를 촉진하는 것이었지, 제품을 무료로 뿌리는 것은 아니었다. 이러한 결함은 회사에 비용을 부담시켰고 회사의 그 누구도 이 사실을 몰랐다. 이 예에서 데이터는 기술적으로 잘못이 없지만 예상치 못한 결과로 나타났다.

- 데이터 오류는 전송 회선 결함이나 센서 파손과 같은 장비의 불완전함을 가리킬 수 있다.

- 데이터 오류는 소프트웨어에서나 소프트웨어 통합 중에 버그를 일으켜서 회사에 손실을 끼칠 수 있다. 은행에서 수행했던 작은 프로젝트에서 우리는 두 소프트웨어 애플리케이션이 서로 다른 설정으로 사용되는 것을 발견했다. 이것은 1,000보다 큰 숫자에서 문제를 일으켰다. 1.000^4이 한 프로그램에서는 1을, 다른 프로그램에서는 1,000을 가리켰다.

확보한 데이터는 가능한 한 빨리 수정하는 것이 좋다. 그러나 데이터 과학자는 불완전한 세상에 살고 있으며, 데이터 수집 단계에 관여하지 못할 수도 있고, 어떤 문제를 고쳐 달라고 IT 부서에 말해도 고쳐지지 않을 수도 있다. 데이터를 원천에서 수정할 수 없다면 프로그램 내에서 처리해야 한다. 잘못된 것을 수정하는 것만으로 데이터 조작이 끝나지는 않는다. 여전히 들어오는 데이터를 조합해야만 한다.

한 가지 더 말하자면 항상 원본 데이터를 복사해 둬라(가능하다면). 때로는 데이터를 정제하는 중에 실수를 할 수 있다. 변수를 잘못 다루거나, 흥미로운 추가 정보를 담은 이상점을 삭제해버리거나, 초기의 잘못된 해석으로 인해 데이터를 변환할 수도 있다. 복사본을 남겨뒀다면 어쨌든 다시 시도해 볼 수 있다. 도착 시점에 조작이 일어나는 '흐르는 데이터'의 경우 복사본을 남기는 것이 항상 가능하지는 않으므로 확보한 데이터를 사용하기 전에 조정 시간이 필요하다는 점을 인정할 수밖에 없다. 더욱 어려운 일 중 하나는 개별적인 데이터셋의 정제가 아니라 서로 다른 출처로부터 얻은 데이터를 하나로 만드는 것이다.

---

4 (옮긴이) 독일에서는 숫자의 천 단위를 온점으로 구분한다.

2.4.3 서로 다른 출처로부터 얻은 데이터 합치기

데이터 원천(data source)이 여러 곳인 경우에 대비해서 이 세부 단계에서는 이러한 서로 다른 원천에 초점을 맞춘다. 데이터베이스, 엑셀 파일, 텍스트 문서에 이르는 데이터는 크기, 유형, 구조에 차이 있다.

이번 2장에서는 간결함을 위해 표 구조의 데이터에 초점을 맞춘다. 이 주제만으로도 책 한 권을 채울 수 있으며, 우리는 모든 유형의 데이터에 대한 시나리오를 보이기보다는 데이터 과학 진행 과정에 집중한다. 하지만 키-값 저장소라든지 문서 저장소와 같은 데이터 원천도 존재함을 염두에 두어야 한다. 이 책에서는 각 유형의 데이터 출처에 적합한 접근 방법을 다룬다.

데이터를 조합하는 두 가지 방법

서로 다른 데이터셋으로부터 정보를 조합하기 위해 두 가지 조작을 수행할 수 있다. 첫 번째는 **결합(joining)**이다. 한 테이블에서의 관측을 다른 테이블에 있는 정보를 가져와 보강한다. 두 번째는 **추가(appending)** 또는 **쌓기(stacking)**이다. 한 테이블에서의 관측 결과를 다른 테이블에 추가하는 것이다.

데이터를 조합할 때는 새로운 물리적인 테이블을 생성할 수도 있고 뷰를 생성함으로써 가상의 테이블을 생성할 수도 있다. 뷰의 장점은 디스크 공간을 잡아먹지 않는다는 점이다. 이러한 방법에 대해 좀 더 살펴보자.

테이블 결합

테이블을 결합함으로써 하나의 테이블에 있는 관측값을 다른 테이블에서 찾을 수 있는 정보와 조합할 수 있다. 중점을 둘 것은 관측값을 보충하는 것이다. 한 테이블에는 고객의 구매 정보가 있고, 다른 테이블에는 고객의 주소 정보가 있다고 하자. 두 테이블을 결합하면 모델에 사용할 수 있는 정보를 조합할 수 있다(그림 2.7).

테이블을 결합하려면 두 테이블에서 같은 객체를 가리키는 변수를 사용한다(예: 국가명, 주민등록번호 등). 이러한 공통 필드를 키(key)라고 한다. 이러한 키가 테이블에 유일한 레코드[5]를 정의할 때 이를 **기본 키(primary key)**라고 한다. 한 테이블에는 구매 습관이, 다른 테이블에는 사람에 대한 인구통계

---

5   (편주) 즉, 중복되지 않는 레코드

적 정보가 있을 수 있다. 그림 2.7에서 두 테이블은 모두 고객의 이름을 갖고 있어서 고객의 지역과 지출을 나란히 살펴보기 쉽다. 엑셀에 능숙한 독자는 룩업(lookup) 함수와 비슷하다는 것을 알아챘을 것이다.

출력 테이블에서의 결과 행의 수는 사용하는 결합 유형에 따른다. 이 책의 뒤에 가서 결합의 몇 가지 유형을 소개한다.

그림 2.7 상품과 지역 키로 두 테이블을 결합

테이블 추가

테이블을 추가하거나 쌓는 식으로 한 테이블의 관측값을 다른 테이블에 효과적으로 추가할 수 있다. 테이블을 추가하는 예는 그림 2.8과 같다. 한 테이블은 1월의 관측값을 포함하며, 두 번째 테이블은 2월의 관측값을 포함한다. 이 테이블을 추가한 결과는 1월부터 2월까지의 관측값을 가진 더 큰 테이블이다. 집합론의 합집합 연산이 이와 같으며, 관계형 데이터베이스에서 널리 사용되는 SQL 명령인 union 이기도 하다. difference, intersection과 같은 연산도[6] 데이터 과학에서 사용된다.

그림 2.8 테이블에서 데이터를 가져와 추가하는 연산이 일반적이기는 하지만, 추가 대상 테이블의 구조가 기존 테이블과 같을 때만 할 수 있는 일이다.

뷰를 사용해 데이터 결합과 추가를 흉내 내기

데이터의 중복을 피하기 위해 데이터를 뷰와 가상적으로 조합한다. 앞의 예에서는 월간 데이터를 가지고 새로운 물리적 테이블에서 조합했다. 이 경우의 문제점은 데이터가 중복되며 저장 공간이 더 필요하다는 것이다. 우리가 다뤘던 예제에서는 대수롭지 않은 일이지만, 각 테이블이 테라바이트 단위의 데이터로 구성돼 있다고 하면 데이터 중복은 골칫거리가 된다. 뷰(view)의 개념은 이러한 이유에서 고안된 것이다. 뷰는 마치 테이블에서 작업하는 것처럼 동작하지만, 실제로는 테이블을 조합한 가상의 계층에 불과하다. 그림 2.9는 서로 다른 달의 판매 데이터를 가상으로 조합하여 데이터의 중복 없이, 연간 판매 테이블로 나타낸 것이다. 뷰에도 단점은 있다. 테이블의 결합은 한 번 일어나지만, 뷰는 질의가 있을 때마다 결합하므로 미리 계산해 둔 테이블과 비교했을 때 더 많은 처리 능력을 사용한다.

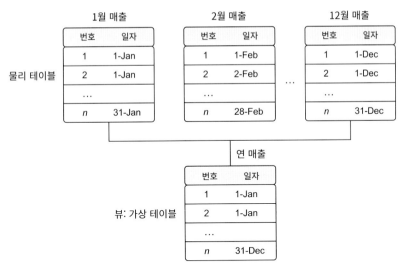

그림 2.9 뷰를 사용하면 데이터를 복제하지 않고도 조합할 수 있다.

집계 척도의 보완

특정 지역에서 판매된 총매출이나 총재고 비율과 같이 미리 계산한 결과를 테이블에 추가함으로써 데이터를 강화할 수 있다(그림 2.10).

이와 같은 척도를 추가함으로써 시야를 넓힐 수 있다. 그림 2.10에서 볼 수 있듯이 우리는 집계 데이터 셋을 가지고 각 제품이 해당 범주에서 차지하는 비율을 계산할 수 있다. 데이터 탐색에서도 유용할 수 있지만 데이터 모델을 생성할 때 더욱 중요하다. 사례에 따라 다르기는 하겠지만 우리의 경험으로는 판매 비율(제품 판매량/총판매량)과 같이 '상대적 척도'를 가진 모델의 성능이 날것의 숫자(판매 수량)를 입력으로 사용하는 것보다 나은 편이다.

상품 구분	상품	매출액($)	직전 매출액($)	성장률	상품구분별 매출액	매출 순위
A	B	X	Y	(X-Y) / Y	AX	NX
Sport	Sport 1	95	98	−3.06%	215	2
Sport	Sport 2	120	132	−9.09%	215	1
Shoes	Shoes 1	10	6	66.67%	10	3

그림 2.10 성장률, 상품 구분별 매출, 매출 순위 등은 파생된 척도, 즉 집계 척도의 예이다.

2.4.4 데이터 변환

어떤 모델의 경우에는 해당 모델에 쓰이는 데이터가 특정 형상으로 되어 있어야 한다. 데이터를 정제하고 통합했으므로 다음으로 할 일은 데이터를 변환해 데이터 모델링에 적합한 형태를 갖추도록 하는 것이다.

데이터 변환

입력 변수와 출력 변수의 관계가 항상 선형적인 것은 아니다. 일례로 $y = ae^{bx}$ 형태의 관계를 들 수 있다. 독립 변수를 취하면 추정 문제가 매우 단순해진다. 그림 2.11은 입력 변수가 추정 문제를 아주 단순하게 변환하는 것을 보여준다. 다른 때는 두 변수를 조합해 새로운 변수를 만들기를 원할 것이다.

x	1	2	3	4	5	6	7	8	9	10
$\log(x)$	0.00	0.43	0.68	0.86	1.00	1.11	1.21	1.29	1.37	1.43
y	0.00	0.44	0.69	0.87	1.02	1.11	1.24	1.32	1.38	1.46

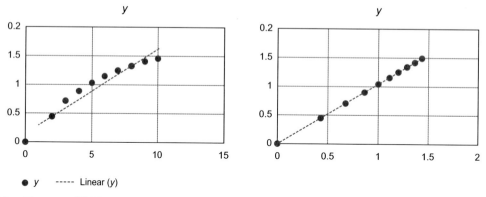

그림 2.11 x를 로그 x로 변환하면 그렇지 않았을 때(왼쪽)에 비해 x와 y가 선형 관계를 갖게 된다(오른쪽).

변수 개수 줄이기

모델에 새로운 정보를 추가하지 못하는 변수가 많아서 그 수를 줄여야 할 때도 있다. 모델에 너무 많은 변수가 있으면 다루기도 힘들고, 특정 기법은 입력 변수가 너무 많으면 과부하가 걸려서 잘 수행되지 않기도 한다. 예를 들어, 유클리드 거리 문제에 기초한 모든 기법은 10개 이내의 변수에 대해서만 잘 동작한다.

유클리드 거리

유클리드 거리 혹은 '보통' 거리는 수학 시간에 배웠던 삼각법, 즉 피타고라스의 정리를 확장한 것이다. 직각삼각형에 대해 직각을 끼고 있는 두 변 s1, s2의 길이를 알면 나머지 한 변(빗변) h의 길이를 쉽게 알아낼 수 있다. 빗변을 구하는 공식은 $\sqrt{(\text{변}1)^2+(\text{변}2)^2}$이다. 2차원 평면에서 두 점 사이의 유클리드 거리 d를 구하는 공식은 $d = \sqrt{(x1-x2)^2+(y1-y2)^2}$이다. 만약 거리 계산의 차원을 확장하고 싶다면 공식에서 더 높은 차원 내에 점의 좌표를 추가한다. 3차원에서의 거리를 구하는 공식은 $d = \sqrt{(x1-x2)^2+(y1-y2)^2+(z1-z2)^2}$이다.

데이터 과학자는 변수 개수를 줄이면서도 데이터를 최대한 남기기 위해 특수한 방법을 사용한다. 우리는 이러한 방법들을 3장에서 논의한다. 그림 2.12는 변수 개수를 줄이는 것이 주요한 값을 이해하는 것을 얼마나 쉽게 만들어주는지 보여준다. 또한, 두 변수가 어떻게 데이터셋에 있는 변동의 50.6%를 차지하는지도 보여준다(성분1 = 27.8% + 성분2 = 22.8%). '성분1'과 '성분2' 변수는 둘 다 원래의 변수를 조합한 것이다. 그것들은 기저(base)를 이루는 데이터 구조의 **주성분(principal components)** 이다. 주성분 분석(principal components analysis, PCA)에 대해서는 3장에서 다시 설명할 것이므로 지금은 명확하게 이해되지 않더라도 걱정할 필요는 없다. 또한, 관측값들을 두 그룹으로 나누는 제3의 변수(미지수)가 존재하는 것을 볼 수 있다.

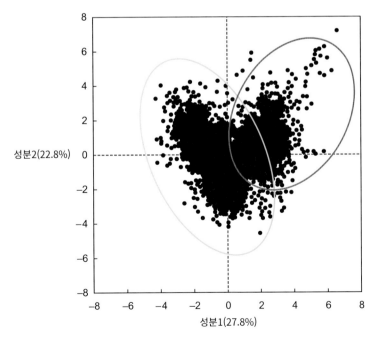

그림 2.12 변수 줄이기는 정보를 가능한 한 유지하면서 변수의 개수를 줄일 수 있게 해 준다.

가변수로 바꾸기

그림 2.13과 같이 변수를 가변수로 바꿀 수 있다. **가변수(dummy variables)**는 참(1)과 거짓(0) 중 하나의 값을 갖는다. 그것들은 관측을 설명할 수도 있는 범주적 효과의 부재를 나타내는 데 사용된다. 이때는 계급을 위해 하나의 변수에 저장되는 독립적인 열(column)을 만들어서 계급이 존재하면 1을, 그렇지 않으면 0을 가리키게 할 수 있다. 예를 들어, 요일(weekdays)이라는 한 개의 열을 월요일(Monday)부터 일요일(Sunday)까지로 바꿀 수 있다. 월요일에 관측값이 있었는지 보여주는 표시를 사용한다고 하자. 이럴 때는 월요일이면 1을 부여하고 월요일이 아니면 0을 부여한다. 값을 가변수로 바꾸는 것은 경제학자들이 모델링에 애용하는 방법이지만 그들의 전유물은 아니다.

이번 절에서는 데이터 과학 진행 과정의 세 번째 단계인 정제, 변환, 데이터 통합에 대해 살펴봤으며, 이 단계에서는 원시 데이터를 변화시켜 모델링 단계를 위해 사용할 수 있는 입력으로 바꿨다. 데이터 과학 진행 과정 중 그 다음 단계는 데이터의 내용 및 변수와 관측 사이의 관계를 더 잘 이해하는 것이다. 이에 관해서는 다음 절에서 살펴볼 것이다.

고객	판매 연도	성별	판매 수량
1	2015	F	10
2	2015	M	8
1	2016	F	11
3	2016	M	12
4	2017	F	14
3	2017	M	13

M   F

고객	판매 연도	판매 수량	남성 여부	여성 여부
1	2015	10	0	1
1	2016	11	0	1
2	2015	8	1	0
3	2016	12	1	0
3	2017	13	1	0
4	2017	14	0	1

그림 2.13 변수를 가변수로 바꾼다는 것은 여러 계급을 지닌 변수 한 개를 0과 1이라는 값만 갖는 여러 개의 변수로 쪼개는 식으로 데이터를 변환한다는 뜻이다.

2.5 4단계: 탐색적 데이터 분석

탐색적 데이터 분석을 하는 동안에는 데이터에만 몰입하게 된다(그림 2.14 참조). 그림으로 볼 때 정보를 쉽게 파악할 수 있으므로 데이터 및 변수 간의 상호작용을 더 잘 이해하기 위해 그래픽 기법을 주로 사용한다. 탐색적 데이터 분석 단계에서는 마음을 열고 두 눈을 크게 떠라. 이 단계의 목표는 데이터를 정제하는 것이 아니지만, 앞에서 놓쳤던 이상한 점을 발견하게 되면 이전 단계로 돌아가서 고치는 것이 일반적이다.

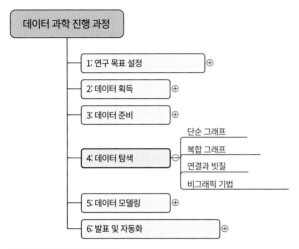

그림 2.14 4단계: 데이터 탐색

이 단계에서는 그림 2.15와 같이 간단한 꺾은선 그래프나 히스토그램에서부터 생키(Sankey) 다이어그램과 네트워크 그래프처럼 복잡한 것까지 여러 시각화 기법을 사용한다. 때로는 단순한 그래프를 조합한 복잡한 그래프가 데이터에 대한 통찰을 얻는 데 유용하다. 그래프에 움직임을 주거나 상호작용할 수 있게 만들면 사용하기도 쉽고 더 재미있어진다. 상호작용하는 생키 다이어그램을 마이크 보스톡(Mike Bostock)의 웹사이트(http://bost.ocks.org/mike/sankey/)에서 찾을 수 있다.[7]

이곳에 거의 모든 유형의 그래프에 대한 상호작용적 예제가 있어서 시간을 보낼 가치가 있다. 데이터 탐색보다 데이터 표현에 있어 더 유용하겠지만 말이다.

---

7 (편주) 현재는 이 페이지가 사라졌으므로(해당 블로그를 잘 찾아보면 찾아볼 수는 있겠지만 찾아내기가 쉽지 않은 구조로 블로그가 작성돼 있으므로) https://developers.google.com/chart/interactive/docs/gallery/sankey https://developers.google.com/chart/interactive/docs/gallery/sankey에서 상호작용 가능한 생키 다이어그램과 다이어그램을 그리는 코드를 보면 될 것이다. 코드가 자바스크립트로 되어 있기는 하지만 분석하면 파이썬으로도 만들 수 있을 것이다.

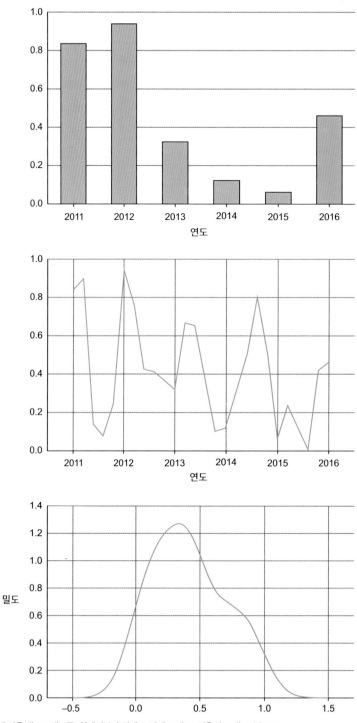

그림 2.15 탐색적 분석에 사용되는 그래프들. 위에서부터 차례로 막대 그래프, 꺾은선 그래프, 분포도.

이러한 도표들을 조합함으로써 더욱 깊은 통찰을 얻을 수 있다(그림 2.16).

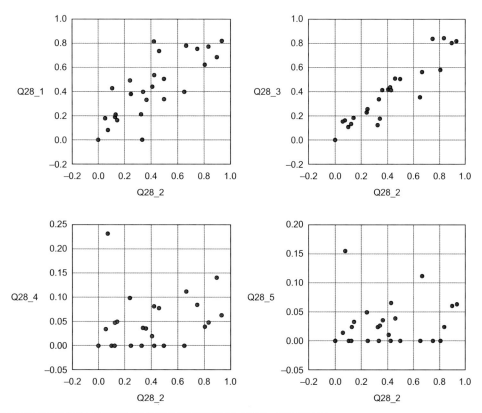

그림 2.16 여러 플롯을 함께 그리면 여러 변수에 대한 데이터의 구조를 이해하는 데 도움이 된다.

여러 개의 도표를 함께 보는 경우도 많다. 그림 2.17은 간단한 그래프들을 조합한 파레토 다이어그램 (Pareto diagram 또는 80-20 diagram)이다.

그림 2.18은 또 다른 기법인 **빗질(brushing)**과 **연결(linking)**을 보여준다. 빗질과 연결을 가지고 서로 다른 그래프와 테이블을 연결하면 한 그래프에 일어난 변화가 다른 그래프에 전달된다. 이에 대한 정교한 예제를 9장에서 찾을 수 있다. 이러한 상호작용적인 탐색은 새로운 통찰을 얻는 토대가 된다.

그림 2.18은 질문에 대한 국가별 평균 점수를 나타낸다. 이것은 답변에 대한 높은 상관관계를 보여줄 뿐만 아니라, 부차적인 그림(subplot)에서 몇몇 지점을 선택했을 때 다른 그래프에서와 유사하게 연관되는 것을 쉽게 알아볼 수 있다. 이때 왼쪽 그래프에서 선택된 지점은 가운데와 오른쪽 그래프의 지점과 연관되며, 가운데와 오른쪽 그래프는 서로 더 높은 연관성을 보인다.

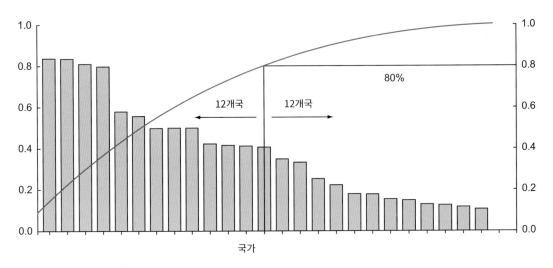

그림 2.17 파레토 다이어그램은 값과 누적 분포를 조합한 것이다. 50%의 국가가 총합의 80% 가까이를 차지하는 것을 이 다이어그램을 통해 쉽게 알아볼 수 있다. 만약 이 그래프가 고객의 구매력을 나타내고 우리가 고가품을 판매한다면 모든 나라에 마케팅 비용을 지출할 필요 없이 첫 50%의 국가에서부터 시작할 수 있을 것이다.

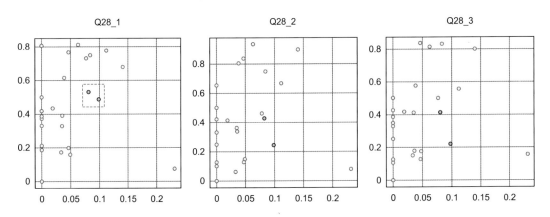

그림 2.18 연결과 빗질은 한 그림에서 관측값을 선택하고 다른 그림에서 같은 관측값을 강조하도록 해 준다.

두 가지 다른 중요한 그래프로는 그림 2.19의 히스토그램과 그림 2.20의 상자 그림(boxplot)이 있다.

히스토그램에서는 변수를 이산적인 범주로 자르고 각 범주에서의 숫자의 출현 횟수를 합산해 그래프에 나타낸다. 한편, 상자 그림은 얼마나 많은 관측값이 존재하는지 보여주지는 않지만, 범주 내의 분포에 대한 인상을 제공한다. 이것은 최댓값, 최솟값, 중위수(median) 및 그 외의 다른 특징적인 척도를 한눈에 보여준다.

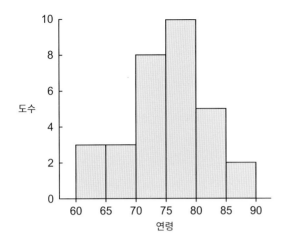

그림 2.19 예제 히스토그램: 다섯 살 단위로 연령대를 구분한 사람의 수

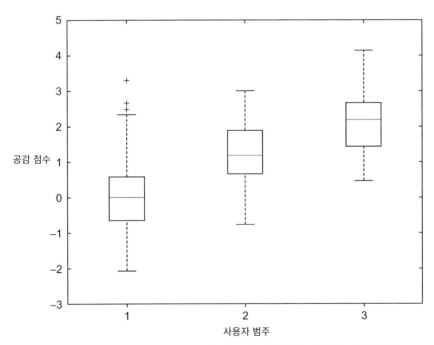

그림 2.20 상자 그림 예제: 각 사용자 범주는 사진 웹사이트의 특정 그림에 대해 공감하는 분포를 나타낸다.

이 단계에서 우리가 기술한 기법들은 주로 시각적인 것이지만, 실제로 그것들은 시각적 기법에 국한되는 것은 아니다. 표 작성, 군집화 및 기타 모델링 기법이 탐색적 분석의 일부가 될 수도 있다. 간단한 모델을 구축하는 것도 이 단계에 속할 수 있다.

데이터 탐색 단계를 통해 데이터에 대한 실마리를 찾았으므로 다음 단계인 모델 구축으로 넘어갈 차례다.

2.6 5단계: 모델 구축

정리 정돈된 데이터와 콘텐츠에 대한 좋은 이해를 바탕으로 더 나은 예측을 목표로 모델을 구축하거나, 객체들을 분류하거나, 모델링하고자 하는 시스템에 대한 이해를 얻을 준비가 됐다. 이 단계는 탐색적 분석 단계보다 더욱 집중적인데, 그 이유는 당신이 무엇을 찾는지와 어떤 결과를 원하는지 알기 때문이다. 그림 2.21은 모델 구축의 요소를 나타낸다.

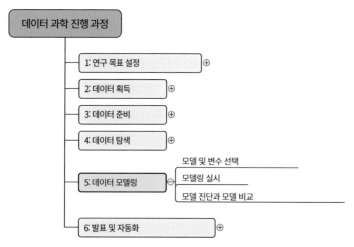

그림 2.21 5단계: 데이터 모델링

사용할 기법들은 머신러닝, 데이터 마이닝, 통계 등의 분야에서 차용한 것이다. 이번 장에서는 기존 기술 중 빙산의 일각을 다뤘을 뿐이지만 3장에서는 나머지 것들을 알맞게 소개한다. 이 책에서는 개념만 소개할 뿐이지만 입문하기에는 충분하며, 기술들이 서로 겹치는 부분이 있으므로 20%의 기술을 갖추기만 해도 80% 정도의 사례를 다루는 데 도움이 된다. 기술들은 서로 비슷하지만 약간 다른 방식으로 저마다 목표를 달성한다.

모델 구축은 반복적으로 이뤄진다. 모델 구축 방식은 고전적인 통계학 방식을 따를 것인지 아니면 최신 머신러닝 방식을 따를 것인지와 사용하고자 하는 기법에 따라 달라진다. 어느 방식을 사용하든 대부분 모델은 다음과 같은 단계로 구성된다.

1. 모델링 기법과 모델에 입력할 변수를 선택

2. 모델링 실시

3. 진단 및 모델 비교

2.6.1 모델과 변수 선택

모델 및 모델링 기법에 포함하고자 하는 변수를 선택해야 한다. 탐색적 분석을 거치는 동안 어떤 변수
가 좋은 모델을 구축하는 데 도움이 될 것인지에 대한 아이디어를 얻었을 것이다. 많은 모델링 기법이
가능하며, 문제에 대해 올바른 모델을 선택하는 데는 당신의 판단이 필요하다. 모델의 성능을 고려해야
하며, 프로젝트가 모델을 사용하기 위한 요구사항에 부합하는지도 고려해야 한다. 다음과 같은 사항에
대한 고려도 필요하다.

- 모델을 반드시 운영 환경으로 옮겨야 하는가? 그렇다면 그 구현은 쉬운가?
- 모델을 유지하는 것이 얼마나 어려운가? 손을 대지 않을 경우 얼마나 오랫동안 관련성을 유지하는가?
- 모델을 쉽게 설명해야 하는가?

충분히 생각했다면 행동할 차례다.

2.6.2 모델링 실시

모델을 선택했으면 그것을 코드로 구현해야 한다.

 주의: 파이썬 코드를 실제로 실행하는 것이 처음이므로 가상 환경을 구성해 실행되는지 확인하라. 이번이 처음이라면
부록 D를 참조하라.

이번 장에 나오는 모든 코드는 https://www.manning.com/books/introducing-data-science에서 내려받을 수
있다. 코드는 아이파이썬 노트북 파일(.ipynb) 및 파이썬(.py) 파일로 제공된다.

다행스럽게도 파이썬과 같은 대부분의 프로그래밍 언어에는 이미 스테츠모델스(StatsModels) 또는
사이킷런(Scikit-learn)과 같은 라이브러리가 들어 있다. 이러한 패키지들은 가장 인기 있는 기법 여
러 가지를 사용한다. 대부분의 경우에 모델을 코딩하는 것은 큰 작업이므로 이러한 라이브러리들을 사
용해 개발 속도를 높일 수 있다. 다음 코드에서 볼 수 있듯이 StatsModels 또는 Scikit-learn을 가지

고 선형 회귀를 사용하기는 그리 어렵지 않다(그림 2.22). 간단한 기법이라 할지라도 이를 직접 구현하는 데는 더 많은 노력이 필요하다. 다음은 선형 예측(linear prediction) 모델을 실행하는 코드다.

코드 2.1 세미 랜덤(semi-random) 데이터에 대한 선형 예측 모델 실행

```
1: import statsmodels.api as sm
2: import numpy as np
3: predictors = np.random.random(1000).reshape(500,2)
4: target = predictors.dot(np.array([0.4, 0.6])) + np.random.random(500)
5: lmRegModel = sm.OLS(target,predictors)
6: result = lmRegModel.fit()
7: result.summary()
```

1~2행: 필요한 파이썬 모듈을 불러들인다.

3~4행: 모델의 예측 변수(x 값)를 위한 랜덤 데이터와 목표(y 값)를 위한 세미 랜덤 데이터를 생성한다. 우리는 목표를 생성하기 위한 입력으로 예측 변수를 사용하므로 연관성을 추론한다.

5~6행: 데이터에 선형 회귀를 적용한다.

7행: 통계에 대한 모델을 보인다.

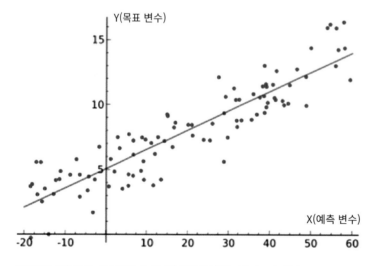

그림 2.22 선형 회귀는 각 지점의 거리를 최소화하면서 선을 맞추려고 시도한다.

 참고: 그림 2.22에 나오는 회귀 차트는 앞의 코드와 무관하다. 이 차트는 두 개의 변수만으로 작업할 때 회귀선이 어떻게 보이는지 보여주기 위한 것일 뿐이다(단순 회귀). 앞의 코드 예제는 다중 회귀이며 3차원 공간에서의 회귀선을 가질 것이다. 다중 회귀는 당연히 해석하기 어려우므로 여기에서는 단순 회귀의 이미지로 대체했다.

솔직히 말하면 우리는 여기서 속임수를 꽤 많이 썼다. 우리는 목표 변수가 어떻게 행동하는지 예측하는 것을 의도하는 예측 변수 값을 생성했다. 선형 회귀에 대하여 그림 2.22와 같이 각 x(예측 변수)와 y 변수(목표) 사이의 '선형 관계'를 가정한다.

어쨌든 우리는 약간의 무작위성을 첨가함으로써 예측 변수에 따라 목표 변수를 생성했다. 이것이 딱 들어맞는 모델을 가져다준다고 해도 놀라울 것이 없다. results.summary()는 그림 2.23과 비슷한 표를 출력한다. 정확한 결괏값은 당신이 얻는 랜덤 변수에 달려있음에 유의하라.

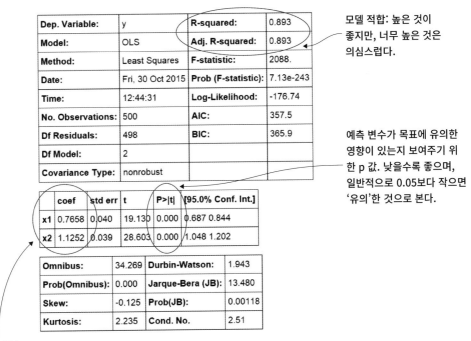

Dep. Variable:	y	R-squared:	0.893
Model:	OLS	Adj. R-squared:	0.893
Method:	Least Squares	F-statistic:	2088.
Date:	Fri, 30 Oct 2015	Prob (F-statistic):	7.13e-243
Time:	12:44:31	Log-Likelihood:	-176.74
No. Observations:	500	AIC:	357.5
Df Residuals:	498	BIC:	365.9
Df Model:	2		
Covariance Type:	nonrobust		

모델 적합: 높은 것이 좋지만, 너무 높은 것은 의심스럽다.

	coef	std err	t	P>|t|	[95.0% Conf. Int.]
x1	0.7658	0.040	19.130	0.000	0.687 0.844
x2	1.1252	0.039	28.603	0.000	1.048 1.202

예측 변수가 목표에 유의한 영향이 있는지 보여주기 위한 p 값. 낮을수록 좋으며, 일반적으로 0.05보다 작으면 '유의'한 것으로 본다.

Omnibus:	34.269	Durbin-Watson:	1.943
Prob(Omnibus):	0.000	Jarque-Bera (JB):	13.480
Skew:	-0.125	Prob(JB):	0.00118
Kurtosis:	2.235	Cond. No.	2.51

선형 방정식 계수.
$y=0.7658 \times 1+1.1252 \times 2$

그림 2.23 선형 회귀 모델 정보 출력

여기서는 출력에 대해서는 접어두고 가장 중요한 부분에 집중하도록 하자.

- **모델 적합(model fit):** 이것을 위해서는 R 제곱 또는 조정된 R 제곱을 사용한다. 이 척도는 모델에 의해 포착된 데이터 내의 변동의 총량을 가리킨다. 조정된 R 제곱은 R 제곱에 모델의 복잡성에 대한 페널티를 더한 것이므로 여기서는 둘 사이의 차이가 크지 않다. 변수 또는 특성(feature)[8]의 수가 많아질수록 모델이 복잡해진다. 만약 단순한 모델을 사용할 수 있다면 복잡한 모

델은 필요하지 않으므로 조정된 R 제곱을 사용해 지나친 복잡성을 띠게 하는 것은 잘못이다. 좌우간 0.893은 높다. 그것은 우리가 속임수를 썼기 때문이다. 경험적인 방법도 존재하지만, 사업 모델에서는 0.85를 넘는 모델은 종종 좋은 것으로 간주된다. 경쟁에서 이기기를 원한다면 0.95를 초과해야 한다. 그렇지만 연구에서는 매우 낮은 모델(심지어 0.2 미만)도 볼 수 있다. 더욱 중요한 것은 도입한 예측 변수의 영향이다.

- **예측 변수가 계수를 가짐**: 선형 모델에서는 이것을 해석하기 쉽다. 우리의 예에서 만약 x1에 "1"을 더하면 그로 인해 y는 "0.7658"만큼 바뀐다. 당신의 모델이 전체적으로 쓰레기라 할지라도 좋은 예측 변수를 찾으면 노벨상을 탈 수도 있다. 예를 들어, 특정 유전자가 암 발병의 주요 요인이라는 것을 밝혀낸다면 중요한 지식이 된다. 그 유전자를 가지고 어떤 사람이 암에 걸렸는지 판단할 수 없다 하더라도 말이다. 이 예제는 분류이지 회귀가 아니지만 요점은 같다. 과학 연구에서는 완벽하게 들어맞는 모델(더욱 현실적인 것은 말할 것도 없고)보다 영향을 탐지하는 것이 더 중요하다. 그러나 유전자가 그러한 영향을 끼치는 것을 언제 알 수 있는가? 이것을 유의성(significance)이라 한다.

- **예측 유의성**: 계수는 훌륭하지만, 때로는 영향력이 있다는 충분한 증거가 되지 못한다. 이것은 p 값에 대한 이야기다. 유형 1과 유형 2에 대해 길게 설명할 수 있겠지만, 여기서는 간단히 설명한다. 만약 p 값이 0.05보다 낮다면 변수는 대부분 사람에 대해 유의한 것으로 간주한다. 사실 이것은 임의로 정한 수이다. 그 말은 예측 변수가 아무런 영향이 없을 확률이 5%라는 말이다. 틀릴 확률이 5%라는 것을 받아들일 수 있는가? 그것은 당신이 결정할 문제이다. 몇몇 사람은 매우 유의한 임계치(p⟨0.01)와 약간 유의한 임계치(p⟨0.1)를 도입했다.

선형 회귀로 값을 예측할 수 있지만, 무언가를 분류하고자 한다면 어떻게 해야 할까? 그러면 분류 모델로 가야 하며, 그중에서 가장 잘 알려진 것은 k 최근접 이웃(k-nearest neighbors)이다.

그림 2.24에 나타난 것과 같이 k 최근접 이웃은 레이블 처리된 지점이 레이블 처리되지 않은 지점 근처에 보이며, 이에 기초하여 어느 레이블이 될 것인지 예측한다.

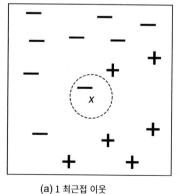 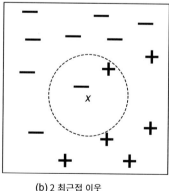 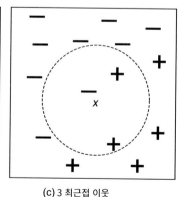

(a) 1 최근접 이웃   (b) 2 최근접 이웃   (c) 3 최근접 이웃

그림 2.24 k 최근접 이웃 기법은 예측을 위해 k 최근접 지점을 찾는다.

사이킷런 라이브러리를 사용하는 파이썬 코드는 다음과 같다.

코드 2.2 세미 랜덤 데이터에 대해 k 최근접 이웃 분류를 실행

```
1: from sklearn import neighbors, metrics
2: import numpy as np
3: predictors = np.random.random(1000).reshape(500,2)
4: target = np.around(predictors.dot(np.array([0.4, 0.6])) + np.random.random(500))
5: clf = neighbors.KNeighborsClassifier(n_neighbors=10)
6: knn = clf.fit(predictors,target)
7: knn.score(predictors, target)
8: prediction = knn.predict(predictors)
9: metrics.confusion_matrix(target,prediction)
```

1~2행: 모듈을 임포트한다.

3~4행: 랜덤 예측 변수 데이터를 생성하고, 예측 데이터에 기반한 세미 랜덤 목표 데이터를 생성한다.

5~6행: 10 최근접 이웃 모델을 적용.

7행: 모델 적합 점수를 얻음. 분류의 몇 퍼센트가 정확한가?

앞에서와 같이 랜덤한 상관관계 데이터를 구축했더니 놀랍게도 85%가 올바르게 분류됐다. 더 깊이 살펴보고자 한다면 모델을 채점해야 한다. knn.score()에 속지 마라. 그것은 모델의 정확도를 반환하지만, 우리가 예측하기 위해 그것을 데이터에 적용함을 의미하는 '모델 채점'에 의한 것이다.

8행: 예측값을 사용해 실제와 비교할 수 있다. 비교에는 혼동 행렬(confusion matrix)을 사용한다.

9행: 그림 2.25와 비슷한 3 x 3 행렬을 얻는다.

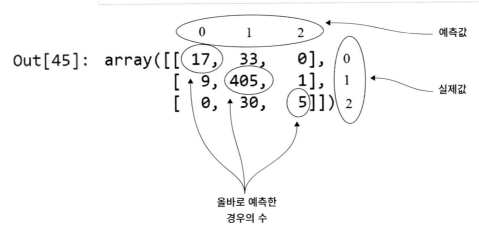

그림 2.25 혼동 행렬: 이 행렬은 예측값과 실제값을 비교함으로써 분류가 어느 정도로 올바르게 됐는지 보여준다. 그림의 (0,1,2) 계급들은 명확성을 위해 추가한 것이다.

혼동 행렬은 우리가 17+405+5 경우를 올바로 예측했음을 나타낸다. 그럭저럭 괜찮기는 하지만, 다음과 같은 이유에서 훌륭하다고는 할 수 없다.

- 첫째, 분류기에는 세 가지 선택사항밖에 없었다. 마지막에 np.around( )로 차이를 표시하게 되면 데이터를 가장 가까운 정수로 반올림할 것이다. 이 경우에 가장 가까운 정수는 0, 1, 2이다. 동전 던지기와 같은 진정한 랜덤 분포에 대해서도 세 가지 선택만으로는 500번의 추측을 아무리 잘못해도 33%보다 더 나쁠 수는 없다.

- 둘째, 우리는 여기에서도 쉬운 길을 택했다. 반응 변수(response variable)를 예측 변수와 연관시키는 것이다. 우리가 그런 식으로 했기 때문에 대부분의 관측값이 "1"이 됐다. 모든 경우에 대해 "1"이라고 추측함으로써 이미 유사한 결과를 얻은 바 있다.

- 우리는 예측값을 실제값과 비교했지만, 신선한 데이터를 가지고는 예측해보지 않았다. 모델을 구축할 때 사용한 것과 같은 데이터를 사용해 예측했다. 기분이야 좋겠지만, 모델이 진짜 새로운 데이터를 만났을 때 제대로 일을 할 것인지를 전혀 가늠할 수 없다. 이를 위해서는 다음 절에서 논의할 유보 표본(holdout sample)이 필요하다.

이 코드를 타이핑한다고 해서 마술이 일어날 것이라고 기대하지 마라. 모델링 단계까지는 시간이 걸리며, 매개변수(parameter)가 모두 주어져야 한다.

솔직히 말하자면 현업에서 바로 사용할 수 있도록 파이썬으로 구현된 것은 몇 가지에 지나지 않는다. 그렇지만 알파이(RPy) 라이브러리를 사용하면 R에서 사용 가능한 모델을 파이썬에서 쉽게 사용할 수 있다. RPy는 파이썬과 R의 인터페이스를 제공한다. R은 무료 소프트웨어 환경으로, 통계 컴퓨팅에 널리 사용된다. 아직 접해보지 않았다면 한번 살펴볼 가치가 있다. 2014년 현재 데이터 과학 분야에서 가장 널리 사용되는 프로그래밍 언어이기 때문이다. 자세한 정보는 http://www.kdnuggets.com/polls/2014/languages-analytics-data-mining-data-science.html을 참조하라.

2.6.3 모델 분석과 비교

다중 기준에 근거해 최적의 것을 선택하는 일에서 출발해 다중 모델들을 구축할 것이다. 유보 표본을 가지고 작업하면 최적의 모델을 고르는 데 도움이 된다. 유보 표본은 모델을 구축할 때 데이터의 일부를 남겨뒀다가 나중에 모델을 평가하는 데 사용하는 것이다. 원칙은 단순하다. 모델은 드러내지 않은 데이터에 대해서도 작동해야 한다. 모델을 추정하는 데는 데이터의 일부만 사용하고, 나머지의 유보 표본은 방정식을 위해 남겨둔다. 그런 다음 드러내지 않은 데이터를 모델에 적용하고 그것을 평가하기 위해 오차 척도를 계산한다. 여러 오차 척도를 사용할 수 있으며, 그림 2.26에서는 모델을 비교하는 일반적인 아이디어를 보여준다. 예제에서 사용된 오류 척도는 평균 제곱 오차(mean square error)이다.

$$MSE = \frac{1}{n} \sum_{i=1}^{n} (\hat{Y}_i - Y_i)^2$$

그림 2.26 평균 제곱 오차 공식

평균 제곱 오차는 단순한 척도로서 모든 예측에 대해 실제와 얼마나 떨어져 있는지 검사해 오차를 제곱하고, 모든 예측의 오차를 합한다.

그림 2.27은 가격을 바탕으로 주문 용량을 예측하기 위해 두 모델의 성능을 비교한다. 첫 번째 모델에서 '사이즈 = 3 × 가격'이며 두 번째 모델에서 '사이즈 = 10'이다. 모델들을 추정하기 위하여 우리는 1,000개 중에서 800개(혹은 80%)를 무작위로 선택한 관측을 사용하며, 나머지 20%를 모델에 보여주지 않는다. 모델이 훈련되면 우리는 이미 실제값을 알고 있는 나머지 20%의 변수에 대해 값을 예측하고, 오차 척도를 가지고 모델의 오차를 계산한다. 그런 다음 우리는 오차가 가장 적은 모델을 선택한다. 이 예에서 우리는 총 오차가 가장 낮은 모델 1을 선택했다.

많은 모델은 강력한 가정을 하며(예: 입력이 독립적이라고 가정), 그러한 가정이 실제로 타당한지 검증해야 한다. 이것을 **모델 진단**(model diagnostics)이라 한다.

이번 절에서는 유효한 모델을 구축하는 데 필요한 단계에 대해 간략히 소개한다. 작동하는 모델을 갖게되면 마지막 단계로 갈 준비가 된다.

	n	사이즈	가격	Predicted model 1	예측 모델 2	오류 모델 1	오류 모델 2
	1	10	3				
	2	15	5				
	3	18	6				
	4	14	5				
	…	…					
80% 훈련	800	9	3				
	801	12	4	12	10	0	2
	802	13	4	12	10	1	3
	…						
	999	21	7	21	10	0	11
80% 시험	1000	10	4	12	10	−2	0
					계	5861	110225

그림 2.27 유보 표본은 아직 노출되지 않은 데이터를 모델에 적용함으로써 일반화된 결과를 확인하는 데 도움이 된다.

2.7 6단계: 분석 결과 표현과 애플리케이션 구축

데이터를 성공적으로 분석하고 잘 작동하는 모델을 구축했다면 발견한 바를 세상에 드러내 보일 준비가 된 것이다(그림 2.28). 이런 일에는 신이 나게 마련이다. 그간의 고된 작업이 보상을 받으며 발견한 바를 이해관계자에게 설명할 수 있다.

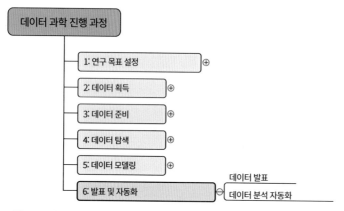

그림 2.28 6단계: 발표 및 자동화

여러분이 모델로부터 얻어낸 예측이나 통찰을 사람들이 너무나 좋아한 나머지 그 일을 몇 번이고 반복해야 하는 일이 생기기도 한다. 이런 이유 때문에 모델을 자동화해야 한다. 모든 분석을 처음부터 다시해야 한다는 말은 아니다. 때로는 모델 채점만 구현하는 것으로 충분할 때도 있다. 보고서나 엑셀 스프레드시트, 파워포인트 프레젠테이션을 자동으로 갱신하는 애플리케이션을 구축할 수도 있을 것이다. 데이터 과학의 마지막 단계에서는 소프트 스킬(soft skills)[9]이 유용하며, 매우 중요하다. 사실 그 주제에 대해서는 따로 책을 찾아서 공부할 것을 추천한다. 여러분이 하는 말을 아무도 듣지 않는다면 이렇게 힘든 일을 할 필요가 없지 않겠는가?

소프트 스킬을 제대로 발휘했다면 모델이 쓰이고 있을 터이고 이해관계자를 만족시켰을 것이므로 여기서 이번 장을 결론지을 수 있을 것이다.

---

9 (편주) 전문 지식이나 전문 기술을 보통 하드 스킬이라고 부르고, 인간관계 기술이나 협동 능력 등을 소프트 스킬이라고 부른다.

2.8 요약

이번 장에서는 데이터 과학의 과정이 여섯 단계로 이뤄진다는 것을 배웠다.

- **연구 목표 설정:** 무엇을, 왜, 어떻게 할 것인지 프로젝트 사명서에 정의한다.

- **데이터 획득:** 프로젝트에 필요한 데이터를 찾아 접근한다. 이러한 데이터는 회사 내에 있을 수도 있고 외부에서 가져와야 할 수도 있다.

- **데이터 준비:** 데이터의 오류를 확인해 정정하고, 복수의 출처로부터 얻은 데이터를 교차 검증하며, 모델에 적합하게 변환한다.

- **데이터 탐색:** 통계 내용을 서술하거나 시각적 기법을 동원해 데이터를 자세히 살핀다.

- **데이터 모델링:** 프로젝트의 목표를 달성할 수 있도록 머신러닝과 통계적 기법을 사용한다.

- **발표 및 자동화:** 결과를 관계자에게 보여주며 분석 과정을 반복해서 재사용할 수 있도록 자동화하며 다른 도구와 통합한다.

3장

머신러닝

이번 장에서는 다음을 설명한다.

- 데이터 과학자가 머신러닝을 사용하는 이유
- 머신러닝에 중요한 파이썬 라이브러리
- 모델 구축 절차
- 머신러닝 기법 사용
- 머신러닝 경험

컴퓨터가 어떻게 악의적인 사람들로부터 당신을 보호하는지 알고 있는가? 컴퓨터는 당신의 이메일 중 60% 이상을 걸러내며 여러분의 업무를 더 잘 보호하는 방법을 배울 수 있다.

사진 속의 사람을 구별하도록 컴퓨터에 명시적으로 가르칠 수 있는가? 사람을 구별하는 모든 경우의 수를 가늠해 볼 수는 있겠지만, 거의 무한한 가능성이 존재하므로 실용적이지 않다. 이런 일에 성공하려면 이번 장에서 다루는 **머신러닝**(machine learning)[1]이라는 새로운 기술이 필요하다.

3.1 머신러닝의 정의와 중요성

> "머신러닝은 명시적으로 프로그램되지 않고도 배울 수 있는 능력을
> 컴퓨터에 부여하는 것을 연구하는 분야이다."
> — 아서 사무엘, 1959[2]

---

1 (편주) 예전에는 주로 '기계학습'이라고 불렀지만, 최근에 이르러서는 주로 '머신러닝'이라고 부르는 경향이 있다.

2 이 인용문의 출처로 다음의 논문이 거론되곤 하지만, 1967년의 재판에는 포함되지 않았다. 저자들은 이 인용문을 검증하거나 정확한 출처를 찾을 수 없었다. Arthur L. Samuel, "Some Studies in Machine Learning Using the Game of Checkers," IBM Journal of Research and Development 3, no. 3 (1959):210229.

머신러닝에 대한 아서 사무엘(Arthur Samuel)의 정의가 종종 인용되는데, 컴퓨터가 어떻게 배울 수 있는지에 대한 의문이 남는다. 머신러닝을 달성하기 위해서 전문가들이 많은 종류의 학습 문제에 적용할 수 있는 범용 알고리즘을 개발하고 있다. 이런 범용 알고리즘인 경우라면 **특정 과제**(specific task)를 해결해야 할 때 알고리즘에 **특정 데이터**(specific data)를 넣기만 하면 된다. 어느 정도까지는 예제를 따라 프로그래밍하기는 해야 한다. 그렇지만 대부분의 경우에 컴퓨터는 데이터를 정보원으로 삼아 그 결과를 원하는 출력과 비교해 보고 그것을 정정한다. 사람이 그러하듯 컴퓨터는 더 많은 데이터 혹은 '경험'을 얻을수록 일을 더 잘할 수 있다.

머신러닝 과정을 살펴본다면 다음과 같은 정의가 설득력이 있다.

> "머신러닝은 주어진 데이터를 컴퓨터가 수집해 데이터를 학습함으로써
> 좀 더 정확하게 일할 수 있도록 하는 과정이다."
> — 마이크 로버츠[3]

예를 들어, 사용자가 더 많은 문자 메시지를 작성할수록 스마트폰은 공통으로 사용되는 어휘를 배워서 더 빠르고 정확하게 예측(자동완성)할 수 있다.

과학의 분야로 따지자면 머신러닝은 인공 지능의 하위 분야이며 응용 수학 및 통계학과 밀접한 관계가 있다. 다소 추상적으로 들릴 수 있겠지만 머신러닝이 일상생활에 많이 응용되고 있다.

3.1.1 데이터 과학에 머신러닝을 적용

회귀(regression)와 **분류**(classification)는 데이터 과학에서 중요한 부분이다. 이러한 목표를 달성하기 위해 데이터 과학자가 사용하는 주요 도구 중 하나가 머신러닝이다. 회귀와 자동 분류는 다음과 같이 폭넓게 쓰인다.

- 기존 광산을 바탕으로 새로운 유전, 금광, 고분 등을 찾기(분류와 회귀)
- 문장 속에서 지명이나 인명 찾기(분류)
- 사진이나 녹음된 음성을 바탕으로 사람 알아보기(분류)
- 울음소리를 듣고 새 종류 알아차리기(분류)

---

3   마이크 로버츠(Mike Roberts)는 이 책(원서)의 기술 편집자이다.

- 구매력이 높은 고객 구별하기(회귀 및 분류)
- 결함 발생 가능성이 높은 자동차 부품을 사전에 식별하기(회귀)
- 종양 및 질병 식별(분류)
- 어떤 고객이 물건값으로 치를 수 있는 최대 금액 예측(회귀)
- 특정 기간 화산의 분출 횟수를 예측(회귀)
- 회사의 연매출을 예측(회귀)
- 축구 챔피언스 리그의 우승팀 예측(분류)

때때로 데이터 과학자는 **모델**(실세계를 추상화한 것)을 구축해 현상의 이면으로부터 통찰을 얻어낸다. 모델의 목적이 예측이 아닌 해석에 있다면 **주요 원인 분석**(root cause analysis)이라고 부른다. 몇 가지 예를 들어 보자.

- 제품 라인에 가치를 부여하는 제품이 어느 것인지 판단하는 것과 같은 사업상의 이해와 최적화
- 당뇨병을 일으키는 원인을 탐색
- 교통 정체를 일으키는 원인을 판별

위에 나온 머신러닝 적용 목록은 맛보기에 불과하다. 머신러닝이 데이터 과학에 광범위하게 사용되기 때문이다. 회귀와 분류도 중요한 기술이지만, 그 밖에도 가치 있는 기술의 예가 있다. 머신러닝 기법은 데이터 과학 진행 과정에 사용되며, 다음 절에서 이에 대해 논의한다.

3.1.2 데이터 과학 진행 과정에서 머신러닝이 사용되는 곳

머신러닝은 데이터 과학 진행 과정 중 데이터 모델링 단계와 주로 관계가 있기는 하지만, 거의 모든 단계에 사용할 수 있다. 앞 장의 기억을 되살리기 위해 그림 3.1에서 데이터 과학 진행 과정을 다시 한 번 살펴보자.

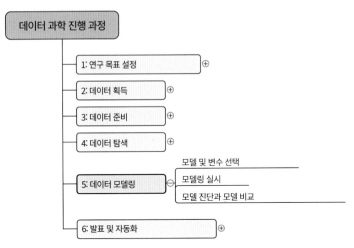

그림 3.1 데이터 과학 진행 과정

기초 데이터(raw data)[4]의 품질이 이해할 수 있는 수준에 미치지 못하면 데이터 모델링 단계를 시작할 수 없다. 그 전 단계인 **데이터 준비** 단계에서 머신러닝을 활용할 수 있다. 텍스트 문자열의 목록을 정제하는 일, 예를 들어 머신러닝으로 비슷한 문자열을 그룹화해 철자법의 오류를 쉽게 수정하는 일을 할 수 있다.

머신러닝은 또한 **데이터 탐색** 시에도 유용하다. 차트만으로 찾아내기 어려운 데이터의 패턴을 알고리즘으로 찾아낼 수 있다.

머신러닝이 데이터 과학 진행 과정에 유용하다고 할 때, 편리한 파이썬 라이브러리가 많이 개발돼 있다는 것이 그리 놀랍지 않다.

3.1.3 머신러닝에 사용하는 파이썬 도구

파이썬에는 머신러닝에 사용할 수 있는 패키지가 많이 있다. 파이썬 머신러닝 생태계는 그림 3.2와 같은 세 가지 주요 유형으로 나눌 수 있다.

---

4   (편주) 통계 용어로는 '원자료'에 해당한다.

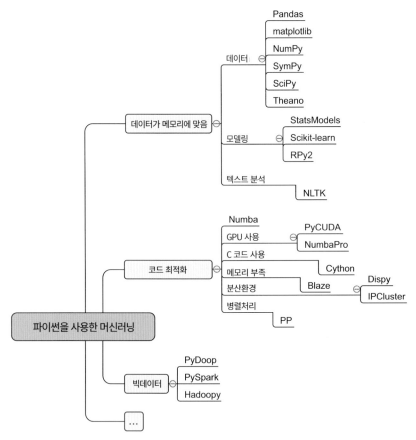

그림 3.2 머신러닝에 사용되는 파이썬 패키지

그림 3.2의 첫 번째 패키지 유형은 데이터 용량이 메모리에 담기에 알맞아서 간단한 작업에 주로 사용되는 것들이다. 두 번째 유형은 프로토타이핑을 마친 후에 속도와 메모리 문제를 해결하기 위해 코드를 최적화하는 데 사용된다. 세 번째 유형은 파이썬에 빅데이터 기술을 접목하는 데 특화됐다.

메모리 용량에 맞는 데이터를 처리하기 위한 패키지

프로토타이핑에 있어서 다음 패키지들을 이용하면 몇 줄의 코드만으로 고급 기능을 사용할 수 있다.

- **사이파이(SciPy)**는 NumPy, matplotlib, Pandas, SymPy와 같이 과학 컴퓨팅에 자주 사용되는 기초적인 패키지를 통합한 라이브러리다.

- **넘파이(NumPy)**는 강력한 배열 함수와 선형 대수 함수를 제공한다.

- **매트플롯라이브(Matplotlib)**는 인기 있는 2차원 그림 작성 패키지로, 3차원 그림 작성 기능도 약간 제공한다.

- **판다스(Pandas)**는 고성능을 내면서도 사용하기 쉬운 데이터 처리 패키지다. 인 메모리(in-memory) 데이터 테이블인 데이터프레임(dataframe)을 파이썬에서 사용할 수 있다. R을 사용해 봤다면 익숙한 개념일 것이다.

- **심파이(SymPy)**는 기호 수학(symbolic mathematics) 및 컴퓨터 대수(computer algebra)에 사용되는 패키지다.

- **스태츠모델스(StatsModels)**는 통계적 기법과 알고리즘을 위한 패키지다.

- **사이킷런(Scikit-learn)**은 머신러닝 알고리즘 라이브러리다.

- **알파이투(RPy2)**는 파이썬에서 R 함수를 호출할 수 있게 해준다. R은 인기 있는 오픈 소스 통계 프로그램이다.

- **엔엘티케이(Natural Language Toolkit, NLTK)**는 텍스트 분석에 초점을 맞춘 파이썬 도구모음이다.

이러한 라이브러리들은 처음 시작하기는 쉽지만, 파이썬 프로그램에서 자주 사용하려면 성능 문제를 해결해야 한다.

최적화 작업

애플리케이션이 운영 환경으로 이행하는 시점에는 다음의 라이브러리들이 원하는 속도를 얻는 데 도움이 될 것이다. 하둡과 스파크 같은 빅데이터 인프라를 포함하기도 한다.

- **넘바(Numba)와 넘바프로(NumbaPro)**: 애플리케이션의 속도를 높이기 위해 파이썬과 몇 가지 어노테이션으로 작성된 저스트인타임(just-in-time) 컴파일을 사용한다. 또한, NumbaPro는 그래픽 처리 장치(GPU)의 능력을 활용한다.

- **파이쿠다(PyCUDA)**: CPU 대신 GPU에서 실행되는 코드를 작성할 수 있어 계산량이 많은 애플리케이션에서 사용하기에 적합하다. 병렬화된, 필요한 컴퓨팅 사이클의 수에 비해 적은 입력을 필요로 하는 문제에 가장 적합하다. 단일 시작 상태에 기초해 수천 개의 결과를 계산함으로써 예측이 얼마나 견고한지 연구하는 것을 예로 들 수 있다.

- **사이썬(Cython), 즉 파이썬용 C(C for Python)**: 이것은 C 프로그래밍 언어를 파이썬에 도입한다. C는 저수준 언어로서, 그 코드는 컴퓨터가 사용하는 것(바이트코드)에 더 가깝다. 이러한 코드는 비트와 바이트로 이뤄져 있으므로 더 빠르게 실행된다. 또한, 컴퓨터는 변수의 타입을 알고 있을 때(**정적 타이핑**이라고 함) 더 빨리 동작한다. 파이썬은 그렇게 설계되지 않았으므로 Cython이 이러한 단점을 극복하도록 도와준다.

- **블레이즈(Blaze)**: 컴퓨터의 주기억 장치보다 더 큰 데이터 구조를 제공해 대규모 데이터셋으로 작업할 수 있게 해준다.

- **디스파이(Dispy)와 아이피클러스터(IPCluster)**: 이 패키지들은 컴퓨터의 클러스터에 분배되는 코드를 작성하도록 해준다.

- **피피(PP)**: 파이썬은 단일 프로세스로 실행되는 것이 기본이다. PP를 사용하면 단일 머신 또는 클러스터상에서 병렬 컴퓨팅을 구현할 수 있다.

- **파이둡(Pydoop) 및 하두파이(Hadoopy)**: 파이썬과 빅데이터 프레임워크인 하둡을 연결해준다.

- **파이스파크(PySpark)**: 인 메모리 빅데이터 프레임워크인 스파크를 파이썬에서 사용하도록 연결해 준다.

사용할 수 있는 라이브러리를 알아봤으니 모델링 과정을 살펴보자.

3.2 모델링 과정

모델링은 다음 네 단계로 진행된다.

1. 특성 가공과 모델 선택
2. 모델 훈련
3. 모델 검증 및 선택
4. 훈련된 모델을 드러내지 않은 데이터에 적용

좋은 모델을 찾기 위해서는 앞의 세 단계를 반복적으로 수행해야 할 수도 있다.

때로 예측이 아닌 설명(주요 원인 분석)이 목표일 때는 마지막 단계를 수행하지 않는다. 예를 들어, 종의 멸종 원인을 찾아내기를 원하지만, 다음 번에 지구상에서 사라질 종이 무엇인지 예측할 필요는 없을 때가 이에 해당한다.

여러 기법을 **연결**(chain)하거나 **조합**(combine)할 수 있다. 여러 모델을 연결할 때, 첫 모델의 출력이 두 번째 모델의 입력이 된다. 여러 모델을 조합할 때는 모델들을 따로 훈련시킨 다음에 그 결과들을 조합한다. 후자를 **앙상블 학습**(ensemble learning)이라고도 한다.

모델은 **특성**(또는 **예측변수**)과 **목표변수**(또는 **반응변수**)라고 하는 정보들의 구조로 이뤄진다. 모델의 목적은 목표변수(예: 내일의 최고 기온)를 예측하는 것이다. 오늘의 기온, 구름의 이동, 현재 풍속 등과 같은 특성 혹은 예측변수들이 내일의 최고 기온을 예측하는 데 도움이 된다. 모델은 될 수 있으면 간결해야 하고, 해석할 수 있어야 하며, 현실을 정확하게 표현하는 것이어야 좋다. 이를 위해 모델링에서 **특성 공학**(feature engineering)[5]이 가장 중요하고도 흥미로운 부분이다. 예를 들어, 지난 6만 년 동안 호주에서 일어난 대형 육상 동물의 멸종을 설명하기 위한 모델에서 중요한 특성은 인구 증가와 인류의 확산으로 판명됐다.

---

5 (편주) 특성을 다루는 기술. 보통 '특성 추출'이라고도 부르며, 때로는 '특성 가공'이라고도 한다. 이 책에서도 특성 추출이나 특성 가공 등으로 부르기도 한다.

3.2.1 특성 공학과 모델 선택

특성 공학을 이용해 모델에 적용 가능한 예측기(predictors)를 생성해야 한다. 예측을 달성하기 위해 모델이 이러한 특성을 재조합하므로 이 일은 여러 과정 중에서 가장 중요한 단계다. 의미 있는 특성을 찾기 위해서는 전문가의 도움을 받거나 적절한 문헌을 참고해야 한다.

어떤 특성은 데이터셋에서 가져온 변수일 수 있는데, 연습문제에 나오는 데이터셋과 대부분의 학교 과제에서 그러하다. 실제로는 특성을 직접 찾아내야 하며, 서로 다른 데이터셋들 사이에 흩어져 있을 수도 있다. 저자들은 여러 프로젝트에서 필요한 원자료를 얻기 위해 스무 개가 넘는 데이터 소스를 가져와야 했다. 때로는 좋은 예측변수를 얻거나 여러 입력을 조합하기 전에 입력을 가공해야 할 수도 있다. 여러 개의 입력을 조합하는 예로 **상호작용 변수(interaction variable)**를 들 수 있다. 단일 변수의 임팩트는 낮지만, 두 변수가 상호작용하면 임팩트가 거대해진다. 이는 화학 및 의학 분야에서 두드러진다. 예를 들어, 식초와 염소계 표백제는 해롭지 않은 일반적인 가정용품이지만 그것들을 섞으면 독성이 있는 염소가스가 발생한다. 제1차 세계대전에서 수천 명의 목숨을 앗아간 가스이다.

의약 분야 중에 임상 약학은 의약품의 상호작용 효과를 조사하는 것에 전념하는 전문 분야다. 이 직업은 중요한 일을 맡고 있으며, 두 가지 의약품을 섞어야만 잠재적으로 위험한 결과를 가져올 수 있는 것만은 아니다. 예를 들어, 스포라녹스와 같은 항진균제를 자몽과 섞으면 심각한 부작용을 초래한다.

특성을 파생하기 위해서 모델링 기법을 사용해야 할 때가 있다. 즉, 모델의 출력이 또 다른 모델의 일부가 되는 것이다. 이런 일은 특별한 게 아니며, 텍스트 마이닝에서 특히 그러하다. 문서를 내용에 따라 특정 범주로 분류하기 위해 먼저 주석을 달 수도 있고, 텍스트에서 지명 또는 인물이 등장하는 횟수를 셀 수도 있다. 이러한 횟수 세기가 겉보기보다 더욱 어려운 경우가 종종 있다. 모델이 인명 또는 지명처럼 특정한 단어를 인식하도록 하는 것이 우선이기 때문이다. 그렇게 횟수를 센 다음에 구축하려는 모델에 이러한 모든 새로운 정보를 쏟아붓는다. 모델 구축에 있어서 가장 큰 실수 중 하나는 **가용성 편향(availability bias)**이다. 쉽게 얻을 수 있는 특성만으로 구축한 모델은 반쪽짜리 '진실'을 나타내기 쉽다. 가용성 편향이 깃든 모델은 진실을 올바르게 표현하지 못한다는 것이 명백하게 드러나서 검증에 실패하곤 한다.

제2차 세계대전 중에 독일 영토에 폭탄을 투하한 영국의 항공기 중 많은 수가 날개, 기수 주변, 꼬리 부근에 총알이 뚫린 채로 돌아왔다. 조종석, 방향타, 기관실에 구멍이 난 경우는 거의 없었으므로 공학자들은 날개에 장갑을 덧대야 한다고 결정했다. 좋은 아이디어인 것처럼 보였지만 아브라함 왈드(Abraham Wald)라는 수학자가 명백한 실수라는 점을 밝혀냈다. 귀환한 항공기에 대해서만 셈을 한 것이 문제였다. 날개에 난 총알 구멍은 실제로는 큰 문제가 아니었는데, 최소한 그런 종류의 손상을 입은 항공기는 수리를 위해 돌아올 수는 있었던 것이다. 그런 이유로 돌아온 항공기에서 손상을 입지 않은 곳의 방탄 성능을 강화했다. 초기의 추론에는 가용성 편향이 있었다. 공학자들은 얻기 힘들다는 이유로 중요한 데이터를 무시했던 것이다. 이 경우는 그나마 운이 좋은데, 그 이유는 추락한 항공기로부터 데이터를 얻지 않고 의도한 결과를 얻기 위해 추론을 뒤집을 수 있었기 때문이다.

초기 특성을 생성한 다음에는, 데이터를 가지고 모델을 훈련할 수 있다.

3.2.2 모델 훈련

올바른 예측변수와 모델링 기법을 염두에 두고, 모델 훈련으로 진행할 수 있다. 이 단계에서는 모델에 데이터를 공급함으로써 학습을 시킨다.

가장 일반적인 모델링 기법들은 파이썬을 포함한 거의 대부분 프로그래밍 언어에서 실무에 사용할 수 있도록 구현돼 있다. 이것들은 몇 줄의 코드를 실행함으로써 모델을 학습시킬 수 있게 해준다. 더 뛰어난 최첨단의 데이터 과학 기법을 원한다면 현대적인 컴퓨터 과학 기술을 동원한 상당한 수학적 계산과 구현이 필요할 것이다.

모델을 훈련했으면 실제로 활용할 수 있는지 검증할 차례다.

3.2.3 모델 검증

데이터 과학에는 여러 가지 모델링 기법이 있으며, 어느 것을 언제 사용해야 할지 알아야 한다. 좋은 모델에는 두 가지 속성이 있다. 예측력이 높고, 아직 보이지 않은 데이터에 대해 일반화가 잘 된다. 이것을 달성하기 위해서 오류 척도(모델이 얼마나 틀렸는지 나타냄)와 검증 전략을 정의한다.

머신러닝에서의 두 가지 주요 **오류 측정 단위**(error measures)는 분류 문제에서의 **분류 오류율**(classification error rate)과 회귀 문제에서의 **평균 제곱 오차**(mean squared error)이다. 분류 오류율은 테스트 데이터셋에서 레이블이 잘못된 관측의 백분율이며 낮을수록 좋다. 평균 제곱 오차는 예측에 있어서 평균적인 오류가 얼마나 큰지 측정한다. 평균 오차를 제곱하면 두 가지 결과가 나온다. 첫째, 한 방향에서 잘못된 예측을 다른 방향에서 잘못된 예측을 가지고 상쇄할 수 없다. 예를 들어, 다음 달의 미래 매출액을 5,000만큼 과대계상한 것을 그다음 달에 5,000만큼 과소계상해 상쇄할 수 없는 것과 같다. 둘째, 더 큰 오류에 더 큰 가중치가 부여된다. 작은 오류는 작게 유지되거나 쪼그라들 수도 있지만(1보다 작은 경우), 큰 오류는 더 커져서 당신의 주의를 끌게 된다.

여러 가지 **검증 전략**이 존재하며, 다음과 같은 것이 일반적이다.

- 관측 데이터의 X%를 트레이닝셋(training set)과 유보 데이터셋(holdout data set, 모델을 생성하는 일에는 절대 사용하지 않는 데이터셋)으로 분할: 가장 널리 사용되는 방법이다.[6]
- K겹 교차 검증: 이 전략은 데이터셋을 k개로 나누어 각 부분을 한 번씩 시험 데이터로 사용하며 이때 다른 부분들은 훈련 데이터셋으로 사용한다. 이것의 장점은 데이터셋의 모든 데이터를 사용할 수 있다는 것이다.
- 하나만 남기기(leave-1 out): 이 접근은 k겹 교차 검증과 같되, k가 1이다. 항상 한 관측값을 남겨두고 나머지에 대해 훈련한다. 이것은 작은 데이터셋에만 사용하며, 빅데이터 분석보다는 실험실에서 일하는 사람들에게 더욱 가치가 있다.

머신러닝에서 많이 사용되는 또 다른 용어로 **규제화(regularization)**가 있다. 규제화를 적용할 때에는 모델을 구축하는 데 사용된 모든 추가적인 변수에 대한 페널티가 있다. **L1 규제화**는 모델에 대해 가능한 한 적은 예측변수를 사용하는 것이다. 이는 모델의 견고함을 위해 중요하다. 단순한 해결책이 더 많은 상황에 적용되기 때문이다. **L2 규제화**는 예측변수의 계수들 간의 분산을 가능한 한 최소화하는 것이다. 예측변수들 간의 분산이 겹치면 각 예측변수의 실제 효과를 가늠하기 힘들다. 분산이 겹치는 것을 피하면 해석가능성(interpretability)이 높아진다. 단순히 말해서 규제화는 너무 많은 특성으로 인해 모델이 과적합(over-fitting)되는 것을 막기 위해 쓰인다.

검증은 모델이 실세계에서 작동할 수 있을지 판단하기 때문에 매우 중요하다. 솔직히 말하면 모델이 금전적으로 가치가 있는지에 대한 것이다. 그렇기는 하지만 사람들은 이름 있는 과학 저널에 보내는 논문을 검증하는 일을 소홀히 한다(때때로 출판에 성공하기는 하지만 말이다). 그 결과로 논문이 반려되거나 논문이 철회되기도 하는데, 그 이유는 모든 것이 잘못됐기 때문이다. 이와 같은 상황은 정신 건강에 나쁘므로 항상 마음에 새겨 두자. 구축된 모델이 접해보지 않은 데이터로 모델을 시험하고, 신선한 관측값을 적용했을 때 무엇을 접하는지 또는 해당 데이터가 옳게 표현하고 있는지 확인하라. 분류 모델을 위해서는 혼동 행렬과 같은 도구가 가장 유용하다(2장에서 이미 소개했지만 이번 장에서 모두 설명한다).

좋은 모델을 구축하고 나면 미래를 예측하는 데 사용할 수 있다.

---

6 (편주) 이 방식을 홀드아웃 메서드(holdout method)라고 부른다. '(데이터) 유보 방식' 또는 '(데이터) 보류 방식' 또는 '(데이터) 잔류 방식' 정도로 이해하면 된다. 이 책에서는 holdout하는 행위를 '유보'라고 표현한다.

3.2.4 새로운 관찰을 예측하기

처음의 세 단계를 성공적으로 구현하면 보여지지 않은 데이터에 일반화하는 성능 좋은 모델을 갖게 된다. 신규 데이터를 모델에 적용하는 과정을 모델 채점(model scoring)이라 한다. 사실 모델 채점은 검증할 때 암시적으로 수행했지만, 지금은 올바른 결과를 알지 못한다. 지금쯤은 모델을 실제로 사용할 수 있을 만큼 충분히 신뢰할 수 있을 것이다.

모델 채점은 두 단계를 거친다. 먼저, 모델을 가지고 정의하는 것만큼 정확한 특성을 가진 데이터셋을 준비한다. 모델링 과정의 첫 단계에서 했던 데이터 준비를 새로운 데이터셋에 대해 반복하지 않기 위해서다. 그런 다음 모델을 새로운 데이터셋에 적용해 예측을 한다.

이제 머신러닝의 몇 가지 유형을 살펴보자. 문제가 달라지면 접근방법도 달라야 하는 법이다.

3.3 머신러닝 종류

머신러닝은 크게 머신러닝을 조율하는 데 사람의 노력이 얼마나 필요한지, **레이블 처리한 데이터(labeled data)**[7] 를 어떻게 사용하는지에 따라 나눌 수 있다. 레이블 처리한 데이터는 범주를 가지고 있거나 이전의 관측으로부터 도출한 것을 표현하는 실제 값이 할당된 것을 뜻한다.

- **지도 학습**(supervised learning) 기법은 레이블 처리한 데이터셋으로부터 패턴을 찾기 위해 노력함으로써 결과를 알아내고 학습하려고 시도한다. 데이터를 레이블 처리하는 일은 사람이 한다.
- **비지도 학습**(unsupervised learning) 기법은 레이블 처리한 데이터에 의존하지 않으며, 사람의 개입 없이 데이터셋에서 패턴을 찾으려고 시도한다.
- **준 지도 학습**(semi-supervised learning) 기법에는 데이터셋에서 패턴을 찾기 위해 레이블 처리한 데이터가 필요하므로 사람의 개입이 필요하지만, 레이블 처리를 하지 않은 데이터에 대해서도 결과를 얻을 수 있다.

여기에서는 세 가지 접근을 모두 살펴보고, 어떤 과업에 어떤 접근 방식이 유용한지 알아본다. 그리고 앞서 언급한 파이썬 라이브러리 한두 가지를 사용해 봄으로써 코드와 문제 해결을 맛보도록 한다. 각 예제에서는 정제 과정을 거친 데이터셋을 내려받음으로써 이 장의 앞부분에서 논의한 데이터 과학 진행 과정의 데이터 모델링 단계로 바로 들어갈 수 있게 했다.

---

7 (편주) 이름이나 표식을 붙인 데이터. 예를 들면, 여러 동물 사진 데이터 중에서 고양이 사진에는 '고양이'라는 이름을 붙이고, 개 사진에는 '개'라는 이름을 붙이는 식으로 명찰(label)을 단 데이터를 말한다.

3.3.1 지도 학습

앞서 설명했듯이 지도 학습은 레이블 처리한 데이터를 적용해야 하는 학습 기법이다. 이에 대한 예제
구현은 이미지로부터 숫자를 알아내는 것이다. 숫자 판독 사례 연구로 들어가도록 하자.

사례 연구: 이미지로부터 숫자를 판독

캡차(Captcha) 검사는 웹을 통해 사용자 계정을 탈취하는 해킹을 방지하기 위해 일반적으로 쓰이는
방법이다. 사용자는 글자와 숫자가 그려진 그림을 보고 그 값을 입력란에 입력해 웹 서버로 되돌려 보
낸다. 그림 3.3과 같은 그림에 익숙할 것이다.

그림 3.3 간단한 캡차 컨트롤을 사용하면 온라인 웹 폼을 통해 자동으로 스팸을 만들어 내는 일을 방지할 수 있다.

나이브 베이즈 분류기(naïve Bayes classifier)의 도움으로 관측값들을 계급별로 분류하는 간단하
면서도 강력한 알고리즘을 참고란에서 자세히 설명했으며, 텍스트 이미지로부터 숫자를 식별할 수 있
다. 많은 웹사이트에서는 사용자 계정을 탈취하려고 시도하는 컴퓨터를 가려내기 위해 캡차 검사를 사
용하며, 이 이미지들은 그것들과 별반 다르지 않다. 컴퓨터가 숫자 이미지를 식별하는 것이 어느 정도
로 어려운 일인지 알아보자.

우리의 연구 목표는 컴퓨터가 숫자의 이미지를 식별하도록 하는 것이다(데이터 과학 진행 과정 중 첫
단계).

작업에 사용할 데이터셋은 MNIST 데이터셋으로, 데이터 과학을 가르치거나 벤치마킹할 때 종종 사용
된다.

스팸 필터에 나이브 베이즈 분류기 도입하기

이메일이 모두 정직한 의도로 발송되는 것은 아니다. 받은 메일함에는 스팸이라고 하는 쓸모없는 상업적 대량 이메일이 쌓여 있을 것이다. 스팸은 성가실 뿐 아니라, 몰래 바이러스를 나르는 데 악용되곤 한다. 카스퍼스키(Kaspersky)[8]에서는 세계적으로 이메일의 60% 이상이 스팸일 것으로 추산했으며, 대부분의 이메일 클라이언트는 이메일이 스팸인지 안전한 것인지 분류하는 프로그램을 백그라운드에서 수행한다.

스팸 필터링에 많이 사용되는 기법은 메일 내의 단어를 사용하는 분류기를 예측변수로 사용하는 것이다. 특정 이메일에 사용된 단어를 바탕으로 그것이 스팸일 확률(통계적인 용어로는 P(스팸 | 단어))을 출력한다. 이 결론에 이르기 위해 세 가지 계산을 사용한다.

- P(스팸): 단어에 대한 지식이 배제된 평균 스팸 비율. 카스퍼스키에 따르면 이메일의 60%가 스팸이다.
- P(단어): 스팸 여부에 관계없이 단어의 조합이 얼마나 자주 나타나는지 나타낸다.
- P(단어 | 스팸): 훈련 메일이 스팸으로 레이블 처리됐을 때 이러한 단어가 얼마나 자주 나타나는지 나타낸다.

새로운 메일이 스팸인지 확률을 결정하는 데에는 다음 공식을 사용한다.

P(스팸 | 단어) = P(스팸)P(단어 | 스팸) / P(단어)

이것은 베이즈 규칙으로 알려진 P(B|A) = P(B) P(A|B) / P(A)를 이 분류기에 적용한 것이다. '순진함'을 뜻하는 '나이브(naïve)'라는 이름이 붙은 이유는 하나의 특성의 존재가 다른 특성에 대해서는 아무것도 알려주지 못한다(특성의 독립성. 다중 공선성(multicollinearity)의 부재라고도 함)고 가정하는 것에서 유래했다. 실제로는 특성들끼리 종종 연관돼 있으며, 특히 텍스트에서 그러하다. 예를 들어, 'buy'라는 단어 뒤에는 'now'가 종종 뒤따라온다. 비현실적인 가정인데도 나이브 분류기는 놀랄 만큼 실용적이다.

참고란에 소개한 이론을 바탕으로 모델링을 수행할 준비가 됐다. 지금 이후로 다루는 모든 코드는 앞에 나온 코드가 뒤에서 필요하므로 같은 유효범위(scope)[9]에서 실행해야 함을 명심하라. 이번 장에 나오는 아이파이썬(IPython) 파일은 이 책의 다운로드 페이지에서 내려받을 수 있다.

MNIST 이미지는 사이킷런의 데이터셋 패키지에서 찾을 수 있으며, 여러분을 위해 미리 정규화(normalized)되어 있으므로(모두 64x64픽셀 크기다), 데이터 준비(데이터 과학 진행 과정의 3단계) 작업은 그리 많지 않다. 하지만 데이터를 조회하는 일은 데이터 과학 진행 과정의 2단계에 해당하며, 다음 코드와 같다.

---

8   카스퍼스키 2014년 1/4분기 스팸 통계 보고서, http://usa.kaspersky.com/internet-security-center/threats/spam-statistics-report-q1-2014#.VVym9blViko.

9   (편주) 코드 내 사용하는 변수들이 상호 참조할 수 있게 하는 범위. 한 프로그램 파일 안에 지금부터 나오는 모든 코드를 같이 작성해 두면 코드들을 같은 유효범위 내에 묶어 둘 수 있다.

코드 3.1 데이터 과학 진행 과정의 2단계: 디지털 이미지 데이터 조회

```
1: from sklearn.datasets import load_digits
2: import pylab as pl
3: digits = load_digits()
```

1행: 숫자 데이터베이스를 임포트.

3행: 숫자를 로드.

이미지를 가지고 작업하는 일은 다른 데이터셋을 가지고 작업하는 것과 크게 다르지 않다. 그레이 이미지(gray image)[10]의 경우 그레이 값을 그려서 보여줘야 할 모든 행렬 엔트리에 값을 넣는다. 다음 코드는 이 절차를 시연하며, 이는 데이터 과학 진행 과정의 네 번째 단계인 데이터 탐색에 해당한다.

코드 3.2 데이터 과학 진행 과정의 네 번째 단계: 사이킷런 사용하기

```
1: pl.gray()
2: pl.matshow(digits.images[0])
3: pl.show()
4: digits.images[0]
```

1행: 이미지를 그레이 스케일 값으로 변환.

2~3행: 첫 번째 이미지를 보임.

4행: 연관되는 행렬을 보임.

그림 3.4는 흐릿한 '0'의 이미지를 데이터 행렬로 변환하는 것을 보여준다.

그림 3.4는 코드가 실제로 출력한 것이다. 이해를 돕기 위해 벡터의 각 요소가 어떻게 이미지의 일부가 되는지 그림 3.5에 나타냈다.

지금까지는 쉬웠지만 몇 가지 할 일이 남았다. 나이브 베이즈 분류기는 변수 리스트를 기대하지만, `pl.matshow()`는 이미지의 형상을 반영하는 2차원 배열(행렬)을 반환한다. 이를 리스트로 바꾸려면 `digits.images`에 대해 `reshape()`를 호출해야 한다. 그 결과는 다음과 같은 1차원 배열이 된다.

10 (편주) 즉, 회색조 이미지. 색상은 없고 명암만 있는 이미지

```
array([[ 0., 0., 5., 13., 9., 1., 0., 0., 0., 0., 13., 15., 10., 15., 5., 0.,
0., 3., 15., 2., 0., 11., 8., 0., 0., 4., 12., 0., 0., 8., 8., 0.,
0., 5., 8., 0., 0., 9., 8., 0., 0., 4., 11., 0., 1., 12., 7., 0.,
0., 2., 14., 5., 10., 12., 0., 0., 0., 0., 6., 13., 10., 0., 0., 0.]])
```

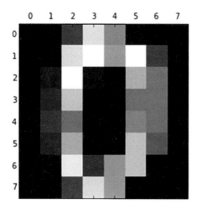

그림 3.4 숫자 0에 대한 흐릿한 그레이 스케일 표현과 관련 행렬. 숫자가 높을수록 흰색에 가깝고, 숫자가 낮을수록 검정에 가깝다.

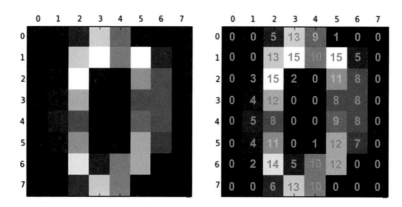

그림 3.5 우리는 각 픽셀의 그레이 스케일 값을 얻어서 그 값을 리스트에 넣음으로써 이미지를 나이브 베이즈 분류기가 사용할 수 있는 형태로 변환할 것이다.

앞의 코드 조각은 그림 3.5의 행렬이 파이썬 리스트로 평활화(2차원에서 1차원으로 축소)되는 것을 보여준다. 이제 이것은 표준적인 분류 문제가 되며, 데이터 과학 진행 과정의 5단계인 모델 구축을 적용할 수 있다.

이미지의 내용을 분류기에 전달하는 방법이 생겼으므로 이미지로부터 숫자를 알아내는 학습을 시작할 수 있도록 훈련 데이터셋에 이를 전달해야 한다. 앞서 언급한 바와 같이 사이킷런에는 MNIST 데이터 베이스(1,800개의 이미지)가 포함돼 있으므로 우리는 그것을 사용할 것이다. 각 이미지에는 이미지가 실제로 나타내는 숫자가 무엇인지 레이블 처리도 되어 있다. 이것은 그레이 스케일(gray scale)[11] 값으로 주어진 이미지가 어느 숫자를 나타내는지에 대한 확률적 모델을 메모리 내에 구축하게 된다.

일단 프로그램이 트레이닝셋을 거쳐 모델을 구축하고 나면 데이터의 테스트셋에 통과시킴으로써 모델을 사용해 이미지를 해석하는 것을 얼마나 잘 학습했는지 알 수 있다.

이는 다음 코드와 같이 구현할 수 있다.

코드 3.3 숫자 이미지에 대한 이미지 데이터 분류 문제

```
1: from sklearn.datasets import load_digits
2: from sklearn.cross_validation import train_test_split
3: from sklearn.naive_bayes import GaussianNB
4: from sklearn.metrics import confusion_matrix
5: import pylab as plt
6:
7: digits = load_digits()
8: y = digits.target
9:
10: n_samples = len(digits.images)
11: X = digits.images.reshape((n_samples, -1))
12:
13: print(X)
14:
15: X_train, X_test, y_train, y_test = train_test_split(X, y, random_state=0)
16: gnb = GaussianNB()
17: fit = gnb.fit(X_train,y_train)
18: predicted = fit.predict(X_test)
19: confusion_matrix(y_test, predicted)
```

8행(1단계): 목표변수를 선택.

10~11행(2단계): 데이터 준비. reshape는 행렬의 형태를 바꿔준다. 예를 들면, 이 메서드를 사용해 10x10 행렬을 100 벡터로 바꿀 수 있다.

15행(3단계): 테스트셋과 트레이닝셋으로 분할.

16행(4단계): 나이브 베이즈 분류기를 선택. 가우스 분포를 사용해 확률을 추산.

17행(5단계): 데이터에 적합화.

---

11 (편주) 즉, 명암 단계 또는 중간 계조

18행(6단계): 보여지지 않은 데이터를 예측.

19행(제7단계): 혼동 행렬을 생성.

이 코드의 최종 결과는 **혼동 행렬(confusion matrix)**이라고 불리는 것으로, 그림 3.6에 나타낸 것과 같다. 최종 결과는 2차원 배열로서 반환되는데, 주대각선은 예측된 숫자가 얼마나 자주 옳은 숫자였는지 의미하며, 원소 (i, j)는 j라고 예측했지만 이미지 i가 나타난 경우를 의미한다. 그림 3.6에서 모델이 숫자 2라고 올바로 예측한 것이 17회(좌표 3,3)이지만, 숫자 8이라고 예측했지만 실제 숫자는 2였던 것이 15회(좌표 9,3)이다.

```
array([[37,  0,  0,  0,  0,  0,  0,  0,  0,  0],
       [ 0, 39,  0,  0,  0,  0,  1,  0,  3,  0],
       [ 0,  9, 17,  3,  0,  0,  0,  0, 15,  0],
       [ 0,  0,  0, 38,  0,  0,  0,  2,  5,  0],
       [ 0,  1,  0,  0, 27,  0,  2,  8,  0,  0],
       [ 0,  1,  0,  1,  0, 43,  0,  3,  0,  0],
       [ 0,  0,  0,  0,  0,  0, 52,  0,  0,  0],
       [ 0,  0,  0,  0,  1,  0,  0, 47,  0,  0],
       [ 0,  5,  0,  1,  0,  1,  0,  4, 37,  0],
       [ 0,  2,  0,  7,  1,  0,  0,  3,  7, 27]])
```

그림 3.6 흐려진 이미지로 묘사된 숫자를 예측함으로써 생성된 혼동 행렬

 혼동 행렬

혼동 행렬은 얼마나 잘못(혹은 올바로) 예측했는지, 얼마나 '혼동스러운지' 보여주는 행렬이다. 가장 단순한 형태로는 관측을 A 아니면 B로 분류하는 2 x 2의 표가 될 것이다. 누군가가 우리의 새로운 제품인 체리 푸딩 튀김을 구입할지를 예측하는 분류 모델을 생각해보자. "그래, 이 사람은 살 거야" 혹은 "아니, 이 사람은 사지 않을 거야"라고 예측할 수 있다. 100명에 대해 예측을 한 다음 실제 행동과 비교해 얼마나 제대로 맞췄는지 나타낼 수 있다. 표 3.1에 예를 나타냈다.

표 3.1 혼동 행렬의 예

혼동 행렬	"살 것"으로 예측한 사람 수	"사지 않을 것"으로 예측한 사람 수
체리 푸딩 튀김을 **산** 사람	35(참 양성)	10(거짓 음성)
체리 푸딩을 **사지 않은** 사람	15(거짓 양성)	40(참 음성)

모델은 75건(35+40)에 대해 옳았고 25건(15+10)에 대해 틀렸으므로 정확도는 75%이다.

올바로 분류한 관측은 대각선에 더해지며(35+40), 그 외의 것들(15+10)은 부정확하게 분류한 것이다. 모델이 두 계급만을 예측할 경우(이진 분류) 올바른 추측은 참 양성(true positive, 살 것으로 예측했는데 실제

로도 구입함)과 참 음성(true negative, 사지 않을 것으로 예측했는데 실제로도 사지 않음)의 두 그룹이다. 잘못된 예측은 거짓 양성(false positive, 살 것으로 예측했는데 사지 않음)과 거짓 음성(false negative, 사지 않을 것으로 예측했는데 구입함)의 두 그룹이다. 혼동 행렬은 모델에서 가장 문제가 되는 부분을 알아보려고 할 때 유용하다. 이 경우 우리는 제품을 과신해 고객을 미래의 구매자로 너무 일찍 분류하기 쉽다(거짓 양성).

혼동 행렬로부터 대부분 이미지에 대해 예측이 상당히 정확하다는 것을 추론할 수 있다. 좋은 모델에서는 모든 행렬 원소의 합에 비해 행렬의 주대각선에 있는 숫자의 합(**대각합**)이 매우 높을 것이다. 이는 대부분의 경우에 예측이 정확함을 가리킨다.

결과를 좀 더 이해하기 쉬운 방법으로 나타내고자 한다거나, 여러 개의 이미지 및 우리의 프로그램이 예측한 것을 검사하기를 원한다고 하자. 우리는 다음 코드를 사용해 하나하나 나타낼 수 있다. 그런 다음 우리는 프로그램이 어디서 잘못됐으며 훈련이 더 필요한지 볼 수 있다. 결과에 만족한다면 여기서 모델 구축을 마치고 6단계인 결과 발표로 진행한다.

코드 3.4 예측값과 실제 숫자를 대조

```
1: images_and_predictions = list(zip(digits.images, fit.predict(X)))
2: for index, (image, prediction) in enumerate(images_and_predictions[:6]):
3:     plt.subplot(6, 3 ,index + 5)
4:     plt.axis('off')
5:     plt.imshow(image, cmap=plt.cm.gray_r, interpolation='nearest')
6:     plt.title('Prediction: %i' % prediction)
7:
8: plt.show()
```

1행: 숫자 이미지 행렬과 예측값(숫자)을 배열에 함께 저장.

2행: 첫 일곱 개의 이미지에 대해 루프.

3행: 6 x 3 플롯 그리드에 서브플롯을 추가한다. 이 코드는 plt.subplot(3, 2 ,index)로 단순화할 수 있지만, 이것이 시각적으로 더 끌린다.

4행: 축을 나타내지 않음.

5행: 이미지를 그레이 스케일로 나타냄.

6행: 예측된 값을 이미지의 제목으로 붙인다.

8행: 6개의 서브플롯으로 채워진 전체 플롯을 보여준다.

그림 3.7 흐릿한 이미지 각각에 대해 숫자를 예측한다. 숫자 2만 8로 잘못 해석됐다. 그런 다음 모호한 숫자는 3으로 예측됐지만, 이것은 5일 수
도 있다. 이것은 사람의 눈으로도 확실하지 않다.

그림 3.7은 숫자 2를 8로 레이블 처리한 것을 제외한 모든 예측이 올바르게 보이는지 나타낸다. 2가 8
과 시각적인 유사성이 있으므로 우리는 이 실수를 용서해야 한다. 사람이 보더라도 왼쪽 아래 부분이
불분명하다. 5인가 3인가? 보기에 따라 다르겠지만, 어쨌든 알고리즘은 3이라고 생각한다.

어느 이미지가 잘못 해석됐는지 알면 올바른 숫자를 레이블 처리해서 새로운 훈련 집합으로 모델에 다
시 집어넣어 모델을 더 훈련할 수 있다(데이터 과학의 5단계). 이렇게 하면 모델이 더욱 정확해질 것이
다. 즉, 학습·예측·교정을 반복하면서 예측이 점점 더 정확해진다. 이것은 우리가 예를 위해 사용하
는 제어된 데이터셋이다. 모든 예제는 같은 크기이며 그것들은 모두 16단계로 된 회색이다. 이를 캡차
컨트롤에서 보이는 것과 같이 다양한 음영과 길이, 크기를 가진 영문자와 숫자 이미지로 확장해본다면
캡차 이미지를 예측할 만큼 정확한 모델이 왜 아직 존재하지 않는지 알 수 있을 것이다.

이와 같은 지도 학습의 예에서 이미지가 어느 숫자를 나타내는지 프로그램에 알려주는 각 이미지와
연관된 레이블 없이는 모델을 구축할 수 없으며 예측을 할 수 없음이 명백하다. 그와 달리 비지도 학
습 방식에서는 레이블 처리한 데이터가 필요하지 않아서 비구조적 데이터를 구조화하기 위해 사용할
수 있다.

3.3.2 비지도 학습

대규모의 데이터에는 레이블이 붙어있지 않은 경우가 많으며, 모든 데이터를 정렬해 레이블을 붙이지
않는 한 지도 학습 접근 방식이 먹히지 않는다. 따라서 이러한 데이터에 적용할 수 있는 다른 접근 방식
을 취해야 한다.

- 우리는 **데이터 분포**를 연구해 분포의 서로 다른 부분에 있는 데이터에 대한 진실을 추론할 수 있다.
- 우리는 **데이터의 구조와 값**을 연구해 새롭고 더욱 의미 있는 데이터와 구조를 추론할 수 있다.

이러한 **비지도 학습** 접근 방식은 여러 가지다. 하지만 현업에서는 항상 데이터 과학 진행 과정의 1단계에서 정의한 연구 목표를 향해 나아가므로 지도 학습 기법을 위해 데이터셋을 레이블 처리하기 전, 혹은 목표를 달성한 후라도 다른 기술을 조합하거나 시도해야 할 수 있다.

데이터로부터 단순한 잠재 구조 간파하기

모든 것을 측정할 수 있는 것은 아니다. 당신이 누군가를 처음 만날 때 그들의 행동이나 반응을 통해 그들이 당신을 좋아하는지 추측하려고 시도할 수 있을 것이다. 그러나 만약 그들의 일진이 사나웠다면? 키우는 고양이가 집을 나갔다든지, 지난주에 장례식에 다녀온 후에 아직 기분이 풀리지 않았다면? 요점은 즉시 사용할 수 있는 변수도 있지만, 어떤 변수는 추론을 해야 하므로 데이터셋에 반영되지 않았을 수 있다는 것이다. 첫 번째 유형의 변수를 **관찰변수**(observable variables), 두 번째 유형을 **잠재변수**(latent variables)라 한다. 우리의 예에서 친구의 감정 상태가 잠재변수가 될 수 있다. 분명히 그들이 당신을 판단하는 데 잠재변수가 영향을 끼치지만, 그 값이 불분명하다.

데이터셋의 실제 내용을 근거로 잠재변수와 그 값을 유도 혹은 추론하는 것은 귀중한 기술이다. 그 이유는 다음과 같다.

* 잠재변수는 데이터셋에 이미 존재하는 변수들로 대체할 수 있다.
* 데이터셋에서 변수의 수를 줄임으로써 데이터셋이 좀 더 관리하기 쉬워지며, 알고리즘이 더 빨리 동작하고 예측이 더 정확해질 수 있다.
* 잠재변수는 연구 목표에 맞춰 설계하므로 그것을 사용함으로써 약간의 주요 정보를 잃는다.

가령 데이터셋을 각 행당 14개의 관찰변수에서 5~6개의 잠재변수로 축소할 수 있다면 데이터셋 구조가 단순하게 되어 연구 목표에 도달할 가능성이 커진다. 아래의 예에서 볼 수 있듯이 기존 데이터셋을 가능한 한 적은 잠재변수로 축소하는 것이 아니다. 파생된 여러 개의 잠재변수가 대부분의 값을 반환하는 지점을 찾아야 한다. 이를 소규모 사례 연구에 적용해 보자.

사례 연구: 포도주 품질 데이터셋에서 잠재변수 찾기

이 짧은 사례 연구에서는 주성분 분석(principal component analysis, PCA)으로 알려진 기법을 사용해 데이터셋으로부터 포도주의 품질을 나타내는 잠재변수를 찾는다. 그런 다음 잠재변수의 집합이 포도주의 품질 예측에 있어서 얼마나 잘 작동하는지 원래의 관측 가능한 집합과 비교해본다. 다음과 같은 것을 배울 수 있다.

1. 이러한 잠재변수를 식별하고 도출하는 방법.

2. PCA에 의해 생성한 **산비탈 그림(scree plot)**을 생성 및 해석함으로써 적정 지점이 어디인지, 즉 얼마나 많은 새로운 변수가 가장 유용한 결과를 내는지 분석하는 방법(산비탈 그림을 곧 살펴볼 것이다).

이 예제의 주요 요소는 다음과 같다.

- **데이터셋:** 캘리포니아 대학 어바인 캠퍼스(UCI)에는 머신러닝의 실습을 위한 325개 온라인 저장소가 있다(http://archive.ics. uci.edu/ml/). 우리는 P. Cortez, A. Cerdeira, F. Almeida, T. Matos, J. Reis의 ≪Wine Quality Data Set for red wines(적 포도주의 품질 데이터셋)≫을 사용한다.[12] 표 3.2와 같이 각 행에는 11개 변수가 있으며 길이는 1,600개 행이다.

- **주성분 분석:** 가능한 한 많은 정보를 유지하면서 데이터셋에서 잠재변수를 찾는 기법.

- **사이킷런:** 이미 PCA가 구현돼 있으며, 산비탈 그림을 생성할 수 있으므로 이 라이브러리를 사용한다.

표 3.2 적포도주 품질 데이터셋의 첫 3행[13]

고정산	휘발산	구연산	잔당	염화물	유리 이산화황	총 이산화황	밀도	pH	황산염	알코올	품질
7.4	0.7	0	1.9	0.076	11	34	0.9978	3.51	0.56	9.4	5
7.8	0.88	0	2.6	0.098	25	67	0.9968	3.2	0.68	9.8	5
7.8	0.76	0.04	2.3	0.092	15	54	0.997	3.26	0.65	9.8	5

데이터 과학 진행 과정의 첫 단계는 연구 목표를 설정하는 것이다. 우리는 포도주의 여러 속성을 사용해 '포도주 품질'이라는 주제를 설명하고자 한다.

먼저 해야 할 일은 다음과 같은 코드를 사용해 데이터셋을 내려받고(2단계: 데이터 획득), 분석을 위해 준비(3단계: 데이터 준비)하는 것이다. 그런 다음 PCA 알고리즘을 사용하고 그 결과를 원하는 형태로 살펴볼 것이다.

코드 3.5 데이터 획득과 변수 표준화

```
1: import pandas as pd
2: from sklearn import preprocessing
3: from sklearn.decomposition import PCA
4: import pylab as plt
```

12 포도주 품질 데이터셋에 대한 상세한 내용은 https://archive.ics.uci.edu/ml/datasets/Wine+Quality을 참조.

13 (옮긴이) 이해를 돕기 위해 표의 항목을 한글 용어로 옮겼다.

```
 5:
 6: url = "http://archive.ics.uci.edu/ml/machine-learning-databases/wine-quality/winequality-red.csv"
 7: data = pd.read_csv(url, sep= ";")
 8: X = data[[u'fixed acidity', u'volatile acidity', u'citric acid', u'residual sugar',
 9:         u'chlorides', u'free sulfur dioxide', u'total sulfur dioxide', u'density',
10:         u'pH', u'sulphates', u'alcohol']]
11: y = data.quality
12: X = preprocessing.StandardScaler().fit(X).transform(X)
```

6행: 포도주 품질 데이터셋을 내려받는다.

7행: CSV 데이터를 읽음. 필드는 세미콜론으로 구분돼 있다.

8~10행: X는 예측변수의 행렬이다. 각 변수는 밀도와 알코올 함량과 같은 포도주의 속성을 나타낸다.

11행: y는 독립 변수(목표변수)를 나타내는 벡터이다. y는 포도주의 품질을 반영한다.

12행: 데이터를 표준화할 때 다음의 공식이 각 데이터 지점에 적용된다. $z=(x-\mu)/\sigma$ 여기서 z는 새로운 관측값, x는 이전의 관측값, μ는 평균, σ는 표준 편차이다. 데이터 행렬의 PCA는 먼저 열들(columns)이 열들의 평균값으로 인해 중앙에 놓일 때 해석하기가 쉽다.

준비된 초기 데이터를 가지고 PCA를 실행할 수 있다. 그 결과로 얻어지는 산비탈 그림(곧 설명한다)을 그림 3.8에 나타냈다. PCA는 탐색적 기법이므로 데이터 과학 진행 과정의 네 번째 단계인 데이터 탐색에 도착한 셈이다. 다음 코드를 보라.

코드 3.6 주성분 분석을 수행

```
1: model = PCA()
2: results = model.fit(X)
3: Z = results.transform(X)
4: plt.plot(results.explained_variance_)
5: plt.show()
```

1행: 주성분 분석 계급의 인스턴스를 생성한다.

2행: 변수의 수를 줄일 수 있는지 알기 위해 예측변수에 PCA를 적용한다.

3행: 결과를 배열로 변환해 데이터를 새로 생성하는 데 사용할 수 있게 한다.

4행: 변수들의 변량을 설명하는 플롯(산비탈 그림)이다.

5행: 플롯을 나타낸다.

그림 3.8은 포도주 데이터셋으로부터 생성한 산비탈 그림이다. 여기서 보고자 하는 것은 팔꿈치 혹은 하키 채 모양이 도표에 나타나는 것이다. 이것은 데이터셋 가운데 몇몇 변수만 중요 정보를 표현하며, 나머지는 상대적으로 덜 중요하다는 것을 시사한다. PCA에서 한 개의 변수로 압축하였을 경우 총 정보의 약 28%를 포획하며(도표는 0에서 시작하므로 변수가 한 개일 때가 x 축의 0에 위치한다), 변수가 두 개일 때는 약 17%가 증가해 총 45%를 나타낼 수 있다는 것을 이 그래프를 통해 알 수 있다. 전체 수치는 표 3.3에 있다.

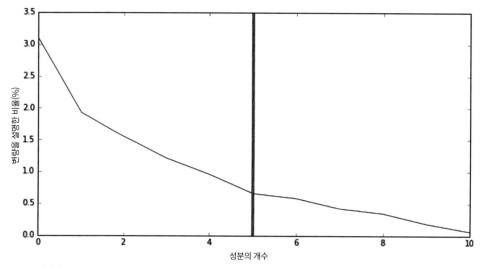

그림 3.8 PCA 산비탈 그림은 PCA에서 새로운 변수가 추가로 나타내는 정보의 양을 보여준다. 첫 번째 변수는 데이터에 있는 분산의 약 28%를, 두 번째 변수는 다른 17%를, 세 번째는 약 15%를 설명한다.

표 3.3 PCA를 통해 알아낸 것

변수 개수	알아낸 추가 정보	포획된 데이터 전체
1	28%	28%
2	17%	45%
3	14%	59%
4	10%	69%
5	8%	77%
6	7%	84%
7	5%	89%
8~11	···	100%

도표에 나온 모양을 보고서 다섯 개의 변수가 데이터 내에서 찾은 정보 대부분을 쥐고 있음을 알 수 있다. 당신은 6~7개의 변수를 자르는 것이 좋다고 주장할 수도 있겠지만, 우리는 원래의 데이터셋보다 데이터의 변화가 적은 것, 좀 더 간단한 데이터셋을 선택할 것이다.

이 시점에서 더 나아가 원래의 데이터셋을 다섯 개의 잠재변수를 가지고 재작성한 것이 포도주의 품질을 정확히 예측할 만큼 충분히 좋은지 살펴볼 수 있지만, 그렇게 하기 전에 그것들이 무엇을 나타내는지 어떻게 식별할 수 있는지 살펴볼 것이다.

새로운 변수 해석하기

11개의 기존 변수를 5개의 잠재변수로 데이터셋을 축소하기로 한 초기의 결정을 바탕으로 원래 변수와의 관계에 기초해 해석하거나 이름을 붙일 가능성이 있는지 확인할 수 있다. lv1, lv2 같은 코드와 비교했을 때 실제 이름이 작업하기가 더 쉽다. 우리는 다음 코드에 변수들의 두 집합이 어떻게 연관되는지 보여주는 테이블을 생성하는 코드를 추가할 수 있다.

코드 3.7 판다스 데이터 프레임에서 PCA 성분을 보임

```
pd.DataFrame(results.components_, columns=list(
    [u'fixed acidity', u'volatile acidity', u'citric acid', u'residual sugar',
     u'chlorides', u'free sulfur dioxide', u'total sulfur dioxide', u'density', u'pH',
     u'sulphates', u'alcohol']))
```

결과 테이블(표 3.4)의 행들은 수학적 연관성을 나타낸다. 즉, 집합에서 총 정보의 약 28%를 포획하는 첫 번째 잠재변수는 다음 공식을 따른다.

$$Lv1 = (고정산 * 0.489314) + (휘발산 * -0.238584) + \cdots + (알코올 * -0.113232)$$

표 3.4 PCA를 통해 11개의 기존 변수의 상관성을 5개의 잠재변수로 계산

	고정산	휘발산	구연산	잔당	염화물	유리 이산화황	총 이산화황	밀도	pH	황산염	알코올
0	0.489314	-0.238584	0.463632	0.146107	0.212247	-0.036158	0.023575	0.395353	-0.438520	0.242921	-0.113232
1	-0.110503	0.274930	-0.151791	0.272080	0.148052	0.513567	0.569487	0.233575	0.006711	-0.037554	-0.386181
2	0.123302	0.449963	-0.238247	-0.101283	0.092614	-0.428793	-0.322415	0.338871	-0.057697	-0.279786	-0.471673
3	-0.229617	0.078960	-0.079418	-0.372793	0.666195	-0.043538	-0.034577	-0.174500	-0.003788	0.550872	-0.122181
4	0.082614	-0.218735	0.058573	-0.732144	-0.246501	0.159152	0.222465	-0.157077	-0.267530	-0.225962	-0.350681

새 변수 각각에 대해 적당한 이름을 부여하기는 좀 까다로우며, 정확성을 위해 실제 포도주 전문가의 조언이 필요할 것이다. 그렇지만 당장 포도주 전문가를 데려와 쓰기는 어려우므로 다음과 같이 부르기로 한다(표 3.5).

표 3.5 포도주 품질 PCA로 생성한 변수의 해석

잠재변수	가능한 해석
0	고정산
1	황화물
2	휘발산
3	염화물
4	잔당 부족

우리는 이제 실제 데이터셋을 다섯 개의 잠재변수만으로 다시 코드화할 수 있다. 이 일은 데이터 준비를 다시 하는 일에 해당하므로 데이터 과학의 세 번째 단계인 데이터 준비를 다시 수행한다. 2장에서 언급한 것과 같이 데이터 과학 진행 과정은 반복되며, 특히 3단계인 데이터 준비와 4단계 데이터 탐색을 여러 번 수행하게 된다.

표 3.6은 이를 적용한 첫 3개 행을 보여준다.

표 3.6 다섯 개의 잠재변수가 기록된 적포도주 품질 데이터셋의 첫 3행

	고정산	황화물	휘발산	염화물	잔당 부족
0	−1.619530	0.450950	1.774454	0.043740	−0.067014
1	−0.799170	1.856553	0.911690	0.548066	0.018392
2	2.357673	−0.269976	−0.243489	−0.928450	1.499149

2번 포도주는 고정산 값이 특히 높은 데 반해, 0번 포도주는 휘발산의 값이 높은 것을 볼 수 있다. 전혀 좋은 포도주가 아닌 것 같다!

잠재변수를 바탕으로 원래 데이터셋의 정확도를 비교하기

데이터셋을 기존 11개 변수에서 다섯 개의 잠재변수로 재코드화하기로 했으므로 새로운 데이터셋이 기존과 비교했을 때 포도주의 품질을 얼마나 잘 예측하는지 알아볼 시간이다. 앞의 지도 학습 예제에서 봤던 나이브 베이즈 분류기 알고리즘을 사용한다.

기존 11개 변수가 포도주 품질 점수를 얼마나 잘 예측하는지부터 보자. 코드는 다음과 같다.

코드 3.8 주성분 분석 이전의 포도주 점수 예측

```
1: from sklearn.cross_validation import train_test_split
2: from sklearn.naive_bayes import GaussianNB
3: from sklearn.metrics import confusion_matrix
4:
5: gnb = GaussianNB()
6: fit = gnb.fit(X,y)
7: pred = fit.predict(X)
8: print(confusion_matrix(pred,y))
9: print(confusion_matrix(pred,y).trace())
```

5행: 추정을 위해 가우스 분포 나이브 베이즈 분류기를 사용.

6행: 데이터 적합 처리.

7행: 보여지지 않은 데이터를 예측.

8행: 혼동 행렬을 분석.

9행: 올바르게 분류된 모든 사건의 수는 대각합. 즉 혼동 행렬을 분석한 뒤에 주대각선에 있는 원소의 합이다. 나이브 베이즈 분류기가 1599 중에서 897건을 올바르게 예측을 한 것을 볼 수 있다.

이제 우리는 동일한 예측 시험을 하되, 기존의 11개 변수 대신에 단 1개 잠재변수만으로 시작한다. 그런 다음에 한 개를 추가하고 어떻게 되는지 살펴보고, 또 한 개를 추가하고 살펴보는 식으로 예측 성능이 개선되는지 살펴본다. 다음은 그 일을 하는 코드다.

코드 3.9 주성분의 수를 늘림으로써 포도주 점수를 예측

```
 1: predicted_correct = []
 2: for i in range(1,10):
 3:     model = PCA(n_components = i)
 4:     results = model.fit(X)
 5:     Z = results.transform(X)
 6:     fit = gnb.fit(Z,y)
 7:     pred = fit.predict(Z)
 8:     predicted_correct.append(confusion_matrix(pred,y).trace())
 9:     print(predicted_correct)
10:
```

```
11: plt.plot(predicted_correct)
12: plt.show()
```

1행: 배열은 올바르게 예측된 관측값으로 채워질 것이다.

2행: 처음 감지된 10개 주성분에 대해 반복순회(loop)한다.

3행: 1개 성분(첫 이터레이션)에서 10개 성분(10번째 이터레이션)을 가지고 PCA 모델을 인스턴스화한다.

4행: PCA 모델을 x 변수(특성)에 적합하게 한다.

5행: Z는 행렬 형태의 결과(실제로는 배열이 들어있는 배열)다.

6행: 추정을 위해 가우스 분포 나이브 베이즈 분류기를 사용한다.

7행: 적합화된 모델을 사용한 실제 예측 자체이다.

8행: 각 이터레이션의 끝에서 올바로 분류된 관측값의 개수를 더한다.

9행: 이 배열을 프린트함으로써 각 이터레이션 후에 올바로 분류된 관측이 추가된 새로운 카운트가 어떻게 될 것인지 볼 수 있다.

11행: 배열을 그림으로 나타내면 보기 쉽다.

12행: 그림을 표시한다.

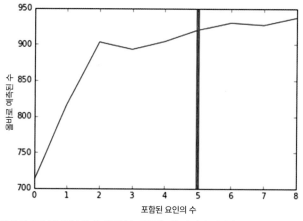

그림 3.9 결과 도표는 모델(x 축)에 더 많은 잠재변수를 추가할수록 예측력(y 축)이 어떤 지점까지는 많이 증가하다가 차차 증가세가 줄어든다는 점을 보여준다. 변수를 추가해도 예측력이 점차 줄어든다.

결과 도표를 그림 3.9에 나타냈다.

그림 3.9의 도표는 포도주의 품질을 예측하는 작업을 원래 있던 11개 변수로 할 때보다 3개 잠재변수를 가지고 한 것이, 분류기가 더 나은 결과를 나타냄을 보여준다. 또한 5개 이상의 잠재변수를 추가해도 처음의 5개만큼 예측력을 높이지는 못한다. 이는 우리가 희망했던 대로 5개 변수에서 멈춘 것이 좋은 선택이었음을 보여준다.

유사한 변수를 그룹화하는 것을 살펴봤지만, 관측값을 그룹화할 수도 있다.

데이터 분포를 통찰할 수 있게 유사한 관측을 한 데 묶기

선호하는 영화와 관람한 영화에 관해 사용자들이 입력한 내용을 바탕으로 사용자에게 영화를 추천하는 웹사이트를 만든다고 가정해보자. 공포 영화를 많이 보는 사람은 새로운 공포 영화 소식을 알고 싶어 할 가능성이 높지만, 새로운 청춘 로맨스 영화에 대해서는 그리 관심이 없을 것이다. 같은 영화를 보고, 취향도 비슷한 사람끼리 묶음으로써 그들에게 추천할 만한 다른 영화에 대한 통찰을 얻을 수 있을 것이다.

여기서 설명하는 기법은 일반적으로 **군집화(clustering)**라고 알려진 것이다. 이 과정에서 우리는 데이터셋을 관측 부분집합, 즉 **군집(clusters)**으로 나누려고 하는데, 같은 군집에 속한 관측값들은 서로 비슷하지만, 서로 다른 군집에 속한 관측값은 서로 아주 다르다. 그림 3.10은 군집화가 달성하고자 하는 목표를 쉽게 이해할 수 있게 그림으로 나타낸 것이다. 그림의 왼쪽 위에 원으로 표시된 점들은 다른 것들에 비해 확실히 서로 가까이 붙어있다. 오른쪽 위의 X자 모양 점들도 그러하다.

사이킷런의 sklearn.cluster 모듈에는 k 평균 알고리즘, 친근도 전파(affinity propagation)[14], 분광 군집화(spectral clustering)[15]와 같은 데이터 군집화를 위한 여러 공통적 알고리즘이 구현돼 있다. k-평균이 시작하기에 좋은 범용 알고리즘이기는 하지만, 저마다 적합한 한두 가지 용례가 있다.[16] 그러나 모든 군집화 알고리즘처럼 원하는 군집의 개수를 미리 정해야 하므로 그럴듯한 결론을 얻기까지 시행착오 과정을 겪게 된다. 게다가 분석에 필요한 모든 데이터가 사용 가능하다고 전제한다. 그렇지 않다면 어떻게 할 것인가?

붓꽃을 그 특성(꽃받침의 길이와 너비, 꽃잎의 길이와 너비 등)에 따라 군집화하는 실제 사례를 살펴보자. 이 예에서는 k 평균 알고리즘을 사용할 것이다. 데이터를 파악하기 좋은 알고리즘이지만, 시작값에 민감하므로, 시드(seed, 시작값 생성기에 쓸 상수)를 지정함으로써 시작값을 수작업으로 정하지 않는다면 알고리즘을 실행할 때마다 다른 군집으로 끝날 수 있다. 계층 구조를 찾아내야 한다면 계층적 군집 기법들(hierarchical clustering techniques)을 구현한 클래스에서 알고리즘을 가져와 사용하는 편이 낫다.

---

14 (편주) 즉, 유사도 전파

15 (편주) 즉, 스펙트럼 군집화

16 사이킷런의 군집화 알고리즘들을 비교한 문서가 http://scikit-learn.org/stable/modules/clustering.html에 있다.

또 한 가지 단점은 원하는 군집을 미리 지정해야 한다는 점이다. 이로 인해 만족할 만한 결론에 이르기까지 시행착오를 겪게 되곤 한다.

코드를 실행하는 일은 아주 간단하다. 목표변수를 전달할 필요가 없다는 점을 제외하면 다른 분석과 같은 구조를 따른다. 흥미로운 패턴을 학습하는 것은 알고리즘에 달려있다. 다음 코드는 알고리즘으로 서로 다른 붓꽃을 그룹화할 수 있는지 살펴보기 위해 붓꽃 데이터셋을 사용한다.

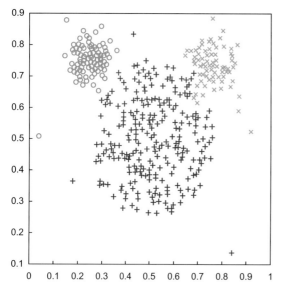

그림 3.10 군집화는 데이터셋을 '충분히 구분된' 부분집합으로 나누는 것을 목표로 한다. 이 플롯을 예로 들면, 관측 내용을 세 군집으로 나눌 수 있다.

코드 3.10 붓꽃 분류 예제

```
01: import sklearn
02: from sklearn import cluster
03: import pandas as pd
04:
05: data = sklearn.datasets.load_iris()
06: X = pd.DataFrame(data.data, columns = list(data.feature_names))
07: print(X[:5])
08: model = cluster.KMeans(n_clusters=3, random_state=25)
09: results = model.fit(X)
10: X["cluster"] = results.predict(X)
11: X["target"] = data.target
```

```
12: X["c"] = "lookatmeIamimportant"
13: print(X[:5])
14: classification_result = X[["cluster",
15:     "target","c"]].groupby(["cluster","target"]).agg("count")
16: print(classification_result)
```

5행: 사이킷런의 붓꽃 데이터를 적재한다.

6행: 붓꽃 데이터를 판다스 데이터 프레임으로 변환한다.

7행: 처음 5개 관측값의 데이터 프레임을 화면에 출력한다. 이제 꽃받침 길이(sepal length), 꽃받침 너비(sepal width), 꽃잎 길이(petal length), 꽃잎 너비(petal width)라는 네 가지 변수를 명확하게 볼 수 있다.

8행: 3개 군집을 사용해 k 평균 군집 모델을 초기화한다. random_state는 랜덤 시드(seed)이다. 따로 지정하지 않으면 시드 자체도 임의로 정해진다. 우리는 3개 군집을 선택했는데, 그 이유는 마지막 코드에서 이것이 복잡성과 성능 사이의 좋은 절충이 될 수 있음을 봤기 때문이다.

9행: 모델을 데이터에 적합하게 한다. 모든 변수는 독립 변수로 간주한다. 비지도 학습에는 목표변수(y)가 없다.

10행: cluster라는 또 다른 변수를 데이터 프레임에 추가한다. 이것은 데이터셋에서 각 꽃의 군집 소속도를 나타낸다.

11행: 끝으로 목표변수(y)를 데이터 프레임에 추가하자.

12행: 변수 c를 추가한 것은 행 수를 세기 위해서이며, 여기에는 임의의 값을 넣는다.

14~15행: 이 코드는 세 부분으로 되어 있다. 첫 번째로 군집, 목표, c 열을 선택한다. 다음으로 목표 열에 의해 그룹화한다. 끝으로 간단한 카운트 집계를 바탕으로 그룹의 열을 집계한다.

16행: 이 분류 결과 행렬은 군집화의 성공 여부를 알려준다. 군집 0은 한 점이다. 군집 1과 2에서는 약간 섞여 있기는 하지만 150개 중에 오분류가 16(14+2)건밖에 되지 않는다.

붓꽃 분류의 출력을 그림 3.11에 나타냈다.

이 그림은 레이블을 사용하지 않더라도 150개 중 134(50+48+36)건의 올바른 분류 결과를 내어 공식적인 붓꽃 분류와 유사한 군집을 찾을 수 있음을 보여준다.

항상 지도 학습과 비지도 학습 중에서 어느 한쪽을 선택해야 하는 것은 아니다. 때로는 두 가지를 조합할 수도 있다.

cluster	target	c
0	0	50
1	1	48
	2	14
2	1	2
	2	36

그림 3.11 붓꽃 분류의 출력

3.3.3 준지도 학습

모든 데이터에 레이블 처리가 되어 있다면 강력한 지도 머신러닝 기법을 적용할 수 있겠지만, 현실적으로는 레이블 처리한 데이터가 있는 것만으로도 고마워하며 최소한의 레이블 처리한 데이터만으로 작업해야 하는 경우가 종종 있다. 비지도 머신러닝 기법을 사용해 무엇이 있는지 분석하고 데이터셋에 레이블을 붙일 수 있다. 그러나 레이블을 모두 붙이려면 비용이 많이 든다. 그렇다면 레이블 처리를 최소로만 한 데이터를 가지고 예측 모델을 훈련하는 것을 목표로 삼을 수 있다. 이와 같이 앞에서 본 두 가지 접근방법을 혼합한 것이 준지도 학습이다.

그림 3.12의 플롯을 예로 들어보자. 이 경우에 데이터에는 레이블 처리한 관측값이 두 개밖에 없는데, 이는 유효한 예측을 하기에 너무 적다.

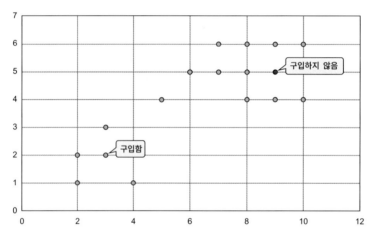

그림 3.12 이 플롯에는 레이블 처리한 관측값이 두 개밖에 없다. 지도 관측을 하기에는 너무 적지만, 비지도 혹은 준지도 방식으로 접근하기에는 충분하다.

준지도 학습의 일반적인 기법은 **레이블 전파**(label propagation)이다. 이 기법에서는 레이블이 붙은 데이터로 시작해서 그와 비슷한 데이터 지점에 같은 레이블을 부여한다. 이는 데이터셋에 군집화 알고리즘을 적용하고, 각 군집에 포함된 레이블을 해당 군집에 붙이는 것과 비슷하다. 이러한 접근 방식을 그림 3.12의 데이터셋에 적용하면 그림 3.13과 비슷한 결과를 얻게 될 것이다.

준지도 학습의 한 가지 특수한 접근 방식으로 **능동 학습**(active learning)이 있다. 능동 학습에서는 다음 차례 학습을 위해 레이블 처리하고자 하는 관측값을 프로그램이 지정한다. 예를 들어, 알고리즘이 가장 불확실한 관측에 대해 레이블 처리를 하거나, 여러 모델을 적용해본 결과가 가장 불일치하는 지점들을 선택할 수도 있다.

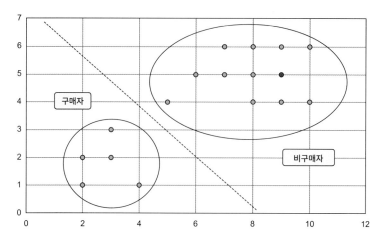

그림 3.13 앞의 그림은 두 개의 레이블만 있는 관측 데이터를 보여주며, 지도 학습을 하기에는 레이블이 너무 적다. 이 그림은 잠재된 데이터셋의 구조가 레이블 처리한 데이터만 있는 것에 비해 어떻게 더 나은 분류기를 학습할 수 있는지 보여준다. 군집화 기법에 의해 데이터는 두 군집으로 나뉜다. 우리는 두 개의 레이블 처리한 값만을 사용했지만, 용기를 낸다면 여기에 묘사한 것과 같이 군집 내에 있는 다른 것들도 같은 레이블(구매자 또는 비구매자)을 갖는 것으로 가정할 수 있다. 이 기법이 완벽한 것은 아니므로 가능하면 실제 레이블을 이용하는 것이 좋다.

머신러닝의 기본을 익혔으므로 다음 장에서는 한 대의 컴퓨터만으로 머신러닝을 하게 하는 방법을 논의한다. 데이터셋이 너무 커서 메모리에 적재할 수 없는 경우에는 문제가 된다.

3.4 요약

이번 장에서는 다음과 같은 것을 배웠다.

- 데이터 과학자는 모델링을 수행함에 있어 통계와 머신러닝과 같은 기술에 크게 의지한다. 머신러닝은 새의 울음소리를 분류하는 일부터 화산 분출을 예측하는 일까지 실생활에 널리 적용되고 있다.

- 모델링 절차는 다음의 네 단계로 이뤄진다.

  1. **특성 가공, 데이터 준비, 모델 매개변수화(parameterization):** 모델을 위한 입력 매개변수와 변수를 정의한다.

  2. **모델 훈련:** 모델에 데이터를 입력함으로써 데이터에 숨겨진 패턴을 학습한다.

  3. **모델 선택과 검증:** 모델의 성능은 좋을 수도 나쁠 수도 있다. 성능을 기준으로 해 최적의 모델을 선택한다.

  4. **모델 채점:** 모델을 신뢰할 수 있게 되면 신규 데이터를 적용한다. 우리가 일을 제대로 했다면 새로운 통찰 혹은 좋은 예측을 얻을 수 있을 것이다.

- 머신러닝 기법에는 크게 두 가지 유형이 있다.

  1. **지도 학습**: 레이블 처리한 데이터가 필요하다.

  2. **비지도 학습**: 레이블 처리한 데이터가 필요하지 않지만, 지도 학습보다 정확도와 신뢰도가 떨어지는 경향이 있다.

- 준지도 학습은 두 기법의 중간에 있으며, 데이터의 일부에 레이블 처리가 되어 있을 때 사용한다.

- 다음 두 가지 사례 연구로 지도 학습과 비지도 학습을 시연했다.

  1. 첫 번째 사례 연구에서는 나이브 베이즈 분류기를 사용해 숫자 이미지를 분류했다. 분류 모델이 얼마나 잘 작동하는지 확인하기 위해 혼동 행렬도 살펴봤다.

  2. 비지도 기법 사례 연구에서는 대부분의 정보를 유지하면서 이후의 모델 구축에서 입력값을 줄이기 위해 주성분 분석을 사용하는 방법을 보여 주었다.

4장

컴퓨터 한 대에서
대량 데이터 다루기

이번 장에서는 다음을 설명한다.

- 컴퓨터 한 대에서 대규모 데이터셋 처리하기
- 큰 데이터셋에 적합한 파이썬 라이브러리 사용하기
- 적절한 알고리즘과 적절한 데이터 구조 선택의 중요성
- 데이터베이스 내에서 작업하기에 적당하게 알고리즘을 적용하는
  방법 이해하기

데이터가 너무 커져서 현재의 기술로 감당하기 어렵다면 어떻게 할 것인가? 포기할 것인가, 방법을 찾을 것인가?

다행스럽게도 아직 이 책을 읽고 있다면 데이터가 커지는 것에 대응할 수 있다. 이번 장에서는 크기가 좀 더 크되, 적절한 방법을 이용했을 경우에 한 대의 컴퓨터에서 처리할 수 있는 정도의 데이터셋을 다루는 기법과 도구를 소개한다.

3장에서는 인메모리 데이터셋에 중점을 두었고, 이번 장에서는 데이터를 컴퓨터의 RAM(임의 접근 기억장치)에 모두 담을 수 없는 경우에 분류 및 회귀를 수행할 수 있는 도구를 소개한다. 5장에서는 한발 더 나아가서 여러 대의 컴퓨터로 처리해야 하는 데이터셋을 다루는 방법을 소개할 것이다. 이 장에서 **대량 데이터(large data)**라고 하는 것은 한 대의 컴퓨터로 다룰 수 있지만, 메모리 또는 속도 문제를 일으킬 정도로 분량이 많은 데이터를 가리킨다.

이번 장은 대규모 데이터셋을 다룰 때 당신이 직면하는 문제의 개요에서 시작한다. 그 다음으로는 이러한 문제들을 극복할 수 있는 세 가지 해결책을 제시한다. 알고리즘을 이용하고, 적절한 데이터 구조를 선택하고, 적절한 도구를 사용하는 것이다. 데이터 과학자들만 대량 데이터를 다루는 것은 아니므로 대

량 데이터의 문제를 해결하는 일반적인 모범 사례를 적용할 수 있다. 끝으로 이러한 지식을 두 가지 사례 연구(case study)에 적용한다. 첫 사례는 악의적인 URL을 탐지하는 방법을 보여주며, 두 번째 사례는 데이터베이스 내에서 추천 엔진을 구축하는 것을 시연한다.

4.1 대량 데이터를 다룰 때의 문제

데이터 분량이 많으면 메모리의 과적이라든가 수행을 끝내지 못하는 알고리즘 같은 새로운 도전과제가 발생한다. 이런 점에 적응하며 기술을 역량을 키울 수 밖에 없다. 다만 분석할 수 있을 때조차 입출력 장치나 중앙처리장치의 용량 부족 문제 등에 신경을 써야 하긴 한다. 이런 상황이라면 속도 문제가 일어날 수 있기 때문이다. 그림 4.1에 나오는 마인드맵은 문제, 해결책, 팁 순서로 펼쳐 나갈 논의 과정을 보여 준다.

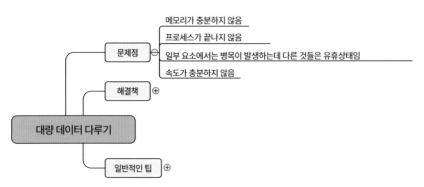

그림 4.1 메모리 용량보다 더 큰, 대량 데이터를 가지고 작업할 때 겪는 문제점

컴퓨터의 RAM 용량에는 한계가 있다. 메모리 용량보다 더 많은 데이터를 메모리에 집어넣으려고 하면 운영체제는 메모리 블록을 디스크로 스와핑하기 시작한다. 이는 데이터가 모두 메모리 내에 있을 때보다 효율이 떨어진다. 그러나 대규모 데이터셋을 다루도록 설계된 알고리즘은 그리 많지 않다. 그렇지 못한 대부분의 알고리즘은 전체 데이터셋을 메모리에 한 번에 적재(load)해 메모리 부족 오류를 일으키게 된다. 메모리 안에 데이터 사본을 여러 벌 만들거나 중간 결과를 저장해야 하는 알고리즘도 있다. 이런 것들은 모두 문제를 악화시킨다.

메모리 문제를 해결한다 하더라도 그 밖의 한정된 자원도 다뤄야 할 것이다. 그것은 바로 **시간**이다. 컴퓨터는 사용자가 수백 년 동안이나 살 것처럼 작업을 느리게 처리하겠지만, (개인용 컴퓨터가 일을 마칠 때까지 사용자가 동면에 들어가지 않는 한) 현실은 그렇지 못하다. 어떤 알고리즘은 시간을 고려하지 않아서 언제까지나 '작업 중' 상태로 남을 것이다. 어떤 알고리즘은 몇 메가바이트 분량의 데이터를 처리하는 일조차 적당한 시간 내에 끝마치지 못한다.

대규모 데이터셋을 다룰 때 관찰할 수 있는 세 번째 특징은 컴퓨터의 한 장치가 병목 현상을 일으킬 때 다른 장치는 대기해야 한다는 점이다. 영원히 끝나지 않는 알고리즘이나 메모리 부족 오류를 일으키는 것은 아니라 하더라도 비용이 많이 들게 된다. 인건비 및 컴퓨터 인프라의 비용 절감을 생각해 보라. 어떤 프로그램은 컴퓨터에서 가장 느린 장치인 하드디스크에서 데이터를 읽어 들이느라 처리장치에 데이터를 빨리 공급하지 못한다. 솔리드 스테이트 드라이브(SSD)의 도입으로 나아지기는 했지만, 속도가 느리고 널리 사용되는 하드디스크 드라이브(HDD) 기술에 비하면 SSD는 여전히 비싸다.

4.2 대량 데이터를 처리하는 일반적인 기법

대량 데이터를 가지고 작업할 때에 일반적으로 겪는 문제는 무한히 수행되는 알고리즘, 메모리 부족 오류, 속도 문제 등이다. 이번 절에서는 그러한 문제를 극복하거나 덜 수 있는 방법을 조사한다.

세 가지 해결책이 있다. 적절한 알고리즘을 사용하고, 올바른 자료 구조를 선택하고, 적절한 도구를 사용하는 게 해결책이다(그림 4.2).

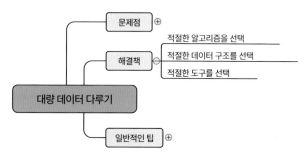

그림 4.2 대규모 데이터셋을 다룰 때의 해결책

문제와 해결책 사이에 명확한 일대일 대응은 존재하지 않는데, 그 이유는 많은 해결책이 메모리 용량과 계산 성능 측면 둘 다 부족하다는 점을 드러내기 때문이다. 예를 들어, 데이터셋을 압축하면 데이터셋의 크기가 줄게 되므로 메모리 문제를 해결하는 데에 도움이 된다. 그러나 이렇게 하면 느린 하드디스크 대신 빠른 CPU를 이용하는 셈이 되어 계산 속도에도 영향을 미친다. RAM(임의 접근 메모리)과 달리 하드디스크는 전원이 들어오지 않을 때조차도 모든 것을 저장하지만, 디스크에 기록하는 비용은

RAM의 정보를 순식간에 변경하는 비용보다 크다. 따라서 정보를 끊임없이 변경할 때에는 하드디스크보다 RAM을 사용하는 편이 더 낫다. 압축을 푼 데이터셋을 가지고 작업할 때에는 수없이 많은 읽기/쓰기(I/O) 동작이 일어나더라도 CPU는 거의 유휴 상태에 머무르지만, 압축된 데이터셋은 CPU가 작업 부하를 적당히 가져갈 수 있도록 한다. 몇 가지 해결책을 살펴봄에 있어서 이러한 점을 염두에 두도록 하라.

4.2.1 적절한 알고리즘 선택

더 빠른 하드웨어를 더 많이 갖추는 것보다 적절한 알고리즘을 선택함으로써 더 많은 문제를 풀 수 있다. 대량 데이터를 다루기에 적합한 알고리즘에서는 예측을 위해 전체 데이터셋을 메모리에 적재하지 않아도 되며, 알고리즘이 병렬처리 계산을 지원하는 것이 이상적이다. 이번 절에서는 **온라인 알고리즘, 블록 알고리즘, 맵리듀스 알고리즘**에 대해 살펴본다(그림 4.3).

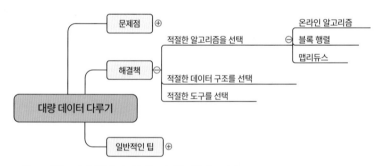

그림 4.3 대규모 데이터셋에 맞도록 알고리즘을 적용하는 기법

온라인 학습 알고리즘

몇몇 머신러닝 알고리즘은 모든 데이터를 메모리에 넣지 않고, 한 번에 한 건의 관측을 사용해 훈련할 수 있다. 새로운 데이터 지점이 도달할 때 모델을 훈련하되 관측값은 잊어버릴 수 있다. 이렇게 하면 관측값이 모델의 모수에 통합되는 효과가 난다. 예를 들어, 날씨 예측에 사용한 모델은 다른 지역에서는 다른 모수(기압 또는 기온)를 사용할 수 있다. 한 지역에서 나온 데이터를 알고리즘에 싣고 나면, 알고리즘은 이제 해당 기초 데이터에 대해서는 잊고 다음 지역으로 이동한다. 이러한 "사용 후 잊기" 작업 방식은 단일 관측값이 컴퓨터의 모든 메모리를 채울 만큼 크지 않은 메모리 문제에 대해 완벽한 해결책이다.

코드 4.1은 이러한 원리를 온라인 학습과 함께 퍼셉트론에 적용하는 것을 보여준다. **퍼셉트론(perceptron)**은 복잡성을 최소화한 머신러닝 알고리즘 중 하나로, 고객이 물건을 살지 말지와 같은 이진 분류(0 또는 1)에 사용된다.

코드 4.1 관측값을 바탕으로 퍼셉트론을 훈련시키기

```
01: import numpy as np
02:
03: class perceptron():
04:     def __init__(self,X,y,threshold = 0.5, learning_rate = 0.1, max_epochs = 10):
05:         self.threshold = threshold
06:         self.learning_rate = learning_rate
07:         self.X = X
08:         self.y = y
09:         self.max_epochs = max_epochs
10:
11:     def initialize(self, init_type = 'zeros'):
12:         if init_type == 'random':
13:             self.weights = np.random.rand(len(self.X[0])) * 0.05
14:         if init_type == 'zeros':
15:             self.weights = np.zeros(len(self.X[0]))
16:
17:     def train(self):
18:         epoch = 0
19:         while True:
20:             error_count = 0
21:             epoch += 1
22:             for (X,y) in zip(self.X, self.y):
23:                 error_count += self.train_observation(X,y,error_count)
24:             if error_count == 0:
25:                 print("training successful")
26:                 break
27:             if epoch >= self.max_epochs:
28:                 print("reached maximum epochs, no perfect prediction")
29:                 break
30:
31:     def train_observation(self,X,y, error_count):
32:         result = np.dot(X, self.weights) > self.threshold
```

```
33:         error = y - result
34:         if error != 0:
35:             error_count += 1
36:             for index, value in enumerate(X):
37:                 self.weights[index] += self.learning_rate * error * value
38:         return error_count
39:
40:     def predict(self, X):
41:         return int(np.dot(X, self.weights) > self.threshold)
42:
43: X = [(1,0,0),(1,1,0),(1,1,1),(1,1,1),(1,0,1),(1,0,1)]
44: y = [1,1,0,0,1,1]
45:
46: p = perceptron(X,y)
47: p.initialize()
48: p.train()
49: print(p.predict((1,1,1)))
50: print(p.predict((1,0,1)))
```

3행: 퍼셉트론 클래스를 정의한다.

4행: 파이썬 클래스에 있는 __init__ 메서드는 항상 클래스의 인스턴스를 생성할 때 실행된다. 여러 기본값을 여기에 설정한다.

5행: 임계치(threshold)는 예측이 0이 될지, 아니면 1이 될지를 결정하기 위해 0과 1 사이에서 임의로 선택한 커트라인이다. 한가운데의 0.5를 선택하는 경우가 많지만, 상황에 따라 달라진다.

6행: 알고리즘의 학습률(learning rate)은 새로 들어오는 관측값이 들어올 때마다 적용하는 조정값이다. 학습률이 높을수록 새로운 관측에 대해 모델이 재빨리 조정되지만, 너무 지나치면 오히려 정확한 관측이 불가능할 수 있다. 극단적으로 단순한 예를 들어보겠다. x 변수에 대한 최적의(그리고 알지 못하는) 가중치는 0.75이다. 학습률이 0.5일 때의 추정은 0.4이다. 조정은 0.5(학습률) * 1(오류 크기) * 1(x 값) = 0.5이다. 0.4(현재 가중치) + 0.5(조정값) = 0.9(새로운 가중치)로 0.75보다 커져 버렸다. 조정값을 너무 크게 잡는 바람에 올바른 결과를 얻지 못한 것이다.

7~8행: x와 y 변수는 클래스에 할당된다.

9행: 한 세대(epoch)는 전체 데이터를 한 차례 런(run)[1]한 것에 해당한다. 퍼셉트론을 정지할 때까지 최대 10회 런을 허용한다.

11~15행: 각 관측은 가중치와 함께 종료된다. 초기화 함수는 들어오는 관측값에 대해 이러한 가중치를 설정한다. 모든 가중치를 0에서 시작할 수도 있고, 임의의 작은(0에서 0.05 사이) 가중치를 부여할 수도 있다.

---

[1] (편주) 통계 용어로써 연(連)이라고도 한다. 데이터를 한 묶음 단위로 연속해서 펼쳐 놓은 다음, 해당 데이터를 대상으로 한 차례 전부 훑어가며 활용한 일을 나타내는 개념. 즉, '데이터를 대상으로 무언가를 하기 위해 줄이어(連) 놓은 데이터 위를 한 번 달린다(run)'고 상상하면 이해하기 쉽다. 예를 들어, 사진에서 고양이를 인식할 수 있게 어떤 모델을 훈련시킬 때, 모델이 훈련용 사진 데이터를 전부 한 번 훑어 보게 한 것이 한 차례 '런'에 해당한다. 그리고 '런'을 하기 전 최초 모델을 1세대라고 한다면 이렇게 한 차례 런을 끝낸 모델을 2세대, 두 번째 런을 끝낸 모델을 3세대라는 식으로 세어 나간다. 그러므로 세대가 흐를수록 모델이 진화한다고 볼 수 있다. 다만 이해하기 쉽고 통용되는 어휘이므로 epoch를 '세대'로 번역하기는 했지만, 정확한 개념은 '한 시대를 풍미하다'는 말에서 볼 수 있는 바로 그 '시대'이다. 더 정확한 개념은 '신기원을 이루다'고 말할 때의 '기원'에 해당한다.

17~29행: 훈련 함수. 뒤에서 따로 설명한다.

31~38행: 훈련 관측 함수. 뒤에서 따로 설명한다.

40행: 예측 함수.

41행: 예측변수의 값을 각각의 가중치와 곱한다(이 곱셈은 np.dot에 의해 이뤄진다). 그런 다음 0 또는 1이 예측됐는지 보기 위해 결과를 전반적인 임계치(여기서는 0.5다)와 비교한다.

43행: X(예측 변수) 데이터 행렬.

44행: y(목표) 데이터 벡터.

46행: 행렬 X와 벡터 y로부터 얻은 데이터를 가지고 퍼셉트론 클래스를 초기화한다.

47행: 예측 변수에 대한 가중치를 초기화(앞에서 설명한 바와 같음)한다.

48행: 퍼셉트론 모델을 훈련한다. 그것은 수렴(더 이상 오류가 없음)할 때까지 또는 한 세대가 지날 때까지 훈련을 시도한다.

49~50행: 이제 퍼셉트론이 예측 변수를 위해 주어진 서로 다른 값으로 무엇을 예측하는지 확인한다. 첫 번째 경우는 0을 예측하고, 두 번째는 1을 예측한다.

코드에서 추가적인 설명이 필요한 부분을 따로 떼어 살펴보자. train_observation( ) 함수의 동작부터 설명한다. 이 함수는 크게 두 부분으로 되어 있다. 첫 부분은 관측에 대한 예측을 계산하고 그것을 실제 값과 비교한다. 두 번째 부분은 예측이 틀린 것으로 보일 경우 가중치를 변경한다.

```
31:    def train_observation(self,X,y, error_count):
32:        result = np.dot(X, self.weights) > self.threshold
33:        error = y - result
34:        if error != 0:
35:            error_count += 1
36:            for index, value in enumerate(X):
37:                self.weights[index] += self.learning_rate * error * value
38:        return error_count
```

31행: 각 관측에 대해 훈련 관측 함수가 실행되어, 앞에서 설명한 공식을 사용해 가중치를 조정할 것이다.

32행: 이 관측값에 대해 예측을 한다. 0 또는 1의 이진값이다.

33행: 실제 값(y)은 0 또는 1이며, 예측 또한 0 또는 1이다. 잘못되면 1 또는 −1의 오류를 얻는다.

34행: 잘못된 예측을 했을 때에는(오류) 모델을 조정해야 한다.

35행: 오류 카운트에 1을 더한다.

36행: 입력 벡터(X)의 각 예측 변수에 대해 가중치를 조정할 것이다.

37행: 학습률, 오류, 실제값을 사용해 각 예측 변수의 가중치를 조정한다.

38행: epoch의 끝에서 평가해야 하므로 오류 카운트를 반환한다.

예측(y)은 독립 변수의 입력 벡터를 각 가중치와 곱하고 용어를 합산함으로써 계산한다(선형 회귀와 마찬가지). 그런 다음 이 값을 임계치와 비교한다. 그것이 임계치보다 크면 알고리즘은 1을 출력하고, 임계치보다 작으면 알고리즘은 0을 출력한다. 임계치의 설정은 수관적인 것이며 당신의 업무 특성에 달려있다. 특정한 중병을 앓고 있는 사람이 누구인지 예측한다고 해보자. 1은 양성이고, 0은 음성이다. 이 경우에 낮은 임계치를 갖는 것이 더 좋다. 질병을 발견하지 못해서 환자가 죽는 것보다는 양성으로 나타나서 2차 검사를 하는 편이 낫기 때문이다. 오류를 계산함으로써 가중치를 변경하기 위한 방향을 잡는다.

```
32:        result = np.dot(X, self.weights) > self.threshold
33:        error = y - result
```

오류(error)의 신호(sign)에 따라 가중치는 변경된다. 갱신은 퍼셉트론을 위한 학습 규칙을 가지고 이뤄진다. 가중치 벡터 내의 모든 가중치에 대해 다음 규칙에 따라 값을 갱신한다.

$$\Delta w_i = \alpha \varepsilon x_i$$

변경해야 할 총 가중치를 Δw_i라 할 때, α는 학습률, ε은 오류, x_i는 입력 벡터의 i번째 값(i번째 예측 변수)이다. 오류 횟수(error_count)는 이 세대에서 얼마나 많은 관측이 잘못 예측한 것인지 추적하는 변수이며, 호출한 함수에 반환된다. 원래의 예측이 틀렸을 경우에 오류 카운터에 한 건의 관측을 추가한다. 한 세대(epoch)는 모든 관측을 대상으로 한 번 런(run)한 것을 말한다.[2]

```
34:        if error != 0:
35:            error_count += 1
36:            for index, value in enumerate(X):
37:                self.weights[index] += self.learning_rate * error * value
```

우리가 더 자세히 논의할 이 두 번째 함수는 train( ) 함수다. 이 함수에는 완벽한 예측을 할 수 있을 때까지 혹은 특정한 훈련 횟수(즉, 여러 세대)에 도달할 때까지 퍼셉트론의 훈련을 지속하는 내부적 루프를 갖는다. 다음 코드를 보자.

---

2 (편주) 여기서 다시 '세대'와 '런'을 설명하자면 한 차례 훈련을 수행하기 위해 대상 데이터를 전부 훑은 일을 1회 런으로 보면 되고, 이렇게 한 차례 런이 끝났을 때 모델이 더 적응하며 진화했을 것이므로 모델의 한 세대가 흘렀다고 한다. 그러므로 어떤 모델이 열 차례 훈련했다면 10회 런을 한 셈이고, 이는 1세대 모델이 10세대를 거쳐 11세대로 진화한 셈이 된다. 다만 모델의 세대수를 0세대 모델이 9세대를 거쳐 10세대로 진화했다는 식으로 생각할 수도 있다.

코드 4.2 훈련 함수 사용하기

```python
17:     def train(self):
18:         epoch = 0
19:         while True:
20:             error_count = 0
21:             epoch += 1
22:             for (X,y) in zip(self.X, self.y):
23:                 error_count += self.train_observation(X,y,error_count)
24:             if error_count == 0:
25:                 print("training successful")
26:                 break
27:             if epoch >= self.max_epochs:
28:                 print("reached maximum epochs, no perfect prediction")
29:                 break
```

17행: 훈련 함수.

18행: 첫 세대에서 시작한다.

19행: True는 항상 참이므로 이것은 무한 루프다. 하지만 이것을 중단(break)할 수 있는 조건을 몇 개 만들어 뒀다.

20행: 각 세대에 대해 오류 발생 숫자를 0으로 초기화한다. 이것은 중요한 것으로 하나의 세대가 오류 없이 끝나면 알고리즘이 수렴하고 종료한다.

21행: 현재 세대 수에 1을 더한다.

22행: 데이터에 대해 루프를 수행하며, 한 번에 한 개의 관측값을 훈련 관측 함수에 집어넣는다.

24~26행: 한 세대의 끝에서 오류가 없으면 훈련이 성공한 것이다.

27~29행: 최대 수행 허용 횟수에 도달하면 해법 찾기를 중단한다.

대부분의 온라인 알고리즘은 작은 일괄처리(batch) 분량을 다룰 수 있다. 이 방법으로 10개에서 1,000개의 관측값을 한 번에 일괄로 처리할 수 있으며, 세 가지 선택이 가능하다.

- **완전 일괄처리 학습(통계적 학습이라고도 함)**: 알고리즘에 전체 데이터를 한 번에 먹인다(feed).[3] 3장에서 사용했던 방법이다.

- **소규모 일괄처리 학습**: 적은 양(100개 혹은 1000개 등, 하드웨어가 처리할 수 있는 양)의 관측값을 알고리즘에 먹인다.

- **온라인 학습**: 한 번에 한 건의 관측을 알고리즘에 먹인다.

---

3   (편주) 데이터 피드(data feed, 데이터 먹이기)를 클라이언트를 대상으로 하는 게 아니라 알고리즘을 대상으로 하고 있다.

모든 데이터 지점을 단 한 번만 본다는 점에서 온라인 학습 기법은 **스트리밍 알고리즘**(streaming algorithms)과 관련이 있다. 트위터에 들어오는 데이터를 생각해보라. 관측값(트윗)이 알고리즘에 적재된 후에는 버려지는데, 그 이유는 들어오는 트윗의 양만으로도 하드웨어를 곧 압도해버릴 것이기 때문이다. 온라인 학습 알고리즘은 스트리밍 알고리즘과 달리 동일 관측값을 여러 번 볼 수 있다. 관측 값을 하나씩 보고 학습한다는 점은 두 알고리즘의 공통점이다. **온라인 알고리즘**은 정적 데이터 소스에 사용할 수도 있고, 스트리밍 데이터 소스를 조금씩 일괄 처리할 수도 있어(단일 관측값처럼 작게) 데이 터를 여러 번 볼 수 있다. 스트리밍 알고리즘에서는 그렇게 할 수 없고, 데이터가 시스템에 흘러들어오 면 즉시 계산해야 하는 것이 보통이다. 그것들은 한 번에 조금씩만 처리한다는 점에서는 비슷하다.

큰 행렬을 여러 개의 작은 행렬로 분할하기

앞 장에서는 알고리즘이 모수를 어떻게 추정하는지 정확한 내용을 알 필요가 별로 없었지만, 모수를 추 정하는 방법을 알아 두면 도움이 될 것이다. 예컨대 대규모 데이터 테이블을 작은 행렬로 쪼갬으로써 여전히 선형 회귀를 적용할 수 있다. 이 행렬 분할의 논리와 행렬에 대한 선형 회귀 계산을 글상자에서 설명했다. 지금은 우리가 사용할 파이썬 라이브러리가 행렬 계산을 통해 행렬 분할, 선형 회귀 변수 가 중치를 계산할 수 있음을 아는 것으로 충분하다.

> ### 블록 행렬 및 선형 회귀 계수 추정 행렬 공식
>
> 특정 알고리즘은 전체 행렬 대신에 행렬의 블록을 사용하는 알고리즘으로 변환할 수 있다. 한 행렬을 블록 행렬로 분할한다는 것은 전체 행렬을 여러 부분으로 분할해 전체 행렬 대신에 작은 부분을 가지고 작업함 을 의미한다. 이 경우 더 작은 행렬을 메모리에 적재하고 계산을 수행할 수 있으므로 메모리 부족 오류를 피할 수 있다. 그림 4.4는 행렬의 덧셈 를 부분행렬로 재작성하는 법을 보여준다.

$$A + B = \begin{bmatrix} a_{1,1} & \cdots & a_{1,m} \\ \vdots & \ddots & \vdots \\ a_{n,1} & \cdots & a_{n,m} \end{bmatrix} + \begin{bmatrix} b_{1,1} & \cdots & b_{1,m} \\ \vdots & \ddots & \vdots \\ b_{n,1} & \cdots & b_{n,m} \end{bmatrix}$$

$$= \begin{bmatrix} a_{1,1} & \cdots & a_{1,m} \\ \vdots & \ddots & \vdots \\ a_{j,1} & \cdots & a_{j,m} \\ \hline a_{j+1,1} & \cdots & a_{j+1,m} \\ \vdots & \ddots & \vdots \\ a_{n,1} & \cdots & a_{n,m} \end{bmatrix} + \begin{bmatrix} b_{1,1} & \cdots & b_{1,m} \\ \vdots & \ddots & \vdots \\ b_{j,1} & \cdots & b_{j,m} \\ \hline b_{j+1,1} & \cdots & b_{j+1,m} \\ \vdots & \ddots & \vdots \\ b_{n,1} & \cdots & b_{n,m} \end{bmatrix} = \begin{bmatrix} A_1 \\ \hline A_2 \end{bmatrix} + \begin{bmatrix} B_1 \\ \hline B_2 \end{bmatrix}$$

그림 4.4 행렬 A와 행렬 B의 합을 계산하는 데 블록 행렬을 사용할 수 있다.

그림 4.4의 공식은 행렬 A와 행렬 B를 한 번에 모두 더하는 것과 위와 아래의 절반씩을 더하는 것에 차이가 없음을 보여준다.

곱셈, 뒤집기, 특잇값 분해(PCA와 같은 변수 줄이기 기법)와 같은 모든 공통 행렬과 벡터에 대한 연산을 블록 행렬의 항들로 작성할 수 있다.[4] 블록 행렬 연산은 문제를 작업 블록으로 분할함으로써 메모리를 절약해주고 병렬로 처리하기 쉽게 만들어준다.

대부분의 수치 계산 패키지에는 고도로 최적화된 코드가 있어서 이득이 되는 경우에는 메모리에 맞는 크기의 행렬만으로 작업하며 메모리 내에서 블록 행렬을 사용한다. 메모리 크기를 넘어가는 행렬인 경우에 해당 패키지들은 행렬을 최적화하지 않으므로 행렬을 더 작은 행렬로 분할해 블록 행렬 버전을 만드는 것은 독자의 몫이다.

선형 회귀란 예측 변수를 선형적으로 조합해 연속 변수를 예측하는 방법이다. 계산을 수행하는 가장 기본 중 하나는 보통 최소 제곱(ordinary least squares)이라는 기법을 사용한다. 행렬 공식은 다음과 같다.

$$\beta = (X^T X)^{-1} X^T y$$

이때 β는 조회하려는 계수, X는 예측 변수, y는 목표변수다.

과제를 완수하기 위해 사용할 수 있는 파이썬 도구에는 다음과 같은 것들이 있다.

- **비칼즈(bcolz)**는 데이터 배열을 압축해서 저장할 수 있는 라이브러리이며, 데이터가 주 메모리에 들어가지 않으면 하드 드라이브를 사용한다[5].
- **다스크(Dask)**는 계산의 흐름을 최적화해주는 라이브러리이며 계산을 쉽게 병렬로 수행하게 해준다. 아나콘다의 기본 설정에는 포함돼 있지 않으므로 다음 예제를 실행하기 전에 가상환경에서 conda install dask를 실행하라. 참고: 64비트 파이썬에서 Dask를 임포트할 때 문제가 있는 것으로 보고됐다보고되었다. Dask는 다른 라이브러리(toolz 등)에 의존하지만, pip 또는 conda에서 의존성을 자동으로 처리한다.

다음 코드는 이러한 라이브러리를 가지고 블록 행렬 계산을 하는 것을 보여준다.

코드 4.3 bcolz와 Dask 라이브러리를 사용한 블록 행렬 계산

```
01: import dask.array as da
02: import bcolz as bc
03: import numpy as np
```

---

4 이와 같은 행렬 분해(matrix decomposition)를 한번 해보고 싶다면 특잇값 분해를 계산할 때는 하우스홀더 변환(Householder transformation)보다 기븐스 회전(Givens rotation)을 이용하는 편이 더 쉽다.

5 (옮긴이) conda install bcolz 명령으로 설치할 것

```
04: import dask
05:
06: n = 1e4
07:
08: ar = bc.carray(np.arange(n).reshape(int(n/2),2), dtype='float64',
09:              rootdir = 'ar.bcolz', mode = 'w')
10: y = bc.carray(np.arange(n).reshape(int(n/2),2), dtype='float64', rootdir =
11:              'yy.bcolz', mode = 'w')
12:
13: dax = da.from_array(ar, chunks=(5,5))
14: dy = da.from_array(y, chunks=(5,5))
15:
16: XTX = dax.T.dot(dax)
17: Xy = dax.T.dot(dy)
18:
19: coefficients = np.linalg.inv(XTX.compute()).dot(Xy.compute())
20:
21: coef = da.from_array(coefficients,chunks=(5,5))
22:
23: ar.flush()
24: y.flush()
25:
26: predictions = dax.dot(coef).compute()
27: print(predictions)
```

6행: 관측값의 개수(과학적 표기법을 사용). 1e4 = 10000이다. 숫자를 자유롭게 바꿔도 된다.

8~11행: 가짜 데이터 생성: np.arange(n).reshape(int(n/2),2)는 5000 x 2 행렬을 생성한다(우리가 n 값을 10000으로 설정했기 때문이다). bc.carray = numpy는 디스크로 스왑할 수 있는 배열 확장이다. 또한, 이는 압축돼 저장된다. rootdir = 'ar.bcolz'는 RAM이 부족할 경우에 디스크에 파일을 생성한다. 이것을 이 ipython 파일 옆의 파일 시스템 혹은 코드를 실행하는 어느 위치에나 체크할 수 있다. mode = 'w'는 쓰기 모드다. dtype = 'float64'는 데이터의 저장 유형이다(부동소수점수).

13~14행: 예측변수(ar)와 목표(y)에 대해 블록 행렬들이 생성된다. 블록 행렬은 여러 블록으로 조각난 행렬이다. da.from_array()는 디스크 또는 RAM으로부터 데이터를 읽는다(현재 존재하는 곳이라면 어디든지). chunks=(5,5): 모든 블록은 5 x 5 행렬이다(관측값 혹은 변수가 다섯 개 미만으로 남아 있지 않을 경우).

16행: 행렬 X와 그것의 전치 행렬을 곱한 것을 XTX라고 정의한다(XTX를 '게으른(lazy)' 것으로 정의). 이것은 행렬 계산을 사용하는 선형 회귀 공식을 구성하는 요소다.

17행: Xy는 y 벡터를 전치 X 행렬과 곱한 것이다. 행렬은 정의됐으나 계산은 아직 이뤄지지 않았다. 이것은 또한 행렬 계산을 사용한 선형 회귀 공식을 이루는 요소다(식을 참조).

19행: 계수(coefficients)는 행렬의 선형 회귀 함수를 사용해 계산한다. np.linalg.inv( )는 이 함수의 ^(−1) 혹은 역행렬이다. X.dot(y)는 행렬 X를 다른 행렬 y와 곱한다.

21행: 계수도 블록 행렬에 넣는다. 마지막 단계로부터 numpy 배열을 다시 얻으므로 그것을 명시적으로 "da array"로 다시 변환해야 한다.

23~24행: 메모리 데이터를 쏟아낸다(flush). 더 이상 메모리에 큰 행렬을 담고 있을 필요가 없다.

26행: 모델의 점수를 매김(예측을 함).

XTX는 '예측 변수의 수 * 예측 변수의 수' 크기인 정방 행렬이므로 블록 행렬 뒤집기를 할 필요가 없다. Dask는 블록 행렬 뒤집기를 아직 지원하지 않으므로 운이 좋다고 하겠다. 행렬의 연산에 대한 일반적인 정보는 위키백과 페이지 https://en.wikipedia.org/wiki/Matrix_(mathematics)에서 찾을 수 있다[6].

맵리듀스

맵리듀스 알고리즘은 비유를 통해 쉽게 이해할 수 있다. 전국적인 선거의 득표수를 세야 한다고 상상해 보라. 나라에 25개 정당, 1500개 투표소, 200만 인구가 있다고 하자. 모든 투표소의 기표지를 수집해 중앙에서 개표할 수도 있고, 지역 투표소에서 25개 정당의 표를 센 결과를 넘겨받아서 정당별로 집계할 수도 있다.

맵리듀스는 후자와 비슷한 과정을 따른다. 먼저 값들을 키에 매핑한 다음, 리듀스 단계에서 키에 대해서만 집계한다. 다음 의사 코드(pseudo code)를 살펴보면 더 잘 이해할 수 있을 것이다.

코드 4.4 맵리듀스 의사 코드 예제

```
For each person in voting office:
    Yield (voted_party, 1)
For each vote in voting office:
    add_vote_to_party()
```

맵리듀스 알고리즘의 한 가지 장점은 병렬화와 분산 처리가 쉽다는 것이다. 하둡과 같은 분산 환경에서 성공한 이유에 대한 설명이 되지만, 개별 컴퓨터에서도 사용할 수 있다. 우리는 다음 장에서 그것들을 좀 더 깊이 살펴보며, 9장에서 예제(자바스크립트) 구현도 제공한다. 파이썬에서 맵리듀스를 구현할

때에는 밑바닥에서 시작하지 않아도 된다. 하두파이(Hadoopy), 옥토파이(Octopy), 디스코(Disco), 덤보(Dumbo)와 같은 라이브러리가 많이 있어서 대부분의 일을 대신 처리해준다.

4.2.2 적절한 데이터 구조 선택

알고리즘이 프로그램의 성패를 좌우하기도 하지만, 데이터를 저장하는 방식도 이에 못지않게 중요하다. 데이터 구조에 따라 저장할 때의 필요사항이 서로 다르지만 CRUD(신규, 조회, 갱신, 삭제) 및 데이터셋에 대한 기타 작업 성능에도 영향을 미친다.

그림 4.5에 다양한 데이터 구조를 나타냈으며, 여기에서는 그 중 희박(sparse) 데이터, 트리 데이터, 해시 데이터에 대해 논의한다. 먼저, 희박 데이터셋을 살펴보자.

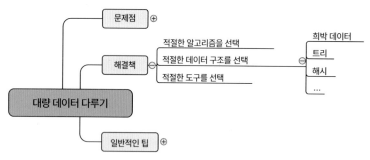

그림 4.5 데이터 과학에서 대량 데이터를 다룰 때 자주 적용하는 데이터 구조

희박 데이터

희박 데이터셋이란 데이터셋의 항목 개수(관측 특성 개수)에 비해 상대적으로 적은 정보가 들어 있는 것을 가리킨다. 그림 4.6에서는 대부분의 값이 "0"이고, 변수 9에 대한 두 번째 관측만 "1"인 것을 볼 수 있다.

이러한 데이터가 유별나게 보일 수도 있겠지만, 텍스트 데이터를 이진 데이터로 변환할 때 종종 겪게 된다. 서로 관련이 없는 트위터 트윗 십만 건이 있다고 상상해보라. 대다수의 트윗은 30단어 미만으로 문장을 구성하는데, 주로 사용되는 단어는 몇백 개에서 몇천 개에 불과할 것이다. 텍스트 마이닝을 다룬 장에서 우리는 텍스트 문서를 단어로 쪼개어 벡터로 저장하는 처리를 경험해 봤다. 하지만 지금은 모든 단어를 이진 변수로 변환해 트윗에 포함되면 1이고 트윗에 포함되지 않으면 0으로 값을 매긴다고 상상해 보자. 그 결과로 실제로 희박한 데이터가 나올 것이다. 그러한 큰 행렬은 정보량이 적은데도 메모리에 부담을 준다.

다행히도 이러한 데이터의 크기를 줄이는 방법이 있다. 그림 4.6의 경우 다음과 같이 표현할 수 있을 것이다.

```
data = [(2,9,1)]
```

두 번째 행, 아홉 번째 열의 값이 1이다.

파이썬에서 희박 행렬을 지원하는 경우가 늘어나면서 이제는 많은 알고리즘에서 희박 행렬을 지원하거나 희박 행렬을 반환할 수 있게 됐다.

	1	2	3	4	5	6	7	8	9	10	11	12	13	14	15	16
1	0	0	0	0	0	0	0	0	0	0	0	0	0	0	0	0
2	0	0	0	0	0	0	0	0	1	0	0	0	0	0	0	0
3	0	0	0	0	0	0	0	0	0	0	0	0	0	0	0	0
4	0	0	0	0	0	0	0	0	0	0	0	0	0	0	0	0

그림 4.6 희박 행렬의 예. 희박 행렬에서는 거의 모든 것이 0이고 값은 드문드문 존재한다.

트리 구조

트리는 데이터 구조의 한 종류로, 테이블 전체를 훑는 경우보다 빠르게 정보를 얻어내도록 해준다. 나무가 가지를 뻗고, 거기에서 잔가지와 잎이 뻗어 나가듯이 트리에는 항상 루트 값과 자식이라는 하위 트리, 그리고 하위 트리의 자식이 있는 꼴로 구성된다. 간단한 의사결정 규칙을 통해 데이터에서 자식 트리를 쉽게 찾을 수 있다. 그림 4.7은 트리 구조에서 관련 있는 정보를 재빨리 찾는 방법을 보여준다.

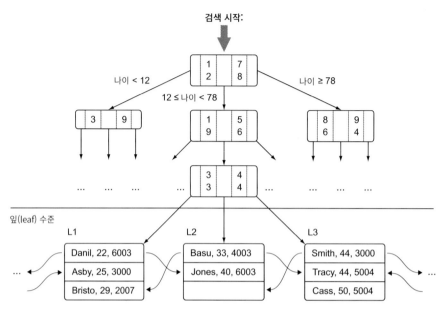

그림 4.7 트리 데이터 구조의 예: 나이 범주와 같은 의사결정 규칙을 사용해 가계도에서 사람을 재빨리 찾을 수 있음

그림 4.7에서는 최상위에서 검색을 시작해 나이 범주를 먼저 선택한다. 그 이유는 그것이 명백히 대부분의 대안을 물리치는 요인이기 때문이다. 이 일이 검색 대상을 찾을 때까지 계속된다. 아키내이터 (Akinator)를 접해보지 않았다면 http://en.akinator.com/을 방문하기를 권한다. 아키내이터는 마술 램프 속에 사는 요정으로, 몇 가지 질문을 함으로써 마음 속에 있는 사람을 맞추려고 시도한다. 한번 해보면 어안이 벙벙할 것이다. 이 때 사용되는 마법은 트리 검색이다.

트리도 많이 사용되는 데이터베이스다. 데이터베이스에서는 데이터를 찾기 위해 첫 행부터 마지막 행까지 훑는 일이 선호되지 않으며, 그런 일을 피하고자 색인(index)이라는 장치를 사용한다. 관측값을 더 빨리 찾기 위해 트리와 해시 테이블과 같은 데이터 구조를 바탕으로 색인을 작성하는 경우가 많다. 색인을 사용하면 데이터를 찾는 과정이 엄청나게 빨라진다. 해시 테이블에 대해 살펴보자.

해시 테이블

해시 테이블(hash table)은 모든 값에 대한 키를 계산해 키를 버킷(bucket)[7]에 담는 데이터 구조다. 이러한 방법으로 데이터를 적절한 버킷에서 찾음으로써 재빨리 정보를 조회할 수 있다. 파이썬에서는 해시 테이블을 사전(dictionary)으로 구현하며, 키-값 저장소와 밀접한 관계가 있다. 이 장의 끝에서

---

7 (편주) 데이터를 넣어 두는 특정 공간. 바구니에 비유해 볼 수 있어서 바구니라는 뜻을 지닌 버킷이라고 부른다.

데이터베이스 내의 추천 시스템을 구축할 때에 접하게 될 것이다. 해시 테이블은 데이터베이스에서 정보 조회를 위한 색인에 많이 사용된다.

4.2.3 적절한 도구 선택

적절한 알고리즘 클래스와 데이터 구조를 갖췄으므로 작업을 위한 적절한 도구를 선택할 차례다. 적절한 도구는 그림 4.8과 같이 파이썬 라이브러리이거나 최소한 파이썬으로 제어되는 도구일 것이다. 여기서 살펴보는 것 외에도 유용한 도구가 많이 있다.

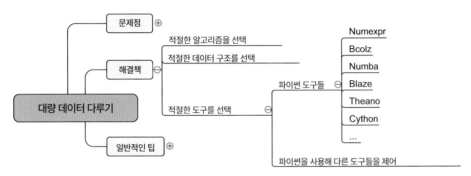

그림 4.8 대량 데이터를 가지고 작업할 때 사용할 수 있는 도구들

파이썬에서 사용할 수 있는 도구

파이썬에는 대량 데이터를 다루는 데에 도움이 되는 라이브러리가 여러 개 있다. 코드 옵티마이저(optimizer)를 이용하는 더 똑똑한 데이터 구조부터 저스트인타임 컴파일러까지 있다. 대량 데이터를 다룰 때 사용하기 좋은 라이브러리에는 다음과 같은 것들이 있다.

- **사이썬(Cython):** 컴퓨터의 실제 하드웨어에 가까울수록 처리해야 할 데이터의 타입을 아는 것이 중요하다. 컴퓨터 입장에서는 1 + 1과 1.00 + 1.00은 다르다. 전자는 정수들로 이뤄져 있지만, 후자는 부동소수점수이다. 정수를 계산할 때와 부동소수점수를 계산할 때, 계산이 CPU의 서로 다른 부분에서 이뤄진다. 파이썬에서는 사용하려는 데이터의 타입을 명시할 필요가 없이 파이썬 컴파일러가 타입을 유추한다. 하지만 데이터 타입 추론은 느린 연산이므로 파이썬의 속도를 떨어뜨리는 데에 한몫한다. 사이썬에서는 프로그램을 개발하는 프로그래머가 데이터 타입을 반드시 지정하도록 함으로써 이 문제를 해결했다. 컴파일러가 이 정보를 갖고 있으면 훨씬 빠르게 동작할 수 있다. 사이썬에 대한 정보는 http://cython.org/을 참조하라.
- **넘엑스퍼(Numexpr):** 인메모리 패키지에 NumPy가 있다면 빅데이터 패키지의 핵심에는 Numexpr가 있다. Numexpr는 NumPy의 숫자 표현식 평가이지만, 원래의 NumPy보다 몇 배나 빠르다. 표현식을 재작성하고, 내부의 JIT(just-in-time) 컴파일러를 사용함으로써 높은 성능을 낸다. Numexpr에 대한 자세한 사항은 https://github.com/pydata/numexpr을 참조하라.

- **넘바(Numba)**: Numba는 코드를 실행 직전에 컴파일하는 JIT 컴파일 기법을 이용해 속도를 향상시킨다. 고수준 코드를 작성하면서도 C 코드처럼 빠른 속도를 얻을 수 있다. Numba의 사용법은 직관적이다. http://numba.pydata.org/을 참조하라.

- **비칼즈(Bcolz)**: Bcolz는 NumPy를 사용할 때 일어날 수 있는 메모리 부족 문제를 극복하도록 돕는다. Bcolz는 최적화된 압축 형태의 배열에 저장해 작업할 수 있다. 데이터를 슬림하게 만들뿐 아니라 후면에서 Numexpr를 사용해 bcolz 배열을 가지고 계산을 수행할 때 필요한 계산을 줄인다. http://bcolz.blosc.org/을 참조하라.

- **블레이즈(Blaze)**: '파이썬다운 방식'으로 데이터베이스 후단부(back-end)를 다루고 싶다면 Blaze가 제격이다. 파이썬 코드를 SQL로 번역해줄 뿐만 아니라 관계형 데이터베이스 외에도 CSV나 스파크와 같은 것을 다룰 수도 있다. Blaze를 사용함으로써 여러 데이터베이스와 데이터 라이브러리를 일관적인 방식으로 다룰 수 있다. Blaze는 지금도 개발되고 있어서 모든 기능이 구현되지는 않았다. http://blaze.readthedocs.org/en/latest/index.html을 참조하라.

- **테아노(Theano)**: 테아노[8]는 그래픽 처리 장치(GPU)를 가지고 직접 작업할 수 있게 해주고, 수식을 단순화하며, 훌륭한 JIT 컴파일러를 내장하고 있다. 그러한 바탕 위에서 유용한 고등 수학 개념인 텐서(tensor)를 다루는 훌륭한 라이브러리다. http://deeplearning.net/software/theano/을 참조하라.

- **다스크(Dask)**: Dask는 계산의 흐름을 최적화하고 효율적으로 수행시킨다. 계산을 분배할 수도 있다. http://dask.pydata.org/en/latest/를 참조하라.

이러한 라이브러리들은 대부분 파이썬 자체만으로 데이터 처리를 수행한다(데이터베이스와 연동하는 Blaze와 차이가 있음). 고성능을 내기 위해서는 파이썬이 데이터베이스 혹은 다른 소프트웨어와 연동되게 할 수 있다.

파이썬을 사용해 다른 도구를 제어

소프트웨어 및 도구 제작사는 대부분 그들의 소프트웨어에 파이썬 인터페이스를 지원한다. 따라서 파이썬으로 그러한 특화된 소프트웨어를 쉽게 활용해 생산성을 높일 수 있다. 이런 식으로 파이썬은 R과 SAS 같은 그 밖의 유명한 데이터 과학 언어와 차별화한다. 그러므로 이와 같이 유용한 기능을 활용해야 하며, 완전한 확장이 가능한 특화된 도구의 능력을 활용해야 한다. 6장에서는 파이썬을 사용해 노시퀄(NoSQL) 데이터베이스에 연결하는 사례 연구를 다루며, 7장에서는 그래프 데이터를 다룬다.

이제 대규모의 데이터를 다룰 때 도움이 되는 좀 더 일반적인 지침을 알아보자.

---

8 (편주) '띠노'라고 읽는 게 더 적절하기는 하지만, 국내에서는 테아노로 더 널리 발음한다.

4.3 대규모 데이터셋을 다룰 때의 일반적인 프로그래밍 지침

일반적인 프로그래밍에서 사용하는 트릭은 데이터 과학에서도 통한다. 몇 가지 사소한 차이는 있지만, 모든 프로그래머에 대해 본질적인 원리는 같다. 이번 절에서는 데이터 과학의 맥락에서 중요한 트릭들에 대해 요점을 정리한다.

일반적인 트릭을 그림 4.9의 마인드맵과 같이 세 부분으로 나눌 수 있다.

- **바퀴를 재발명하지 마라.** 다른 사람들이 개발해 놓은 도구와 라이브러리를 사용하라.

- **갖고 있는 하드웨어를 최대한 활용하라.** 컴퓨터의 잠재력을 완전히 활용하지 못하고 있다. 약간만 손을 보면 더 많은 일을 시킬 수 있다.

- **컴퓨팅의 필요를 줄여라.** 메모리와 프로세서 사용을 최소화하라.

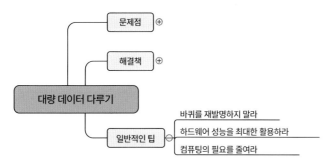

그림 4.9 대량 데이터를 가지고 작업할 때의 일반적 프로그래밍 모범 사례

특수한 문제에 맞닥뜨렸을 때는 '바퀴를 재발명하지 말라'는 원칙을 떠올리기 쉽지 않다. 그렇다 하더라도 누군가 비슷한 문제를 겪었을지도 모른다는 점을 염두에 두기 바란다.

4.3.1 바퀴를 재발명하지 말라

"같은 일을 되풀이하지 말라"는 말보다 "누구라도 되풀이하려 하지 말라"는 말이 더 적당해 보인다. 더 가치 있는 일을 하라. 이게 중요하다는 점을 명심하라. 이미 해결된 문제를 다시 풀어봤자 시간 낭비일 뿐이다. 데이터 과학자가 대량 데이터를 처리하는 데 도움이 되고, 데이터 과학자를 더욱 생산적이 되도록 하는 규칙은 두 가지다.

- **데이터베이스의 능력을 활용하라.** 데이터 과학자가 대규모 데이터셋을 다룰 때 우선적으로 하는 일은 데이터베이스에 분석용 기본 테이블(analytical base table)을 갖춰 두는 것이다. 준비하고자 하는 기능이 단순할 때는 이 방법이 먹힐 것이다. 고급 모델링과 관련해 이렇게 준비할 때 사용자 친화적인 함수와 프로시저를 동원할 수 있는지 검토하라. 이 장의 마지막 예제는 워크플로우에 데이터베이스를 통합하는 것에 대한 것이다.

- **최적화된 라이브러리를 사용하라.** 머하웃(Mahout), 웨카(Weka) 및 기타 머신러닝 알고리즘 라이브러리를 만드는 데는 시간과 지식이 필요하다. 그것들은 고도로 최적화됐으며 모범 사례와 최첨단 기술을 반영했다. 작동 원리를 알기 위한 것이 아니라면 다른 사람들이 이미 공들여 만든 것을 또다시 만들지 말고, 일을 제대로 끝내는 데에 시간을 쏟아라.

그런 다음에는 하드웨어의 제약을 고려해야 한다.

4.3.2 하드웨어 성능을 최대한 활용하라

컴퓨터의 어떤 자원은 유휴 상태인데 그 밖의 자원은 과도하게 사용되기도 한다. 이렇게 되면 프로그램의 속도가 떨어지며 심지어는 실패하기도 한다. 다음과 같은 기술을 사용해 과다 사용 자원에서 부하를 덜어내고, 활용이 덜 되는 자원 쪽에 넘길 수 있다.

- **CPU에 압축된 데이터를 제공하라.** CPU 기근을 방지하는 간단한 트릭은 부풀려진 (기초) 데이터 대신에 압축 데이터를 CPU에 제공하는 것이다. 이렇게 하면 하드디스크의 작업 부하가 CPU로 넘어가는데, 이는 바로 우리가 원하는 바다. 왜냐하면 대부분의 현대적인 컴퓨터 아키텍처에서 하드디스크 성능이 CPU 성능을 쫓아갈 수 없기 때문이다.

- **GPU를 활용하라.** 병목 구간이 메모리가 아닌 CPU일 때도 있다. 계산을 병렬화했다면 GPU를 활용함으로써 이득을 볼 수 있을 것이다. 병렬 처리인 경우라면 GPU는 CPU보다 계산 성능이 월등하다. GPU는 병렬 작업에 특화돼 있지만 CPU보다 캐시(cache)가 작다. 그러나 하드디스크가 문제일 때에는 GPU를 사용한다고 해서 나아질 리가 없다. 테아노(Theano)와 넘바프로(NumbaPro) 같은 몇몇 파이썬 패키지는 큰 노력을 들이지 않고도 GPU를 사용할 수 있게 해준다. 그런 것들도 충분치 않다면 쿠다(Compute Unified Device Architecture, CUDA)를 위한 파이쿠다(PyCUDA) 패키지를 사용할 수도 있다. 이는 비트코인 채굴에서도 잘 알려진 트릭이다.

- **다중 스레드를 사용하라.** 당신의 CPU로도 병렬 처리를 할 수 있다. 보통의 파이썬 스레드를 가지고도 할 수 있는 일이다.

4.3.3 컴퓨팅의 필요를 줄여라

"똑똑하게 일하기 + 열심히 일하기 = 성취" 공식은 당신이 작성하는 프로그램에도 적용된다. 대량 데이터 문제가 발생하지 않게 하는 가장 좋은 방법은 가능한 한 작업을 덜어내고 꼭 해야 하는 일만 컴퓨터가 하게 하는 것이다. 다음의 목록은 이것을 달성하는 데에 도움이 되는 방법들을 보여 준다.

- **코드를 프로파일링하고 느린 부분을 개선하라.** 코드의 모든 부분을 최적화할 필요는 없으며, 프로파일러를 사용해 프로그램의 느린 부분을 찾아 고쳐라.

- **가능하다면 컴파일된 코드를 사용하라.** 특히 루프가 있는 곳에서 모든 것을 스스로 구현하려고 하기보다는 될 수 있으면 수 계산에 최적화된 패키지에 들어 있는 함수를 사용하라. 패키지에 있는 코드는 고도로 최적화되어 컴파일을 한 것이다.

- **그렇지 않으면 코드를 직접 컴파일하라.** 기존 패키지를 사용할 수 없다면 저스트인타임 컴파일러를 사용하거나 가장 느린 부분을 C나 포트란 같은 저수준 언어로 구현해 코드 베이스와 통합하라. 저수준 언어(범용 컴퓨터 바이트 코드와 근접한 언어)에 발을 디딜 때 레이팩(LAPACK), 블래스트(BLAST), 인텔 엠케이엘(Intel MKL), 아틀라스(ATLAS)와 같은 계산 라이브러리를 사용하는 방법을 배워라. 이것들은 고도로 최적화됐으며, 이것들과 유사한 성능을 얻기는 어렵다.

- **데이터를 메모리에 적재하는 것을 피하라.** 메모리에 맞지 않는 데이터를 가지고 작업할 때, 모든 것을 메모리에 올리지 않도록 하라. 간단한 방법은 데이터를 한 덩어리씩 읽어 바로바로 파싱하는 것이다. 모든 알고리즘에서 그렇게 할 수 있는 것은 아니지만, 극도로 큰 데이터셋에 대해서도 계산을 할 수 있는 방법이다.

- **중간 데이터의 저장을 피하기 위해 발생기(generator)[9]를 사용하라.** 결과를 몰아 뒀다가 처리하는 대신 발생기를 사용하면 관측값이 생기는 즉시 데이터를 반환할 수 있다. 이러한 방법으로 결과를 처리 중간에 저장하는 일을 피할 수 있다.

- **가능한 한 적은 데이터를 사용하라.** 대규모 알고리즘을 사용할 수 없고 그러한 기술을 직접 구현할 생각이 없을 때, 전체 데이터에 대한 표본만으로 데이터를 훈련할 수도 있다.

- **수학 실력을 발휘해 계산을 단순화하라.** 예를 들어, $(a+b)^2 = a^2 + 2ab + b^2$이라는 식의 좌변은 우변보다 훨씬 빨리 계산된다. 이것은 사소한 예에 불과하지만, 대량 데이터에서는 큰 차이가 생긴다.

4.4 사례 연구 1: 해로운 URL 여부 예측

인터넷은 근래의 가장 위대한 발명 중 하나일 것이다. 인터넷은 인류의 발전을 가속했지만, 모든 사람이 이 위대한 발명품을 선한 의도로 사용하는 것은 아니다. 많은 회사(예: 구글)에서는 악의적인 웹사이트를 탐지해 그것들로부터 우리를 보호하려고 한다. 하지만 이는 쉬운 일이 아니다. 인터넷에는 스캔해야 할 페이지가 수십억 개가 있기 때문이다. 이 사례 연구에서는 메모리 용량에 맞지 않는 데이터셋을 가지고 어떻게 작업할 것인지 보여준다.

우리는 다음과 같은 것들을 사용한다.

- **데이터:** 이 사례 연구에 나오는 데이터는 연구 프로젝트의 일부로서 사용할 수 있었다. 프로젝트는 120일 동안 데이터를 보유하며, 각 관측값에는 약 320만 개 특성이 있다. 목표 변수는 악의적인 웹사이트에 대해서는 1, 그렇지 않을 경우에 대해서는 −1

---

9 (편주) 즉, 데이터 생성기

의 값을 갖는다. 자세한 정보에 대해서는 "Beyond Blacklists: Learning to Detect Malicious Web Sites from Suspicious URLs"를 참조하라[10].

- **사이킷런(Scikit-learn) 라이브러리:** 이 라이브러리는 앞 장에서 사용했으므로 이미 파이썬 환경에 설치돼 있을 것이다.

이처럼 이 사례를 위해 준비할 것이 많지 않으므로 바로 시작해보자.

4.4.1 1단계: 연구 목표 설정

본 프로젝트의 목표는 특정 URL을 신뢰할 수 있는지 아닌지 판별하는 것이다. 데이터가 아주 많으므로 이것을 메모리 친화적인 방식으로 처리하려고 한다. 다음 단계에서 메모리(RAM) 문제를 간과했을 때 어떤 일이 벌어지는지 볼 수 있을 것이다.

4.4.2 2단계: URL 데이터 얻기

http://sysnet.ucsd.edu/projects/url/#datasets에서 SVMLight 형식으로 된 데이터를 내려받는다. SVMLight는 텍스트 기반 형식으로, 한 행에 하나의 관측값이 있으며 공간 절약을 위해 0은 제거된다.

다음 코드는 120개의 파일 중 1개의 파일을 읽어서, 알고리즘이 원하는 일반적인 행렬을 생성하려고 시도한다[11]. todense( ) 메서드는 데이터 형태를 특수한 형식으로 된 파일에서 모든 항목에 값이 있는 일반적인 행렬로 바꾼다.

코드 4.5 조밀 행렬로 변환을 시도(오류 발생)

```
1: import glob
2: from sklearn.datasets import load_svmlight_file
3: files = glob.glob('C:/Users/Yong Choi/Downloads/url_svmlight/*.svm')
4: print("there are %d files" % len(files))
5: X,y = load_svmlight_file(files[0],n_features=3231952)
6: X.todense()
```

3행: 파일을 가리킴(윈도우에서는 tar 파일을 먼저 풀어야 함).

4행: 파일의 개수를 표시한다.

---

10 Justin Ma, Lawrence K. Saul, Stefan Savage, and Geoffrey M. Voelker, "Beyond Blacklists: Learning to Detect Malicious Web Sites from Suspicious URLs," Proceedings of the ACM SIGKDD Conference, Paris (June 2009), 124553.

11 (옮긴이) 역자가 테스트할 때는 파일이 121개였다.

5행: 파일을 적재한다.

6행: 데이터는 크고 성긴 행렬이다. 그것을 조밀 행렬로 변환(파일에서 모든 0을 표현)하려고 하면 오류가 발생한다.

이런, 메모리 부족 오류가 일어났다(그림 4.10). 이 코드를 거대한 머신에서 수행하지 않는 한 피할 수 없는 일이다. 몇 가지 트릭을 쓰면 이러한 메모리 문제를 겪지 않고도 97%의 악의적인 사이트를 탐지할 수 있다.

```
-------------------------------------------------------------------
MemoryError                           Traceback (most recent call last)
<ipython-input-532-d196c05088ce> in <module>()
      5 print "there are %d files" % len(files)
      6 X,y = load_svmlight_file(files[0] ,n_features=3500000)
----> 7 X.todense()
```
그림 4.10 메모리에 대규모 데이터셋을 넣으려고 할 때의 메모리 오류

도구 및 기법

단 하나의 파일을 적재하는 동안 메모리 오류가 일어나버렸지만 처리해야 할 파일이 아직 많이 남아 있다. 다행히 우리는 몇 가지 트릭을 쓸 수 있다. 사례 연구에 몇 가지 기술을 시도해보자.

- 데이터의 희박 표현을 사용한다.
- 기초 데이터(raw data) 대신 압축된 데이터를 알고리즘에 공급한다.
- 예측을 위해 온라인 알고리즘을 사용한다.

각 '트릭'에 대해서는 사용할 때 더 깊이 알아보겠다. 데이터가 로컬에 준비됐으므로 접근해보자. URL이 정제돼 있으므로 데이터 과학의 과정 중 3단계에 해당하는 데이터 준비와 정제는 필요하지 않다. 그렇지만 학습 알고리즘을 개시하기 전에 탐색이 필요하다.

4.4.3 4단계: 데이터 탐색

우리의 첫 번째 트릭(희박 표현)을 적용할 수 있는지 보기 위해 데이터에 정말로 0이 많이 있는지 알아봐야 한다. 우리는 이것을 다음 코드로 확인할 수 있다.

```
print("number of non-zero entries %2.6f" % \
    float((X.nnz)/(float(X.shape[0])* float(X.shape[1]))))
```

이것의 출력은 다음과 같다.

```
number of non-zero entries 0.000033
```

0은 많은데, 상대적으로 정보는 거의 없는 데이터를 **희박 데이터(sparse data)**라 한다. 이 방법을 사용하면 다음 데이터를 [(0,0,1),(4,4,1)]과 같이 간결하게 저장할 수 있다.

```
[[1,0,0,0,0],[0,0,0,0,0],[0,0,0,0,0],[0,0,0,0,0],[0,0,0,0,1]]
```

이를 구현하는 파일 포맷 중 하나로 SVMLight가 있으며, 우리가 이 형식으로 데이터를 내려받은 이유가 바로 그것 때문이다. 하지만 데이터의 차원을 느껴봐야 하므로 아직 끝난 것은 아니다.

우리는 관측값 및 변수의 최대 개수를 확인하는 동안 이 정보를 얻기 위해 이미 데이터를 압축해야 했다. 또한, 우리는 데이터를 파일 하나하나씩 읽어야 한다. 이 방법은 메모리를 적게 소비한다. 두 번째 트릭은 CPU에 압축된 파일을 넘기는 것이다. 우리의 예에서 이미 tar.gz 포맷으로 쌓여 있다. 파일은 필요할 때만 풀고, 하드디스크에는 쓰지 않는다(컴퓨터에서 가장 느린 부분이므로).

코드 4.6의 예에서는 처음 다섯 개의 파일에 대해서만 작업했지만, 전체를 사용해도 좋다.

코드 4.6 데이터 분량 확인

```
01: import tarfile
02: from sklearn.linear_model import SGDClassifier
03: from sklearn.metrics import classification_report
04: from sklearn.datasets import load_svmlight_file
05: import numpy as np
06:
07: uri = 'C:/Users/Yong Choi/Downloads/url_svmlight.tar.gz'
08: tar = tarfile.open(uri,"r:gz")
09: max_obs = 0
10: max_vars = 0
11: i = 0
12: split = 5
13: for tarinfo in tar:
14:     print(" extracting %s,f size %s" % (tarinfo.name, tarinfo.size))
15:     if tarinfo.isfile():
16:         f = tar.extractfile(tarinfo.name)
17:         X,y = load_svmlight_file(f)
18:         max_vars = np.maximum(max_vars, X.shape[0])
```

```
19:          max_obs = np.maximum(max_obs, X.shape[1])
20:      if i >= split:
21:          break
22:      i+= 1
23:
24: print("max X = %s, max y dimension = %s" % (max_obs, max_vars))
```

7행: uri 변수에는 내려받은 파일을 저장한 위치를 담는다. 컴퓨터에서 실행하려면 이 uri 변수를 직접 써넣어야 한다.

9행: 관측값이 얼마나 많은지 모르므로 0으로 초기화하자.

10행: 특성이 얼마나 많은지 모르므로 0으로 초기화하자.

11행: 파일 카운트를 0으로 초기화한다.

12행: 다섯 번째 파일에서 중단(시연 목적이므로 전체를 대상으로 하지 않음)한다.

13행: 모든 파일을 합치면 2.05GB쯤 된다. 여기서 사용할 트릭은 주 메모리에는 데이터를 압축한 채로 두고, 필요한 것만 풀어내는 것이다.

16행: 메모리 사용을 줄이기 위해 파일을 하나씩 하나씩 푼다.

17행: 특정 파일을 적재하기 위해 load_svmlight_file() 함수의 도움을 받는다.

18~19행: 필요하면 관측의 최대 건수와 변수를 조정(큰 파일)한다.

20~21행: 다섯 번째 파일에 도달하면 중단한다.

24행: 결과를 출력한다.

코드 일부를 부연해서 설명해야 하겠다. 이 코드에서 우리는 tar 아카이브 내의 svm 파일들에 대해 루프를 수행한다. 우리는 메모리를 아끼기 위해 파일을 하나씩 하나씩 푼다. 이 파일들은 SVM 포맷으로 되어 있으므로, 우리는 functionload_svmlight_file()을 사용해 특정 파일을 적재한다. 그런 다음, 결과 데이터셋의 형상을 확인함으로써 얼마나 많은 관측값과 변수가 파일에 있는지 볼 수 있다.

이러한 정보를 바탕으로 모델 구축을 진행할 수 있다.

4.4.4 5단계: 모델 구축

우리 데이터의 차원을 알게 됐으므로[12] 다음 코드에도 두 트릭(압축된 파일의 희박 표현)을 똑같이 적용하고, 세 번째(온라인 알고리즘을 사용)에도 추가할 수 있다. 해로운 웹사이트를 찾아내 보자!

---

12 (편주) 즉, 특성 개수를 알게 됐으므로

코드 4.7 악의적인 URL과 보통의 URL을 구별하는 모델을 작성

```
01: classes = [-1,1]
02: sgd = SGDClassifier(loss="log")
03: n_features=3231952
04: split = 5
05: i = 0
06: for tarinfo in tar:
07:     if i > split:
08:         break
09:     if tarinfo.isfile():
10:         f = tar.extractfile(tarinfo.name)
11:         X,y = load_svmlight_file(f,n_features=n_features)
12:         if i <= split:
13:             sgd.partial_fit(X, y, classes=classes)
14:         if i == split:
15:             print(classification_report(sgd.predict(X),y))
16:     i += 1
17:
```

1행: 목표 변수는 1 또는 −1이 될 수 있다. '1': 방문하기에 안전한 웹사이트, '−1': 안전하지 않은 웹사이트.

2행: 확률적 경사 분류기(stochastic gradient classifier) 를 준비한다.

3행: 데이터 탐색을 통해 특성의 수를 알고 있다.

4행: 다섯 번째 파일에서 중단(시연 목적이므로 전체를 대상으로 수행하지 않음)한다.

5행: 파일 카운트를 0으로 초기화한다.

6행: 모든 파일을 합치면 2.05GB쯤 된다. 여기서 사용할 트릭은 주 메모리에는 데이터를 압축한 채로 두고, 필요한 것만 풀어내는 것이다.

10행: 메모리 사용을 줄이기 위해 파일을 하나씩 하나씩 푼다.

11행: 특정 파일을 적재하기 위해 load_svmlight_file( ) 함수의 도움을 받는다.

13행: 세 번째로 중요한 것은 온라인 알고리즘으로, 데이터 지점들을 파일별로 처리할 수 있다(일괄 처리).[13]

14~15행: 다섯 번째 파일에 도달하면 중단하고 결과를 출력한다.

확률적 경사 하강 분류기인 SGDClassifier( )를 제외하면 두 코드는 많이 닮았다.

---

13 (편주) 즉, 데이터 피드(data feed)를 알고리즘을 향해 할 수 있다.

여기서는 하나의 파일에서 partial_fit( ) 함수를 가지고 관측을 표출함으로써 알고리즘을 반복적으로 훈련했다.

처음 다섯 파일에 대해서 루프를 수행한 결과는 표 4.1과 같다. 표에 나타난 분류 진단 척도는 정밀도(precision), 재현율(recall), F1 점수(F1-score), 출현수(support)이다.

표 4.1 분류 문제: 웹사이트를 신뢰할 수 있는가, 그렇지 못한가?

	정밀도	재현율	f1-점수	출현수
-1	0.97	0.99	0.98	14045
1	0.97	0.94	0.96	5955
평균/합계	0.97	0.97	0.97	20000

악의적인 사이트 중 탐지되지 않은 것은 3%(1 − 0.97)이며(**정밀도**), 6%(1 − 0.94)의 사이트는 누명을 썼다(**재현율**). 이것은 괜찮은 결과이므로 이 방법론이 먹히는 것으로 결론지을 수 있다. 분석을 다시 수행한다면 알고리즘이 약간 다르게 수렴할 수 있어서 결과가 약간 달라질 수 있다. 잠시 기다리는 것에 개의치 않는다면 전체 데이터셋에 대해 수행해볼 수 있다. 이제 모든 데이터를 문제없이 다룰 수 있다. 이 사례 연구에는 6단계(발표 또는 자동화)를 적용하지 않을 것이다.

우리의 기법을 응용하는 두 번째 예를 살펴보자. 이번에는 데이터베이스 내의 추천 시스템을 구축할 것이다. 추천 시스템의 잘 알려진 예로 아마존 웹사이트가 있다. 웹사이트에 방문해 둘러보고 있으면 "이 상품을 구입한 고객들은 다음과 같은 상품도 구입했다"는 식으로 상품 구입을 권유할 것이다.

4.5 사례 연구 2: 데이터베이스에 추천 시스템 구축

실제로 대부분의 데이터는 관계형 데이터베이스에 저장되지만, 대부분의 데이터베이스는 데이터 마이닝에 적합하지 않다. 하지만 이 예에서 본 것과 같이 우리 기법을 받아들이면 분석의 많은 부분을 데이터베이스에서 자체적으로 처리할 수 있으며, 이를 위해 코드를 최적화해주는 데이터베이스의 질의 옵티마이저를 활용한다. 이 예제를 통해 해시 테이블 데이터 구조를 사용하는 방법과 파이썬으로 다른 도구를 제어하는 방법을 살펴보자.

4.5.1 필요한 도구 및 기법

사례 연구로 들어가기 전에 필요한 도구들을 준비하고 우리가 하려고 하는 것의 이론적인 배경을 간단히 살펴보자.

도구

- **MySQL 데이터베이스**: 작업을 위해 MySQL 데이터베이스가 필요하다. MySQL 커뮤니티 서버를 설치하지 않았다면 www.mysql.com에서 내려받자. 설치 방법은 부록 C에 설명했다.

- **MySQL 데이터베이스 연결 파이썬 라이브러리**: 파이썬에서 이 서버에 연결하려면 시퀄알케미(SQLAlchemy)와 같이 MySQL에 연결할 수 있는 라이브러리도 필요하다[14].

- 판다스 라이브러리도 필요하며, 이미 설치돼 있을 것이다.

필요한 것들을 갖췄으면 몇 가지 기술을 배워보자.

기법

간단한 영화 추천 시스템에서는 비슷한 영화를 대여한 다른 사용자들이 본 것 중에 아직 못 본 것을 찾아서 추천할 것이다. 머신러닝에서는 이러한 기법을 **k 최근접 이웃(k-nearest neighbors)**이라 한다.

취향이 비슷한 고객이라고 해서 반드시 취향이 똑같은 고객일 필요는 없다. 취향이 똑같은 고객 (global optimum, 유일한 전역 최적해)을 찾지는 못할지라도 취향이 비슷한 고객들(local optima, 국소 최적해들)을 찾을 수 있다고 확신할 수 있을 만한 기법을 사용해야 한다. 이것을 해결하는 일반적인 기법을 **지역 민감 해싱(Locality-Sensitive Hashing)**이라 한다. 이 주제에 대한 논문들의 개요를 http://www.mit.edu/~andoni/LSH/에서 찾을 수 있다.

지역 민감 해싱의 아이디어는 단순하다. 취향이 비슷한 고객을 가까운 곳에 매핑하는 함수를 구축하고 (같은 레이블을 가진 버킷에 담는다), 취향이 서로 다른 객체들은 확실하게 서로 다른 버킷에 담는 것이다. 이 아이디어의 중심에는 매핑을 수행하는 함수가 있다. 해시 함수라고 부르는 이 함수는 임의의 범위의 입력을 고정된 출력에 대응하는 함수다. 가장 단순한 해시 함수는 여러 개의 무작위 열에서부터 값을 이어 붙인다. 열이 얼마나 많은지는 문제가 되지 않으며(가변적 입력), 그 결과로 하나의 열을 만든다(고정된 출력).

---

14 (옮긴이) conda install pymysql을 실행하라.

유사한 고객을 찾기 위해 세 개의 해시 함수를 셋업할 것이다. 세 함수는 각각 세 영화를 값으로 취한다.

- 첫 번째 함수는 영화 10, 15, 28의 값을 취한다.
- 두 번째 함수는 영화 7, 18, 22의 값을 취한다.
- 마지막 함수는 영화 16, 19, 30의 값을 취한다.

이것은 동일한 버킷에 있는 고객들이 최소한 몇 개의 영화를 공유한다는 점을 확실히 해줄 것이다. 그러나 한 버킷 내의 고객들은 우리가 해시 함수에 포함하지 않은 영화에 대해서는 여전히 다를 것이다. 이것을 해결하려면 여전히 버킷 내의 고객들을 서로 비교해야 한다. 이것을 위해 새로운 거리 척도를 만들어야 한다.

고객을 비교하는 데는 **해밍 거리**(Hamming distance)라는 것을 사용한다. 해밍 거리는 문자열에서 서로 다른 문자의 개수를 정의하며, 두 문자열이 얼마나 다른지 계산하는 데에 사용된다. 표 4.2에 해밍 거리의 몇 가지 예를 실었다.

표 4.2 해밍 거리 계산의 예

문자열 1	문자열 2	해밍 거리
Hat	Cat	1
Hat	Mad	2
Tiger	Tigre	2
Paris	Rome	5

여러 열을 비교하는 데는 비용이 많이 들기 때문에 속도를 높이는 트릭이 필요할 것이다. 각 열에는 고객의 영화표 구매 여부를 나타내는 2진(0 또는 1) 변수가 있으므로 정보를 이어 붙여서 새로운 한 개의 열에 같은 정보를 저장할 수 있다. 표 4.3에서 '영화(movies)' 변수는 그 외의 모든 영화(movie) 변수(영화1 ~ 영화4)가 가진 정보와 같은 만큼의 정보를 담고 있는 것을 볼 수 있다.

표 4.3 서로 다른 열의 정보를 영화 열로 조합한다. DNA도 이와 마찬가지로 긴 문자열에 모든 정보를 담는다.

열 1	영화 1	영화 2	영화 3	영화 4	영화
고객 1	1	0	1	1	1011
고객 2	0	0	0	1	0001

이것을 통해 해밍 거리 계산을 좀 더 효율적으로 할 수 있다. 이 연산자에 약간 손을 대면 XOR 연산자를 이용할 수 있다. XOR 연산자(^)의 결과는 다음과 같다.

```
1^1 = 0
1^0 = 1
0^1 = 1
0^0 = 0
```

이를 통해, 취향이 비슷한 고객을 찾는 과정이 매우 단순해진다. 의사 코드를 먼저 살펴보자.

- **전처리:**
    1. 영화 벡터로부터 k개(예: 3) 항목을 선택하는 p개(예: 3) 함수를 정의한다. 여기서는 각기 3(k)개 영화를 갖는 3(p)개 함수를 정의한다.
    2. 이 함수들을 각 지점(point)에 적용하고 그것들을 서로 다른 열에 저장한다(각 함수를 해시 함수라 하며 각 열은 버킷에 저장된다).

- **질의 지점 q:**
    1. 동일한 p 함수를 질의하고자 하는 지점(관측값) q에 적용한다.
    2. 각 함수를 조회해 관련된 버킷에서의 결과에 연관되는 지점을 얻는다. 버킷의 모든 지점을 검색했거나 2p 지점(5개의 함수가 있을 경우 10)에 도달하면 중단한다.
    3. 각 지점의 거리를 계산해 최소 거리를 갖는 지점을 반환한다.

모든 것을 명확히 하기 위해 파이썬을 가지고 실제로 구현해보자.

4.5.2 1단계: 연구 질문

당신이 비디오 대여점에서 근무한다고 해보자. 관리자는 사람들이 대여한 영화에 대한 정보를 바탕으로 그들이 좋아할 만한 영화를 예측할 수 있는지 물어본다. 당신의 고용주는 MySQL 데이터베이스에 정보를 저장하며, 그것을 분석하는 것이 당신의 업무이다. 그가 요구하는 것은 사람들의 선호를 분석해서 영화 및 고객이 사용해보지 않은 제품을 추천하는 자동화된 추천 시스템이다. 사례 연구의 목표는 메모리를 과하게 소모하지 않는 추천 시스템을 구축하는 것이다. 데이터베이스와 몇 가지 트릭을 사용해 달성할 수 있다. 이 사례 연구에서는 우리가 데이터를 직접 생성하므로 데이터 획득 단계를 건너뛰어서 바로 데이터 준비로 넘어갈 수 있다. 그 뒤에는 데이터 탐색을 건너뛰고 모델 구축으로 바로 진행한다.

4.5.3 3단계: 데이터 준비

당신의 고용주가 수집한 데이터는 표 4.4와 같다. 실습을 위해 이 데이터를 직접 작성할 것이다.

표 4.4 고객 데이터베이스 및 고객이 대여한 영화로부터 발췌

고객	영화 1	영화 2	영화 3	...	영화 32
Jack Dani	1	0	0		1
Wilhelmson	1	1	0		1
...					
Jane Dane	0	0	1		0
Xi Liu	0	0	0		1
Eros Mazo	1	1	0		1
...					

각 고객이 이전에 영화를 빌렸는지(1) 아닌지(0)를 나타내는 지표를 갖고 있다. 당신의 상사가 원하는 추천 시스템을 만들어주기 위해 무엇이 더 필요한지 보자.

먼저, 데이터를 생성하기 위해 파이썬을 MySQL에 연결한다. 당신의 사용자명과 패스워드를 사용해 MySQL에 연결하라. 다음 코드에서 우리는 "test"라는 이름의 데이터베이스를 사용한다. 사용자, 패스워드, 데이터베이스 이름을 당신의 설정에 맞는 값으로 바꾸고, 접속해 커서를 얻어라[15]. 데이터베이스의 커서(cursor)는 당신이 현재 데이터베이스의 어디에 있는지 기억하는 제어 구조이다.

코드 4.8 데이터베이스에 고객 생성

```
01: from sqlalchemy import create_engine
02: import pandas as pd
03:
04: user = '****'
05: password = '****'
06: database = 'test'
07: mc = create_engine("mysql+pymysql://" + user + ":" + password + "@localhost/" + database)
08: connection = mc.raw_connection()
09: cursor = connection.cursor()
```

---

15 (옮긴이) MySQL 서버를 처음 설치했다면 "test" 스키마를 생성하라

```
10:
11: nr_customers = 100
12: colnames = ["movie%d" %i for i in range(1,33)]
13: pd.np.random.seed(2015)
14: generated_customers = pd.np.random.randint(0,2,32 *
15:         nr_customers).reshape(nr_customers,32)
16:
17: data = pd.DataFrame(generated_customers, columns = list(colnames))
18: data.to_sql('cust', mc, index = True, if_exists = 'replace',
19:             index_label = 'cust_id')
```

4~9행: 먼저 연결을 수립한다. 사용자명, 패스워드, 스키마 이름("database" 변수)을 입력해야 한다.

11~15행: 커서를 가지고 데이터베이스를 시뮬레이션하며 몇 개의 관측값을 생성한다.

17~19행: 데이터를 판다스 데이터 프레임 내부에 저장하고 데이터 프레임을 MySQL의 "cust"라는 테이블에 기록한다. 테이블이 이미 존재하면 그것을 교체한다.

100명의 고객을 생성하고 그들이 특정 영화를 봤는지 여부를 무작위로 할당한다. 영화는 총 32개다. 데이터는 판다스 데이터 프레임에 먼저 생성됐다가 SQL 코드로 바뀐다.

데이터베이스에서 효율적으로 질의하려면 다음과 같은 것을 포함하는 추가적인 데이터 표현이 필요하다.

- 비트 문자열을 생성. 비트 문자열은 열의 내용(0과 1 값)을 압축한 버전이다. 먼저 이러한 이진 값들은 이어 붙인 다음, 결과 비트 문자열을 숫자로 바꾼다. 설명만으로는 다소 추상적으로 느껴지겠지만 코드를 보면 명확해질 것이다.
- 해시 함수를 정의. 해시 함수는 비트 문자열을 생성한다.
- 데이터 조회를 빠르게 하기 위해 테이블에 색인을 추가.

비트 문자열 생성하기

이제 질의에 적합한 중간 테이블을 만들고, 해시 함수를 적용하고, 비트의 시퀀스를 10진수로 표현한다. 마침내 그것들을 하나의 테이블에 둘 수 있다.

먼저 할 일은 비트 문자열을 만드는 것이다. 문자열 '11111111'을 해밍 함수가 사용할 수 있도록 2진값 또는 숫자값으로 변환한다. 숫자 표현을 선택한 경우의 코드는 다음과 같다.

코드 4.9 비트 문자열 생성하기

```
01: def createNum(x1,x2,x3,x4,x5,x6,x7,x8):
02:     return [int('%d%d%d%d%d%d%d%d' % (i1,i2,i3,i4,i5,i6,i7,i8),2)
03:         for (i1,i2,i3,i4,i5,i6,i7,i8) in zip(x1,x2,x3,x4,x5,x6,x7,x8)]
04:
05: assert int('1111',2) == 15
06: assert int('1100',2) == 12
07: assert createNum([1,1],[1,1],[1,1],[1,1],[1,1],[1,1],[1,0],[1,0]) == [255,252]
08:
09: store = pd.DataFrame()
10: store['bit1'] = createNum(data.movie1, data.movie2, data.movie3, data.movie4,
11:                           data.movie5, data.movie6, data.movie7, data.movie8)
12: store['bit2'] = createNum(data.movie9, data.movie10, data.movie11, data.movie12,
13:                           data.movie13, data.movie14, data.movie15, data.movie16)
14: store['bit3'] = createNum(data.movie17, data.movie18, data.movie19, data.movie20,
15:                           data.movie21, data.movie22, data.movie23, data.movie24)
16: store['bit4'] = createNum(data.movie25, data.movie26, data.movie27, data.movie28,
17:                           data.movie29, data.movie30, data.movie31, data.movie32)
```

1~3행: 문자열을 숫자값으로 표현한다. 문자열은 0과 1을 이어 붙인 것으로, 누군가가 특정 영화를 봤는지 아닌지를 가리킨다. 그런 다음 문자열을 비트 코드로 간주한다. 예: 0011은 숫자 3과 같다. def createNum( )이 하는 일은 8개의 값을 취해서 그것들을 이어 붙인 8열 값을 문자열로 변환한 다음, 문자열의 바이트 코드를 숫자로 변환하는 것이다.

5~7행: 함수가 올바로 동작하는지 테스트한다. 이진 코드 1111은 15와 같다(=1×8+1×4+1×2+1×1). assert가 실패하면 assert error를 일으키고, 그렇지 않으면 아무 일도 일어나지 않는다.

9~17행: 영화 열을 숫자 형태의 4비트 문자열로 변환한다. 각 비트 문자열은 8개의 영화를 표현한다. 4×8 = 32개 영화. 참고: 4×8 대신 32비트 문자열을 사용하면 코드가 짧아진다.

32열의 정보를 4개의 숫자로 변환함으로써 우리는 나중에 조회하기 위한 압축을 했다. 그림 4.11은 이러한 새로운 형식으로 처음 두 개의 관측값을 얻은 것을 보여준다(고객 영화 관람 내역).

```
store[0:2]
```

다음 단계는 해시 함수를 생성하는 것이다. 해시 함수를 사용해 두 고객이 유사한 행동을 보일 것인지 결정하는 데에 사용할 데이터 표본을 추출할 수 있다.

	bit1	bit2	bit3	bit4
0	10	62	42	182
1	23	28	223	180

그림 4.11 비트 문자열을 숫자로 변환한 후 32개의 영화에 대한 처음 두 고객의 정보

해시 함수 생성

우리가 생성하는 해시 함수는 고객들의 영화의 값을 취한다. 이 사례 연구의 이론 부분에서 세 개의 해시 함수를 정한 바 있다. 첫 번째 함수는 영화 10, 5, 18을 조합한다. 두 번째는 영화 7, 18, 22를 조합한다. 세 번째는 16, 19, 30을 조합한다. 다른 것을 선택하는 것은 자유이며, 무작위로 선택할 수 있다. 어떻게 하는지 다음 코드에 나타냈다.

코드 4.10 해시 함수 생성

```
01: def hash_fn(x1,x2,x3):
02:     return [b'%d%d%d' % (i,j,k) for (i,j,k) in zip(x1,x2,x3)]
03:
04: assert hash_fn([1,0],[1,1],[0,0]) == [b'110',b'010']
05:
06: store['bucket1'] = hash_fn(data.movie10, data.movie15, data.movie28)
07: store['bucket2'] = hash_fn(data.movie7, data.movie18, data.movie22)
08: store['bucket3'] = hash_fn(data.movie16, data.movie19, data.movie30)
09:
10: store.to_sql('movie_comparison', mc, index = True, index_label = 'cust_id',
11:             if_exists = 'replace')
```

1~2행: 해시 함수 정의(이것은 최종적으로 숫자로 변환한다는 점과 8열이 아닌 3열이라는 점을 제외하면 createNum( ) 함수와 똑같다).

4행: 올바로 동작하는지 테스트(오류를 일으키지 않으면 동작하는 것이다)한다. 칼럼에 대한 표집이지만 모든 관측이 선택된다.

6~8행: 고객 영화로부터 해시 값을 [10,15, 28], [7,18, 22], [16,19, 30]으로 생성한다.

10~11행: 이 정보를 데이터베이스에 저장한다.

해시 함수는 서로 다른 영화로부터 값들을 이어 붙임으로써 createNum( ) 함수에서 무슨 일이 일어났는지와 같은 이진 값을 만든다. 이번에 한해 숫자로 변환하지 않으며, 입력으로 여덟 편의 영화가 아닌 세 편의 영화만 취한다. assert 문에서 어떻게 모든 관측에 대해 세 값을 이어 붙이는지 볼 수 있다. 고객이 15번과 28번이 아닌 10번 영화를 구매했을 때, 함수는 1번 버킷(bucket1)에 b'100'을 반환한다.

고객이 22번 영화가 아닌 7번 및 18번 영화를 구입했을 때, 함수는 2번 버킷(bucket2)에 b'110'을 반환한다. 우리가 현재 결과를 본다면 직접 고른 영화 아홉 편으로부터 앞에서 생성한 네 개의 변수(bit1, bit2, bit3, bit4)를 보게 된다(그림 4.12).

	bit1	bit2	bit3	bit4	bucket1	bucket2	bucket3
0	10	62	42	182	011	100	011
1	23	28	223	180	001	111	001

그림 4.12 비트 문자열 압축으로부터 얻은 정보와 영화 표본 아홉 개

끝으로 고객 테이블에 색인을 적용함으로써 조회 속도를 높이는 트릭을 살펴보자.

테이블에 색인 추가

실시간 시스템에서 요구되는 검색 속도를 향상하려면 색인이 필수다. 다음 코드를 보라.

```
코드 4.11 색인 생성하기

1: def createIndex(column, length, cursor):
2:     sql = 'CREATE INDEX %s ON movie_comparison (%s(%s));' % (column, column, length)
3:     cursor.execute(sql)
4:
5: createIndex('bucket1', 3, cursor)
6: createIndex('bucket2', 3, cursor)
7: createIndex('bucket3', 3, cursor)
```

1~3행: 색인을 쉽게 만들기 위한 함수를 생성한다. 색인은 검색 속도를 높인다.

5~7행: 색인을 비트 버킷(bucket1~bucket3)에 담는다.

색인된 데이터를 가지고 우리는 '모델 구축'을 진행할 수 있다. 이 사례 연구에서는 실제 머신러닝 또는 통계적 모델을 구축하지 않는다. 그 대신 문자열 거리 계산이라는 더 단순한 기법을 사용한다. 사례 연구의 이론적 배경을 설명할 때 언급한 해밍 거리를 사용해 두 문자열을 비교할 수 있다.

4.5.4 5단계: 모델 구축

데이터베이스에서 해밍 거리를 사용하려면 그것을 함수로 정의해야 한다.

해밍 거리 함수 생성

우리는 이것을 **사용자 정의 함수**로 구현한다. 이 함수는 32비트 정수(실제로는 4×8) 거리로 계산할 수 있으며, 다음 코드에서 볼 수 있다.

코드 4.12 해밍 거리 생성

```
01: Sql = '''
02: CREATE FUNCTION HAMMINGDISTANCE(
03:   A0 BIGINT, A1 BIGINT, A2 BIGINT, A3 BIGINT,
04:   B0 BIGINT, B1 BIGINT, B2 BIGINT, B3 BIGINT
05: )
06:
07: RETURNS INT DETERMINISTIC
08: RETURN
09:   BIT_COUNT(A0 ^ B0) +
10:   BIT_COUNT(A1 ^ B1) +
11:   BIT_COUNT(A2 ^ B2) +
12:   BIT_COUNT(A3 ^ B3); '''
13:
14: cursor.execute(Sql)
15:
16: Sql = '''Select hammingdistance(
17:     b'11111111',b'00000000',b'11011111',b'11111111'
18:     ,b'11111111',b'10001001',b'11011111',b'11111111'
19: )'''
20:
21: pd.read_sql(Sql,mc)
```

1~12행: 함수를 정의한다. 함수의 입력 인자는 여덟 개이다. 길이가 8인 문자열 네 개는 첫 고객을 위한 것이고, 길이가 8인 또 다른 문자열 네 개는 두 번째 고객을 위한 것이다. 이런 식으로 우리는 두 고객에 대해 32편의 영화를 비교한다.

14행: 이 함수는 데이터베이스에 저장된다. 이것을 단 한 번만 할 수 있다. 이 코드를 두 번째 실행하면 OperationalError: (1304, 'FUNCTION HAMMINGDISTANCE already exists')라는 오류가 발생한다.

16~19행: 이 함수를 확인하기 위해 여덟 자리로 고정된 문자열을 가지고 SQL 문을 실행할 수 있다. 각 문자열 앞에 붙은 "b"는 비트 값을 전달함을 가리킨다. 이 테스트의 결과는 3이 되며, 이는 문자열들이 세 자리 밖에 떨어져 있지 않음을 나타낸다.

21행: 질의를 수행한다.

모든 것이 잘 됐다면 이 코드의 출력은 3이 된다.

해밍 거리 함수를 갖췄으므로 우리는 특정 고객과 취향이 비슷한 고객을 해밍 거리 함수를 사용해 찾을
수 있다. 그리고 이 일은 정확히 우리가 애플리케이션에서 하고자 하는 것이다. 마지막 부분으로 넘어
가자. 우리가 구성한 코드를 일종의 애플리케이션으로 활용하는 것이다.

4.5.5 6단계: 표현 및 자동화

모든 것을 구성했으므로 우리의 애플리케이션은 주어진 고객을 맞닥뜨렸을 때 두 단계를 수행해야
한다.

- 취향이 비슷한 고객을 찾는다.
- 고객이 이미 본 영화와, 취향이 비슷한 다른 고객이 본 영화에 근거해 고객에게 영화를 추천한다.

제일 먼저 독자 자신이 운수 좋은 고객이 되어 보라.

취향이 비슷한 고객 찾기

실시간 질의를 수행할 시간이다. 다음 코드에서 27번 고객에게 다음번에 볼 영화를 골라줄 것이다. 그
러나 우선은 비슷한 관람 기록을 가진 고객을 선택해야 한다.

코드 4.13 비슷한 고객 찾기

```
01: customer_id = 27
02: sql = "select * from movie_comparison where cust_id = %s" % customer_id
03: cust_data = pd.read_sql(sql,mc)
04:
05: sql = """select cust_id,hammingdistance(bit1,bit2,bit3,bit4,%s,%s,%s,%s)
06: as distance
07: from movie_comparison where bucket1 = '%s' or bucket2 ='%s'
08: or bucket3='%s' order by distance limit 3""" % (
09:     cust_data.bit1[0],cust_data.bit2[0], cust_data.bit3[0], cust_data.bit4[0],
10:     cust_data.bucket1[0], cust_data.bucket2[0],cust_data.bucket3[0])
11:
12: shortlist = pd.read_sql(sql,mc)
```

1~3행: 데이터베이스에서 고객을 고른다.

5~10행: 두 단계에 걸쳐 표집(sampling)한다. 첫 번째 표집: 색인은 반드시 선택한 고객의 것과 정확히 같아야 한다(아홉 편의 영화에 근거함). 선택된 사람들은 반드시 우리의 고객과 똑같이 아홉 편의 영화를 보거나 보지 않았어야 한다. 두 번째 표집은 4비트 문자열에 기초한 순위다. 이것들은 모든 영화를 데이터베이스에 넣는다.

12행: 27번 고객과 가장 닮은 세 고객을 보여준다. 먼저 나오는 것은 27번 고객이다.

표 4.5에서 2번과 97번 고객이 27번 고객과 가장 유사하다는 것을 알 수 있다. 데이터를 무작위로 생성했으므로 이 예를 따라 하더라도 결과는 다를 수 있다는 점에 유의하라.

이제 마지막으로 27번 고객에게 영화를 골라줄 수 있다.

표 4.5 고객 27번과 가장 비슷한 고객

	고객 번호(cust_id)	거리(distance)
0	27	0
1	2	8
2	97	9

새로운 영화 찾기

우리는 27번 고객이 아직 보지 않았지만 최근접 고객[16]은 본 영화를 찾아야 한다. 다음 코드에 이를 나타냈다. 이것은 거리 함수가 올바로 작동하는지 알아볼 수 있는 좋은 방법이기도 하다. 이렇게 찾아낸 고객이 취향이 아주 비슷한 고객이 아닐 수 있지만, 27번 고객에게 아주 잘 부합한다. 해시된 색인을 사용하면 대규모 데이터베이스를 엄청난 속도로 질의할 수 있다.

코드 4.14 보지 않은 영화 찾기

```
1: cust = pd.read_sql('select * from cust where cust_id in (27,2,97)', mc)
2: dif = cust.T
3: dif[dif[0] != dif[1]]
```

1행: 27번, 2번, 97번 고객이 본 영화를 선택한다.

2행: 편의상 행과 열을 뒤집는다.

3행: 27번 고객이 아직 보지 않은 영화를 선택한다.

---

16 (편주) 즉, 취향이 가장 비슷한 고객

표 4.6은 2번 고객의 성향을 바탕으로 12번, 15번, 31번 영화를 추천할 수 있음을 보여준다.

표 4.6 2번 고객이 본 영화를 27번 고객에게 추천할 수 있다.

	0	1	2
고객 번호(Cust_id)	2	27	97
3번 영화(Movie3)	0	1	1
9번 영화(Movie9)	0	1	1
11번 영화(Movie11)	0	1	1
12번 영화(Movie12)	1	0	0
15번 영화(Movie15)	1	0	0
16번 영화(Movie16)	0	1	1
25번 영화(Movie25)	0	1	1
31번 영화(Movie31)	1	0	0

임무를 완수했다. 우리의 행복한 영화광은 이제 그의 선호에 맞는 새 영화를 즐겁게 감상할 수 있다.

다음 장에서는 좀 더 양이 많은 데이터를 살펴보고, 1장에서 내려받은 호튼 샌드박스를 사용해 해당 데이터를 다뤄본다.

4.6 요약

이번 장에서는 다음의 주제를 논의했다.

- 대규모 데이터셋을 가지고 작업할 때에 주로 겪는 **문제**는 다음과 같다.
  - 메모리가 충분하지 않음
  - 프로그램이 오래 수행됨
  - 병목과 속도 문제를 일으킴
- 이러한 문제에 대한 세 가지의 주요한 **해결책**이 있다.
  - 알고리즘을 적용한다.
  - 다른 데이터 구조를 사용한다.
  - 도구와 라이브러리를 활용한다.

- **알고리즘을 적용**하는 세 가지 기법이 있다.

  - 전체 데이터셋을 한 번에 처리하기보다는 **알고리즘이 한 번에 하나의 관측을 처리**하게 한다.

  - **행렬을 좀 더 작은 행렬로 분할**해 계산한다.

  - **맵리듀스** 알고리즘을 구현한다(Hadoopy, Octopy, Disco, Dumbo와 같은 파이썬 라이브러리를 사용).

- 데이터 과학에서 주로 사용하는 **데이터 구조**에는 세 가지가 있다. 첫 번째는 상대적으로 적은 정보를 갖는 행렬인 **희박 행렬**이다. 두 번째와 세 번째는 대규모 데이터셋으로부터 정보를 재빨리 조회하기 위한 **해시 함수**와 **트리 구조**이다.

- 파이썬에는 대규모 데이터셋을 다루는 데 도움이 되는 **도구**가 많이 있다. 어떤 것들은 많은 양을 처리하는 데에 도움이 되고, 어떤 것은 병렬 계산에, 또 다른 것들은 파이썬 자체의 느린 속도를 극복하는 것과 관련이 있다. 파이썬으로 만든 API가 많으므로 파이썬으로 데이터 과학 도구를 다루기가 쉽다.

- 컴퓨터 과학의 **모범 사례**(best practices)는 데이터 과학에도 유용하므로 대량 데이터를 다룰 때 발생하는 문제를 극복하는 데에 도움이 될 것이다.

5장

빅데이터
첫걸음

이번 장에서는 다음을 설명한다.

- 두 가지 빅데이터 애플리케이션인 하둡과 스파크 첫걸음
- 빅데이터를 기록하는 작업에 파이썬 사용하기
- 빅데이터 데이터베이스에 저장된 데이터와 연결되어 상호작용하는 대시보드 구축하기

지난 2개의 장을 거치며 처리할 수 있는 데이터 분량을 꾸준히 키워 왔다. 3장에서는 컴퓨터의 주기억 장치 용량에 맞는 데이터셋을 가지고 작업했다. 4장에서는 메모리 용량에만 맞추기에는 너무 크지만 한 대의 컴퓨터로는 처리할 수 있을 만한 데이터셋을 다루는 기법을 소개했다. 이번 장에서는 단일 노드(즉, 컴퓨터 한 대)로는 감당할 수 없을 만큼 양이 많은 데이터를 다루는 기술을 배운다. 사실 컴퓨터 100대에도 맞지 않을 수도 있다. 상당히 도전적이지 않은가?

이전의 장들에서 작업한 방식과 가능한 한 비슷하게 하고, 빅데이터 플랫폼에서 작업할 수 있는 자신감을 갖도록 하는 것에 집중할 것이다. 이를 위해 이번 장의 주요 부분은 사례 연구로 구성했다. 은행 대출 데이터를 탐색할 수 있는 대시보드를 만들 게 될 것이다. 이번 장을 끝마칠 때까지 다음 단계를 거치게 된다.

- 가장 널리 사용되는 빅데이터 플랫폼인 하둡(Hadoop)에 데이터를 적재한다.
- 스파크(Spark)를 사용해 데이터를 변환하고 정제한다.
- 빅데이터 데이터베이스인 하이브(Hive)에 저장한다.
- 시각화 도구인 클릭 센스(Qlik Sense)를 가지고 데이터를 상호작용할 수 있게 시각화한다.

이 모든 일은(시각화와 별도로) 파이썬 스크립트 내에서 조정된다. 최종 결과는 그림 5.1과 같이 데이터를 탐색할 수 있는 대시보드이다.[1]

---

1 (편주) 즉, 최종 결과로 가장 중요한 정보를 한 화면에 표시할 수 있게 된다.

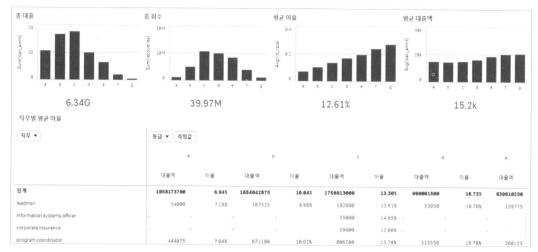

그림 5.1 상호작용하는 클릭 대시보드

도입부에 해당하는 이번 장에서는 빅데이터 실습과 기술이라는 양쪽 측면을 슬쩍 훑기만 할 뿐임을 명심하라. 사례 연구 과정에서 세 가지 빅데이터 기술(하둡, 스파크, 하이브)을 다루지만, 데이터 조작에 대해서만 그렇게 할 뿐 모델을 구축하지는 않는다. 빅데이터 기술을 버무려서 앞의 장들에서 건드려본 모델 구축 기법을 여기에 적용하는 것은 독자의 몫이다.

5.1 프레임워크를 이용해 데이터 저장과 처리를 분산화하기

하둡과 스파크 같은 새로운 빅데이터 기술 덕분에 컴퓨터 클러스터를 이용해 작업하기가 수월해졌다. 하둡은 수천 대의 컴퓨터로 이뤄진 페타바이트 급 스토리지를 갖춘 클러스터로 규모를 키울 수 있다. 그러므로 기업에서는 대량의 데이터로부터 가치를 창출할 수 있다.

5.1.1 하둡: 대규모 데이터셋을 저장하고 처리하기 위한 프레임워크

아파치 하둡(Apache Hadoop)은 컴퓨터 클러스터를 가지고 쉽게 작업할 수 있도록 해주는 프레임워크다. 하둡은 다음과 같은 목표를 지향한다.

- **신뢰성(reliable):** 데이터의 사본을 생성하고 장애 발생 시 재배포를 자동으로 처리함으로써 신뢰성을 높인다.
- **장애 허용성(fault tolerant):** 장애를 감지하고 자동 복구를 적용한다.
- **규모 확장성(scalable):** 데이터 및 그 처리를 컴퓨터 클러스터에 분배한다(수평적 규모 확장).

- **이식성(portable):** 모든 종류의 하드웨어 및 운영 체제에 설치할 수 있다.

핵심 프레임워크는 분산 파일 시스템, 자원 관리자, 분산 프로그램을 실행하는 시스템으로 구성된다. 실제로 분산 파일 시스템을 마치 가정용 컴퓨터의 로컬 파일 시스템을 사용하는 것처럼 쉽게 다룰 수 있게 해준다. 하지만 장막 뒤에서는 데이터가 수천 대의 서버에 흩어져 있을 수도 있다.

하둡의 구성 요소

하둡의 심장부는 다음과 같은 것들로 이뤄져 있다.

- 하둡 분산 파일 시스템(HDFS)
- 프로그램을 대규모로 실행할 수 있는 방법(MapReduce)
- 클러스터의 자원을 관리하는 시스템(YARN)

이것들을 바탕으로 삼아 하이브와 에이치베이스(HBase), 그리고 머하웃과 같은 머신러닝 프레임워크 등 애플리케이션의 생태계가 형성된다(그림 5.2). 우리는 이번 장에서 하이브를 사용한다. 하이브는 널리 사용되는 SQL에 기반을 둔 언어를 이용해 데이터베이스에 저장된 데이터와 상호작용한다.

그림 5.2 하둡 핵심 프레임워크와 연관된 애플리케이션 생태계

임팔라(Impala)와 같은 유명한 도구를 사용해 하이브 데이터를 100배까지 빠르게 질의할 수 있다. 이 책에서는 임팔라를 다루지 않지만 http://impala.apache.org/에서 자세한 정보를 얻을 수 있다. 4장에서 이미 맵리듀스를 간단히 소개했지만, 맵리듀스는 하둡의 심장부이므로 여기서 좀 더 면밀하게 살펴보자.

맵리듀스: 하둡의 병렬성 구현

하둡은 맵리듀스라고 하는 프로그래밍 방법을 사용해 병렬성을 구현한다. 맵리듀스 알고리즘은 데이터를 나누고 병렬로 처리한 다음 정렬하고 조합해 결과를 집계한다. 하지만 맵리듀스 알고리즘은 상호작용적인 분석이나 반복적인 프로그램에는 잘 맞지 않는데, 그 이유는 각 계산 단계에서 데이터를 디스크에 기록하기 때문이다. 그러므로 대규모 데이터셋을 처리할 때는 비용이 많이 든다.

간단한 예를 통해 맵리듀스가 어떻게 동작하는지 알아보자. 독자가 장난감 회사의 중역이라고 하자. 모든 장난감은 두 가지 색상으로 나오는데, 고객이 웹 페이지에서 장난감을 주문하면 웹 페이지는 장난감의 색상을 포함한 주문 파일을 하둡에 넣는다. 당신이 할 일은 얼마나 많은 색상 단위를 준비해야 하는지 알아내는 것이다. 당신은 맵리듀스 스타일의 알고리즘을 사용해 색상을 센다. 먼저, 그림 5.3에 나타낸 단순화된 버전을 살펴보자.

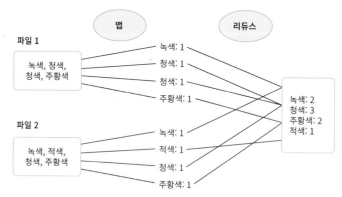

그림 5.3 입력 텍스트에서 색상을 세는 단순한 맵리듀스 예제

이름에서 알 수 있듯이 맵리듀스는 크게 두 단계로 이뤄진다.

- **매핑 단계(mapping phase)**[2]: 문서를 키–값 쌍으로 쪼갠다. 리듀스할 때까지 우리는 많은 복사본을 갖는다.
- **리듀스 단계(reduce phase)**[3]: 이것은 SQL의 "group by"와는 다르다. 고유한 출현(occurrence)[4] 들은 함께 그룹화되며, 리듀스 함수에 의해 다른 결과가 만들어질 수 있다. 여기서 우리는 색상별 개수를 원하므로 리듀스 함수가 그것을 반환하면 된다.

---

2 (편주) 수학 용어로는 '사상' 단계. 즉, 대응시키는 단계

3 (편주) 즉, 변량 축소 단계

4 (편주) 그림에서는 녹색, 청색, 주황색, 적색이 이에 해당

실제로는 이것보다는 좀 더 복잡하다.

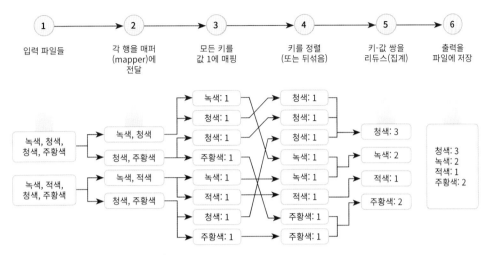

그림 5.4 맵리듀스를 이용해 입력 텍스트의 색상을 세는 예

전체 과정은 여섯 단계로 이뤄지며, 이를 그림 5.4에 나타냈다.

1. 입력 파일을 읽는다.

2. 각 행을 매퍼(mapper) 작업에 전달한다.

3. 매퍼 작업에서는 파일로부터 색상(키)을 파싱해 각 색상이 나타난 횟수(값)를 파일로 출력한다. 좀 더 기술적으로 말하자면 키 (색상)를 값(출현한 횟수)으로 매핑한다.

4. 키를 뒤섞고(shuffled) 정렬(sorted)함으로써 집계할 준비를 한다.

5. 리듀스 단계에서는 색상별 출현 횟수를 합산해 색상별 출현 횟수의 총계를 하나의 파일에 출력한다.

6. 키들을 하나의 파일에 모은다.

참고: 하둡 자체로도 빅데이터를 쉽게 처리할 수 있고 잘 작동하는 클러스터를 구성할 수 있지만, 아파치 메소스(Apache Mesos)와 같은 클러스터 관리자를 사용하면 부담을 덜 수 있다. 사실 중소기업에서는 하둡을 능숙하게 유지보수하지 못하는 경우가 많다. 그것이 우리가 미리 설치되고 구성된 하둡 생태계인 호튼웍스 샌드박스(Hortonworks Sandbox)로 작업하는 이유다. 설치 지침은 1.5 절에서 찾을 수 있다.

이제, 스파크를 살펴보고 하둡과 비교해보자.

5.1.2 스파크: 더 높은 성능을 내기 위해 맵리듀스를 대체

데이터 과학자들은 종종 상호작용적인 분석을 하며, 반복적인 알고리즘에 의존하곤 한다. 알고리즘이 솔루션으로 수렴되는 데까지는 시간이 걸릴 수 있다. 이것이 맵리듀스 프레임워크의 약점이므로 우리는 이를 극복하기 위해 스파크 프레임워크를 도입한다. 스파크는 중요도 순으로 작업을 처리함으로써 성능을 개선한다.

스파크

스파크(Spark)는 맵리듀스와 유사한 클러스터 컴퓨팅 프레임워크다. 하지만 스파크는 분산 파일 시스템 상의 파일에 대한 저장을 처리하지 않으며 자원 관리도 하지 않는다. 그것을 위해서는 하둡 파일 시스템, 얀(YARN), 아파치 메소스 등의 시스템에 의존한다. 따라서 하둡과 스파크는 상호보완적 시스템이다. 테스트와 개발을 위해 로컬 시스템에서 스파크를 실행할 수도 있다.

스파크가 맵리듀스 문제를 해결하는 방식

지나친 단순화일 수도 있겠지만, 스파크는 컴퓨터 클러스터들이 서로 공유하는 RAM 메모리를 생성한다고 할 수 있다. 서로 다른 작업기(worker)가 변수(및 그것들의 상태)를 공유할 수 있게 하므로 디스크에 중간 결과를 기록하지 않아도 된다. 좀 더 기술적이고 정확한 표현은 다음과 같다. 스파크는 회복 가능 분산 데이터셋(Resilient Distributed Datasets, RDD)을 사용한다. RDD는 분산된 메모리 추상화로서 프로그래머가 대규모 클러스터에서 장애를 허용하는(fault-tolerant) 방식으로 메모리 내에서 계산을 수행하도록 해준다[5]. RDD가 메모리 내에서만 작동하는 시스템이므로 값비싼 디스크 작업을 피할 수 있다.

스파크 생태계의 구성 요소

스파크 코어는 상호작용하는 탐색적 분석에 잘 어울리는 NoSQL 환경을 제공한다. 스파크는 일괄처리 모드 및 대화형(interactive) 모드에서 실행할 수 있으며 파이썬을 지원한다.

---

5 https://amplab.cs.berkeley.edu/wp-content/uploads/2012/01/nsdi_spark.pdf를 참조하라.

그림 5.5 스파크 프레임워크를 하둡 프레임워크와 함께 사용

그 외에도 다음과 같은 네 가지 큰 구성요소가 스파크에 있으며, 그림 5.5에도 이를 나타냈다.

1. 스파크 스트리밍(Spark streaming)은 실시간 분석을 위한 도구다.
2. 스파크 시퀄(Spark SQL)은 스파크로 작업하기 위한 SQL 인터페이스를 제공한다.
3. 엠엘라이브(MLLib)는 스파크 프레임워크에서의 머신러닝을 위한 도구다.
4. 그래프엑스(GraphX)는 스파크를 위한 그래프 데이터베이스다. 7장에서 그래프 데이터베이스에 대해 다룬다.

하둡, 하이브, 스파크를 사용한 대출 데이터에 발을 담가보자.

5.2 사례 연구: 금전 대출 위험 평가

하둡과 스파크에 대한 기본 지식을 보충했으므로 빅데이터를 직접 다뤄 볼 준비가 됐다. 본 사례 연구의 목표는 이번 장의 앞부분에서 소개한 기술을 처음으로 경험해보는 데 있으며, 당신이 다른 기술들과 유사하게 작업할 수 있다는 점을 거시적으로 보게 하는 데 있다(그렇지만 반드시 그럴 필요는 없다). 참고: 여기서 사용한 데이터는 그리 크지 않다. 데이터가 많으면 수집하는 데 큰 대역폭이 필요하며 예제를 따라 하기 위해 여러 노드가 필요할 것이기 때문이다.

다음과 같은 것들을 사용할 것이다.

- 호튼 샌드박스 가상 머신. 아직 이것을 내려받아 버추얼박스와 같은 가상 머신으로 임포트(import)하지 않았다면, 1.5 절로 돌아가서 설명을 읽어라. 이번 장에서 사용한 호튼 샌드박스 버전은 2.3.20이다.

- 파이썬 라이브러리: 판다스와 파이웹 하둡 파일 시스템(pywebhdsf). 이번에는 가상 환경에 설치하는 것이 아니라, 호튼 샌드박스에서 직접 사용할 것이다. 따라서 우리는 호튼 샌드박스를 실행하여(예를 들어, 버추얼박스에서) 몇 가지 준비를 한다.

작업을 위해 샌드박스 명령행에 몇 가지 할 일이 있으므로 명령행에 연결하라. PuTTY와 같은 프로그램을 사용하면 된다. PuTTY는 서버에 대한 명령행 인터페이스를 제공하며 http://www.chiark. greenend.org.uk/~sgtatham/putty/download.html에서 자유롭게 내려받을 수 있다.[6] PuTTY 로그인 설정을 그림 5.6에 나타냈다.

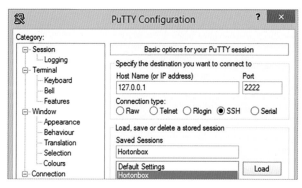

그림 5.6 PuTTY를 사용해 호튼 샌드박스에 연결

기본 사용자명과 패스워드는 각각 "root"와 "hadoop"이다(이 글을 쓰는 현재). 첫 로그인에서 이 패스워드를 변경해야 한다.

연결됐으면 다음 명령을 실행한다.

- `yum -y install python-pip` 파이썬 패키지 관리자인 pip를 설치한다.
- `pip install pywebhdfs` pywebhdfs 라이브러리를 설치한다.[7]
- `pip install pandas` 판다스를 설치한다[8]. 의존성으로 인해 설치에 시간이 걸린다.[9]

---

6   (옮긴이) 한글 환경을 지원하는 iPutty가 있다. https://github.com/iPuTTY/iPuTTY/wiki를 참조하라.

7   (옮긴이) 원서에서는 pywebhdfs 라이브러리의 문제를 해결하기 위한 포크를 pip install git+https://github.com/DavyCielen/pywebhdfs.git upgrade 명령으로 설치했으나 현재는 원래의 라이브러리가 해당 포크보다 더 앞서 있다.

8   (옮긴이) 판다스에서 read_csv의 skipfooter 옵션(코드 5.1)을 사용하려면 판다스 버전이 0.10 이상이어야 하고, 이를 위해 넘파이(numpy)는 1.6.1 이상이 필요하지만, 호튼웍스의 파이썬 2.6 환경에서는 설치할 수 없다. 그렇다고 파이썬 버전을 높이는 것은 간편하게 샌드박스를 이용하는 취지에 맞지 않는다. 그래서 판다스 0.7.3을 설치하고, 코드를 그에 맞게 수정했다.

9   (옮긴이) 파이썬 및 넘파이 버전과 관련해 설치에 실패한다면 pip install pandas==0.7.3을 시도해보라.

주피터(Jupyter), 즉 아이파이썬(Ipython)에서 .ipynb 파일을 열고 이번 장의 코드를 따라 할 수 있다. 호튼 샌드박스 설치 지침을 여기서 반복한다. 호튼 샌드박스 상에서 직접 코드를 실행하라. 이제, 준비 작업에 무엇이 필요한지 살펴보자.

이 연습에서 우리는 몇 가지 데이터 과학 진행 과정과 관련한 단계들을 더 거칠 것이다.

1단계: 연구 목표 설정. 이 단계는 두 부분으로 구성된다.

- 관리자에게 대시보드 제공
- 다른 사람들이 스스로 대시보드를 생성할 수 있도록 준비

2단계: 데이터 획득

- 여신금융협회 웹사이트에서 데이터 내려받기
- 데이터를 호튼 샌드박스의 하둡 파일 시스템에 입력

3단계: 데이터 준비

- 스파크를 가지고 데이터 변환
- 준비한 데이터를 하이브에 저장

4단계와 6단계: 탐색 및 보고서 생성

- 클릭 센스를 이용한 데이터 시각화

이 사례 연구에서는 모델을 구축하지 않지만, 원한다면 모델을 구축할 수 있는 하부구조를 갖추고 있다. 예를 들어, 스파크 머신러닝을 사용해 채무 불이행 가능자를 예측해 볼 수 있다.

렌딩클럽를 만날 시간이다.

5.2.1 1단계: 연구 목표 설정

렌딩클럽(LendingClub)[10]은 대출이 필요한 사람들과 투자할 돈을 가진 사람들을 이어준다. 당신의 상사가 투자할 돈이 있고, 돈을 걸기 전에 정보를 얻고 싶어 한다고 하자. 이 일을 달성하기 위해 평균 이자율, 위험, 특정인에 돈을 빌려준 것에 대한 반환 등에 대한 통찰을 그에게 전해주는 보고서를 생성하

---

10 (편주) 미국 최대 개인간(p2p) 여신 중개 업체

고자 한다. 이 과정을 밟고 나면 대시보드 도구에서 데이터에 접근할 수 있으며 다른 사람들도 데이터를 탐색할 수 있을 것이다. 이와 같이 셀프서비스 비즈니스 인텔리전스(business Intelligence, BI)에 [11] 데이터를 열어주는 것을 이번 사례의 부차적인 목표로 잡았다. 셀프서비스 비즈니스 인텔리전스는 종종 대체할 분석가를 고용하지 않은 데이터 기반 조직에 적용된다. 더욱 복잡한 분석을 데이터 과학자에게 맡기기 전까지는 조직의 누군가가 이것을 가지고 간단히 지지고 볶을 수 있을 것이다.

렌딩클럽에서는 기존 대출 건에 대한 익명 데이터를 사용할 수 있으므로 이 사례 연구가 가능하다. 이 사례 연구의 끝에서는 그림 5.7과 유사한 보고서를 생성할 것이다.

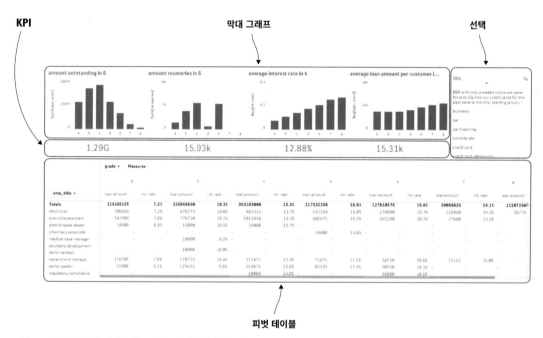

그림 5.7 이 연습의 최종 결과는 대출 기회를 유사한 기회들과 비교하는 설명적 대시보드다.

하지만 일에는 순서가 있다. 데이터부터 준비해야 한다.

5.2.2 2단계: 데이터 획득

하둡 파일 시스템(hdfs)을 다룰 시간이다. 먼저 명령행에서 명령을 내린 다음, 파이웹 하둡 파일 시스템(pywebhdfs) 패키지의 도움을 받아 파이썬 스크립트 언어에서 명령을 내릴 것이다.

---

11 (편주) 고급 정보를 만들어 내 경영에 활용할 수 있게 하는 시스템

하둡 파일 시스템은 파일과 폴더가 여러 대의 서버에 저장되고 각 파일의 물리적 주소를 알지 못한다는 점을 제외하면 일반적인 파일 시스템과 비슷하다. 드롭박스(Dropbox) 또는 구글 드라이브(Google Drive)와 같은 도구를 사용해 봤다면 생소하지 않을 것이다. 이러한 드라이브에 집어넣은 파일이 서버의 어디인가에 저장되지만, 정확히 어디인지는 모른다. 파일과 폴더를 생성하고, 이름을 변경하고, 삭제할 수 있다는 점은 보통의 파일 시스템과 마찬가지다.

명령행을 사용해 하둡 파일 시스템과 상호작용하기

먼저 명령행에서 하둡 루트 폴더 내의 디렉터리와 파일의 현재 목록을 조회해보자. PuTTY에서 hadoop fs ls / 명령을 입력한다.

연결하기 전에 먼저 호튼웍스 샌드박스 가상 머신을 켰는지 확인하라. 그림 5.6과 같이 PuTTY에서 127.0.0.1:2222에 연결할 수 있을 것이다.

하둡 명령의 출력을 그림 5.8에 나타냈다. hadoop fs -ls R /과 같이 인자를 추가해 모든 파일과 하위 디렉터리에 대한 재귀적인 목록을 얻을 수 있다.

```
[root@sandbox ~]# hadoop fs -ls /
Found 20 items
drwxrwxrwx   - admin  hadoop          0 2015-07-14 14:54 /LoanStats3c.cs
-rw-r--r--   1 root   hadoop  120834552 2015-07-14 14:47 /LoanStats3c.csv
drwxrwxrwx   - yarn   hadoop          0 2015-07-15 13:32 /app-logs
drwxr-xr-x   - hdfs   hdfs            0 2015-06-05 09:19 /apps
drwxr-xr-x   - admin  hadoop          0 2015-07-13 06:47 /book
drwxr-xr-x   - root   hadoop          0 2015-07-17 10:24 /chapter5
-rwxr-xr-x   1 hdfs   hadoop       4240 2015-07-14 19:32 /cout.json
```

그림 5.8 하둡의 list 명령(hadoop fs ls /)의 출력. 하둡의 루트 폴더 목록이 출력된다.

이번 장에서 작업할 'chapter5'라는 새로운 디렉터리를 hdfs에 생성한다. 다음의 명령은 새로운 디렉터리를 생성하고, 모든 사용자가 접근할 수 있게 한다.

```
sudo -u hdfs hadoop fs -mkdir /chapter5
sudo -u hdfs hadoop fs -chmod 777 /chapter5
```

여기에서 한 가지 패턴을 알아차렸을 수도 있다. 하둡 명령은 우리의 로컬 파일 시스템 명령(POSIX 유형)과 매우 유사하되, 각 명령의 앞에 hadoop fs와 -(대시)가 붙는다. 표 5.1에 하둡의 주요 파일 시스템 명령과 로컬 파일 시스템 명령을 비교했다.

표 5.1 일반적인 하둡 파일 시스템 명령

목적	하둡 파일 시스템 명령	로컬 파일 시스템 명령
디렉터리에 속한 파일 및 디렉터리의 목록을 얻음	hadoop fs -ls URI	ls URI
디렉터리를 생성	hadoop fs -mkdir URI	mkdir URI
디렉터리를 제거	hadoop fs -rm -r URI	rm -r URI
파일 사용 권한(퍼미션)을 변경	hadoop fs -chmod MODE URI	chmod MODE URI
파일을 이동하거나 이름을 변경	hadoop fs -mv OLDURI NEWURI	mv OLDURI NEWURI

자주 사용하는 두 가지 특수한 명령이 있다.

- 로컬 파일 시스템으로부터 분산 파일 시스템으로 파일을 업로드

  ```
  hadoop fs -put LOCALURI REMOTEURI
  ```

- 분산 파일 시스템으로부터 로컬 파일 시스템으로 파일을 다운로드

  ```
  hadoop fs -get REMOTEURI
  ```

예를 들어, .CSV 파일이 있는 리눅스 가상 머신에서 리눅스 하둡 클러스터에 연결한다고 하자. 리눅스 가상 머신에 있는 .CSV 파일을 클러스터 hdfs에 복사하려면 hadoop fs -put mycsv.csv /data 명령을 사용한다.

PuTTY를 사용해 호튼 샌드박스에서 파이썬 세션을 시작하고 파이썬 스크립트를 실행해 데이터를 조회할 수 있다. 명령행에서 pyspark 명령을 내려서 세션을 시작하라. 문제 없이 잘 진행된다면 그림 5.9 와 같은 시작 화면을 볼 수 있을 것이다.

그림 5.9 파이썬과 상호작용하는 스파크의 시작 화면

이제, 다음과 같은 파이썬 코드를 사용해 데이터를 끌어온다[12].

코드 5.1 렌딩클럽 대출 데이터를 끌어오기

```
1: import requests
2: import zipfile
3: import StringIO
4: source = requests.get("https://resources.lendingclub.com/LoanStats3d.csv.zip",
5:                        verify=False)
6: stringio = StringIO.StringIO(source.content)
7: unzipped = zipfile.ZipFile(stringio)
```

4~5행: 렌딩클럽에서 데이터를 내려받는다. https이므로 검증(verify)이 필요하지만, 여기서는 생략한다(verify=False).

6행: 가상 파일을 생성한다.

7행: 데이터의 압축을 푼다.

렌딩클럽의 웹사이트 https://resources.lendingclub.com/LoanStats3d.csv.zip에서
"LoanStats3d.csv.zip" 파일을 내려받고 압축을 푼다. 데이터 내려받기, 가상 파일 생성, 압축 해제를
위해 각각 requests, zipfile, stringio라는 파이썬 패키지의 메서드를 사용한다. 모든 데이터를 원한다
면 루프를 만들 수도 있지만, 여기서는 시연을 위해 파일 한 개만 사용한다. 앞에서 언급한 바와 같이
본 사례 연구에서 중요한 부분은 빅데이터 기술을 발휘해 데이터를 준비하는 일이다. 그러나 그 전에
데이터를 하둡 파일 시스템에 넣어야 한다. pywebhdfs는 파이썬에서 하둡 파일 시스템과 상호작용할
수 있게 해주는 패키지다. 이 패키지는 명령을 webhdfs 인터페이스를 위한 rest 호출로 번역해 전달
한다. 이 패키지로는 다음의 코드와 같이 당신이 선호하는 스크립팅 언어를 이용해 작업을 자동화할 수
있어서 유용하다.

코드 5.2 하둡에 데이터 저장하기

```
1: import pandas as pd
2: from pywebhdfs.webhdfs import PyWebHdfsClient
3: subselection_csv = pd.read_csv(unzipped.open('LoanStats3d.csv'), skiprows=1,
4:                        skip_footer=2)
5: stored_csv = subselection_csv.to_csv('./stored_csv.csv')
6: hdfs = PyWebHdfsClient(user_name="hdfs",port=50070,host="sandbox")
```

---

12 (옮긴이) 이번 장에 한하여 호튼웍스 샌드박스에 설치된 파이썬 2.6을 사용한다.

```
7: hdfs.make_dir('chapter5')
8: with open('./stored_csv.csv') as file_data:
9:     hdfs.create_file('chapter5/LoanStats3d.csv',file_data, overwrite=True)
```

3~4행: 판다스를 사용해 데이터를 정제한다. 첫 행과 마지막 2행을 제거한다. 원래의 파일을 열어보면 이것이 보일 것이다.

5행: 파일을 로컬에 저장했다가 하둡 파일 시스템으로 전송할 것이다.

6행: 하둡 샌드박스에 연결한다.

7행: 하둡 파일 시스템에 "chapter5" 폴더를 생성한다.

8행: 로컬에 저장된 .csv 파일을 연다.

9행: 하둡 파일 시스템에 .csv 파일을 생성한다.

우리는 이미 코드 5.1에서 파일을 내려받고 압축을 풀었다. 이제 코드 5.2에서 우리는 판다스를 사용해 데이터의 하위 선택을 만들고 그것을 로컬에 저장한다. 그런 다음 하둡에 디렉터리를 생성하고 로컬 파일을 하둡으로 이동했다. 내려받은 데이터는 .CSV 형식이며 크기가 작으므로 판다스 라이브러리를 사용해 첫 행과 마지막 두 행을 제거할 수 있다. 파일 내의 주석은 하둡 환경에서 사용하기에 거추장스러울 뿐이다. 코드의 첫 행은 판다스 패키지를 임포트하며, 두 번째 행은 파일을 메모리로 파싱하고 첫 행과 마지막 두 행을 제거한다. 코드의 세 번째 행에서는 나중에 사용하기 쉽고 검사하기 쉽도록 데이터를 로컬 파일 시스템에 저장한다.

진행하기 전에 다음 코드를 사용해 파일을 점검할 수 있다.

```
print hdfs.get_file_dir_status('chapter5/LoanStats3d.csv')
```

파이스파크(PySpark) 콘솔을 통해 하둡 시스템에 파일이 잘 만들어졌는지 확인할 수 있다(그림 5.10).

```
>>> print hdfs.get_file_dir_status('chapter5/LoanStats3d.csv')#A
{u'FileStatus': {u'group': u'hdfs', u'permission': u'755', u'blockSize': 1342177
28, u'accessTime': 1449236321223, u'pathSuffix': u'', u'modificationTime': 14492
36321965, u'replication': 3, u'length': 120997124, u'childrenNum': 0, u'owner':
u'hdfs', u'storagePolicy': 0, u'type': u'FILE', u'fileId': 17520}}
```

그림 5.10 PySpark 콘솔을 통해 하둡의 파일 상태를 조회

하이브에 바로 저장하기에는 파일이 지저분하므로 스파크를 사용해 데이터 준비 과정을 거치도록 하자.

5.2.3 3단계: 데이터 준비

분석을 위해 데이터를 내려받았으므로 하이브에 저장하기 전에 스파크를 사용해 정제할 것이다.

스파크에서 데이터 준비

데이터 정제는 때때로 상호작용해야 하는 작업인데, 문제를 발견한 다음에 해당 문제를 해결하는 식으로 진행되므로 깨끗하고 갓 구워낸 듯한 데이터로 만들기 위해 이 작업을 두 번 하고 싶게 될 것이다. "UsA"라는 문자열은 대문자가 잘못 적용된 지저분한 데이터다. 이 시점에서 우리는 더 이상 jobs.py로 작업하지 않고, PySpark라는 명령행 인터페이스를 통해 스파크와 직접 상호작용한다.

스파크는 각 단계마다 데이터를 저장할 필요가 없고, 서버들 사이에 데이터를 공유하는 모델(분산된 메모리의 일종)이 하둡보다 더 나으므로 이러한 상호작용 유형을 분석하기에 알맞다.

데이터 가공은 다음 네 단계로 이뤄진다.

1. PySpark(5.2.2 절에서 열어둔 채로 있을 것이다)를 시작해 스파크와 하이브 컨텍스트를 적재(load)한다.
2. .csv 파일을 읽고 파싱한다.
3. 데이터에서 헤더 행을 분리한다.
4. 데이터를 정제한다.

다음은 PySpark 콘솔 내의 코드 구현이다.

코드 5.3 아파치 스파크에 연결

```
01: from pyspark import SparkContext
02: from pyspark.sql import HiveContext
03: #sc = SparkContext()
04: sqlContext = HiveContext(sc)
05:
06: data = sc.textFile("/chapter5/LoanStats3d.csv")
07: parts = data.map(lambda r:r.split(','))
08: firstline = parts.first()
09: datalines = parts.filter(lambda x:x != firstline and len(x) == len(firstline)
10:                          and '%' in x[7])
11: def cleans(row):
12:     row[7] = str(float(row[7][:-1])/100)
```

```
13:     return [s.encode('utf8').replace(r"_"," ").lower() for s in row]
14:
15: datalines = datalines.map(lambda x: cleans(x))
```

1행: 스파크 컨텍스트를 임포트한다. PySpark에서 직접 작업할 때는 필요하지 않다.

2행: 하이브 컨텍스트를 임포트한다.

3행: PySpark 세션에서는 스파크 컨텍스트가 자동으로 나타난다. 그 외의 경우(Zeppelin 노트북)에는 이를 명시적으로 생성해야 한다.

4행: 하이브 컨텍스트를 생성한다.

6행: 하둡 디렉터리에서 데이터셋을 적재한다.

7행: 데이터셋을 반점(,) 구분자를 가지고 분할한다. 이것은 이 파일의 마지막 행 구분자이다.

8행: 첫 행.

9행: 데이터 행. 첫 행은 변수의 이름밖에 없으므로 제외하며, 그 외에 오류를 발생시키는 지저분한 데이터를 거른다.

10행: 정제 함수는 스파크의 힘을 이용해 데이터를 정제한다. 이 함수의 입력은 데이터의 행이다.

11행: 8열(인덱스 7)은 백분율로 포맷돼 있다. 불필요한 % 기호를 제거한다.

12행: 모든 것을 utf8로 인코드하고, 밑줄을 공백으로 치환하고, 소문자로 변환한다.

14행: 한 줄, 한 줄 데이터 정제를 실행한다.

각 단계에 대해 좀 더 자세히 알아보자.

스파크에서 데이터를 준비하는 1단계: 스파크를 대화형 모드에서 시작해 컨텍스트를 적재

PySpark 콘솔에서는 sc 변수로 스파크 컨텍스트를 사용할 수 있으므로 따로 스파크 컨텍스트를 임포트할 필요가 없다. 이것에 대해서는 PySpark를 시작할 때 언급한 바 있다. 그림 5.9를 자세히 보지 않았다면 다시 확인해보라. 다음으로는 하이브 컨텍스트를 적재해 하이브에서 상호작용하며 작업할 수 있게 한다. 스파크에서 대화형으로 작업할 때는 스파크와 하이브 컨텍스트가 자동으로 적재되지만, 일괄처리 모드에서 사용하고자 한다면 수동으로 적재해야 한다. 코드를 일괄로 제출하기 위해 호튼 샌드박스 명령행에서 spark-submit filename.py 명령을 사용한다.

```
from pyspark import SparkContext
from pyspark.sql import HiveContext
sc = SparkContext()
sqlContext = HiveContext(sc)
```

환경을 구성함으로써 .csv 파일을 파싱할 준비를 마쳤다.

스파크에서 데이터를 준비하는 2단계: .csv 파일을 읽고 파싱

다음으로 하둡 파일 시스템으로부터 파일을 읽고, 반점을 만날 때마다 분할한다. 코드의 첫 행에서는 하둡 파일 시스템으로부터 .csv 파일을 읽는다. 두 번째 행은 각 행에서 반점을 만날 때마다 분할한다. 여기서는 스파크를 배울 목적으로 .csv 파서(parser)의 설계에는 신경을 쓰지 않았지만, .csv 패키지를 사용해 행을 더 정확하게 파싱할 수도 있다.

```
data = sc.textFile("/chapter5/LoanStats3d.csv")
parts = data.map(lambda r:r.split(','))
```

이것은 함수형 프로그래밍의 접근 방식과 유사하다. 함수형 프로그래밍을 접하지 않았다면 lambda r: r.split(',')을 "모든 입력 r(이 경우에는 행을 의미)에 대해 반점을 만날 때 입력 r을 분할하라"라고 읽으면 된다. 이 경우에 "모든 입력"은 "모든 행"을 뜻하지만, "모든 행을 반점으로 분할하라"라고도 읽을 수 있다. 이러한 함수형과 유사한 구문은 저자가 좋아하는 스파크의 특징이다.

스파크에서 데이터를 준비하는 3단계: 데이터로부터 헤더 행을 분리

데이터로부터 헤더를 분리하기 위해, 우리는 첫 행을 읽고 헤더 행과 유사하지 않은 모든 행을 유지한다.

```
firstline = parts.first()
datalines = parts.filter(lambda x:x != firstline)
```

첫 행은 이미 별도의 파일에 저장됐으므로 빅데이터의 모범 사례에 따라 우리는 이 단계를 수행할 필요가 없다. 실제로 .csv 파일은 종종 헤더 행을 포함하며 당신은 데이터를 정제하기 전에 유사한 조작을 수행해야 할 것이다.

스파크에서 데이터를 준비하는 4단계: 데이터 정제

이 단계에서 우리는 데이터의 품질을 향상시키기 위한 기본적인 정제를 수행한다. 이것은 더 나은 보고서를 구축하게 해줄 것이다.

두 번째 단계 후에 우리의 데이터는 배열로 이뤄진다. 우리는 이제 모든 입력을 람다 함수를 위한 배열로 다루고 배열을 반환할 것이다. 이 작업을 쉽게 하기 위해 정제를 도와주는 cleans 함수를 작성한다.

이 함수에서는 입력값의 포맷을 바꾸고(예: "10.4%"를 0.104로 바꿈), 모든 문자열을 utf-8로 인코딩하며, 밑줄을 공백으로 바꾸고, 모든 문자열을 소문자로 변환한다. 배열의 모든 행에 대해 cleans 함수를 호출한다.

```
def cleans(row):
    row[7] = str(float(row[7][:-1])/100)
    return [s.encode('utf8').replace(r"_"," ").lower() for s in row]

datalines = datalines.map(lambda x: cleans(x))
```

이제 보고서에 사용할 데이터를 준비했으므로 보고서 도구를 사용할 수 있도록 해야 한다. 하이브는 여기에 잘 들어맞는데, 많은 보고서 도구가 하이브에 연결할 수 있기 때문이다. 이를 어떻게 달성하는지 살펴보자.

데이터를 하이브에 저장

데이터를 하이브에 저장하려면 다음 두 단계를 거쳐야 한다.

1. 레지스터 메타데이터를 생성한다.
2. SQL 구문을 실행해 하이브에 데이터를 저장한다.

이 절에서는 다음과 같이 PySpark 셸에서 코드를 한 번 더 실행한다.

코드 5.4 하이브에 데이터를 저장(전체)

```
 1: from pyspark.sql.types import *
 2: fields = [StructField(field_name,StringType(),True) for field_name in firstline]
 3: schema = StructType(fields)
 4: schemaLoans = sqlContext.createDataFrame(datalines, schema)
 5: schemaLoans.registerTempTable("loans")
 6:
 7: sqlContext.sql("drop table if exists LoansByTitle")
 8: sql = '''create table LoansByTitle stored as parquet as select title,
 9:     count(1) as number from loans group by title order by number desc'''
10: sqlContext.sql(sql)
11:
```

```
12: sqlContext.sql('drop table if exists raw')
13: sql = '''create table raw stored as parquet as select title,
14:     emp_title,grade,home_ownership,int_rate,recoveries,
15:     collection_recovery_fee,loan_amnt,term from loans'''
16: sqlContext.sql(sql)
```

1행: SQL 데이터 유형을 임포트.

2행: 메타데이터를 생성한다. 스파크 SQL StructField 함수는 StructType에 필드를 표현한다. StructField 객체는 name(String), dataType(DataType), "nullable"(boolean)의 세 필드로 이뤄진다. name 필드는 StructField의 이름이다. dataType 필드는 StructField의 데이터 형식을 나타낸다. nullable 필드는 StructField의 값이 None 값을 담을 수 있는지 나타낸다.

3행: StructType 함수는 데이터 스키마를 생성한다. StructType 객체는 StructField의 리스트가 입력으로 필요하다.

4행: 데이터(datalines)와 스키마(schema)로부터 데이터 프레임을 생성한다.

5행: loans 테이블로 등록한다.

7~11행: 테이블을 드롭하고(이미 존재할 경우) 기초 데이터의 부분집합(subset)을 하이브에 저장한다.

12~16행: 테이블을 드롭하고(이미 존재할 경우), 요약하고, 하이브에 저장한다. LoansByTitle은 직무별 대출 합계를 나타낸다.

각 단계를 좀 더 명확하게 살펴보자.

하이브에 데이터를 저장하기 위한 1단계: 메타데이터를 생성해 등록

많은 사람이 데이터를 가지고 작업할 때 SQL을 사용하는 것을 선호한다. 스파크에서도 마찬가지일 수 있다. 심지어 우리가 하는 것처럼 하이브에 데이터를 직접 읽고 쓸 수도 있다. 그렇지만 그렇게 하기 전에 모든 칼럼에 대해 칼럼 명과 칼럼 유형을 담은 메타데이터를 생성해야 한다.

코드의 첫 행은 임포트이다. 두 번째 행은 필드의 이름과 필드 유형을 파싱하며 필드가 필수인지 지정한다. StructType은 행을 structfield들의 배열로 표현한다. 그런 다음 이를 하이브 내의 테이블(임시 테이블)로 등록된 데이터프레임에 둔다.

```
from pyspark.sql.types import *
fields = [StructField(field_name,StringType(),True) for field_name in firstline]
schema = StructType(fields)
schemaLoans = sqlContext.createDataFrame(datalines, schema)
schemaLoans.registerTempTable("loans")
```

메타데이터가 준비됐으므로 이제 데이터를 하이브에 삽입할 수 있다.

하이브에 데이터를 저장하기 위한 2단계: 쿼리를 실행하고 하이브에 테이블을 저장

이제 데이터에 대해 SQL 방언을 사용할 준비가 됐다. 먼저 목적별 대출을 세는 요약 테이블을 만든다. 그런 다음 정제된 기초 데이터의 부분집합을 클릭에서 시각화하기 위해 하이브에 저장한다.

SQL과 유사한 명령을 담은 문자열을 sqlContext.sql 함수에 전달함으로써 쉽게 실행할 수 있다. 우리는 하이브와 직접 통신하므로 순수한 SQL을 작성하는 것이 아니라는 점에 유의하라. 하이브는 HiveQL이라는 자체적인 SQL 방언을 갖고 있다. 예를 들어, SQL에서는 데이터를 파케이(Parquet) 파일로서 즉시 저장하도록 명령한다. 파케이는 빅데이터에서 많이 사용되는 파일 형식이다.

```
sqlContext.sql("drop table if exists LoansByTitle")
sql = '''create table LoansByTitle stored as parquet as select title,
    count(1) as number from loans group by title order by number desc'''
sqlContext.sql(sql)


sqlContext.sql('drop table if exists raw')
sql = '''create table raw stored as parquet as select title,
    emp_title,grade,home_ownership,int_rate,recoveries,
    collection_recovery_fee,loan_amnt,term from loans'''
sqlContext.sql(sql)
```

하이브에 저장된 데이터를 가지고 시각화 도구를 파케이에 연결할 수 있다.

5.2.4 4단계: 데이터 탐색 & 6단계: 보고서 구축

우리는 클릭 센스를 가지고 상호작용적인 보고서를 생성해 관리자에게 보여줄 것이다. 클릭 센스는 웹사이트에서 구독 후 http://www.qlik.com/try-or-buy/download-qlik-sense에서 내려받을 수 있다. 내려받기가 시작되면 클릭 센스를 설치하고 사용하는 방법을 알려주는 영상이 있는 페이지로 이동한다. 우선 그것을 시청하기를 권한다.[13] 우리는 하이브 ODBC 커넥터를 사용해 하이브로부터 데이터를 읽어서 클릭에 사용할 것이다. 클릭에서 ODBC 커넥터를 설치하는 방법을 알려주는 자습서가 있다. 호튼웍스에서 제공하는 주요 운영 체제를 위한 하이브 ODBC 드라이버를 http://hortonworks.com/hdp/addons/에서 내려받을 수 있다[14].

---

[13] (옮긴이) http://help.qlik.com/ko-KR/sense/에서 한글 문서를 볼 수 있다.

[14] (옮긴이) 윈도우에 호튼웍스 하이브 ODBC 드라이버를 설치할 때 "Installation directory must be on a local drive"라는 메시지가 나타나며 설치를 진행할 수 없는 문제가 있다면 관리자 권한으로 명령 프롬프트를 실행하고 명령행에서 MSI 인스톨러를 실행해보라.

➕ 참고: 윈도우에서는 ODBC 드라이버를 설치하기만 해서는 바로 동작하지 않는다. ODBC를 설치한 다음, 윈도우 ODBC 관리자를 확인하라(CTRL+F를 누르고 ODBC를 검색). "시스템 DSN" 탭에서 "Sample Hive Hortonworks DSN"을 선택하라. 올바로 설정해야(그림 5.11 참조) 클릭이 호튼웍스 샌드박스에 연결된다.

그림 5.11 윈도우 호튼웍스 ODBC 구성

이제 클릭 센스를 연다. 윈도우에 설치한 경우에는 .exe에 대한 바로가기가 데스크톱에 있을 것이다. 클릭은 프리웨어가 아닌 상업용 제품으로 한 명의 고객에 대한 미끼 상품이 제공되지만 지금으로서는 충분하다. 마지막 장에서는 무료인 자바스크립트 라이브러리를 가지고 대시보드를 생성할 것이다.

클릭은 데이터를 메모리에 직접 올리거나 하이브를 호출할 수도 있다. 우리는 속도가 더 빠른 전자의 방법을 택한다.

이 부분은 세 단계로 이뤄진다.

1. ODBC 연결을 통해 데이터를 클릭에 적재한다.
2. 보고서를 생성한다.
3. 데이터를 탐색한다.

첫 번째 단계는 클릭에 데이터를 적재하는 것이다.

클릭 보고서를 만들기 위한 1단계: 클릭에 데이터 적재

클릭 센스를 시작할 때 그림 5.12와 같이 시작 화면에 기존 보고서(앱이라고 함)가 표시된다.

그림 5.12 클릭 센스 시작 화면

새 앱을 시작하기 위해 화면의 오른쪽에 있는 새 앱 만들기 버튼을 클릭한다(그림 5.13). 이렇게 하면 새로운 대화 창이 열린다. 앱의 새 이름으로 "chapter 5"를 입력하라.

그림 5.13 새 앱 만들기 메시지 박스

앱이 성공적으로 생성되면 확인 상자가 나타난다(그림 5.14).

그림 5.14 앱이 성공적으로 생성됐음을 알려주는 박스

앱 열기 버튼을 클릭하고 새로운 화면에서 애플리케이션에 추가할 데이터를 입력한다(그림 5.15).

그림 5.15 새로운 앱을 열 때 나타나는 데이터 추가 시작 화면

데이터 추가 버튼을 클릭하고 데이터 소스로는 ODBC를 선택한다(그림 5.16).

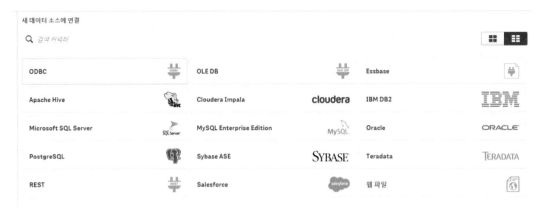

그림 5.16 데이터 소스 선택 화면에서 ODBC를 데이터 소스로 선택

다음 화면(그림 5.17)에서 시스템 DSN, Sample Hortonworks Hive DSN을 선택하고, username
을 root로 설정한다.

> 참고: 호튼웍스 옵션은 기본으로 나타나지는 않는다. 이 옵션이 나타나게 하려면 앞서 언급한 ODBC 커넥터를 설치
> 해야 한다(앞에서 언급했다). 아직까지 설치에 성공하지 못했다면 이에 대한 명확한 지침을 http://blogs.perficient.
> com/delivery/blog/2015/09/29/how-to-connect-hortonworks-hive-from-qlikview-with-odbc-driver/에
> 서 찾을 수 있다.

만들기 버튼을 클릭해 다음으로 진행한다.

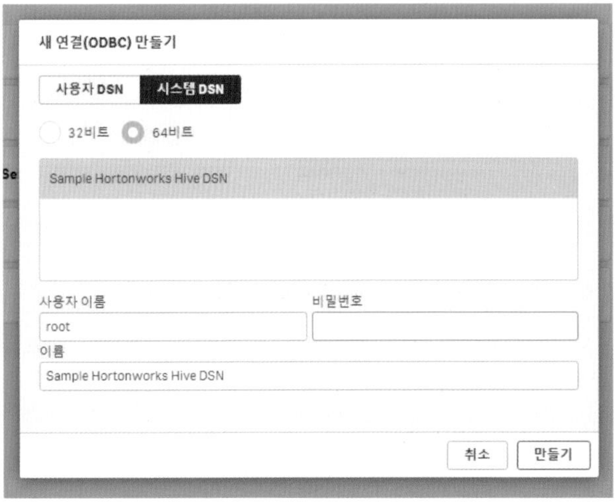

그림 5.17 새 연결 만들기

그림 5.18 하이브 "raw" 테이블의 데이터 미리 보기

그다음 화면(그림 5.18)에서 데이터베이스는 "HIVE"를, 소유자는 "default"를 선택한다. "raw" 테이블을 선택하고, 모든 칼럼을 선택한다. 그런 다음 데이터 추가 버튼을 눌러 이 단계를 마친다.

이 단계의 뒤에 데이터를 클릭에 적재하는 데 몇 초가 걸린다(그림 5.19).

그림 5.19 클릭에 데이터를 적재했음을 확인

클릭 보고서를 만들기 위한 2단계: 보고서 생성

보고서를 구축하기 위해 시트 편집을 선택한다. 이것은 보고서 편집기를 추가한다(그림 5.20).

그림 5.20 보고서를 열기 위한 편집 화면

클릭 보고서를 만들기 위한 2-1단계: 보고서에 선택 필터 추가

보고서에 가장 먼저 추가할 것은 사람들이 대출을 원하는 이유를 보여주는 선택 상자다. 이를 추가하기 위해 왼쪽의 자산 창에서 title 필드를 보고서 영역에 가져다 놓고 적당한 크기와 위치로 조정한다(그림 5.21). Fields 테이블을 클릭해 각 필드를 끌어다 놓을 수 있다.

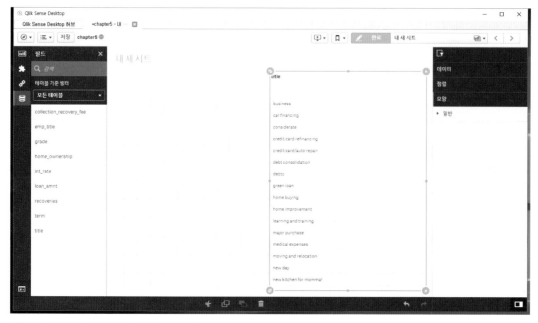

그림 5.21 왼쪽 필드 영역에서 보고서 창으로 제목을 드래그

클릭 보고서를 만들기 위한 2-2단계: 보고서에 KPI 추가

KPI[15] 차트는 선택된 총 모집단에 대해 집계된 수를 보여준다. 평균 이율과 총 고객 수 같은 숫자가 이 도표에 나타난다(그림 5.22).

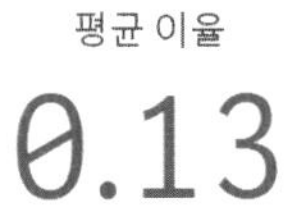

평균 이율

0.13

그림 5.22 KPI 차트의 예

보고서에 KPI를 추가하는 네 단계는 다음과 같으며, 그림 5.23에도 나타냈다.

1. **차트 선택:** KPI를 선택해 차트 보고서 화면에 배치하고, 원하는 크기와 위치로 조정한다.
2. **측정값 추가:** 차트 내의 측정값 추가 버튼을 클릭하고 int_rate를 선택한다.
3. **집계 방법 선택:** Avg(int_rate)를 선택한다.
4. **꾸미기:** 오른쪽 창에서 레이블을 평균 이율이라고 붙인다.

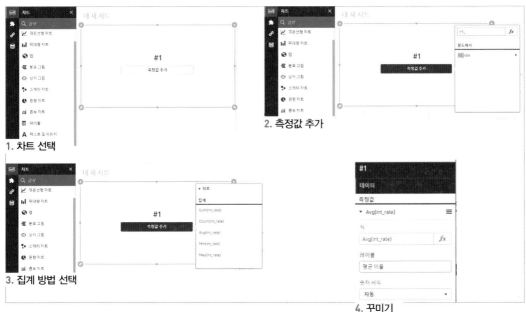

그림 5.23 클릭 보고서에 KPI 차트 넣기

---

15 (편주) 즉, 핵심성과지표

총 네 개의 KPI 도표를 보고서에 추가할 것이므로 위의 단계를 다음의 KPI에 대해서 반복해야 한다.

- 평균 이율(average interest rate)
- 총 대출액(total loan amount)
- 평균 대출액(average loan amount)
- 총 회수(total recoveries)

클릭 보고서를 만들기 위한 2–3단계: 보고서에 막대 그래프 추가

다음으로 우리는 네 개의 막대 그래프를 보고서에 추가한다. 이것들은 각 위험 등급에 따라 서로 다른 숫자를 보여줄 것이다. 하나의 막대 그래프는 해당 위험 그룹에 대한 평균 이율을 설명하고, 다른 것은 위험 그룹별 총 대출액을 보여준다(그림 5.24).

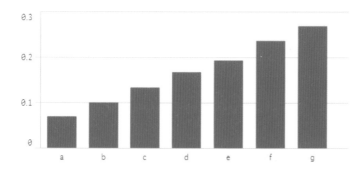

그림 5.24 막대 그래프의 예

보고서에 막대 그래프를 추가하는 데는 그림 5.25에 보이는 것과 같이 다섯 단계를 거친다.

1. **차트 선택:** 막대형 차트를 선택해 보고서 화면에 배치하고, 원하는 크기와 위치로 조정한다.
2. **측정값 추가:** 차트 내의 측정값 추가 버튼을 클릭하고 int_rate를 선택한다.
3. **집계 방법 선택:** Avg(int_rate)를 선택한다.
4. **차원 추가:** 차원 추가를 클릭하고 grade 필드를 선택한다.
5. **꾸미기:** 오른쪽 창의 제목란에 평균 이율을 입력한다.

그림 5.25 막대 그래프 추가하기

다음의 차원 및 측정값의 조합에 대해 위의 절차를 반복한다.

- 등급별 평균 이율
- 등급별 평균 대출액
- 등급별 총 대출액
- 등급별 총 회수

클릭 보고서를 만들기 위한 2-4단계: 보고서에 교차표 추가

위험 그룹 C에 속한 임원이 지불한 평균 이율을 알고 싶다고 하자. 이 경우에는 두 차원(직무와 위험 등급)의 조합에 대한 측정값(interest rate)을 얻어야 한다. 이것은 그림 5.26과 같은 피벗 테이블(pivot table)을 가지고 할 수 있다.

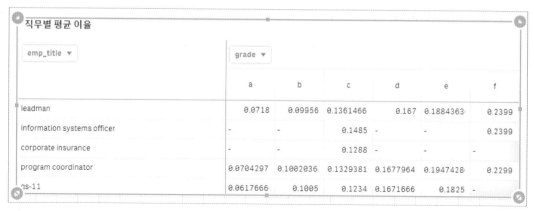

그림 5.26 직무(emp_title) 및 위험 등급(grade)에 따른 평균 이율을 나타내는 피벗 테이블의 예

다음과 같은 여섯 단계를 거쳐 보고서에 피벗 테이블을 추가할 수 있으며, 이를 그림 5.27에 나타냈다.

1. **차트 선택:** 피벗 테이블을 선택하고 보고서 화면에 배치한다. 선호하는 크기와 위치를 지정한다.

2. **측정값 추가:** 차트 내의 측정값 추가 버튼을 클릭하고 int_rate를 선택한다.

3. **집계 방법 선택:** Avg(int_rate)를 선택한다.

4. **행 차원을 추가:** 차원 추가를 클릭하고, 차원으로 emp_title을 선택한다.

5. **열 차원을 추가:** 데이터 추가를 클릭한 다음 열을 선택하고, grade를 선택한다.

6. **꾸미기:** 오른쪽 창에서 제목을 평균 이율이라고 붙인다.

그림 5.27 피벗 테이블 추가하기

그림 5.28 편집 모드에서의 최종 결과

크기와 위치를 조정하고 나면 그림 5.28과 비슷한 결과를 얻을 수 있을 것이다. 완료 버튼을 클릭하면 데이터를 탐색할 준비가 된다.

클릭 보고서를 만들기 위한 3단계: 데이터 탐색

선택에 따라 스스로 갱신되고 상호작용하는 그래프를 얻었다. 임원(director)에 대한 정보를 예술가(artist)와 비교해보는 것은 어떨까? 피벗 테이블에서 직무(emp_title)를 누르고 검색란에 director를 입력한다. 그 결과는 그림 5.29와 같이 보일 것이다. 같은 방법으로 예술가를 찾은 결과는 그림 5.30과 같다. 주택 구매 목적과 채무 통합 목적의 비율을 비교함으로써 또 다른 흥미로운 통찰을 얻을 수 있다.

마침내 해냈다. 우리의 관리자가 좋아할 만한 보고서를 생성했으며, 그 과정에서 다른 사람들도 이 데이터를 사용해 스스로 보고서를 작성할 수 있도록 했다. 다음 단계는 이 사람들이 이 설정을 기본으로 사용하게 하는 것이다. 이를 위해 4장에서 시연한 것과 같은 온라인 알고리즘으로 구동되는 스파크 머신러닝을 사용할 수 있다.

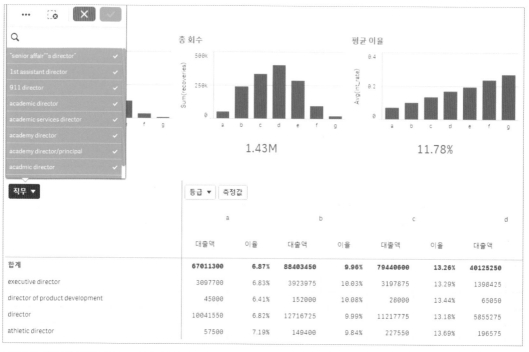

그림 5.29 임원 직군에서는 평균 11%대의 대출 이자를 내는 것을 볼 수 있다.

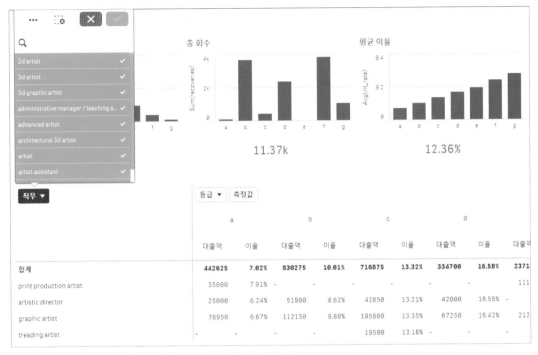

그림 5.30 예술가 직군에서는 평균 12%대의 대출 이자를 내는 것을 볼 수 있다.

이번 장에서는 하둡과 스파크 프레임워크를 간단히 소개했다. 기초적인 내용을 다루기는 했지만, 파이썬 덕분에 빅데이터 기술에 너무나 쉽게 접근할 수 있음을 부인할 수 없다. 다음 장에서는 NoSQL 데이터베이스를 좀 더 살펴보고 또 다른 빅데이터 기술도 알아볼 것이다.

5.3 요약

이번 장에서는 다음과 같은 것들을 배웠다.

- 하둡은 많은 수의 컴퓨터에 파일을 저장하고 계산을 분산 처리할 수 있는 프레임워크다.
- 하둡은 컴퓨터의 클러스터를 가지고 작업할 때의 복잡성을 숨겨준다.
- 하둡 및 스파크와 관련한 생태계, 데이터베이스와 접근 제어.
- 스파크는 데이터 과학 작업에 알맞게 하둡 프레임워크에 공유 메모리 구조를 추가한다.
- 이 장의 사례 연구에서는 파이썬 라이브러리인 파이스파크(PySpark)를 사용해 파이썬으로 하이브와 스파크가 통신하게 했다. 여기서는 하둡 라이브러리와 함께 pywebhdfs라는 파이썬 라이브러리를 사용했지만, 운영체제의 명령행에서도 같은 일을 할 수 있다.
- 클릭과 같은 비즈니스 인텔리전스 도구를 하둡에 쉽게 적용할 수 있다.

6장

NoSQL 운동에 동참하기

이번 장에서는 다음을 설명한다.

- NoSQL 데이터베이스에 대한 이해와 요즘에 많이 사용되는 이유
- NoSQL과 관계형 데이터베이스의 차이
- ACID 원칙의 정의 및 NoSQL의 BASE 원칙과의 관계
- 다중 노드 데이터베이스 구성에서 CAP 정리의 중요성을 학습
- 데이터 과학 진행 과정을 프로젝트에 적용함에 있어 NoSQL 데이터베이스인 엘라스틱서치의 활용

이번 장은 이론과 실습의 두 부분으로 나누어 구성했다.

- 이번 장의 앞부분에서는 NoSQL 데이터베이스를 개괄적으로 살펴보고, 다음과 같은 질문에 대해 답한다. 그것들이 왜 존재하는가? 왜 최근에 와서야 사용하는가? 어떤 종류가 있으며 왜 신경써야 하는가?
- 두 번째 부분에서는 실생활에서 겪는 문제인 질병 진단과 프로파일링에 대해 다루며, 자유롭게 사용할 수 있는 데이터와 파이썬, NoSQL 데이터베이스를 사용한다.

노시퀄(NoSQL) 데이터베이스에 대해, 그리고 그것을 많은 하이테크 회사에서 어김없이 사용하고 있다는 소식을 들었을 것이다. 하지만 대관절 NoSQL 데이터베이스는 무엇이며 당신이 사용하는 관계형 데이터베이스 또는 SQL 데이터베이스와 어떤 점이 다른가? NoSQL이 Not Only Structured Query Language를 줄인 말이기는 하지만, NoSQL 데이터베이스에 SQL 질의를 할 수 있으므로 그 이름에 구애될 필요는 없다. 그 이름은 수많은 논쟁에 불을 붙였다. 그보다는 NoSQL이 **관계형 데이터베이스 관리 시스템(RDBMS)**과 어떤 점에서 다른지 살펴보자. 전통적인 데이터베이스는 단일 컴퓨터 혹은 서버에서 실행된다. 이는 데이터가 서버의 범위 내에 있을 때는 괜찮지만, 많은 회사가 이미 그 정도의 규모를 넘어선지 오래다. 인터넷이 발전하며 구글과 아마존 같은 회사는 그러한 단일 노드 데이터베이스에 발목이 묶인 것을 느끼고 대안을 찾았다.

많은 회사에서 몽고디비(MongoDB)와 같은 단일 노드 NoSQL 데이터베이스들을 사용하는데, 그 이유는 유연한 스키마 혹은 계층적으로 데이터를 집계하는 능력을 원하기 때문이다. 다음과 같은 구축 사례를 들 수 있다.

- 구글에서 처음 도입한 NoSQL 솔루션인 구글 빅테이블은 **칼럼형 데이터베이스(columnar databases)**의 시작을 알렸다[1].
- 아마존은 **키-값 저장소(key-value store)**인 다이나모를 도입했다[2].
- **문서 저장소(document store)**와 **그래프 데이터베이스(graph database)**도 부상했다.

이번 장에서는 위의 네 가지에 대해 살펴본다.

크기가 중요한 요인이기는 하나, 이러한 데이터베이스들이 오로지 대량 데이터를 다룰 목적으로만 비롯된 것은 아니다. 빅데이터의 규모, 다양성, 속도, 정확성이 영향을 끼쳤다. 예컨대 그래프 데이터베이스로는 네트워크 데이터를 다룰 수 있다. 그래프 데이터베이스의 전도사들은 모든 것을 네트워크로 볼 수 있다고 주장하기도 한다. 한 가지 예를 들어보자. 식사를 준비하려면 식재료가 필요하다. 이러한 재료들은 요리에 함께 사용되며, 다른 요리를 위해서도 다른 재료들과 함께 사용될 수 있다. 이러한 관점에서는 재료와 요리법은 네트워크의 일부가 된다. 하지만 요리법과 재료를 관계형 데이터베이스나 문서 저장소에 저장할 수도 있다. 문제를 바라보는 관점의 차이일 뿐이다. NoSQL의 강점이 여기에 있다. 문제를 서로 다른 각도에서 바라보고, 용례에 맞는 데이터 구조를 취할 수 있다. 데이터 과학자로서 당신이 할 일은 문제에 대한 최선의 답을 찾아내는 것이다. RDBMS를 사용하는 것이 더 쉬운 경우도 있겠지만, 특정 NoSQL 데이터베이스를 사용하는 것이 더 나을 때도 있을 것이다.

빅데이터를 다루는 회사에서 파티셔닝의 필요 때문에 관계형 데이터베이스가 퇴출될까? 그렇지 않다. NewSQL 플랫폼(NoSQL과 혼동하지 마라)이 클러스터 구성의 필요에 대한 RDBMS의 대답이다. 뉴시퀄(NewSQL) 데이터베이스는 관계형 모델을 따르되 NoSQL 데이터베이스처럼 분산 클러스터로 분할하는 능력이 있다. 관계형 데이터베이스의 종말은 오지 않았고, SQL은 건재하며 하이브와 같은 플랫폼에서는 SQL을 하둡을 위한 맵리듀스 작업으로 변환한다. 더구나 모든 회사가 빅데이터를 필요로 하는 것은 아니다. 많은 경우에 있어서 작은 데이터베이스와 전통적인 관계형 데이터베이스로도 완벽하게 일처리를 할 수 있다.

네 가지 유형의 NoSQL 데이터베이스를 그림 6.1의 빅데이터 마인드맵에 나타냈다.

---

1 http://static.googleusercontent.com/media/research.google.com/en//archive/bigtable-osdi06.pdf를 참조.
2 http://www.allthingsdistributed.com/files/amazon-dynamo-sosp2007.pdf를 참조.

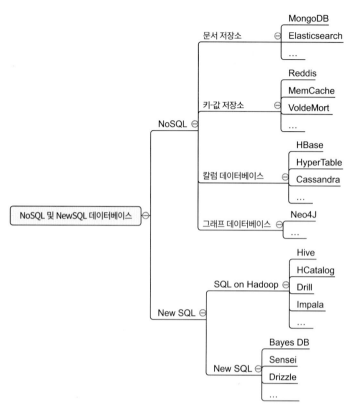

그림 6.1 NoSQL과 NewSQL 데이터베이스

이러한 네 가지 유형은 문서 저장소, 키-값 저장소, 그래프 데이터베이스, 칼럼 데이터베이스다. 또한, 마인드맵에는 NewSQL 분할 관계형 데이터베이스가 포함돼 있다. 모든 데이터베이스 유형은 NoSQL 데이터베이스와 NewSQL 데이터베이스라는 양자의 요소를 조합하면서도 각 데이터베이스 유형마다 초점이 다르므로 앞으로는 NoSQL과 NewSQL을 나누는 것이 큰 의미가 없을 것이다. RDBMS 유형에서도 칼럼형 데이터베이스와 같은 열 중심 색인 기능을 도입하는 등 NoSQL의 기능을 수용하고 있으므로 데이터베이스 유형을 구분하기가 어려워지고 있다. 하지만 일단은 다른 데이터베이스 유형이 NoSQL이라는 공통분모 아래에서 커 나간다는 점과, 전통적인 관계형 데이터베이스가 과거의 단일 노드 구성을 떠났음을 보여주고자 한다.

NoSQL에 대해 알아보자.

6.1 NoSQL 개요

앞서 이야기한 바와 같이 NoSQL 데이터베이스의 목표는 데이터베이스를 성공적으로 분할하는 방법을 제공하는 것뿐만 아니라 관계형 데이터베이스의 구조에 맞춰 모델링하는 것이 아닌, 데이터의 구조와 용도에 맞게 데이터를 모델링하는 근본적으로 다른 방식을 보여주는 것이기도 하다.

NoSQL에 대한 이해를 돕기 위해 단일 서버 관계형 데이터베이스의 핵심 ACID 원칙부터 살펴보겠다. 그런 다음 분산된 NoSQL 데이터베이스에 적합하게 변형된 BASE 원칙을 살펴볼 것이다. 다중 노드의 분산 데이터베이스에서 일어나는 주요 문제를 기술하는 CAP 정리도 살펴보고, 이에 대한 ACID 및 BASE 데이터베이스의 접근법을 알아본다.

6.1.1 ACID: 관계형 데이터베이스의 핵심 원리

전통적 관계형 데이터베이스의 특징을 ACID라는 개념으로 요약할 수 있다.

- **원자성(atomicity):** "모 아니면 도"의 원리다. 데이터베이스에 레코드를 넣었으면 완전히 들어가거나 그렇지 않거나 둘 중 하나다. 예를 들어, 데이터베이스에 기록하는 도중에 전원이 끊어졌다고 하면 레코드가 반쯤 들어가는 것이 아니라 전혀 들어가지 않아야 한다.

- **일관성(consistency):** 데이터의 무결성을 유지하는 데 있어서 중요한 원리다. 데이터베이스에 들어가는 항목은 사전에 정의된 규칙에 어긋나서는 안 된다. 필요한 필드가 빠지거나 텍스트가 아닌 숫자가 들어가는 것 같은 일이 있어서는 안 된다.

- **고립성(isolation):** 데이터베이스에서 어떤 데이터에 변경이 있는 그 순간에는 해당 데이터에 다른 변경이 함께 일어나서는 안 된다. 여러 건의 변경은 순차적으로 일어나야 한다. 고립 정도에 따라 저수준 고립부터 고수준 고립에 이르는 스펙트럼이 존재한다. 전통적인 데이터베이스는 '고수준 고립' 쪽의 끝에 있다. 저수준 고립은 구글 독스(Docs)를 예로 들 수 있다. 여러 사람이 같은 문서를 동시에 편집하면서 다른 사람이 변경한 내용을 바로바로 볼 수 있다. 전통적인 워드 문서는 고수준 고립에 해당해서 처음 파일을 연 사람만 편집할 수 있도록 잠근다. 문서를 두 번째로 연 사람은 마지막에 저장된 버전을 볼 수 있지만, 저장되지 않은 변경 사항을 볼 수 없거나 첫 번째의 사본 없이는 편집할 수 없다. 따라서 누군가가 파일을 열었으면 최신 버전은 문서를 잠근 편집자를 제외한 어떤 사람에 대해서도 완전히 고립된다.

- **영속성(durability):** 데이터베이스에 입력된 데이터는 영구적으로 보존돼야 한다. 하드 디스크에 물리적 손상이 가해진 경우에는 어쩔 수 없이 레코드가 파괴된다고 하더라도 전력 공급 중단이나 소프트웨어 충돌로 인해서는 레코드가 파괴돼서는 안된다.

ACID는 모든 관계형 데이터베이스에 적용되며, 그래프형 데이터베이스인 네오포제이(Neo4j)와 같은 몇몇 NoSQL 데이터베이스에도 적용된다. 그래프형 데이터베이스에 관해서는 이번 장의 뒷부분과 7장에서 다룰 것이다. 대부분의 다른 NoSQL 데이터베이스에 적용되는 원칙은 BASE이다. BASE 의 의미와 그것이 대부분의 NoSQL 데이터베이스에 적용되는 이유를 이해하려면 CAP 정리(CAP Theorem)를 먼저 알아야 한다.

6.1.2 CAP 정리: 여러 노드에 걸쳐 존재하는 DB의 문제

데이터베이스가 여러 대의 서버에 분산되면 ACID 원칙을 따르기가 어려워지는데, 이는 ACID에서 약속하는 일관성 때문이다. CAP 정리는 이것이 왜 문제가 되는지 지적한다. CAP 정리는 데이터베이스가 다음 중 두 가지를 만족할 수는 있지만, 세 가지는 절대 만족할 수는 없음을 기술한다.

- **일치성(Consistent)**: 어느 노드에 연결하더라도 완전히 똑같은 데이터를 볼 수 있어야 한다.
- **가용성(Available)**: 노드가 살아서 동작하고 연결 가능하다면 다른 데이터베이스 노드와 연결이 끊어지더라도 해당 노드는 응답해야 한다.
- **분할 용인(Partition tolerant)**: 데이터베이스가 네트워크 분할 또는 네트워크 장애를 처리할 수 있다.

단일 노드 데이터베이스에서는 가용성과 일치성을 확보하는 것이 어렵지 않다.

- **가용성**: 노드가 살아 있다면 사용 가능한 것이며 이는 CAP의 가용성에 부합한다.
- **일치성**: 노드가 하나밖에 없으므로 불일치가 일어나지 않는다[3].

데이터베이스가 분할됐을 때는 일이 재미있어진다. 당신은 가용성과 일치성 중에서 선택해야 한다. 그림 6.2를 보라.

서버는 유럽과 미국에 있고, 물류 센터는 한 곳만 있는 온라인 상점을 예로 들어보자. 프리츠라는 독일인과 프레디라는 미국인이 동시에 같은 온라인 상점에서 쇼핑을 한다. 그들이 보고 있는 상품은 놋쇠로 만든 문어 모양의 커피 탁자로 재고가 딱 하나뿐이다. 재해가 발생해 두 지역 서버 간의 통신이 잠시 중단된다. 상점의 주인은 두 가지의 선택이 가능하다.

---

3 (편주) 일치성과 일관성은 개념이 서로 다르기는 하지만, 어떤 면에서는 개념이 겹친다고 볼 수도 있고, 또 어떻게 보면 일치성이 일관성을 이루는 요인이라고 볼 수 있는데, 그래서인지 저자도 일관성과 일치성을 구분하지 않고 사용하고 있다. 다만 6.1.2 절에서는 '일치성'이라는 개념을 다루고 있으므로 consistency도 일치성으로 표현했다.

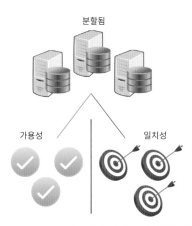

그림 6.2 CAP 정리: 데이터베이스를 분할했을 때는 가용성과 일치성 사이에서 선택해야 한다.

- **가용성:** 일단은 서버가 계속 고객 서비스를 하도록 하고, 나중에 정리한다.
- **일치성:** 연결이 재개될 때까지 모든 판매를 중단한다.

첫 번째 경우에는 프리츠와 프레디 둘 다 문어 모양 커피 탁자를 구입한다. 그림 6.3과 같이 두 노드에서 재고량은 각각 1이기 때문에 두 노드는 물건을 팔 수 있다.

커피 탁자를 조달하기 곤란하면 프리츠 혹은 프레디에게 배송이 늦어진다거나 품절됐다고 알려야 한다. 기업가로서 기지를 발휘해 다음번에 구입할 때 사용할 수 있는 할인 쿠폰을 주고 잘 무마할 수 있을 것이다.

두 번째 선택 사항은 들어오는 요청을 일시적으로 보류하는 것이다(그림 6.4).

웹 상점이 문을 닫았다가 5분 후에 다시 영업을 재개한다면 프리츠와 프레디 모두에게 공평하겠지만, 그랬다가 잃어버리는 판매 기회는 그 두 건에 그치지 않을 것이다. 온라인 쇼핑몰은 일치성보다 가용성을 우선하는 경향이 있지만, 그것이 모든 경우에 최적의 선택은 아니다. 벨기에의 음악 축제인 투모로랜드(Tomorrowland)와 같은 유명한 축제를 예로 들어보자. 축제는 안전상의 이유로 최대 관람 인원이 정해진다. 만약 통신 장애가 일어난 시간 동안 서버를 계속 운영하기 위해 티켓을 팔다 보면 통신이 재개될 때까지 두 배의 표를 팔게 될 수도 있다. 그런 경우에는 일치성을 위해 노드를 잠시 꺼두는 것이 현명하다. 투모로랜드 같은 축제는 두 시간 만에 매진되므로 잠깐의 고장 시간으로 인한 손해가 수천 장의 입장권을 물려주는 것과 비교했을 때 크지 않을 것이다.

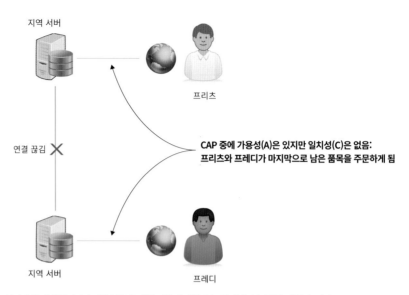

그림 6.3 CAP 정리: 노드 사이의 연결이 끊어지면 가용성을 유지할 것을 선택할 수는 있지만, 일치성을 해칠 수 있다.

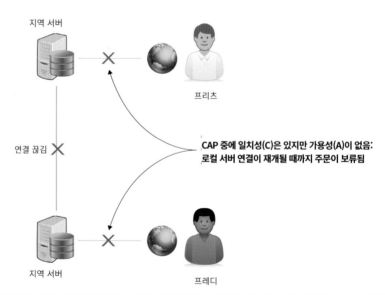

그림 6.4 CAP 정리: 노드의 연결이 끊어지면 연결이 복구될 때까지 데이터베이스로의 접근을 중지함으로써 일치성을 지키는 선택을 할 수 있다.

6.1.3 NoSQL 데이터베이스의 BASE 원칙

RDBMS는 ACID 원칙을 따르지만, 문서 저장소 및 키-값 저장소와 같은 NoSQL 데이터베이스는 ACID를 따르지 않고 BASE를 따른다. BASE는 데이터베이스에 관한 좀 더 유연한 약속이다.

- **기본적으로 가용(BAsically available):** CAP의 개념을 따르면 가용성이 보장된다. 웹 상점을 예로 들면, 노드가 살아 있고 동작하는 경우에 쇼핑을 계속할 수 있다. 구성에 따라서 노드가 다른 노드를 대체할 수 있다. 예를 들어, 엘라스틱서치는 NoSQL 문서 유형 검색 엔진으로서 **샤딩(sharding)** 과정을 통해 데이터를 분할 및 복제함으로써 노드에 문제가 있더라도 서비스가 중단되지 않게 한다. 각 **샤드(shard)**는 독립적인 데이터베이스 서버 인스턴스로서 보이지만, 부하를 분할하기 위해 다른 샤드와 통신할 수 있다(그림 6.5). 하나의 노드에 여러 샤드가 존재할 수 있으며, 각 샤드의 사본이 다른 노드에 있다면 노드에 문제가 발생하더라도 나머지 노드들에 작업을 재분배함으로써 쉽게 대응할 수 있다.

- **유연한 상태(Soft state):** 시스템의 상태는 시간이 흐름에 따라 변할 수 있다. 이것은 **결과적 일관성 원칙(eventual consistency principle)**과 관계가 있다. 데이터가 다시 일관성을 갖도록 시스템에 변경이 있을 수도 있다. 한 노드에서는 데이터가 'A'인데 다른 노드에서는 'B'일 수도 있다. 나중에 네트워크가 복구되면 첫 번째 노드의 'A'를 'B'로 대체하는 식으로 충돌을 해소할 수 있다. 명시적으로 'A'를 'B'로 변경하는 작업을 하지 않더라도 다른 노드와의 정합성을 가짐에 따라 값이 바뀌게 된다.

- **결과적 일관성(Eventual consistency):** 데이터베이스는 언제까지나 일치하게 될 것이다. 온라인 쇼핑몰을 예로 들면, 탁자를 중복으로 판매했다면 데이터는 일관성을 잃는다. 개별 노드 간의 연결이 다시 이뤄지면 서로 통신해 어떻게 해결할 것인지 결정한다. 이러한 충돌은 해결할 수 있는데, 예를 들면 먼저 주문한 고객 또는 배송비가 더 적게 드는 고객을 우선으로 할 수 있다. 데이터베이스는 정해진 절차대로 동작하지만, 실제로는 사업상의 결정이 내려지면 그 동작을 뒤엎을 수 있다. 연결이 된 상태로 동작하고 있다 하더라도 지연이 되면서 노드를 서로 불일치하게 할 수 있다. 종종 구매 제품을 온라인 장바구니에 넣고 다니게 되는데, 장바구니에 물품을 넣었다고 해서 다른 사용자가 구매하지 못하게 데이터베이스를 잠그지는(lock) 않는다. 만약 프리츠가 프레디보다 먼저 결제 버튼을 누르면 프레디가 결제하려고 할 때 문제가 생길 것이다. 이것은 고객에게 쉽게 설명할 수 있다. 너무 늦게 구매했기 때문이라고 설명하면 그만이다. 하지만 만약 밀리초 단위까지 똑같은 시간에 두 사람이 결제 버튼을 누른다면 어떻게 될까?

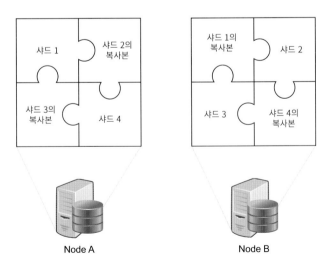

그림 6.5 샤딩: 각각의 샤드는 독립적인 데이터베이스이기도 하고 다른 것들과 함께 전체로서 동작한다. 예에서는 두 개의 노드에 각각 네 개의 샤드(두 개의 주 샤드와 두 개의 복사본)가 있다. 하나의 노드에서 문제가 생기더라도 다른 것으로 대체할 수 있다.

ACID vs. BASE

BASE 원칙은 화학에서의 산(acid)과 염기(base)라는 용어에서 착안해 지어낸 듯하다. 화학에서 pH 값이 낮은 액체를 산이라 하며, 그 반대로 pH 값이 높은 것을 염기라 한다. 그림 6.6에 두 용어를 나타냈다.

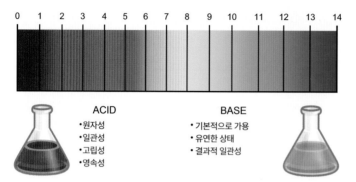

그림 6.6 ACID vs. BASE: 전통적인 관계형 데이터베이스와 대부분의 NoSQL 데이터베이스를 비교. 화학의 pH 척도의 개념에서 유래한 용어다. pH 값이 7 미만이면 산성이고, 7을 넘으면 염기성이다. 이 척도에서 평균적인 지표수(地表水)는 6.5에서 8.5 사이의 값을 나타낸다.

6.1.4 NoSQL 데이터베이스의 종류

앞에서 본 것과 같이 NoSQL의 네 가지 주요 유형으로는 키-값 저장소, 문서 저장소, 열 중심 데이터베이스, 그래프 데이터베이스가 있다. 각 유형은 관계형 데이터베이스로 풀 수 없는 문제를 해결한다. 실제적인 구현은 때때로 이것들의 조합으로 이뤄진다. 예를 들어, 오리엔트디비(OrientDB)는 **다중 모델 데이터베이스(multi-model database)** 인데, NoSQL 유형들이 섞여 있다. OrientDB는 각 노드가 문서인 그래프 데이터베이스다.

서로 다른 NoSQL 데이터베이스들로 들어가기에 앞서 관계형 데이터베이스와 비교해 살펴보자. 데이터 모델링을 다양하게 접근할 수 있다. 일반적으로 관계형 데이터베이스에서는 **정규화(normalization)** 를 추구한다. 정규화란 데이터의 각 부분이 단 한 번만 저장되게 하는 것을 말한다[4]. 정규화는 데이터가 구조적으로 형성되게 하는 일을 담당하는 셈이다. 예를 들어, 어떤 사람과 그 사람의 취미에 관한 데이터를 저장하고자 한다면 두 개의 테이블을 가지고 그렇게 할 수 있다. 한 테이블은 사람에 대한 테이블이고, 다른 한 테이블은 취미에 대한 테이블인 것이다. 그림 6.7에서 볼 수 있듯이 취미와 사람은 **다대다(many-to-many)** 관계를 맺으므로 서로 연결하려면 추가로 테이블이 필요하다. 사람은 여러 가지 취미를 가질 수 있고, 특정한 취미를 가진 사람도 여러 명이 될 수 있기 때문이다.

4 (편주) 즉, 데이터에 중복된 부분이 없게 하는 일을 말한다.

규모가 완비된 관계형 데이터베이스라면 많은 개체 및 연결 테이블로 구성될 수 있다. NoSQL과 비교할 것이 있으므로 여러 유형을 살펴보자.

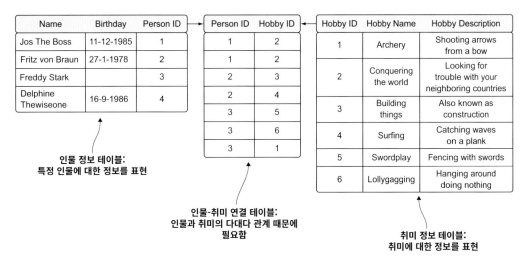

그림 6.7 관계형 데이터베이스는 정규화(데이터를 이루는 하나하나의 조각들이 단 한 번씩만 저장되게 하는 것)를 중시한다. 각 테이블은 유일한 식별자(기본 키)를 가지며, 개체(테이블) 사이의 관계를 모델링한다. 관계형이라는 용어가 여기에서 비롯됐다.

열 중심 데이터베이스

전통적인 관계형 데이터베이스는 행 중심이며, 각 행(row)마다 행 식별자(id)가 있고 테이블에 함께 저장된 행 내의 각 필드를 가진다. 예를 들어, 그림 6.8에 나타난 것과 같이 취미에 대한 추가 데이터를 저장하지 않으며, 사람들을 기술하는 테이블은 단 한 개이다. 이 시나리오에서 데이터가 약간은 반(反)정규화(denormalization)가 되어 있어 취미가 반복적으로 나타나는 것을 알 수 있다. 취미 정보가 좋기는 하지만 필수가 아니라면 그것을 취미 열(column) 내의 목록으로 추가하는 것도 납득할 만한 접근이다. 하지만 만약 정보가 별도의 테이블에 둘 만큼 중요하지 않다면 그것을 저장할 필요가 있을까?

행 번호	이름	생년월일	취미
1	Jos The Boss	11-12-1985	Archery, conquering the world
2	Fritz von Braun	27-1-1978	Building things, surfing
3	Freddy Stark		Swordplay, lollygagging, archery
4	Delphine Thewiseone	16-9-1986	

그림 6.8 행 중심 데이터베이스의 레이아웃. 각 개체(사람)는 단일 행으로 표현되며, 여러 열에 퍼져 있다.

행 중심 데이터베이스(row oriented databases)[5]에서는 무언가를 찾으려고 할 때마다 어느 열을 필요로 하는지와 관계없이 모든 행을 스캔하게 된다. 9월에 생일이 있는 사람의 명단을 알고 싶다고 하자. 데이티베이스는 그림 6.9와 같이 테이블을 맨 위에서 맨 아래까지, 왼쪽에서 오른쪽까지 스캔해 결국에는 생일의 목록을 반환하게 된다.

행 번호	이름	생년월일	취미
1	Jos The Boss	11-12-1985	Archery, conquering the world
2	Fritz von Braun	27-1-1978	Building things, surfing
3	Freddy Stark		Swordplay, lollygagging, archery
4	Delphine Thewiseone	16-9-1986	

그림 6.9 열 중심 조회: 상단에서 하단까지의 모든 항목, 모든 열이 메모리에 들어감

특정 열에 대해 데이터를 색인하면 조회 속도가 상당히 높아지지만, 모든 열을 색인하면 데이터에 추가적인 부담을 주게 되고, 데이터베이스는 여전히 전체 열을 스캔하게 된다.

열 중심 데이터베이스(column oriented databases)[6]는 각 열을 별도로 저장해 열 수가 적을 때 스캔을 더 빠르게 해준다. 그림 6.10을 보라.

이름	행 번호
Jos The Boss	1
Fritz von Braun	2
Freddy Stark	3
Delphine Thewiseone	4

생년월일	행 번호
11-12-1985	1
27-1-1978	2
16-9-1986	4

취미	행 번호
Archery	1, 3
Conquering the world	1
Building things	2
Surfing	2
Swordplay	3
Lollygagging	3

그림 6.10 열 중심 데이터베이스는 관련된 행 번호를 가지고, 각 열을 별도로 저장한다. 모든 개체(사람)는 여러 테이블에 분할된다.

이런 배치 형태는 각 열에 색인이 있는 행 중심 데이터베이스와 매우 비슷해 보인다. 데이터베이스 색인은 저장 공간과 추가적인 기록(색인 갱신)을 대가로 데이터를 **빠르게** 조회할 수 있게 하는 데이터 구조다. 색인은 행 번호를 데이터에 매핑하지만, 열 중심 데이터베이스는 데이터를 행 번호에 매핑한다.

---

5 (편주) '로우 기반 데이터베이스', '로우 지향 데이터베이스', '로우 중심 데이터베이스' 등으로 다양하게 부르지만, 이 책에서는 알기 쉽게 '행 중심 데이터베이스'로 표현한다.

6 (편주) '칼럼 기반 데이터베이스', '칼럼 지향 데이터베이스', '칼럼 중심 데이터베이스' 등으로 다양하게 부르지만, 이 책에서는 알기 쉽게 '열 중심 데이터베이스'로 표현한다.

그런 식으로 셈이 더 빨라져서, 예를 들어 얼마나 많은 사람이 활쏘기를 좋아하는지 쉽게 알 수 있게 된다. 열을 별도로 저장하기 때문에 테이블에는 단 하나의 데이터 유형만 있으므로 압축을 최적화할 수 있게 된다.

언제 행 중심 데이터베이스를 사용하고, 언제 열 중심 데이터베이스를 사용해야 하는가? 열 중심 데이터베이스에서는 기존의 열이 영향을 받지 않아 다른 열을 추가하기가 쉽다. 하지만 전체 레코드를 추가하려면 모든 테이블을 조정해야 한다. 이는 레코드를 지속적으로 추가하거나 변경해야 함을 의미하므로 OLTP(온라인 트랜잭션 처리)에 있어 열 중심 데이터베이스보다 행 중심 데이터베이스를 선호하게 만든다. 열 중심 데이터베이스는 값을 합산하고 항목을 세는 일이 많은 분석 및 보고서 작성에 적합하다. 행 중심 데이터베이스는 실제 트랜잭션(판매 등)을 위한 운영 데이터베이스에 사용하는 일이 많다. 야간 일괄작업으로 행 중심 데이터베이스를 갱신하고, 보고서를 위한 맵리듀스 알고리즘을 사용해 경량, 고속의 조회 및 집계를 지원한다. 열 친화 저장소(column-family store)의 예로 아파치 에이치베이스(Apache HBase), 페이스북의 카산드라(Cassandra), 하이퍼테이블(Hypertable), 그리고 광범위 열 저장소(wide-column store)의 조상 격인 구글 빅테이블(Google BigTable)을 들 수 있다.

키-값 저장소

키-값 저장소(key-value stores)는 NoSQL 데이터베이스 중에서 가장 단순한 것이다. 그 이름에서 알 수 있듯이 나란히 짝을 이룬 '키'와 '값'의 모음이며, 그 단순성으로 말미암아 막대한 양의 데이터를 저장하면서도 가장 확장성이 좋은 NoSQL 데이터베이스다.

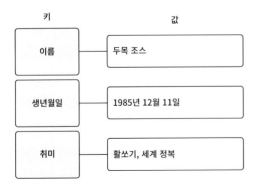

그림 6.11 키-값 저장소는 모든 것을 키와 값으로 저장한다.

키-값 저장소에서의 값은 무엇이든 될 수 있다. 문자열과 숫자뿐만 아니라, 키-값 쌍을 캡슐화한 객체의 새로운 쌍도 될 수 있다. 그림 6.12에서 좀 더 복잡한 키-값 구조를 볼 수 있다. 키-값 저장소의 예로는 레디스(Redis), 볼드모트(Voldemort), 리악(Riak), 아마존의 다이나모(Dynamo)를 들 수 있다.

```
{"internal data":[{"entities":[
    {"customer":[
        {"id":1,"name":"Freddy"},
        {"id":2,"name":"Fritz"}
    ]},
    {"legal entities":[
        {"id":1,"company":"Maiton"}
    ]}]
},{"Products":[
    {"furniture":[
        {"id":1,"name":"Octopus Table","stock":1}
    ]
}]}]}
```

그림 6.12 키-값 중첩 구조

문서 저장소

문서 저장소(document stores)는 키-값 저장소보다 한층 더 복잡하다. 문서 저장소는 특정 문서 구조를 스키마로 표현할 수 있다고 가정한다. 문서 저장소는 NoSQL 데이터베이스 중에서 가장 자연스러워 보이는데, 그 이유는 매일 만들어지는 문서를 저장하고 이미 집계된 형태의 데이터에 대해 복잡한 질의와 계산을 할 수 있게 설계됐기 때문이다. 관계형 데이터베이스에서는 정규화를 중시해 모든 것은 단 한 번만 저장되며 외래 키(foreign key)를 통해 연결된다. 문서 저장소는 데이터가 올바르게 구조화되어 있다면 정규화에 얽매이지 않는다. 관계형 데이터 모델이 모든 업무에 잘 들어맞는 것은 아니다. 기사를 싣는 신문과 잡지 등이 그 예다. 관계형 데이터베이스에 이것들을 저장하려면 신문이나 잡지를 먼저 잘게 썰어야 할 것이다. 기사 본문을 한 테이블에 넣고, 저자 및 모든 관련 정보를 다른 테이블에, 웹사이트에 게시했을 때 기사에 달리는 댓글을 또 다른 테이블에 넣는 식이다. 그림 6.13과 같이 뉴스 기사를 단일 개체로 저장할 수도 있다. 이는 항시 기사를 보는 데 사용되는 데이터를 가지고 일하는 데 따른 인지적 부담을 줄인다. 문서 저장소의 예로 몽고디비(MongoDB)와 카우치디비(CouchDB)를 들 수 있다.

```
{
    "articles": [
        {
            "title": "title of the article",
            "articleID": 1,
            "body": "body of the article",
            "author": "Isaac Asimov",
            "comments": [
                {
                    "username": "Fritz"
                    "join date": "1/4/2014"
                    "commentid": 1,
                    "body": "this is a great article",
                    "replies": [
                        {
                            "username": "Freddy",
                            "join date": "11/12/2013",
                            "commentid": 2,
                            "body": "seriously? it's rubbish"
                        }
                    ]
                },
                {
                    "username": "Stark",
                    "join date": "19/06/2011",
                    "commentid": 3,
                    "body": "I don't agree with the conclusion"
                }
            ]
        }
    ]
}
```

그림 6.13 문서를 여러 개의 테이블에 나누어 저장하는 RDBMS와 달리, 문서 저장소는 문서 전체를 저장한다. 예제는 가디언(Guardian) 웹사이트에서 가져온 것이다.

그래프 데이터베이스

마지막으로 큰 NoSQL 데이터베이스 유형은 가장 복잡하고, 개체들 사이의 관계를 효율적인 방법으로 저장하는 것에 맞춰진 것이다. 소셜 네트워크, 과학 논문 인용, 자본 자산 군집과 같이 데이터가 고도로 상호교차될 때는 그래프 데이터베이스가 적합하다. 그래프 혹은 네트워크 데이터는 다음의 두 요소를 갖는다.

- **꼭짓점(node)**[7]: 개체. 소셜 네트워크에서는 사람에 해당한다.
- **변(edge)**[8]: 두 개체 사이의 관계. 이 관계는 선으로 표현하며 자체적인 속성을 갖는다. 변은 방향을 가질 수 있다. 예를 들어, 화살표를 사용해 누가 누구의 상사인지 가리킬 수 있다.

충분한 관계와 개체 타입이 주어지면 그래프는 놀랄 만큼 복잡해질 수 있다. 그림 6.14는 개체의 수가 그리 많지 않은데도 복잡해 보인다. 문서 저장소와 키-값 저장소가 BASE를 추구하는 반면, 네오포제이(Neo4j)와 같은 그래프 데이터베이스는 ACID를 따른다.

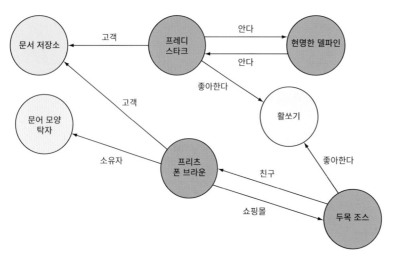

그림 6.14 네 가지 개체 유형(사람, 취미, 회사, 가구)과 추가적인 변 또는 꼭짓점 정보 없이 그것들의 관계를 나타낸 그래프 데이터의 예

가능성은 무한하며, 세계는 점점 더 상호 연결되어 가고 있다. 아직은 지배적인 관계형 데이터베이스도 포함해, 그래프 데이터베이스의 영토가 다른 유형을 잠식할 것이다. 가장 인기 있는 데이터베이스 순위와 그것들이 어떻게 발전하는지는 http://db-engines.com/en/ranking에서 찾을 수 있다.

---

7 (편주) '노드'나 '정점'이라고도 부른다.
8 (편주) '간선'이나 '링크'라고도 부른다.

257 systems in ranking, March 2015

Rank			DBMS	Database Model	Score		
Mar 2015	Feb 2015	Mar 2014			Mar 2015	Feb 2015	Mar 2014
1.	1.	1.	Oracle	Relational DBMS	1469.09	+29.37	-22.71
2.	2.	2.	MySQL	Relational DBMS	1261.09	-11.36	-29.12
3.	3.	3.	Microsoft SQL Server	Relational DBMS	1164.80	-12.68	-40.48
4.	4.	↑5.	MongoDB ➕	Document store	275.01	+7.77	+75.03
5.	5.	↓4.	PostgreSQL	Relational DBMS	264.44	+2.10	+29.38
6.	6.	6.	DB2	Relational DBMS	198.85	-3.57	+11.52
7.	7.	7.	Microsoft Access	Relational DBMS	141.69	+1.15	-4.79
8.	8.	↑10.	Cassandra ➕	Wide column store	107.31	+0.23	+29.22
9.	9.	↓8.	SQLite	Relational DBMS	101.71	+2.14	+8.73
10.	10.	↑13.	Redis	Key-value store	97.05	-2.16	+43.59
11.	11.	↓9.	SAP Adaptive Server	Relational DBMS	85.37	-0.97	+3.81
12.	12.	12.	Solr	Search engine	81.88	+0.40	+20.74
13.	13.	↓11.	Teradata	Relational DBMS	72.78	+3.33	+10.15
14.	14.	↑16.	HBase	Wide column store	60.73	+3.59	+25.59
15.	↑16.	↑19.	Elasticsearch	Search engine	58.92	+6.09	+32.75

그림 6.15 디비엔진스닷컴(DB-Engines.com)에서 집계한 데이터베이스 인기 순위 15위까지

이 책을 쓰는 현재, 상위 15개 중 관계형 데이터베이스가 9개를 차지해 지배적인 위치에 있으며, NewSQL 유형은 아직 많지 않은 것을 볼 수 있다(그림 6.15). 그래프 데이터베이스 중 가장 유명한 Neo4j는 23위, Titan은 53위이다.

NoSQL 데이터베이스 유형을 알아봤으므로 NoSQL 중 하나를 직접 만져볼 차례다.

6.2 사례 연구: 질병 진단

우리는 종종 갑작스러운 건강의 이상을 겪고, 그 증상에 대해 인터넷을 검색해본 뒤에 병원에 가야하는지 결정하곤 한다. 웹 검색 엔진으로도 충분하기는 하지만, 특화된 데이터베이스가 있다면 더 좋을 것이다. 이러한 데이터베이스는 이미 존재하며 크게 발전돼 있다. 텔레비전 시리즈인 하우스 M.D에 나오는 천재적인 닥터 하우스의 가상 버전이라 할 만하다. 그러나 그러한 데이터베이스는 보호돼 있어서 일반인이 사용할 수 없다. 또한, 대형 제약회사나 병원은 이러한 가상의 의사를 부릴 수 있지만, 많은 일반의는 아직도 책에 의존하는 실정이다. 이러한 정보 및 자원의 불평등은 안타깝고 위험하며 시급히 개선돼야 한다. 세계의 모든 일반의가 질병 검색 엔진을 사용할 수 있다면 의료상의 실수를 상당히 줄일 수 있을 것이다.

본 사례 연구에서는 그러한 검색 엔진을 구축하는 방법을 배운다. 자유롭게 접근할 수 있는 의료 데이터 일부만을 사용한다는 한계가 있다. 문제를 해결함에 있어서 엘라스틱서치라는 현대적인 NoSQL 데이터베이스에 데이터를 저장하고, 데이터 과학 진행 과정을 따름으로써 의료 데이터를 쉽고 빠르게 접근할 수 있는 자원으로 탈바꿈시킬 것이다. 그 절차는 다음과 같다.

1. **연구 목표 설정.**

2. **데이터 획득:** 위키백과(Wikipedia)로부터 데이터를 얻는다. 다른 곳에서 정보를 얻을 수도 있지만, 시연이 목적이므로 한 곳의 자료만 사용할 것이다.

3. **데이터 준비:** 위키백과의 데이터는 현재 그 형식이 불완전하다. 이것을 바꾸기 위해 몇 가지 기법을 적용할 것이다.

4. **데이터 탐색:** 데이터 과학 진행 과정 중 4단계에서 당신의 용례는 특별하며, 원하는 최종 결과이다. 당신은 데이터를 쉽게 탐색할 수 있게 되기를 원한다.

5. **데이터 모델링:** 이번 장에서는 실제 데이터 모델링을 적용하지 않는다. 검색에 사용되는 문서-용어 행렬은 종종 고급 주제 모델링의 시작점이 된다. 우리는 여기서 그것을 하지는 않는다.

6. **결과 발표:** 데이터를 검색할 수 있게 하려면 사람들이 질병 정보를 질의하고 조회할 수 있는 웹사이트와 같은 사용자 인터페이스가 필요하다. 이번 장에서는 실제적인 인터페이스를 구축하는 데까지 나아가지는 않는다. 두 번째 목표는 질병의 범주를 키워드에 따라 프로파일링하는 것이다. 그것을 그림 6.16과 같은 단어 구름(word cloud)으로 표현할 것이기 때문에 데이터 과학 진행 과정의 이 단계에 도달하게 될 것이다.

그림 6.16 가중치를 적용하지 않은 당뇨병 관련 키워드의 예제 단어 구름

코드를 실습하기 위해 준비할 것은 다음과 같다.

- 엘라스틱서치파이(elasticsearch-py)와 위키백과 라이브러리가 설치된 파이썬 세션(`pip install elasticsearch` 및 `pip install wikipedia`)
- 로컬에 구성한 엘라스틱서치 인스턴스(설치 방법은 부록 A를 참조)

▪ 아이파이썬(IPython) 라이브러리

➕ 참고: 이번 장에 나오는 코드를 이 책의 웹사이트 https://manning.com/books/introducing-data-science(또는 www.wikibooks.co.kr)에서 내려받을 수 있으며 IPython 형식으로 되어있다.

엘라스틱서치: 오픈 소스 검색 엔진/NoSQL 데이터베이스

질병 진단이라는 문제를 해결하기 위해 당신이 사용할 NoSQL 데이터베이스는 엘라스틱서치다. 몽고DB 와 마찬가지로 엘라스틱서치는 문서 저장소다. 그러나 몽고DB와 달리 엘라스틱서치는 검색 엔진이기도 하다. 몽고DB가 복잡한 계산과 맵리듀스 작업을 잘 수행하고, 엘라스틱서치는 전문(full-text) 검색에 강점 이 있다. 엘라스틱서치도 색인된 숫자 데이터에 대해 합계, 카운트, 중앙값, 평균, 표준 편차와 같은 기본적 인 계산을 할 수 있지만, 본질적으로는 검색 엔진이다.

엘라스틱서치는 1999년에 만들어진 검색 엔진인 아파치 루씬(Apache Lucene)을 기반으로 구축됐다. 루 씬은 다루기 어려운 것으로 악명이 높으며, 그 자체로 솔루션으로 사용하기보다는 좀 더 사용자 친화적인 애플리케이션을 구성하는 요소로서 활용하는 경우가 많다. 그러나 루씬은 대단히 강력한 검색 엔진이며, 2004년에 아파치 솔라(Apache Solr)가 뒤를 따랐고, 2006년에 누구나 사용할 수 있게 공개됐다. 솔라(오 픈 소스, 엔터프라이즈 검색 플랫폼)는 아파치 루씬을 기반으로 구축됐으며, 이 시점에서 가장 기능이 다양 하고 대중적인 오픈 소스 검색 엔진이다. 솔라는 훌륭한 플랫폼이며, 검색 엔진이 필요한 프로젝트에 참여 하고 있다면 살펴볼 가치가 있다. 2010년에 엘라스틱서치가 출현하며 곧바로 유명세를 탔다. 소규모 프로 젝트에 있어서도 솔라는 여전히 설치하고 구성하기가 까다롭지만, 엘라스틱서치는 더 이상 쉬울 수가 없을 정도도. 솔라는 핵심 기능을 확장해주는 플러그인이 많다는 장점이 있지만, 근래에는 엘라스틱서치가 빠르 게 성장해 비교 대상이 될 만큼 기능이 많아졌다.

6.2.1 1단계: 연구 목표 설정

이번 장의 끝에 가서 가정용 컴퓨터와 자유 소프트웨어 및 데이터만 가지고 질병을 진단할 수 있겠는 가? 무엇을 하고 싶은지, 무엇을 가장 먼저 해야 할지를 아는 것이 데이터 과학 진행 과정의 첫걸음이 다. 그림 6.17을 보라.

그림 6.17 데이터 과학 진행 과정의 1단계: 연구 목표 설정

- 1차 목표는 일반의가 질병을 진단하는 데 도움을 줄 수 있는 질병 검색 엔진을 구축하는 것이다.
- 2차 목표는 질병 프로파일링으로 어떤 질병을 다른 질병과 구분할 수 있는 키워드를 찾는 것이다.

위의 두 번째 목표는 교육 목적으로도 유용할 뿐 아니라, 소셜 미디어를 이용해 전염병의 확산을 탐지하는 것 같은 좀 더 고급스러운 일에 활용하기 위한 입력으로도 유용할 것이다. 연구 목표와 실행 계획을 세웠으니 데이터 검색 단계로 넘어가자.

6.2.2 2단계와 3단계: 데이터 획득 및 준비

데이터 과학 진행 과정에서 데이터 획득 및 데이터 준비는 별도의 단계이며 사례 연구에서도 그러하지만, 여기에서는 한 절에서 함께 다룬다. 로컬의 중간 스토리지를 구성하지 않고도, 데이터를 조회하는 즉시 데이터 준비를 수행할 수 있다. 데이터 과학 진행 과정 중 어디쯤에 해당하는지 살펴보자(그림 6.18).

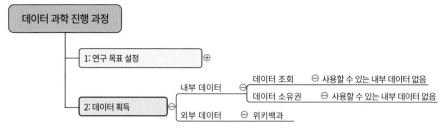

그림 6.18 데이터 과학 진행 과정 중 2단계: 데이터 획득. 이 경우에는 내부 데이터가 없고, 모든 데이터는 위키백과로부터 가져올 것이다.

그림 6.18에 나타낸 것과 같이 정보의 출처는 내부 데이터와 외부 데이터의 두 가지로 나눌 수 있다.

- **내부 데이터**: 주변에서는 질병 정보를 얻을 수 없다. 제약 회사나 병원에서 일한다면 운이 좋은 것이다.
- **외부 데이터**: 외부 데이터를 사용할 것이며, 몇 가지 선택 사항 중에서 위키백과를 이용할 것이다.

위키백과에서 데이터를 가져올 때, 그것을 로컬의 엘라스틱서치 색인에 저장해야 하지만, 그것을 하기 전에 데이터를 준비해야 한다. 데이터가 일단 엘라스틱서치 색인에 들어가면 변경할 수 없고, 질의만 할 수 있다. 그림 6.19의 데이터 준비 개요를 보라.

그림 6.19에 나타낸 것과 같이 데이터 준비에는 세 가지를 고려해야 한다.

- **데이터 정제**: 위키백과에서 가져오는 데이터는 불완전하거나 오류를 포함하고 있다. 데이터 입력 오류 및 철자 오류가 있을 수 있고, 잘못된 정보도 끼어있다. 다행히 완전무결한 질병의 목록을 만들어야 하는 것은 아니며, 오·탈자는 검색할 때에 처리할 수도 있다. 위키백과 파이썬 라이브러리 덕분에 수신하는 텍스트 데이터는 이미 깨끗하다. 그것을 수작업으로 하려고 하면 HTML 정제를 통해 모든 HTML 태그를 제거해야 한다. 사실, 전문 검색은 잘못된 값과 같은 일반적인 오류에 대해 꽤 견고한 편이다. 의도적으로 HTML 태그를 집어넣어도 결과에는 영향이 없을 것이다. HTML 태그는 보통의 언어와는 많이 달라서 간섭이 없기 때문이다.

- **데이터 변환**: 이 시점에서는 데이터를 많이 손댈 필요는 없고, 있는 그대로 검색하면 그만이다. 그러나 페이지 제목, 질병의 이름, 페이지 본문을 구분해야 한다. 이러한 구분은 검색 결과 해석에 있어 거의 필수적이다.

- **데이터 조합**: 이 경우에 모든 데이터는 단일 소스로부터 가져오므로 데이터를 조합할 실제적인 필요가 없다. 이 연습에 대해 가능한 확장은 질병 데이터를 다른 소스로부터 가져와서 질병과 매치하는 것이다. 이것은 만만치 않은 작업이다. 고유한 식별자가 존재하지 않고 이름이 조금씩 다르기 때문이다.

그림 6.19 데이터 과학 진행 과정 3단계: 데이터 준비

데이터 정제는 두 단계로 할 수 있다. 파이썬 프로그램이 위키백과를 엘라스틱서치에 연결할 때와 엘라스틱서치의 내부 색인 시스템을 실행할 때다.

- **파이썬:** 문서 저장소에 어떤 데이터를 저장할 것인지 정의하지만, 이 단계에서 데이터를 정제하거나 변환하지는 않는다. 엘라스틱서치가 적은 노력으로 더 나은 결과를 내기 때문이다.

- **엘라스틱서치:** 엘라스틱서치는 데이터 조작(색인 생성)를 처리한다. 이 과정에 영향을 끼칠 수 있는데, 이번 장의 뒷부분에서 좀 더 명시적으로 해 볼 것이다.

앞으로 나올 각 단계를 정리하고, 살펴봤으니 이제 작업에 들어가 보자. 부록의 지침을 따랐다면 지금은 엘라스틱서치의 로컬 인스턴스가 작동하고 있을 것이다. 먼저 할 일은 데이터 조회다. 당신은 서로 다른 질병들에 대한 정보가 필요하다. 그러한 종류의 데이터를 얻는 방법은 여러 가지다. 업체에 데이터를 요청할 수도 있고 프리베이스(Freebase)와 같은 공개되고 자유롭게 쓸 수 있는 데이터 출처에서 데이터를 획득할 수도 있다. 데이터를 획득하는 것이 도전이 될 수도 있으나, 이 예에서는 위키백과(Wikipedia)에서 가져올 것이다. 위키백과 웹사이트 자체가 엘라스틱서치를 사용하고 있다는 점에서 역설적이다. 위키백과는 아파치 루씬을 기초로 구축한 자체 시스템을 보유하고 있었지만 유지보수가 힘들어지자 2014년 1월에 엘라스틱서치를 사용하기 시작했다.

그림 6.20과 같이 위키백과에는 질병 페이지의 목록이 있다. 알파벳 순으로 정렬된 목록 데이터부터 얻어올 것이다.

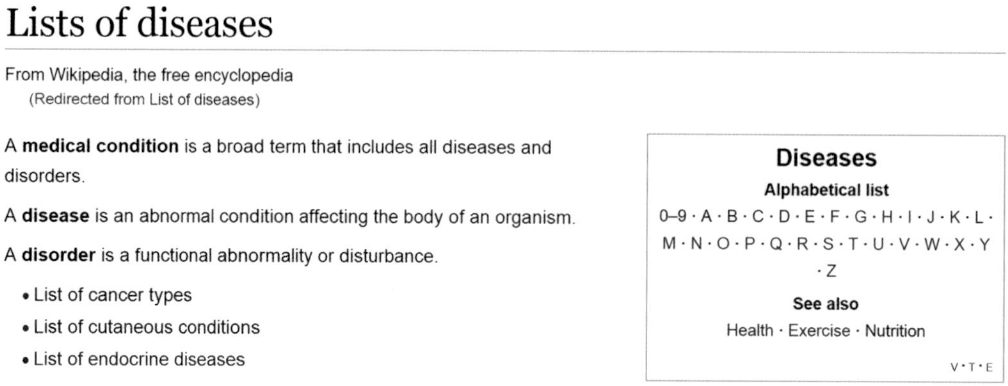

Lists of diseases

From Wikipedia, the free encyclopedia
(Redirected from List of diseases)

A **medical condition** is a broad term that includes all diseases and disorders.

A **disease** is an abnormal condition affecting the body of an organism.

A **disorder** is a functional abnormality or disturbance.

- List of cancer types
- List of cutaneous conditions
- List of endocrine diseases

Diseases
Alphabetical list
0–9 · A · B · C · D · E · F · G · H · I · J · K · L · M · N · O · P · Q · R · S · T · U · V · W · X · Y · Z
See also
Health · Exercise · Nutrition

v · T · E

그림 6.20 데이터 검색의 출발점인 위키백과의 질병 페이지 목록

어떤 데이터가 필요한지 알았으므로 얻어내도록 하자. http://meta.wikimedia.org/wiki/Data_dump_torrents#enwiki에서 위키백과 전체 데이터 덤프를 내려받을 수 있다.

물론 위키백과 전체의 색인을 만들면 40GB 공간을 차지할 것이다. 그렇게 해도 되지만, 이 책에서는 공간과 대역폭 절약을 위해 사용할 데이터만 뽑아내겠다. 원하는 페이지만 스크랩하는 방법도 있다. 구

글이 하는 것처럼 렌더링된 HTML 전체를 수집하는 크롤링 프로그램을 만들 수도 있다. 그렇게 하면 실제 HTML을 얻게 되므로 색인을 만들기 전에 정제부터 해야 한다. 게다가 구글이 아닌 다음에야 웹 페이지를 긁어가는 크롤러에 웹사이트가 그리 관대하지 않을 것이다. 크롤링은 많은 트래픽을 유발하며, HTTP 서버의 응답성을 떨어뜨려서 다른 사람들이 불편을 겪을 것이다. 동시에 수백만 건의 요청을 보내는 것은 DoS(서비스 거부) 공격 방법이기도 하다. 웹사이트를 스크랩해야 한다면 각 요청 사이에 시간 차이를 두도록 하라. 그렇게 하면 스크랩 프로그램이 일반적인 방문자와 비슷하게 행동하는 셈이 되어 서버를 터지게 하지 않을 것이다.

운 좋게도 위키백과를 만든 사람들은 모든 정보를 모든 사람에게 공개했을 때 무슨 일이 일어날지 정확하게 알고 있었다. 정보를 안전하게 가져갈 수 있게 API를 만들어 뒀다. 자세한 사항은 http://www.mediawiki.org/wiki/API:Main_page를 참조하라.

해당 API에서 데이터를 가져올 수 있으며, 그 일을 처리하는 라이브러리가 파이썬에 없을 리 없다. 여러 개가 있는데 적당한 것 중에서 가장 사용하기 쉬운 것은 위키피디아(wikipedia)이다.

파이썬 가상 환경을 활성화하고 이 책의 나머지 부분에서 필요로 하는 모든 라이브러리를 설치한다.

```
pip install wikipedia
pip install Elasticsearch
```

위키백과를 이용하기 위해 wikipedia를 사용할 것이다. Elasticsearch는 주요한 엘라스틱서치 파이썬 라이브러리로, 당신의 데이터베이스와 통신할 수 있다.

선호하는 파이썬 인터프리터를 열고, 필수 라이브러리를 임포트한다.

```
from elasticsearch import Elasticsearch
import wikipedia
```

wikipedia라는 API로부터 데이터를 가져올 것이며, 그와 동시에 엘라스틱서치 인스턴스를 색인할 것이다. 먼저, 데이터를 받아들일 준비를 해야 한다.

```
client = Elasticsearch()                   # 데이터베이스와 통신하는 데 사용할 엘라스틱서치 클라이언트
indexName = "medical"                      # 색인 이름
client.indices.create(index=indexName)     # 색인을 생성
```

먼저, 클라이언트가 필요하다. Elasticsearch()를 주소로 초기화할 수 있지만 기본값은 localhost:9200이다. 따라서 Elasticsearch()와 Elasticsearch('localhost:9200')은 같은 일을 한다. 당신의 클라이언트는 로컬의 엘라스틱서치 노드에 접속하는 것이다. 그런 다음 "medical"이라는 이름의 색인을 생성한다. 모든 것이 잘 진행되면 "acknowledged:true" 응답을 받을 것이다(그림 6.21).

엘라스틱서치는 스키마가 없음(schema-less)을 내세운다. 데이터베이스 스키마 없이도 엘라스틱서치를 사용할 수 있으며, 이는 어떤 데이터를 예상해야 할지를 엘라스틱서치에 알려 줄 필요가 없음을 의미한다. 간단한 경우에는 그것이 맞기는 하지만, 길게 봐서는 스키마가 필요하다. 다음 코드와 같이 스키마를 만들어보자.

```
In [7]:  client = Elasticsearch() #elasticsearch client used to communicate with the database
         indexName = "medical" #the index name
         #client.indices.delete(index=indexName) #delete an index
         client.indices.create(index=indexName) #create an index

Out[7]:  {u'acknowledged': True}
```

그림 6.21 Python-Elasticsearch를 사용해 엘라스틱서치 색인을 생성

코드 6.1 문서 유형에 매핑을 추가

```
1: diseaseMapping = {
2:     'properties': {
3:         'name': {'type': 'string'},
4:         'title': {'type': 'string'},
5:         'fulltext': {'type': 'string'}
6:     }
7: }
8: client.indices.put_mapping(index=indexName, doc_type='diseases',body=diseaseMapping)
```

1~7행: 매핑을 정의하고 질병 문서 유형 속성을 부여.

8행: "diseases" 문서 유형은 매핑을 갖도록 업데이트된다. 이제 그것이 예상하는 데이터를 정의한다.

이런 식으로 엘라스틱서치에 색인이 "diseases"라고 불리는 문서 유형을 갖게 될 것임과 필드 중에서 각각에 대한 필드 타입을 제공할 것임을 알린다. 질병 문서에는 name, title, fulltext의 세 필드가 있으며, 모두 string 타입이다. 매핑을 제공하지 않았다면 엘라스틱서치는 받아들인 것의 첫 항목을

살펴보고 타입을 추측할 것이다. 필드를 boolean, double, float, long, integer, date 중 하나로 인식하지 않을 경우 string으로 설정된다. 이 경우 수작업으로 매핑을 지정하지 않아도 된다[9].

이제 위키백과로 넘어가자. 먼저 할 일은 이후의 탐구를 위한 시작점으로 삼기 위해 질병 페이지의 목록을 조회하는 것이다.

```
dl = wikipedia.page("Lists_of_diseases")
```

이제 첫 페이지를 갖게 됐지만, 질병에 대한 링크를 가진 목록 페이지에 더욱 관심이 갈 것이다. 링크를 살펴보자.

```
dl.links
```

질병 페이지의 목록에는 당신이 사용하게 될 것보다 더 많은 링크가 있다. 그림 6.22는 열여섯 번째 링크에서 시작하는 알파벳 순의 목록을 보여준다.

```
In [9]: dl = wikipedia.page("Lists_of_diseases")
        dl.links

Out[9]: [u'Airborne disease',
         u'Contagious disease',
         u'Cryptogenic disease',
         u'Disease',
         u'Disseminated disease',
         u'Endocrine disease',
         u'Environmental disease',
         u'Eye disease',
         u'Lifestyle disease',
         u'List of abbreviations for diseases and disorders',
         u'List of autism-related topics',
         u'List of basic exercise topics',
         u'List of cancer types',
         u'List of communication disorders',
         u'List of cutaneous conditions',
         u'List of diseases (0\u20139)',
         u'List of diseases (A)',
         u'List of diseases (B)',
```

그림 6.22 위키백과의 질병 목록(Lists of diseases) 페이지에 있는 링크. 이 페이지에는 필요로 하는 것보다 더 많은 링크가 있다.

이 페이지에는 상당량의 링크 배열이 있지만, 지금은 알파벳 순서로 된 목록에만 관심이 있으므로 그것만 남기도록 하자.

```
diseaseListArray = []
for link in dl.links[15:42]:
    try:
        diseaseListArray.append(wikipedia.page(link))
    except Exception as e:
        print(str(e))
```

배열의 16번째부터 43번째까지의 항목을 보고 나면 아마도 부분집합이 하드코딩이 되어 있다는 점을 눈치챘을 것이다. 관심 사항 앞에 링크를 하나만이라도 위키백과에 추가했더라면 결과가 달라졌을 것이다. 이 작업에는 정규 표현식(regular expression)을 사용하는 것이 더 좋다. 탐색의 목적으로 항목 번호를 하드코딩하는 것은 괜찮지만, 정규 표현식에 능숙하거나 이 코드를 일괄처리에 적용하고자 한다면 정규 표현식을 사용할 것을 권장한다. 정규 표현식에 대한 자세한 정보는 https://docs.python.org/3/howto/regex.html을 참조하라.

regex 버전의 코드는 다음과 같을 것이다.

```
import re
diseaseListArray = []
check = re.compile("List of diseases*")
for link in dl.links:
    if check.match(link):
        try:
            diseaseListArray.append(wikipedia.page(link))
        except Exception as e:
            print(str(e))
```

```
In [16]:  diseaseListArray

Out[16]:  [<WikipediaPage 'List of diseases (0-9)'>,
           <WikipediaPage 'List of diseases (A)'>,
           <WikipediaPage 'List of diseases (B)'>,
           <WikipediaPage 'List of diseases (C)'>,
           <WikipediaPage 'List of diseases (D)'>,
           <WikipediaPage 'List of diseases (E)'>,
           <WikipediaPage 'List of diseases (F)'>,
           <WikipediaPage 'List of diseases (G)'>,
           <WikipediaPage 'List of diseases (H)'>,
```

그림 6.23 위키백과의 첫 번째 질병 목록, "List of diseases (0-9)"

그림 6.23은 질병 목록을 보여준다.

```
diseaseListArray[0].links
```

질병 색인을 작성할 차례이다. 일단 색인을 만들고 나면 데이터 입력과 데이터 준비가 효율적으로 이뤄질 수 있음을 다음 코드에서 볼 수 있다.

코드 6.2 위키백과에서 가져온 질병 데이터에 대한 색인을 생성

```
01: checkList = [["0","1","2","3","4","5","6","7","8","9"],
02:     ["A"],["B"],["C"],["D"],["E"],["F"],["G"],["H"],
03:     ["I"],["J"],["K"],["L"],["M"],["N"],["O"],["P"],
04:     ["Q"],["R"],["S"],["T"],["U"],["V"],["W"],["X"],["Y"],["Z"]]
05: docType = 'diseases'
06: for diseaselistNumber, diseaselist in enumerate(diseaseListArray):
07:     for disease in diseaselist.links:
08:         try:
09:             if disease[0] in checkList[diseaselistNumber] and disease[0:3] !="List":
10:                 currentPage = wikipedia.page(disease)
11:                 client.index(index=indexName, doc_type=docType,
12:                     id = disease, body={"name":disease,
13:                     "title":currentPage.title,"fulltext":currentPage.content})
14:         except Exception as e:
15:             print(str(e))
16:
```

1~4행: checkList는 허용되는 첫 번째 문자의 배열을 담고 있는 배열이다. 해당하지 않는 질병은 건너뛰게 된다.

5행: 색인을 생성할 문서의 종류다.

6행: 질병 목록을 대상으로 반복순회(loop)를 한다.

7행: 모든 질병 목록에 대한 링크의 목록을 대상으로 반복순회를 한다.

8~13행: 질병이 맞는지 확인한 다음, 색인에 추가한다.

목록 페이지에는 불필요한 링크가 섞여 있으므로 질병에 대한 항목이 맞는지 확인한다. 질병 이름이 어떤 글자로 시작하는지를 가지고 확인할 수 있다. L로 시작하는 질병의 목록과 섞이지 않도록 "List"로 시작하는 링크도 제외한다. 이런 식으로 확인하는 것은 안일한 것이기는 하지만, 불필요한 항목이 몇 개쯤 끼어 있다고 해도 비용이 많이 들지 않는다. 질의를 시작하면 검색 알고리즘이 무관한 결과를 배제할 것이기 때문이다. 각 질병에 대해 당신은 질병 이름과 페이지의 전체 텍스트를 색인한다. 또한, 이름은 색인 ID로써 사용된다. 이것은 엘라스틱서치의 여러 고급 기능에 있어 유용할 뿐 아니라, 브라우저에서도 빠르게 조회할 수 있게 해준다. 예를 들어, 브라우저에서 다음 URL을 열어보라.

```
http://localhost:9200/medical/diseases/11%20beta%20hydroxylase%20deficiency
```

제목에 대한 색인이 별도로 만들어져 있다. 대부분의 경우에 링크 이름과 페이지 제목이 일치하며 때로는 제목이 질병에 대한 다른 이름을 포함한다.

최소한 몇 가지의 색인이 있는 질병을 가지고 엘라스틱서치 URI를 사용해 간단한 조회를 할 수 있다. 그림 6.24의 headache(두통)이라는 단어에 대한 본문 전체 검색을 살펴보라. 색인을 하는 중에 이미 이것을 할 수 있다. 엘라스틱서치는 색인을 갱신하면서도 동시에 질의에 응답할 수 있다.

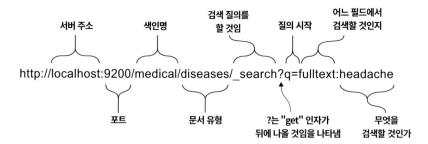

그림 6.24 엘라스틱서치 URL 예제 구축

색인을 질의하지 않는다면 색인에 대해 알지 못하더라도 몇 개의 결과를 얻을 수 있다. http://localhost:9200/medical/diseases/_search는 처음 다섯 건의 결과를 반환할 것이다. 데이터를 좀 더 구조화해 보고 싶다면 http://localhost:9200/medical/diseases/_mapping?pretty에서 이 문서 유형의 매핑을 요청할 수 있다. pretty 인자를 사용하면 그림 6.25와 같이 JSON이 보기 좋게 출력된다. 매핑은 당신이 지정한 대로 모든 필드가 string 타입이다[10].

엘라스틱서치 URL은 확실히 유용하지만, 필요를 충족시키지 못한다. 여전히 질병을 진단해야 하므로 이를 위해 엘라스틱서치 파이썬 라이브러리를 거쳐서 POST 요청을 보낼 것이다.

데이터 검색 및 준비가 완료되면 데이터 탐색으로 넘어갈 수 있다.

---

10 (옮긴이) 그림 6.25를 엘라스틱서치 5.5에서 테스트한 화면으로 변경했으며, 새로운 text 타입으로 표시된 것을 볼 수 있다.

그림 6.25 엘라스틱서치 URL을 통한 질병 문서 유형 매핑

6.2.3 4단계: 데이터 탐색

> 루푸스는 아니야. 결코 루푸스일 리가 없어!
>
> — 유명한 TV 시리즈 『하우스』에서 닥터 하우스가 한 말

이 사례 연구의 인상을 결정하는 것은 데이터 탐색인데, 그것은 프로젝트의 1차 목표(질병 진단)가 질병의 증상을 질의함으로써 데이터를 탐색하는 특별한 방식을 취하기 때문이다. 그림 6.26에 몇 가지 데이터 탐색 기법이 나와 있는데, 여기서는 그래픽 기반 기법들이 아닌 텍스트 검색 질의 결과를 해석하는 기법을 살펴본다.

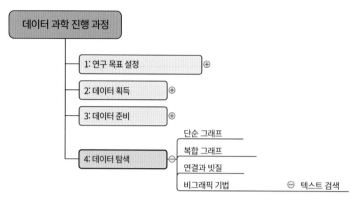

그림 6.26 데이터 과학 진행 과정 4단계: 데이터 탐색

진실을 밝힐 시간이다. 증상을 검색 엔진에 입력함으로써 특정 질병을 찾을 수 있는가? 기본적인 구동부터 확실히 해 두자. Elasticsearch 라이브러리를 임포트하고, 전역 검색 설정을 정의한다.

```
from elasticsearch import Elasticsearch
client = Elasticsearch()
indexName = "medical"
docType ="diseases"
searchFrom = 0
searchSize= 3
```

검색 결과 중 처음 다섯 개가 반환되는 것이 기본값이며, 위의 코드에서는 세 개를 반환하도록 했다.

엘라스틱서치에는 잘 만들어진 JSON 질의 언어가 있다. 모든 검색은 서버에 대한 POST 요청이며 그 응답을 JSON으로 받는다. 대충 설명하자면 이 언어는 질의, 필터, 집계라는 세 부분으로 구성된다. **질의(query)** 부분에서는 검색 키워드를 받으며, 색인에서 그 단어를 찾기 전에 한 가지 이상의 분석기를 거친다. 분석기에 대해서는 이번 장의 뒷부분에서 더 깊이 살펴본다. **필터(filter)** 부분도 질의와 마찬가지로 키워드를 취하기는 하지만, 분석을 시도하지는 않고, 우리가 제공한 조건에 대해 필터링을 수행하므로 복잡하지는 않다. 그렇지만 동일한 필터를 두 번 사용하는 것 같은 경우에 엘라스틱서치에 임시로 저장되므로 몇 배나 효율적이다. **집계(aggregations)** 부분은 SQL의 그룹과 비슷하다. 단어들을 담는 버킷(bucket)을 만들고, 각 버킷에 대한 통계를 계산할 수 있다.

이러한 세 부분은 각기 옵션과 기능에 따른 역할을 담당하며, 여기서는 전체 언어를 대상으로 정교하게 할 수 없다. 다행스럽게도 엘라스틱서치 질의로 표현할 수 있는 복잡함 수준까지는 이르지 않아도 된다. 우리는 "질의 문자열을 사용해 질의하는 언어(query string query language)"라는 구글 검색 질의 언어와 빼닮은 방식으로 데이터를 질의한다. 예를 들어, 어떤 검색어를 반드시 포함하기를 원한다면 더하기(+) 기호를 추가할 수 있다. 제외할 검색어에는 빼기(−) 기호를 사용할 수 있다. 엘라스틱서치에 질의하면 성능이 떨어지므로 권장하지 않는다. 검색 엔진은 먼저 질의 문자열을 그것의 네이티브 JSON 질의 언어로 변환해야 하기 때문이다. 하지만 목적에 맞게 잘 작동하며, 색인에 있는 수천 건 레코드 정도라면 성능은 그리 중요하지 않다. 이제, 질병 데이터를 질의할 시간이다.

프로젝트 과제: 증상에 맞는 질병 진단

유명한 TV 시리즈인 ≪하우스≫를 본 적이 있다면 "결코 루푸스일 리가 없어(It's never lupus)"라는 대사가 익숙할 것이다. 루푸스는 자가면역질환의 일종으로, 신체의 면역계가 건강한 부분을 공격하는 것이다. 검색 엔진이 루푸스라고 판단하는 데 필요한 증상이 무엇인지 살펴보자.

피로(fatigue), 고열(fever), 관절통(joint pain)의 세 가지 증상을 가지고 시작한다. 가상의 환자가 세 가지 증상 모두를 호소한다고 가정하면 각 증상에 더하기 기호를 붙여서 검색에 반드시 포함하도록 한다.

코드 6.3 세 개의 필수 키워드를 사용한 "단순 질의 문자열" 엘라스틱서치 질의

```
01: searchBody={
02:     "stored_fields":["name"],
03:     "query":{
04:         "simple_query_string" : {
05:             "query": '+fatigue+fever+"joint pain"',
06:             "fields": ["fulltext","title^5","name^10"]
07:         }
08:     }
09: }
10: client.search(index=indexName,doc_type=docType,body=searchBody,
11:     from_=searchFrom,size=searchSize)
```

1행: searchBody라는 딕셔너리는 전송할 검색 요청 정보를 포함한다.

2행: 우리는 결과에 name 필드가 포함되기를 원한다.

3행: 질의 부분. 집계도 가능하다. 자세한 것은 나중에 설명한다.

4행: 간단한 질의 문자열은 구글 검색과 같은 방식으로 입력을 받는 질의 유형이다.

5행: 구글의 질의와 마찬가지로 + 기호를 사용하면 그 용어가 필수임을 의미한다. 두세 단어로 이뤄진 구와 정확히 일치하는 것을 찾으려면 따옴표로 감싼다.

10~11행: 검색을 실행한다. 변수 indexName, docType, searchFrom, searchSize는 indexName = "medical", docType="diseases", searchFrom = 0, searchSize = 3으로 미리 선언했다.

JSON 구조를 가진 searchBody에는 반환하고자 하는 필드를 지정하며, 이 사례에서는 질병의 이름으로 충분하다. 색인된 필드 전체(fulltext, title, name)에서 검색하기 위해 질의 문자열 구문을 사용한다. ^을 추가함으로써 각 필드에 가중치를 부여할 수 있다. 만약 증상이 title에 등장한다면 fulltext에 있는 것과 비교했을 때 다섯 배의 중요성이 있는 것으로 본다. 만약 증상이 name에 있다면 열 배 중요한 것으로 본다. "joint pain"을 따옴표로 감싼 것에 주목하라. " " 기호가 없으면 joint와 pain이 하나의 구를 이루는 것이 아니라, 독립적인 두 개의 키워드가 된다. 엘라스틱서치에서는 이것을 **구 일치**(phrase matching)라고 한다. 그림 6.27에 나타낸 결과를 보자.

```
{u'_shards': {u'failed': 0, u'successful': 5, u'total': 5},
 u'hits': {u'hits': [{u'_id': u'Macrophagic myofasciitis',
    u'_index': u'medical',
    u'_score': 0.014184786,
    u'_type': u'diseases',
    u'fields': {u'name': [u'Macrophagic myofasciitis']}},
    {u'_id': u'Human granulocytic ehrlichiosis',
    u'_index': u'medical',
    u'_score': 0.0072817733,
    u'_type': u'diseases',
    u'fields': {u'name': [u'Human granulocytic ehrlichiosis']}},
    {u'_id': u'Panniculitis',
    u'_index': u'medical',
    u'_score': 0.0058474476,
    u'_type': u'diseases',
    u'fields': {u'name': [u'Panniculitis']}}],
    u'max_score': 0.014184786,
    u'total': 34},
 u'timed_out': False,
 u'took': 106}
```

상위 3개의 질병 결과에 루푸스는 포함되지 않았다.

34가지 질병을 찾음

그림 6.27 루푸스를 처음으로 검색한 결과. 34가지 질병을 찾았다.

그림 6.27은 34개의 일치하는 질병 중 상위 세 개의 결과를 보여준다. 결과는 일치하는 정도를 점수로 나타낸 _score 변수 값에 따라 정렬된다. 일치 점수는 설명하기가 복잡하다. 일치 점수는 질병이 질의에 얼마나 잘 들어맞는지, 키워드가 얼마나 많이 나타나는지, 당신이 부여한 가중치가 얼마인지 등을 고려한다. 현재 상위 세 개의 결과에 루푸스가 보이지 않는다. 다행스럽게도 루푸스의 또 다른 증상으로 발진(rash)이 있다. 항상 그런 것은 아니지만 얼굴에 발진이 나타나며, 그 모습이 늑대처럼 보인다

는 데서 루푸스라는 이름이 유래했다. 당신의 환자는 발진이 있지만 얼굴에 나타나지는 않았으므로 증상에 발진을 추가하되 얼굴을 언급하지는 않았다.

```
"query": '+fatigue+fever+"joint pain"+rash',
```

```
{u'_shards': {u'failed': 0, u'successful': 5, u'total': 5},
 u'hits': {u'hits': [{u'_id': u'Human granulocytic ehrlichiosis',
    u'_index': u'medical',
    u'_score': 0.009902062,
    u'_type': u'diseases',
    u'fields': {u'name': [u'Human granulocytic ehrlichiosis']}},
   {u'_id': u'Lupus erythematosus',
    u'_index': u'medical',
    u'_score': 0.009000875,
    u'_type': u'diseases',
    u'fields': {u'name': [u'Lupus erythematosus']}},
   {u'_id': u'Panniculitis',
    u'_index': u'medical',
    u'_score': 0.007950994,
    u'_type': u'diseases',
    u'fields': {u'name': [u'Panniculitis']}}],
  u'max_score': 0.009902062,
  u'total': 6},
 u'timed_out': False,
 u'took': 15}
```

그림 6.28 루푸스를 두 번째로 검색한 결과. 여섯 개의 결과 중에서 루푸스가 상위 세 번째에 들어 왔다.

새로운 검색 결과를 그림 6.28에 나타냈다.

이제 결과가 여섯 개로 좁혀졌으며, 루푸스가 상위 세 개에 든다. 검색 엔진은 이제 **사람 과립구성 에르리키아증**(Human Granulocytic Ehrlichiosis, HGE)에 좀 더 가까운 것으로 판단한다. HGE는 라임병처럼 진드기에 의해 퍼지는 질병이다. 지금쯤 유능한 의사라면 환자를 괴롭히는 질병이 무엇인지 이미 알아냈을 텐데, 질병 판단에는 빈약한 검색 엔진에 넣을 수 있는 것보다 더 많은 요인이 작용하기 때문이다. 예를 들어, 발진은 HGE 환자의 10%에서만 일어지만 루푸스 환자의 50%에서 일어난다. 루푸스는 느리게 발병하지만 HGE는 진드기에게 물림으로써 발병한다. 발전된 머신러닝 데이터베이스는 이러한 모든 정보를 좀 더 구조화된 방법으로 저장해 더욱 정확한 진단을 내릴 수 있겠지만, 우리는 주어진 위키백과 페이지를 가지고 어떻게든 결과를 얻어내야 한다. 따라서 루푸스를 확진할 수 있는 또 다른 증상을 찾아야 한다. 환자는 흉통(chest pain)을 경험하므로 이것을 목록에 추가하자.

```
"query": '+fatigue+fever+"joint pain"+rash+"chest pain"',
```

결과는 그림 6.29와 같다.

루푸스라는 결론을 얻기까지 시간이 걸렸지만 결국 해냈다. 물론 증상만으로 엘라스틱서치를 검색하는 방식에 얽매여 있기는 했다. 그리고 단일 용어("fatigue") 또는 구("joint pain")만을 사용했다. 이것은 예제로서는 쓸 만하지만, 엘라스틱서치는 이것보다는 더욱 복잡하다. 엘라스틱서치에서 정규 표현식을 가지고 퍼지 검색(fuzzy search)까지 할 수 있지만, 이런 수준은 이 책의 범위를 넘어선다. 내려받을 수 있는 코드에 몇몇 예제가 포함돼 있기는 하다.

```
{u'_shards': {u'failed': 0, u'successful': 5, u'total': 5},
 u'hits': {u'hits': [{u'_id': u'Lupus erythematosus',
    u'_index': u'medical',
    u'_score': 0.010452312,
    u'_type': u'diseases',
    u'fields': {u'name': [u'Lupus erythematosus']}}],
  u'max_score': 0.010452312,
  u'total': 1},
 u'timed_out': False,
 u'took': 11}
```

그림 6.29 루푸스를 세 번째로 검색한 결과. 증상을 충분히 입력해 루푸스라는 결과를 얻음

철자법 오류 처리: 다메라우–레벤슈타인

누군가가 "lupus"를 "lupsu"라고 잘못 입력했다고 하자. 사람이 만드는 모든 유형의 문서에는 철자법 오류가 생기기 마련이다. 데이터 과학자들은 다메라우–레벤슈타인(Damerau–Levenshtein)[11]을 사용해 이를 처리한다. 두 문자열 사이의 다메라우–레벤슈타인 거리는 어떤 문자열을 다른 것으로 바꾸는 데 필요한 조작의 횟수를 나타낸다. 거리 계산에는 다음 네 가지 조작이 허용된다.

- **삭제**(deletion): 문자열에서 한 글자를 삭제한다.
- **추가**(insertion): 문자열에 한 글자를 추가한다.
- **대치**(substitution): 한 글자를 다른 글자로 대체한다. 한 글자를 다른 글자로 변경하는 일은 한 번의 조작이 아닌 두 번의 조작, 즉 한 번의 삭제와 한 번의 추가로 이뤄진다.
- **치환**(transposition): 인접한 두 개의 문자를 맞바꾼다.

전통적인 레벤슈타인 거리와 다메라우–레벤슈타인 거리의 차이를 만드는 것은 마지막 조작(치환)이다. 글을 읽기 어렵게 만드는 철자 실수를 허용가능한 한계 내로 떨어뜨리는 것이 바로 이러한 마지막 조작이다. 다메라우–레벤슈타인은 이러한 치환 실수를 관용하므로 검색 엔진에 있어서 아주 좋을 뿐 아니라 DNA 문자열 간의 거리 계산 등에도 사용된다.

---

11 (편주) 각 과학자의 출신지인 미국과 러시아애(출처: 영문 위키백과)의 실제 발음을 고려하면 '대머라–리븐슈타인'이라는 발음이 더 정확하다.

한 번의 치환으로 "lupsu"를 "lupus"로 바꾸는 과정을 그림 6.30에 나타냈다.

Lupsu ⟶ Lupsu ⟶ Lupus

그림 6.30 인접한 글자의 치환은 다메라우–레벤슈타인 거리에서의 조작 중 하나이다. 나머지 세 개는 삽입, 삭제, 대치이다.

첫 번째 목표인 **질병 진단**은 달성했다. 하지만 **질병 프로파일링**이라는 두 번째 목표가 남아 있다.

프로젝트 2차 목표: 질병 프로파일링

선택한 질병들에 맞는 키워드의 목록을 얻기 위해 중요 용어 집계(significant terms aggregation)를 사용한다. 어느 단어가 중요한지 결정하기 위한 점수 계산은 요인을 조합하는 것이지만, 대충 말하자면 다른 모든 문서에서와 같이 결과 집합 내에서 용어를 발견한 횟수를 비교하는 것이라 할 수 있다. 이러한 방식으로 엘라스틱서치는 그것을 다른 데이터와 구분 짓는 키워드를 제공함으로써 결과 집합을 프로파일링한다. 다양한 형태를 띠는 일반적인 질병인 당뇨병에 대해서 중요 용어 집계를 적용해 보자.

코드 6.4 "diabetes"에 대한 중요 용어 엘라스틱서치 질의

```
01: searchBody={
02:     "stored_fields":["name"],
03:     "query":{
04:         "bool":{
05:             "filter":{
06:                 'term':{'name':'diabetes'}
07:             }
08:         }
09:     },
10:     "aggregations":{
11:         "DiseaseKeywords":{
12:             "significant_terms":{"field":"fulltext.keyword", "size":30}
13:         }
14:     }
15: }
16: client.search(index=indexName,doc_type=docType,body=searchBody,from_=searchFrom,
17:     size=searchSize)
```

1행: searchBody라는 딕셔너리는 전송할 검색 요청 정보를 포함한다.

2행: 우리는 결과에 name 필드를 포함하려고 한다.

3행: 질의 부분이다.

4행: 필터 질의(filtered query)를 구성할 수 있는 두 가지 요소는 질의와 필터다. 질의는 검색을 수행하는 반면, 필터는 정확한 값만 일치시키므로 더욱 효율적이지만 제한이 따른다.

5행: 필터 질의의 필터 부분이다. 질의 부분은 필수가 아니며, 필터만으로도 충분하다.

6행: 우리는 name 필드를 필터링해 용어 diabetes(당뇨병)를 포함하는 것만 남기고자 한다.

10행: 집계는 SQL에서의 그룹에 비교할 수 있다. 그것은 한 개 이상의 변수 내의 고유한 값들에 대한 숫자 값의 합계를 내는 데 주로 사용된다.

11행: 집계에 DiseaseKeywords라는 이름을 붙인다.

12행: 중요 용어 집계를 키워드 탐지와 비교할 수 있다. 선택된 문서 집합에서 단어를 찾기 위한 내부적인 알고리즘은 전체 문서에 대해서보다 더욱 중요하다.

새로운 코드에서는 질의 문자열 검색을 제거하고 그 대신에 필터를 사용했다. 필터는 질의 부분 내에 캡슐화되는데, 검색 질의를 필터와 조합할 수 있기 때문이다. 이 예에서는 캡슐화가 일어나지 않지만, 캡슐화가 되면 엘라스틱서치는 검색을 시도하기 전에 더욱 효율적인 필터를 먼저 적용한다. 데이터의 부분집합에서 검색하고자 한다면 이 부분집합을 최초로 생성하기 위해 필터를 추가하는 것이 좋다. 이를 시연하기 위해 다음의 두 코드를 살펴보자. 둘 다 같은 결과를 얻을 수 있지만, 완전히 같은 일을 하는 것은 아니다.

다음은 질병 이름에서 "diabetes"를 검색하는 단순한 질의 문자열이다.

```
"query":{
    "simple_query_string" : {
        "query": 'diabetes',
        "fields": ["name"]
    }
}
```

용어 필터는 이름에 'diabetes'가 포함되는 모든 질병을 필터링한다.

```
"query":{
    "bool" : {
        "filter": {
            'term': {'name':'diabetes'}
        }
    }
}
```

적은 양의 데이터에서는 두드러지지 않지만, 필터는 검색에 비해 빠르다. 검색 질의는 각 질병에 대한 검색 점수를 계산하고 순위를 매기지만, 필터는 규칙에 맞지 않는 것을 걸러낼 뿐이다. 따라서 필터는 실제 검색에 비해 덜 복잡하다. 필터는 "예" 또는 "아니오"이며, 출력에 명백히 드러난다. 모든 것에 대한 점수는 1이며, 결과 집합 내에 다른 것은 있을 수 없다. 이제, 출력은 중요 용어 집계로 인해 두 부분으로 이뤄진다. 이전에는 hits만 있었지만, 이제는 hits와 aggregations가 있다. 우선 그림 6.31의 hits를 보라.

```
u'hits': {u'hits': [{u'_id': u'Diabetes mellitus',
    u'_index': u'medical',
    u'_score': 1.0,
    u'_type': u'diseases',
    u'fields': {u'name': [u'Diabetes mellitus']}},
  {u'_id': u'Diabetes insipidus, nephrogenic type 3',
    u'_index': u'medical',
    u'_score': 1.0,
    u'_type': u'diseases',
    u'fields': {u'name': [u'Diabetes insipidus, nephrogenic type 3']}},
  {u'_id': u'Ectodermal dysplasia arthrogryposis diabetes mellitus',
    u'_index': u'medical',
    u'_score': 1.0,
    u'_type': u'diseases',
    u'fields': {u'name': [u'Ectodermal dysplasia arthrogryposis diabetes mellitus']}}],
  u'max_score': 1.0,
  u'total': 27},
u'timed_out': False,
u'took': 44}
```

그림 6.31 질병 이름에 대한 "diabetes" 필터를 가지고 필터된 질의의 hits 출력

이 보기에는 주목할 만한 한 가지 예외가 나오는데, 모든 결과 점수가 1이라는 점이다. 수행을 더 쉽게 할 수 있을 뿐만 아니라, 엘라스틱서치에 의해 필터는 잠시 동안 캐시된다. 이런 식으로 같은 필터를 통하는 후속 요청이 더 빨라지며, 그 결과 검색 질의에 대한 엄청난 성능상의 이익이 생긴다.

언제 필터를 사용하고, 언제 검색 질의를 사용해야 하는가? 규칙은 단순하다. 가능하다면 항상 필터를 사용하고, 가장 흥미로운 결과를 얻기 위해 결과 간의 순위가 필요할 때 전문 검색을 위한 검색 질의를 사용하라.

그림 6.32에서 중요 용어를 살펴보도록 하자.

```
{u'_shards': {u'failed': 0, u'successful': 5, u'total': 5},
 u'aggregations': {u'DiseaseKeywords': {u'buckets': [{u'bg_count': 18,
    u'doc_count': 9,
    u'key': u'siphon',
    u'score': 62.84567901234568},
   {u'bg_count': 18,
    u'doc_count': 9,
    u'key': u'diabainein',
    u'score': 62.84567901234568},
   {u'bg_count': 18,
    u'doc_count': 9,
    u'key': u'bainein',
    u'score': 62.84567901234568},
   {u'bg_count': 20,
    u'doc_count': 9,
    u'key': u'passer',
    u'score': 56.52777777777778},
   {u'bg_count': 14,
    u'doc_count': 7,
    u'key': u'ndi',
    u'score': 48.87997256515774},
```

그림 6.32 당뇨병에 대한 중요 용어 집계 중 처음 다섯 개의 키워드

그림 6.32에서 첫 다섯 키워드를 살펴보면 처음 네 개가 당뇨병의 원인과 연관돼 있음을 알 수 있다. 다음의 위키백과 단락이 도움이 될 것이다.

> diabetes(/ˌdaɪ.əˈbiːtiːz/ 또는 /ˌdaɪ.əˈbiːtɪs/)라는 단어는
> 라틴어의 diabētēs에서 유래한 것으로,
> 그 어원은 고대 그리스의 "지나가는 것, 관"이라는 뜻을 가진 διαβήτης(diabētēs)이다.
> 고대 그리스 카파도키아의 의사 아레테우스(서력 1세기경에 활동)가 "소변을 과도하게 배출함"을
> 의미하려는 의도에서 그 단어를 질병의 이름으로 사용하였다.
> 궁극적으로 그 단어는 "지나가다"라는 의미의 그리스어 διαβαίνειν(diabainein)이며,
> 이는 "통하다"라는 의미의 δια-(dia-)와 "가다"라는 의미의 βαίνειν(bainein)가 합쳐진 것이다.
> "diabetes"라는 단어가 영어로 처음 기록된 것은 1425년경에 쓰인 의학 서적이며, diabete의 형태로 쓰였다.
>
> —위키백과 Diabetes_mellitus 페이지

이것은 diabetes(당뇨병)라는 낱말이 그리스의 "지나가는 것, 관"에서 유래했음을 말해준다. 또한, diabainein과 bainein이 언급됐다. 질병과 가장 관련이 높은 키워드가 실제의 정의와 어원이 됐음을 알 수 있다. 우리는 운 좋게도 30개의 키워드를 요청했으므로 ndi와 같이 좀 더 흥미로운 것들을 선택해보자. ndi는 NDI("Nephrogenic Diabetes Insipidus")를 소문자로 쓴 것으로, 당뇨병의 가장 일반적인 형태다. 소문자 키워드가 반환되는 것은 표준 분석기가 색인할 때 그렇게 저장했기 때문이다.

우리는 색인 도중에 어떠한 것도 지정하지 않으므로 기본값으로서 표준 분석기가 사용된다. 상위 30개에 속한 다른 흥미로운 키워드로는 당뇨병에 관련된 유전자인 avp, 당뇨병의 증상인 **갈증**(thirst), 당뇨병 치료제 **아밀로라이드**(Amiloride) 등이 있다. 이러한 키워드들이 당뇨병을 규정하는 것으로 보이지만, 우리는 여러 단어로 이뤄진 키워드를 놓치고 있다. 우리는 색인에 독립적인 용어만 저장했는데, 그렇게 동작하는 것이 기본값이기 때문이다. 어떤 단어는 다른 용어와 함께 사용될 때 의미가 있지만, 개별적으로는 자주 사용하지 않기 때문에 절대로 드러나지 않을 것이다. 우리는 특정 단어들 사이의 관계를 놓치고 있다. 예를 들어, avp를 항상 "Nephrogenic Diabetes Insipidus"라고만 기재하면 그것은 선택되지 않을 것이다. **n-그램**(n개 단어의 조합으로 된 토큰)을 저장하는 데는 저장 공간이 소비되며, 질의나 집계에 사용하면 서버에 부담을 준다. 어디서 멈출 것인지 균형을 찾는 것은 데이터와 사례에 따라 판단해야 한다.

일반적으로 바이그램(bigram, 2개 단어의 조합으로 된 토큰)이 유용한데, 그 이유는 자연어에 유용한 바이그램이 존재하기 때문이다. 반면, 유용한 10-그램(10개 단어의 조합으로 된 토큰)은 그리 많지 않다. 바이그램의 주요 개념은 질병 프로파일링에 유용하겠지만, 그러한 바이그램 중요 용어 집계를 생성하려면 바이그램을 색인에 저장해야 한다. 약간의 변경을 위해 몇 단계를 거슬러 올라가야 하며, 이는 데이터 과학에 종종 있는 일이다. 데이터 준비 단계로 되돌아가자.

6.2.4 3단계를 반복: 질병 프로파일링을 위한 데이터 준비

그림 6.33에서 볼 수 있듯이 데이터 준비 과정으로 되돌아간다고 해서 놀랄 필요는 없다. 데이터 과학 진행 과정은 반복적으로 이뤄지는 특징이 있다. 데이터의 색인을 만들 때 데이터를 정제하거나 변환하지 않았으므로 이 시점에서 정지어 제거와 같은 데이터 정제 행위를 추가로 할 수 있다. **정지어(stop word)**란 너무나 흔해서 결과에 방해가 되기 때문에 버리는 것을 가리킨다. 여기서는 정지어 제거(또는 그 외의 데이터 정제)를 하지 않지만, 스스로 시도해보는 것도 좋다.

바이그램을 색인하기 위해 토큰 필터와 텍스트 분석기를 만들어야 한다. **토큰 필터**는 토큰을 가공할 수 있다. 당신의 특별한 토큰 필터는 **싱글**(shingles)이라고도 부르는 n-그램을 생성하도록 토큰을 조합할 필요가 있다. 기본 엘라스틱서치 토크나이저는 표준 토크나이저라 부르며, 텍스트를 서로 다른 토큰 혹은 용어로 분할하기 위해 단어 사이의 공백과 같은 단어 경계를 찾는다. 다음 코드에 나타낸 것과 같이 질병 색인을 위한 새로운 설정을 살펴보라.

그림 6.33 데이터 과학 진행 과정 3단계: 데이터 준비. 정지어 필터링은 텍스트 데이터 정제에 해당하며, 소문자로 변환하는 것은 데이터 변환에 해당한다.

코드 6.5 엘라스틱서치 색인 설정을 갱신

```
01: settings={
02:     "analysis": {
03:         "filter": {
04:             "my_shingle_filter": {
05:                 "type": "shingle",
06:                 "min_shingle_size": 2,
07:                 "max_shingle_size": 2,
08:                 "output_unigrams": False
09:             }
10:         },
11:         "analyzer": {
12:             "my_shingle_analyzer": {
13:                 "type": "custom",
14:                 "tokenizer":"standard",
15:                 "filter": [
16:                     "lowercase",
17:                     "my_shingle_filter"
18:                 ]
19:             }
20:         }
21:     }
22: }
23: client.indices.close(index=indexName)
24: client.indices.put_settings(index=indexName , body = settings)
25: client.indices.open(index=indexName)
```

23행: 설정을 변경하기 전에 색인을 닫아야 한다. 설정을 변경한 뒤에 색인을 다시 열 수 있다.

토큰 필터 "my shingle filter"와 분석기 "my_shingle_analyzer"를 만든다. n-그램이 일반적이므로 엘라스틱서치에 싱글 토큰 필터 유형이 내장돼 있다. 그림 6.34와 같이 바이그램에 "min_shingle_ size" : 2, "max_shingle_size" : 2를 원한다고 알리기만 하면 된다. 트리그램(3개 단어의 조합으로 된 토큰) 또는 그 이상도 가능하지만, 시연 목적에는 바이그램으로도 충분할 것이다.

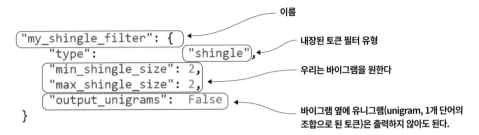

그림 6.34 바이그램을 생성하기 위한 싱글 토큰 필터

그림 6.35에 나타낸 분석기는 입력 텍스트를 색인하는 데 필요한 모든 조작을 조합한 것이다. 싱글 필터가 포함되어 있지만, 그것이 다가 아니다. 토크나이저를 사용해 텍스트를 토큰 또는 용어로 분할한 후, 소문자 필터를 사용하므로 "Diabetes"를 검색할 때와 "diabetes"를 검색할 때에 차이가 없다. 끝으로 싱글 필터를 적용해 바이그램을 생성한다.

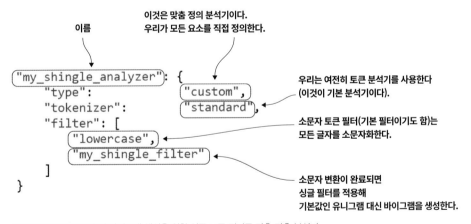

그림 6.35 표준 토큰화 및 바이그램 생성을 위한 싱글 토큰 필터를 갖춘 맞춤 분석기

설정을 갱신하기 전에 색인을 닫아야 한다는 점에 유의하라. 설정이 갱신됐음을 확인한 다음에 안전하게 색인을 다시 열 수 있다. 모든 설정이 색인을 닫아야 하는 것은 아니지만, 이 설정은 그렇다. 어떤 설정이 색인을 닫아야 하는지는 https://www.elastic.co/guide/en/elasticsearch/reference/current/indices-update-settings.html를 참조하라.

이제 새로운 분석기를 사용하도록 색인이 준비됐다. 이를 위해 다음 코드와 같이 새로운 매핑을 가지고 새로운 문서 유형인 diseases2를 생성한다.

```
코드 6.6 더 발전된 엘라스틱서치 doctype 매핑을 생성
01: docType = 'diseases2'
02: diseaseMapping = {
03:     'properties': {
04:         'name': {'type': 'string'},
05:         'title': {'type': 'string'},
06:         'fulltext': {
07:             "type": "string",
08:             "fields": {
09:                 "shingles": {
10:                     "type": "string",
11:                     "analyzer": "my_shingle_analyzer"
12:                 }
13:             }
14:         }
15:     }
16: }
17: client.indices.put_mapping(index=indexName, doc_type=docType,body=diseaseMapping)
```

1행: 새로운 질병 매핑에는 바이그램을 포함하는 fulltext.shingles 필드가 추가됐다.

위에서는 fulltext에 fields 파라미터를 추가했다. 이름은 shingles이며, 새로운 my_shingle_analyzer를 가지고 fulltext를 분석할 것이다. 원래의 fulltext에도 여전히 접근할 수 있으며, 이것을 위한 분석기를 지정하지 않았으므로 전과 마찬가지로 표준 분석기가 사용된다. fulltext.shingles와 같이 속성명 뒤에 필드명을 줌으로써 새로운 필드에 접근할 수 있다. 이제 wikipedia API를 사용해 데이터를 다시 색인해야 한다. 다음 코드를 참조하라.

```
코드 6.7 위키백과 질병 설명을 새로운 doctype 매핑으로 재색인
01: import wikipedia
02: dl = wikipedia.page("Lists_of_diseases")
03: diseaseListArray = []
04: for link in dl.links[15:42]:
```

```
05:      try:
06:          diseaseListArray.append(wikipedia.page(link))
07:      except Exception as e:
08:          print(str(e))
09:
10: checkList = [["0","1","2","3","4","5","6","7","8","9"],
11:      ["A"],["B"],["C"],["D"],["E"],["F"],["G"],
12:      ["H"],["I"],["J"],["K"],["L"],["M"],["N"],
13:      ["O"],["P"],["Q"],["R"],["S"],["T"],["U"],
14:      ["V"],["W"],["X"],["Y"],["Z"]]
15:
16: for diseaselistNumber, diseaselist in enumerate(diseaseListArray):
17:      for disease in diseaselist.links: #모든 질병 목록에 대한 링크의 목록을 반복순회한다.
18:          try:
19:              if disease[0] in checkList[diseaselistNumber] and disease[0:3] !="List":
20:                  currentPage = wikipedia.page(disease)
21:                  client.index(index=indexName, doc_type=docType,id = disease,
22:                      body={"name": disease, "title":currentPage.title,
23:                      "fulltext":currentPage.content})
24:          except Exception as e:
25:              print(str(e))
26:
```

10~14행: checkList는 허용되는 "첫 글자"들의 배열이다. 만약 질병이 그에 맞지 않으면 건너뛴다.

16행: 질병 목록을 반복순회한다.

19~23행: 질병이 맞는지 확인한 다음, 색인에 추가한다.

이번에는 색인을 할 때 doc_type을 diseases가 아닌 diseases2로 지정한다는 점 외에 새로울 것은 없다. 완료되면 4단계인 데이터 탐색으로 진행해 결과를 확인할 수 있다.

6.2.5 4단계를 반복: 질병 프로파일링을 위한 데이터 탐색

다시 한번 데이터 탐색 단계에 들어섰다. 집계 질의를 수정해 당뇨병과 관련된 바이그램의 주요 개념을 얻기 위해 새로운 필드를 사용할 수 있다.

코드 6.8 바이그램으로 "diabetes"에 대한 중요 용어를 집계

```
searchBody={
    "stored_fields":["name"],
    "query":{
        "bool":{
            "filter":{
                'term':{'name':'diabetes'}
            }
        }
    },
    "aggregations":{
        "DiseaseKeywords":{
            "significant_terms":{"field":"fulltext.keyword","size":30}
        },
        "DiseaseBigrams":{
            "significant_terms":{"field":"fulltext.shingles.keyword","size":30}
        }
    }
}
client.search(index=indexName,doc_type=docType,body=searchBody,from_=0,size=3)
```

새로운 집계 DiseaseBigrams는 fulltext.shingles 필드를 사용해 당뇨병에 대한 몇 가지 새로운 통찰을 제공한다. 다음과 같이 새로운 중요 용어들이 나타난다.

- **Excessive discharge**(과다한 방뇨): 당뇨병 환자는 소변량이 많다[12].

- **Causes polyuria**(빈뇨를 일으킴): 같은 이야기다. 당뇨는 환자가 소변을 자주 보게 만든다.

- **Deprivation test**(제한 검사): 이것은 실제로는 "water deprivation test(수분 제한 검사)"라는 트리그램(trigram)이지만, 바이그램 밖에 다루지 않으므로 이것을 인식한 것이다. 이것은 당뇨병 여부를 판단하는 검사다.

- **Excessive thirst**(심한 갈증): 유니그램 키워드 검색을 통해 이미 "thirst"를 찾았지만, 기술적으로는 당시에 그것이 "no thirst"를 의미하는 것일 수도 있다.

흥미로운 바이그램, 유니그램, 트리그램이 있을 수 있다. 전체적으로 볼 때 이것들은 텍스트 또는 텍스트의 모음을 읽기 전에 분석하는 데 사용할 수 있다. 모델링 단계를 거치지 않고도 원하는 결과를 얻는

---

12 (편주) 원문에는 '소변을 자주 본다'고 표현돼 있지만, 증상에 맞추자면 '소변량이 많다'는 말이 적합하다.

다는 점에 주목하라. 데이터 모델링에서 찾을 수 있는 가치있는 정보를 데이터 탐구에서 찾기도 한다. 2차 목표를 완전히 달성했으므로 데이터 과학 진행 과정의 6단계인 표현 및 자동화로 넘어갈 수 있다.

6.2.6 6단계: 표현 및 자동화

의사가 웹 애플리케이션과 같은 도구를 통해 직접 질의할 수 있다면 일차적인 목표인 질병 진단을 넘어서 자가 진단 도구를 만들 수도 있다. 여기에서는 웹사이트를 구축하지는 않지만, 웹사이트를 구축하고자 한다면 "웹 애플리케이션을 위한 엘라스틱서치" 글상자를 읽어 보기 바란다.

웹 애플리케이션을 위한 엘라스틱서치

다른 데이터베이스와 마찬가지로 엘라스틱서치의 REST API를 웹 애플리케이션의 프런트엔드(front end)에 직접 노출하는 것은 좋지 못한 방법이다. 웹사이트가 데이터베이스에 직접적으로 POST를 할 수 있게 만들면 누구나 쉽게 데이터를 삭제할 수 있게 된다. 항상 중간 계층이 필요하다. 적당하다고 생각한다면 이러한 중간 계층을 구현하는 데 파이썬을 이용할 수 있다. 파이썬에서 많이 사용되는 두 가지 솔루션은 장고(Django)나 장고 REST 프레임워크를 독립적인 프런트엔드와 조합하는 것이다. 라운드 트립 애플리케이션(데이터베이스에 데이터를 두고 템플릿 시스템을 갖춘, 서버가 프런트엔드를 동적으로 생성하는 웹 애플리케이션)을 구축하는 데는 일반적으로 장고를 사용한다. 장고 REST 프레임워크는 장고의 플러그인으로, 장고를 이용해 단일 페이지 애플리케이션의 일부가 됨으로써 REST 서비스를 구축할 수 있게 해준다. 단일 페이지 애플리케이션은 단일 웹 페이지를 사용하되 HTTP 서버로부터 정적 파일을 조회하고 레스트풀 API로부터 데이터를 얻음으로써 콘텐츠가 동적으로 변하는 웹 애플리케이션이다. 엘라스틱서치 서버에는 보안 기능이 내장돼 있지 않아서 서버를 외부에 공개하지 않으면서 두 접근방법(라운드 트립 및 단일 페이지)을 취하는 것이 좋다. 유료 서비스인 'Shield'를 이용해 엘라스틱서치에 보안 기능을 추가할 수도 있다.

두 번째 목표인 질병 프로파일링 또한 사용자 인터페이스의 수준으로 가져갈 수 있다. 검색 결과를 시각적으로 요약해주는 단어 구름을 생성할 수 있다. 이 책에서는 깊이 다루지 않겠지만, 이에 관심이 있다면 파이썬에서 word_cloud 라이브러리를 사용해 구성할 수 있다(pip install word_cloud). 혹은 자바스크립트를 선호한다면 D3.js도 좋은 선택이다. 예제 구현을 http://www.jasondavies.com/wordcloud/#%2F%2Fwww.jasondavies.com%2Fwordcloud%2Fabout%2F에서 찾을 수 있다.

그림 6.36에 볼 수 있듯이 D3.js 기반의 웹사이트에 키워드를 추가하면 유니그램 단어 구름을 생성할 것이다. 이것을 프로젝트 결과의 발표에 넣을 수 있다. 이 경우에는 용어의 점수에 따른 가중치를 적용하지 않지만, 결과를 멋지게 표현할 방법이 제공된다.

애플리케이션에는 개선의 여지가 많이 있는데, 특히 데이터 준비 영역이 그러하다. 그러나 모든 가능성을 살피는 것은 너무 멀리 나아가게 되므로 여기서 이번 장을 마무리하려 한다. 다음 장에서는 스트리밍 데이터를 살펴본다.

그림 6.36 엘라스틱서치의 당뇨병 관련 키워드에 대한 가중치를 적용하지 않은 단어 구름

6.3 요약

이번 장에서는 다음과 같은 것을 배웠다.

- 다뤄야 할 데이터의 양과 다양성이 급격히 증가하는 것과 더불어 네트워크 구조 및 계층적 구조와 같은 다양하고 유연한 스키마의 필요성에 의해 **NoSQL**이 대두됐다. 그 이름은 "Not Only Structured Query Language"에서 딴 것이다.

- 이러한 데이터를 다룸에 있어서 한 대의 컴퓨터로는 작업을 처리할 수 없으므로 데이터베이스를 분할해야 한다. 이때, 가용성과 정합성을 동시에 만족할 수는 없다는 CAP 정리가 적용된다.

- 관계형 데이터베이스와 그래프형 데이터베이스는 원자성, 일관성, 고립성, 영속성을 뜻하는 ACID 원칙을 따른다. 반면, NoSQL은 일반적으로 기본적 가용성, 유연한 상태, 결과적 정합성의 BASE 원칙을 따른다.

- NoSQL 데이터베이스의 네 가지 주요 유형
  - **키-값 저장소**: 본질적으로는 데이터베이스에 저장된 키-값 쌍들의 묶음이라 할 수 있다. 이러한 데이터베이스는 엄청나게 크고 대단히 다양한 활용이 가능한데도 데이터의 복잡성은 낮다. 잘 알려진 예로 레디스(Redis)가 있다.
  - **광범위 열 데이터베이스**: 이러한 데이터베이스는 열(column)을 사용하기 때문에 키-값 저장소보다는 복잡하지만, 일반적인 RDBMS보다는 효율적이다. 열은 근본적으로 분리(decouple)되어, 단일 열에서 재빨리 조회할 수 있게 해준다. 알려진 데이터베이스로는 카산드라(Cassandra)가 있다.

- **문서 저장소:** 이러한 데이터베이스들은 좀 더 복잡하며 데이터를 문서로 저장한다. 현재 가장 유명한 것은 몽고DB이지만, 우리의 사례 연구에서는 문서 저장소 겸 검색 엔진인 엘라스틱서치를 사용한다.

- **그래프 데이터베이스:** 이러한 데이터베이스는 개체뿐만 아니라 개체와 개체의 관계도 중요시하므로 대부분의 복잡한 데이터 구조를 담을 수 있다. 이러한 복잡성으로 인해 조회 속도에 비용이 발생한다. 네오포제이(Neo4j)가 인기가 있지만, 그래프엑스(GraphX, 아파치 스파크와 관련된 그래프 데이터베이스)가 대세이다.

- 엘라스틱서치는 오픈 소스 검색 엔진인 아파치 루씬을 바탕으로 만들어진 문서 저장소 겸 전문 검색 엔진이다. 토큰화, 집계 질의 수행, 면 처리된(faceted) 질의 수행[13], 프로파일 검색 질의 등을 할 수 있다.

---

13 (편주) 즉, 데이터에서 추출한 정보의 어느 한 가지 측면을 볼 수 있게 질의한 내용을 바탕으로 수행하는 일

7장

그래프
데이터베이스의 부상

이번 장에서는 다음을 설명한다.

- 연결 데이터, 그래프, 그래프 데이터베이스
- 관계형 데이터베이스와 그래프 데이터베이스의 차이점
- 그래프 데이터베이스 Neo4j
- 그래프 데이터베이스 Neo4j를 사용하는 추천 엔진 프로젝트에 데이터 과학 진행 과정을 적용

우리는 대량으로 데이터를 생산하면서 구글이나 아마존 또는 페이스북 등에 이러한 대량 데이터를 지능적으로 처리하는 방식을 내놓도록 촉구하는 한편으로, 그 어느 때보다 더 서로 연결돼 가는 데이터에 직면하고 있다. 그래프와 네트워크는 생활 속에서 흔히 찾아볼 수 있다. 우리는 동기를 부여할 만한 여러 예제를 살펴보면서 그래프 문제가 드러날 때 그것을 알아채는 방법을 독자에게 가르치고자 한다. 이번 장에서는 그래프 데이터베이스를 사용하는 편이 좋은 모든 것을 대상으로 어떻게 이러한 연결을 극대화할 수 있는지 살펴보고, 유명한 그래프 데이터베이스인 네오포제이(Neo4j)를 사용하는 방법을 시연한다.

7.1 연결 데이터와 그래프 데이터베이스

연결 데이터라는 개념과 그래프형 데이터의 표현에 대해 알아보자.

- **연결 데이터**(connected data): 이름에서 알 수 있듯이 연결 데이터는 데이터가 연결된 관계를 갖는다는 특징이 있다.
- **그래프**(graphs): 종종 연결 데이터와 같은 의미로 사용된다. 그래프는 데이터의 연결성에 대한 의미를 잘 나타낸다.
- **그래프 데이터베이스**(graph databases): 6장에서 소개했다. 이 주제가 특별한 관심을 끄는 이유는 데이터의 분량이 증가할 뿐 아니라, 점점 더 서로 연결돼 가기 때문이다. 연결 데이터의 잘 알려진 예를 쉽게 찾아볼 수 있다.

네트워크 형태로 서로 연결된 데이터의 두드러진 예는 소셜 미디어 데이터다. 소셜 미디어는 네트워크에서 데이터를 공유하고 상호 교환하도록 해주므로 막대한 양의 연결 데이터를 생성한다. 간단한 예를 통해 이것을 묘사할 수 있다. 사용자1과 사용자2라는 두 사람의 데이터를 갖고 있다고 가정하자. 또한, 우리는 사용자1의 성명(이름:폴, 성: 븐)과 사용자2의 성명(이름:젤미, 성:라그나)을 알고 있다. 이를 칠판에 그려본다면 그림 7.1과 같을 것이다.

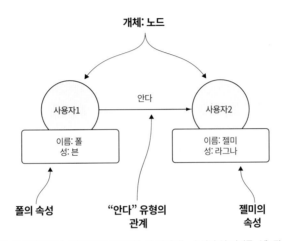

그림 7.1 연결 데이터의 간단한 예: 두 개체 혹은 노드(사용자1,사용자2), 각 개체에는 속성이 있고(이름, 성), 관계(안다)로 연결됨

그림 7.1을 설명하는 용어는 다음과 같다.

- **개체**(entities): 사람을 표현하는 두 개체(사용자1과 사용자2)가 있다. 이 개체들은 '이름' 및 '성'이라는 속성을 갖는다.

- **속성**(properties): 속성은 키–값 쌍으로 정의된다. 이 그래프로부터 '이름' 속성이 폴인 사용자1이 '이름' 속성이 젤미인 사용자를 안다고 추론할 수 있다.

- **관계**(relationships): 폴과 젤미 사이의 관계다. 관계에는 방향성이 있다. 폴은 젤미를 알지만, 그 역은 아니다. 사용자1과 사용자2는 모두 사람을 나타내므로 그룹으로 묶을 수 있다.

- **레이블**(label): 그래프 데이터베이스에서 노드들은 레이블을 사용해 그룹화할 수 있다. 사용자1과 사용자2는 이 경우에 '사용자'로 레이블 처리된다.

연결 데이터는 종종 많은 개체와 연결을 갖는다. 그림 7.2에서 우리는 좀 더 복잡한 그래프를 볼 수 있다. 캄보디아라는 이름을 가진 국가1과 스웨덴이라는 이름의 국가2 개체도 포함된다. "머물렀던"과 "태어난" 관계도 있다. 이전의 그래프에서는 개체만이 속성을 포함했지만, 이제는 관계도 속성을 포함한다. 그러한 그래프를 속성 그래프라 한다. 사용자1과 국가1을 연결하는 관계는 "머물렀다" 유형이며 데이터 값을 표현하는 속성 "날짜"를 갖는다. 사용자2와 국가2는 "태어났다" 유형으로 연결된다. 관계의 유형은 노드 사이의 관계에 대한 맥락을 제공한다. 노드는 여러 관계를 가질 수 있다.

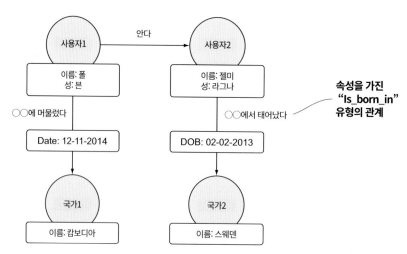

그림 7.2 두 개체(국가1과 국가2)와 두 관계("머물렀다"와 "태어났다")가 포함되어 좀 더 복잡하게 연결 데이터의 예

이러한 종류의 데이터 표현은 연결 데이터를 저장하는 직관적인 방식을 제공한다. 데이터를 탐색하기 위해서는 찾고자 하는 패턴을 탐색하기 위해 미리 정의된 경로를 따라서 그래프를 운행해야 한다. 폴이 어디에 있었는지 알고 싶다면 어떻게 할 것인가? 그래프 데이터베이스의 용어로 표현하면 "폴이 머물렀던" 패턴을 찾아야 한다. 이에 답하려면 "폴" 노드로부터 시작해 "머물렀던" 관계를 거쳐 캄보디아로 간다. 따라서 데이터베이스 질의에 해당하는 그래프 운행(traversal)은 다음과 같다.

- **시작 노드**(starting node)[1]: 이 경우 이름 속성이 "폴"인 노드
- **운행 경로**(traversal path): 이 경우 폴 노드에서 캄보디아 노드로 향하는 경로
- **끝 노드**(end node)[2]: 이름 속성이 "캄보디아"인 노드

그래프에 대한 일반적인 사항을 알면 그래프 데이터베이스가 연결 데이터를 다루는 방식을 이해하는 데 도움이 된다. 그래프는 컴퓨터 과학과 수학의 그래프 이론 분야에서 집중적으로 연구된다. 그래프 이론에서는 그래프를 연구하며, 그래프는 그림 7.3과 같이 객체 사이에 쌍을 이루는 관계를 모델링하기 위해 수학적 구조를 표현한다. 그래프가 매력적인 이유는 연결 데이터를 시각화하기에 적합한 구조

---

1 (편주) 위상수학에서는 '시점 노드'라고 부른다.

2 (편주) 위상수학에서는 '종점 노드'라고 부른다.

를 띠기 때문이다. 그래프는 꼭짓점(Vertex, 그래프 데이터베이스에서는 노드라는 용어를 사용한다) 과 변(Edge, 관계라고도 함)으로 정의된다[3]. 이러한 개념들은 데이터 구조가 딛고 설 만한 기본적인 토대를 이룬다.

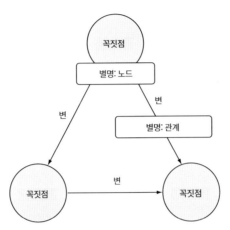

그림 7.3 그래프의 핵심은 그래프의 수학적 정의인 노드와 변(꼭짓점들을 연결)으로 구성된다. 이러한 개체의 모음으로 그래프를 표현한다.

다른 데이터 구조와 비교했을 때, 연결 데이터의 특징은 비선형성이다. 어떠한 개체이든지 다양한 연결 유형, 중간 개체, 경로를 통해 다른 개체에 연결될 수 있다. 그래프는 방향 그래프와 무방향 그래프로 구분한다. 방향 그래프의 변은 방향을 갖는다. 모든 문제를 그래프 문제로 환원할 수 있다고 주장하는 사람도 있겠지만, 중요한 것은 그래프를 적용하는 것이 적합한 경우와 그렇지 않은 경우를 구분하는 것이다.

7.1.1 그래프 데이터는 무엇이며 언제 사용해야 하는가?

어떤 그래프 데이터베이스가 적합한지 알기 위해서는 복잡한 과정을 거쳐야 한다. 이러한 의사결정 과정에서의 한 가지 중요한 측면은 데이터에 대한 올바른 표현을 찾는 것이다. 1970년대 초부터 관계형 데이터베이스가 가장 믿을 만하고 일반적인 데이터베이스로 사용됐다. 그 후에 계층적 데이터베이스 (예: IMS), 그리고 그래프 데이터베이스와 가장 가까운 관계인 네트워크 데이터베이스(예: IDMS)가 나타났다. 그러나 최근 들어 지형이 더욱 다양해져서 최종 사용자의 특별한 요구에 따라 다양한 선택이 가능해졌다. 최근의 데이터는 두 가지 특징을 나타내고 있는데, 하나는 데이터의 분량이고, 또 하나는 데이터의 복잡성이다. 그림 7.4에 이를 나타냈다.

3 (편주) 각 꼭짓점을 '정점'이나 '노드'라고 부르며 변을 '간선' 또는 '링크'라고 부르기도 한다.

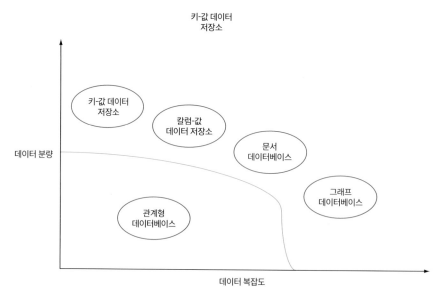

그림 7.4 이 그림은 그래프 데이터베이스를 2차원 공간에 나타냈다. 한 차원은 데이터 분량을, 다른 한 차원은 데이터의 연결이 얼마나 복잡한지를 나타낸다. 데이터의 분량보다는 연결의 복잡성이 문제가 되어 관계형 데이터베이스로 감당하기 힘든 경우에 그래프 데이터베이스가 좋은 대안이 된다.

그림 7.4에서 나타낸 것과 같이 데이터가 복잡하지만, 그 양이 적을 때 그래프 데이터베이스가 적합하다. 여기서 "적다"는 것은 상대적인 표현으로 노드가 수억 개인 경우를 이야기하는 것이다. 복잡성을 다루는 것이 그래프 데이터베이스의 주요 자산이며 사용되는 이유이기도 하다. 어떤 종류의 복잡성을 말하는 것인지 설명하기 위해 먼저 전통적인 데이터베이스가 작동하는 방식을 생각해보자.

관계형 데이터베이스에서 테이블 사이의 관계는 그 이름에 걸맞지 않게 외래 키와 기본 키를 제외하고는 그리 복잡하지 않다. 이와 달리 그래프 데이터베이스에서는 관계가 주를 이루므로 연결 데이터를 모델링하고 질의하는 데 적합하다. 관계형 데이터베이스는 중복을 최소화하는 것을 추구한다. 이 과정을 데이터베이스 정규화라고 하며, 테이블에 속한 모든 정보를 유지하면서도 더 작은(중복이 적은) 테이블이 되도록 재작성하는 과정을 말한다. 정규화된 데이터베이스에서는 하나의 속성을 변경할 때 단 하나의 테이블에만 영향이 미친다. 이 과정의 목적은 데이터의 변경이 한 테이블 내에서만 일어나도록 고립시키는 데 있다. 표 형식에 잘 들어맞는 데이터를 위한 데이터베이스로는 관계형 데이터베이스 관리시스템(RDBM)이 좋은 선택이다. 데이터의 관계는 테이블을 결합(join)함으로써 표현할 수 있다. 결합이 복잡해짐에 따라 성능이 저하되며, 특히 다대다 결합에서 그러하다. 데이터의 분량이 늘어남에 따라 질의에 걸리는 시간이 증가하며, 데이터베이스를 유지하고 관리하기가 더 어려운 일이 된다. 이러한 요인들은 데이터베이스의 성능을 떨어뜨릴 것이다. 한편, 그래프 데이터베이스는 애초에 데이터를 노드/관계 꼴로 저장하도록 만들어졌다. 그래프 데이터베이스를 NoSQL 유형의 데이터베이스로 분류하기도 하지만, 독자적인 범주로 보기도 한다. 다른 NoSQL 데이터베이스들이 집계에 중점을 두는 반면, 그래프 데이터베이스는 그렇지 않다는 점이 근거가 된다.

예를 들어, 관계형 데이터베이스에는 '사람'과 그들의 속성을 나타내는 테이블이 있을 수 있다. 어느 사람이든 다른 사람과 관계(친족 관계나 친구 관계 등)를 맺을 수 있다. 각 행은 사람을 나타낼 수 있지만, 그것들을 테이블의 다른 열과 연결하기는 대단히 어렵다. "첫 번째 자식, 두 번째 자식의 고유한 식별자를 가지는 변수를 추가해야 하는가? 어디서 멈춰야 하는가? 열 번째 자식에 대해서는 어떻게 해야 하는가?"와 같은 질문을 해야 한다.

자식−부모 관계를 위한 중간 테이블을 사용하는 것이 대안이 될 수 있겠지만, 한 가지 관계와 또 다른 관계를 분리해야 할 것이다. 이 경우에는 열(column)이 많아지지는 않지만, 각 유형의 관계에 대해 하나의 관계 테이블이 필요하므로 테이블이 많아지게 된다. 모든 가족 관계가 나타날 수 있게 한 방식으로 모델링에 성공하더라도 "존 맥베인의 손자를 찾아라"와 같은 단순한 질문에 대답하기 위해 어려운 질의를 해야 할 것이다. 우선 존 맥베인의 자식을 찾아야 한다. 자식들을 찾았으면 그들의 자식들을 찾아야 한다. 모든 손자를 찾을 때까지 '인명록' 테이블을 세 번 조회해야 한다.

1. 맥베인을 찾아서 그의 자녀를 조회하라.

2. 갖고 있는 식별번호로 자녀를 찾은 다음 그들의 자녀들의 식별번호를 얻어라.

3. 맥베인의 손자를 찾아라.

그림 7.5는 관계형 데이터베이스에서 단일 테이블에 모든 것이 있을 경우에 존 맥베인으로부터 손자들을 찾기 위해서는 재귀적인 조회가 필요함을 보여준다.

그림 7.6은 데이터를 모델링하는 다른 방법으로, 부모 · 자식 관계가 별도의 테이블에 있다.

과장이 아니라 이와 같은 재귀적 조회는 비효율적이다.

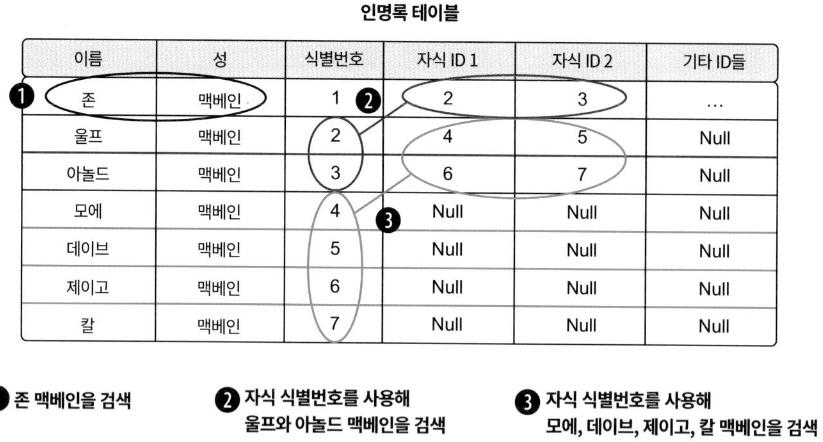

인명록 테이블

이름	성	식별번호	자식 ID 1	자식 ID 2	기타 ID들
존	맥베인	1	2	3	…
울프	맥베인	2	4	5	Null
아놀드	맥베인	3	6	7	Null
모에	맥베인	4	Null	Null	Null
데이브	맥베인	5	Null	Null	Null
제이고	맥베인	6	Null	Null	Null
칼	맥베인	7	Null	Null	Null

❶ 존 맥베인을 검색   ❷ 자식 식별번호를 사용해 울프와 아놀드 맥베인을 검색   ❸ 자식 식별번호를 사용해 모에, 데이브, 제이고, 칼 맥베인을 검색

그림 7.5 재귀적 조회 버전 1: 모든 데이터가 한 테이블에 있는 경우

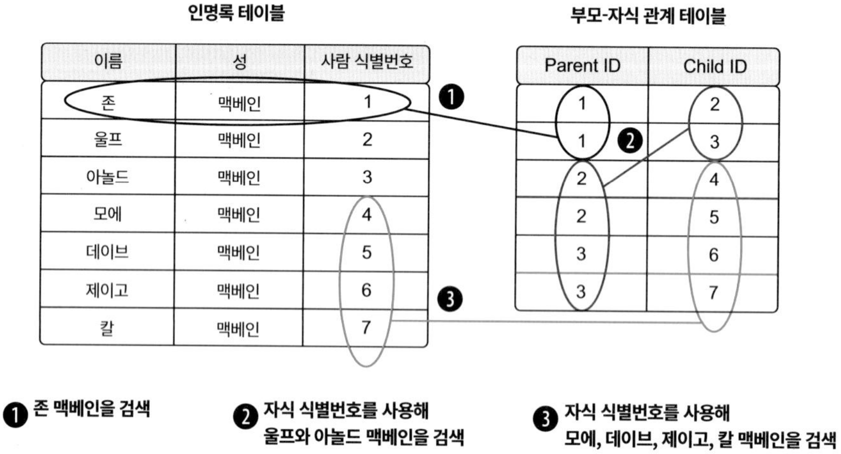

인명록 테이블

이름	성	사람 식별번호
존	맥베인	1
울프	맥베인	2
아놀드	맥베인	3
모에	맥베인	4
데이브	맥베인	5
제이고	맥베인	6
칼	맥베인	7

부모-자식 관계 테이블

Parent ID	Child ID
1	2
1	3
2	4
2	5
3	6
3	7

❶ 존 맥베인을 검색   ❷ 자식 식별번호를 사용해 울프와 아놀드 맥베인을 검색   ❸ 자식 식별번호를 사용해 모에, 데이브, 제이고, 칼 맥베인을 검색

그림 7.6 재귀적 조회 버전 2: 부모–자식 관계 테이블을 사용

그래프 데이터베이스는 이러한 유형의 **복잡성**이 나타날 때 빛을 발한다. 그중에서 가장 유명한 그래프 데이터베이스를 살펴보자.

7.2 네오포제이(Neo4j): 그래프 데이터베이스

연결 데이터는 그래프 데이터베이스에 저장하는 것이 일반적이다. 그래프 데이터베이스는 연결 데이터의 구조에 대응하도록 특별히 설계됐다. 요즘 들어 사용할 수 있는 그래프 데이터베이스가 다양해졌다.

가장 잘 알려진 세 가지 그래프 데이터베이스는 네오포제이(Neo4j), 오리엔트디비(OrientDb), 타이탄(Titan)이다. 사례 연구에 사용할 그래프 데이터베이스는 책을 집필하는 현재(2015년 9월) 기준으로 가장 인기가 높은 Neo4j이다(http://db-engines.com/en/ranking/graph+dbms 참조).[4]

Neo4j는 데이터를 노드와 관계(둘 다 속성을 포함)를 포함하는 그래프에 저장하는 그래프 데이터베이스다. 이러한 유형의 그래프 데이터베이스를 속성 그래프(property graph)라 하며, 이는 연결 데이터를 저장하기에 알맞다. 스키마가 유연해서 필요할 때면 언제든 데이터 구조를 자유롭게 변경할 수 있으며, 필요하면 언제든 신규 데이터와 새로운 관계를 추가할 수 있다. 또한, 오픈 소스 프로젝트로 만든 것으로서 기술이 성숙해 있고, 설치하기 쉬우며, 사용자 친화적이고, 문서화가 잘 돼 있다. 또한, Neo4j는 브라우저 기반 인터페이스를 통해 그래프를 생성함으로써 시각화를 구현한다. Neo4j를 설치해볼 시간이다. Neo4j는 http://neo4j.com/download/에서 내려받을 수 있다. 설치하는 데 필요한 모든 단계를 부록 C에 요약해 뒀다.

Neo4j의 네 가지 기본 구조는 다음과 같다.

- **노드**(nodes): 문서, 사용자, 요리법 등의 개체를 표현한다. 특정한 속성은 노드에 할당될 수 있다.
- **관계**(relationships): 서로 다른 노드 사이에 존재한다. 독립적으로 접근하거나 붙어있는 노드를 거쳐서 접근할 수 있다. 관계도 속성을 가질 수 있어서 속성 그래프 모델이라고 불리기도 한다. 모든 관계에는 이름과 방향이 있어서 관계에 의해 연결된 노드의 의미적 맥락을 제공한다.
- **속성**(properties): 노드와 관계는 모두 속성을 가질 수 있다. 속성은 키-값 쌍으로서 정의된다.
- **레이블**(labels): 그래프를 더 빨리 운행할 수 있도록 유사한 노드를 그룹화하는 데 사용할 수 있다.

분석에 들어가기 전에 분석을 수행할 때 실행할 질의에 맞도록 데이터베이스를 주의 깊게 설계하는 것은 좋은 습관이다. 그래프 데이터베이스의 기분 좋은 점은 칠판에 그리기 좋다는 것이다. 문제를 칠판에 그려보고자 한다면 이 그림은 정의한 문제를 위한 데이터베이스 설계와 비슷할 것이다. 그러므로 데이터베이스를 설계할 때는 칠판에 그려보는 일부터 하는 게 좋다.

자, 데이터를 어떻게 조회할 것인가? 데이터를 탐색하려면 검색하고자 하는 패턴을 찾기 위해 사전에 정의된 경로를 따라서 그래프를 운행해야 한다. 그림 7.7에 보이는 Neo4j 브라우저는 연결 데이터를 생성해 가지고 놀기에 이상적인 환경이며, 최적화된 질의를 제대로 표현해주는 것을 갖기 전까지 사용하기에 좋다. 그래프 데이터베이스의 유연한 스키마는 여기에 잘 맞는다. 이 브라우저에서 데이터를 행

(rows) 또는 그래프로서 조회할 수 있다. Neo4j에는 그래프를 쉽게 생성하고 질의할 수 있는 자체적인 질의 언어가 있다.

사이퍼(Cypher)는 표현력이 매우 뛰어난 언어이며 SQL과 공통점이 있어 배우기 쉽다. 다음 절에서 사이퍼를 이용해 Neo4j에 데이터를 생성하고 조작해보자.

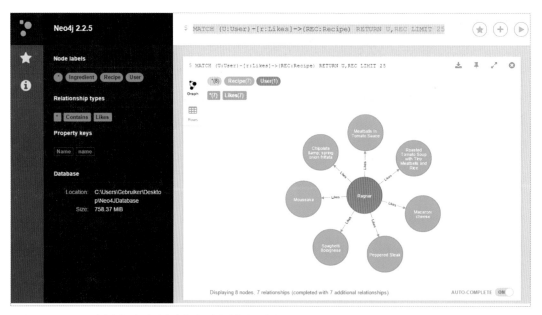

그림 7.7 Neo4j 2.2.5 인터페이스와 이 장의 사례 연구에서 사용하는 질의

7.2.1 사이퍼(Cypher): 그래프 질의 언어

사이퍼로 그래프를 조작하는 기본 구문을 알아보자. 이번 절의 아이디어는 Neo4j 브라우저를 사용해 사이퍼를 시작하기에 충분한 실습을 하는 것이다. 이번 절의 끝에서 Neo4j 브라우저에서 사이퍼를 사용해 스스로 연결 데이터를 생성할 수 있게 될 것이며, 기본적인 질의를 실행해 질의의 결과를 조회할 수 있게 될 것이다. 사이퍼에 대한 자세한 소개는 http://neo4j.com/docs/stable/cypher-query-lang.html에 있다. 간단한 소셜 그래프를 그리고 사전에 정의된 패턴으로 기본적인 질의를 사용해 조회하는 일부터 시작해보자. 그다음 단계에서는 사이퍼에서 좀 더 복잡한 질의를 사용할 수 있도록 조금 더 복잡한 그래프를 그릴 것이다. 이렇게 하면 사이퍼에 익숙해질 수 있고, 실제적인 용례에 다가갈 수 있을 것이다. 그뿐만 아니라 사이퍼를 사용해 시뮬레이션된 연결 데이터를 생성하는 방법도 살펴보겠다.

그림 7.8은 'knows(누가 누구를 아는)' 관계로 연결된 간단한 사회관계 그래프를 두 개의 노드로 나타낸 것이다. 두 노드에는 'name(이름)'과 'lastname(성)' 속성이 있다.

이제, '폴(Paul)은 누구를 아는가?'에 대한 패턴을 찾고 싶다면 사이퍼를 사용해 질의할 수 있다. 사이퍼에서 패턴을 찾기 위해 Match 절부터 다뤄 보자. 이 질의에서 name 속성으로 'Paul'을 갖는 User 노드를 검색하기 시작한다. 다음 코드 발췌 부분에서 노드를 괄호로 감싼 것과 관계를 대괄호로 감싼 것에 유의하라. 관계의 이름은 콜론(:)으로 시작하며, 화살표를 사용해 방향을 나타낸다. p2는 'knows' 유형의 관계를, 들어오는(inbound) 관계로 갖는 모든 User 노드를 포함한다. return 절을 사용해 질의 결과를 조회할 수 있다.

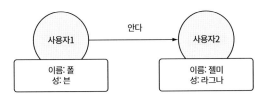

그림 7.8 두 사용자와 하나의 관계로 이뤄진 간단한 소셜 그래프의 예

```
Match(p1:User { name: 'Paul' } )-[:knows]->(p2:User)
Return p2.name
```

말로 이뤄진 질문을 표현하는 방식과 그래프 데이터베이스가 이를 운행으로 변환하는 방식 사이의 비슷한 관계에 주목하라. Neo4j에서는 그래프 질의 언어인 사이퍼 덕분에 이러한 인상적인 표현이 가능하다.

좀 더 재미있는 예제를 만들기 위해 그림 7.9의 그래프를 표현하는 데이터를 가정해보자.

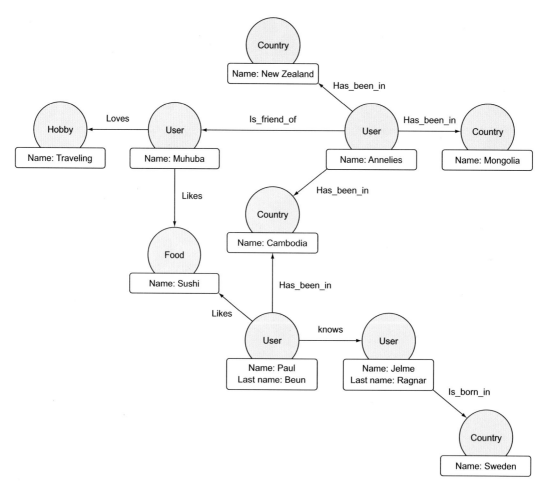

그림 7.9 여러 유형의 상호연결된 노드로 구성함으로써 좀 더 복잡하게 연결된 연결 데이터의 예

사이퍼를 사용해 그림 7.9의 연결 데이터를 Neo4j에 삽입할 수 있다. Neo4j의 브라우저 기반 인터페이스에서 사이퍼 명령을 직접 작성하거나, 파이썬 드라이버를 사용할 수 있다(http://neo4j.com/developer/python/). 이것은 연결 데이터와 그래프 데이터베이스의 감을 잡을 수 있는 좋은 방법이다.

사이퍼에서 적절한 create 문을 작성하려면 먼저 어느 데이터를 노드로 저장하고, 관계로 저장하고 싶은지와 그것들의 속성이 무엇이며 레이블이 유용한지에 대해 잘 알아야 한다. 우선, 어느 데이터를 노드로 삼고, 어느 데이터를 이러한 노드에 의미적 맥락을 부여하는 관계로 볼 것인지 결정해야 한다. 그림 7.9에서는 사람과 국가를 노드로 표현했다. 특정 노드에 대한 정보를 제공하는 데이터, 예를 들어 노드에 관련된 이름은 속성으로 표현할 수 있다. 둘 이상의 노드에 대한 맥락을 제공하는 모든 데이터는 관계로 간주한다. 노드는 공통의 특성을 공유하며, 예를 들어 Cambodia(캄보디아)와 Sweden(스웨덴)은 둘 다 국가이며, 레이블을 통해 그룹화할 수 있다. 그림 7.9는 이미 그렇게 되어 있다.

다음 코드에서는 하나의 큰 create 문을 이용해 여러 객체를 사이퍼로 인코딩한다. **사이퍼는 대소문자를 가린다는 점에 유의하라[5].**

코드 7.1 사이퍼 데이터 create 문

```
CREATE (user1:User {name :'Annelies'}),
(user2:User {name :'Paul' , LastName: 'Beun'}),
(user3:User {name :'Muhuba'}),
(user4:User {name : 'Jelme' , LastName: 'Ragnar'}),
(country1:Country { name:'Mongolia'}),
(country2:Country { name:'Cambodia'}),
(country3:Country { name:'New Zealand'}),
(country4:Country { name:'Sweden'}),
(food1:Food { name:'Sushi' }),
(hobby1:Hobby { name:'Travelling'}),
(user1)-[:Has_been_in]->(country1),
(user1)-[: Has_been_in]->(country2),
(user1)-[: Has_been_in]->(country3),
(user2)-[: Has_been_in]->(country2),
(user1)-[: Is_mother_of]->(user4),
(user2)-[: knows]->(user4),
(user1)-[: Is_friend_of]->(user3),
(user2)-[: Likes]->( food1),
(user3)-[: Likes]->( food1),
(user4)-[: Is_born_in]->(country4)
```

이 create 문을 한 번에 실행했을 때의 장점은 실행에 성공하면 그래프 데이터베이스가 성공적으로 생성됐다는 것을 확신할 수 있다는 점이다. 오류가 있다면 그래프는 생성되지 않을 것이다.

실제 시나리오에서는 전체 데이터베이스를 검색하는 것을 피하고 조회를 빠르게 하기 위해 색인과 제약조건을 정의해야 한다. 여기에서는 데이터셋이 작기 때문에 이를 생략하지만, 사이퍼를 사용해 쉽게 할 수 있다. 색인과 제약조건에 관해서는 사이퍼의 문서를 참조하라(http://neo4j.com/docs/stable/

5 (옮긴이) 노드 레이블, 관계 유형, 속성명에 대해 대소문자를 가리며, 키워드에 대해서는 대소문자를 가리지 않는다.

cypherdoc-labels-constraints-and-indexes.html). 데이터를 생성했으므로 질의를 해볼 수 있다. 다음의 질의는 데이터베이스에서 모든 노드와 관계를 반환한다.

```
1: MATCH (n) - [r] - ()
2: RETURN n, r
```

1행: 모든 노드 (n)과 그것들의 관계 [r]을 찾는다.

2행: 모든 노드 n과 모든 관계 r을 나타내 보인다.

그림 7.10은 우리가 생성한 데이터베이스를 보여준다. 우리는 이 그래프와 칠판에 그려 봤던 그래프를 비교할 수 있다. 칠판에 "User" 레이블로 사람 노드를, "Country" 레이블로 국가 노드를 그룹화했다. 이 그림에 있는 노드들이 그것들의 레이블을 표현하지 않는다 해도 레이블은 데이터베이스에 존재한다. 게다가 우리는 Hobby라는 노드와 "Loves"라는 관계를 놓쳤다. 이것들은 노드와 관계가 존재하지 않을 경우에 생성해주는 merge 문을 이용해 쉽게 추가할 수 있다.

```
Merge (user3)-[: Loves]->( hobby1)
```

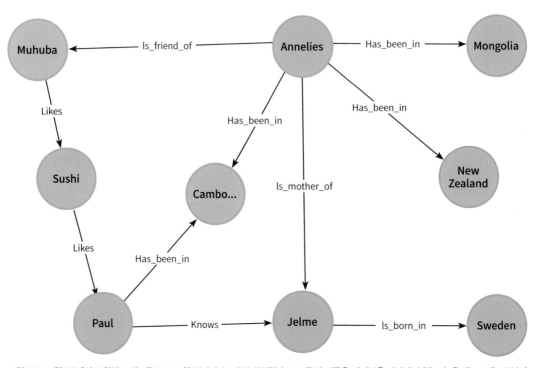

그림 7.10 그림 7.9에서 그렸던 그래프를 Neo4j 웹 인터페이스에서 생성했다. 노드들의 이름은 레이블을 나타내지 않는다. 우리는 그래프로부터 Traveling이라는 이름을 가진 레이블 Hobby를 잃었음을 추론할 수 있다. 그 이유는 노드 및 그에 대한 관계를 create 문에서 추가하는 것을 잊었기 때문이다.

여기서 다음과 같은 많은 질문을 할 수 있다.

- 첫 번째 질문: Annelies는 어느 나라를 방문했는가? 그 답을 얻는 사이퍼 코드는 다음과 같다(그림 7.11).

```
Match(u:User{name:'Annelies'})  [:Has_been_in]-> (c:Country)
Return u.name, c.name
```

- 두 번째 질문: 누가 어디에 있었는가? 사이퍼 코드는 다음과 같다(그림 7.12 참조).

```
Match () - [r: Has_been_in]->()
Return r LIMIT 25
```

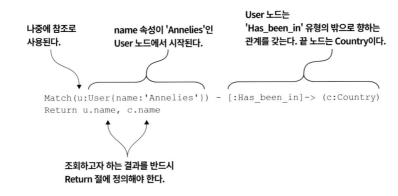

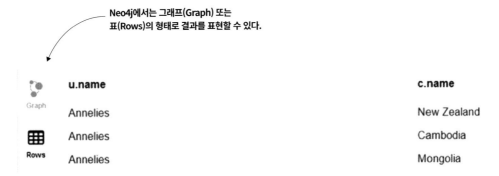

그림 7.11 'Annelies는 어느 나라를 방문했는가'라는 첫 번째 질문의 결과. Neo4j의 행 표현을 사용해 Annelies가 세 나라에 다녀왔음을 볼 수 있다. 운행에는 97밀리초 밖에 걸리지 않았다.

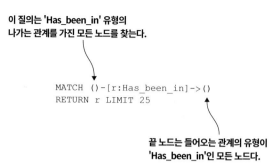

그림 7.12 누가 어디에 있었는가? 질의 보충 설명.

이 질의를 수행해 얻을 수 있는 답은 그림 7.13과 같다.

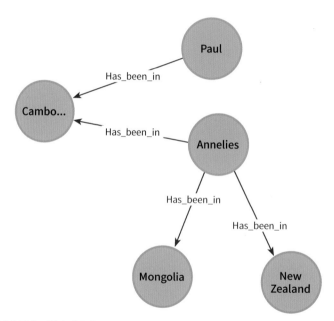

그림 7.13 질문 2(누가 어디에 있었는가?)의 결과. 운행 결과를 Neo4j의 그래프 표현으로 나타낼 수 있다. 이제 Paul과 Annelies가 캄보디아에 다녀왔음을 알 수 있다.

두 번째 질문에서 우리는 시작 노드를 선택하지 않았다. 따라서 사이퍼는 "Has_been_in" 유형의 나가는(outgoing) 관계를 찾기 위해 데이터베이스에서 모든 노드로 간다. 데이터베이스가 클 때는 시작 노드를 지정하지 않으면 수렴하는 데 오랜 시간이 걸린다. 올바른 그래프 데이터베이스를 얻기 위해 데이터를 가지고 놀다 보면 많은 데이터를 삭제하게 된다. 사이퍼에는 적은 양의 데이터를 지우기에 적합한 delete 문이 있다. 다음의 질의는 데이터베이스에서 모든 노드와 관계를 삭제하는 것을 시연한다.

```
MATCH(n)
Optional MATCH (n) - [r] - ()
Delete n, r
```

연결 데이터를 알게 됐고, 그래프 데이터베이스에서 어떻게 연결 데이터를 관리하는지 알았으므로 실제로 동작하는 연결 데이터 애플리케이션을 살펴보자. 예컨대 소셜 그래프를 사용해 그래프 커뮤니티 내에서 단단히 연결된 노드의 군집을 찾을 수 있고, 군집 내에서 서로 알지 못하는 사람들을 서로 소개할 수 있다. 단단히 연결된 노드, 즉 공통된 특성의 수가 많은 노드를 검색하는 것은 널리 사용되는 개념이다. 다음 절에서는 재료 네트워크 내에서 군집을 찾는 것을 목표로 이 아이디어를 사용할 것이다.

7.3 연결 데이터 예제: 요리법 추천 엔진

그래프 데이터베이스를 사용하는 가장 빈번한 사례로 추천 엔진을 꼽을 수 있다. 추천 엔진은 관련성 있는 콘텐츠를 생성할 수 있다는 점에서 주목받는다. 추천 엔진을 이용한 풍성한 데이터는 소비자의 마음을 붙잡는 데 있어 더 없이 효과적이다. 기업에서는 개인화된 콘텐츠를 이용해 소비자의 마음을 살 방법을 개발하려는 명확한 욕구가 있으므로 추천 엔진의 힘을 이용한다.

이번 사례 연구에서는 사용자의 요리에 대한 선호와 재료들의 네트워크에 근거해 요리법을 추천해볼 것이다. 엘라스틱서치를 활용해 데이터 준비 단계를 재빨리 끝내고, 실제적인 그래프 데이터베이스에 집중한다. 준비 단계의 주목적은 내려받은 '지저분한' 재료 목록 데이터를 '깨끗한' 재료 목록으로 탈바꿈시키는 데 있다.

이전의 장들을 건너뛰었다면 부록 A를 참조해 컴퓨터에 엘라스틱서치를 설치하고 동작시키도록 하라. 6장의 사례 연구를 살펴보기가 귀찮다면 매닝 출판사의 다운로드 페이지에서 색인을 내려받고, 로컬의 엘라스틱서치 데이터 디렉터리에 붙여넣어도 된다.

다음 정보를 매닝 웹사이트로부터 내려받을 수 있다.[6]

---

6 (옮긴이) https://www.manning.com/books/introducing–data–science에서 Source Code – part 2를 내려받아라.

확장자가 .py인 코드 파일과 이에 대응하는 .ipynb 파일

- Data Preparation Part 1: '데이터 준비 1편'에 해당한다. 데이터를 엘라스틱서치에 업로드(또는 다운로드할 수 있는 색인을 엘라스틱서치 데이터 폴더에 붙여넣을 수 있음)

- Data Preparation Part 2: '데이터 준비 2편'에 해당한다. 엘라스틱서치의 데이터를 Neo4j로 이동

- Exploration & Recommender System: '탐색 및 추천 시스템'에 해당한다.

세 개의 데이터 파일

- ingredients.txt: 자체 컴파일된 재료 파일

- recipes.json: 모든 요리법이 저장된 파일[7]

- elasticsearch index.zip: 데이터 준비 1편을 건너뛸 수 있게 미리 준비된 'gastronomical' 엘라스틱서치 색인이 들어있음

필요한 것을 모두 갖췄으므로 연구 목표와 목표를 달성하기 위한 단계를 살펴보자.

7.3.1 1단계: 연구 목표 설정

데이터 과학 진행 과정을 따를 때 어떤 일이 일어나는지 살펴보자(그림 7.14).

우리의 1차 목표는 요리 웹사이트의 사용자가 올바른 요리법을 찾도록 도와주는 추천 엔진을 구축하는 것이다. 각 사용자는 여러 가지 요리를 좋아하며, 우리는 재료 네트워크에서의 재료의 겹침에 근거해 요리를 추천할 것이다. 이것은 단순하고 직관적인 접근이며, 이미 상당히 정확한 결과를 내고 있다. 우리에게 필요한 세 가지 데이터 요소를 살펴보자.

---

7 (옮긴이) recipes.zip 파일로 압축돼 있다.

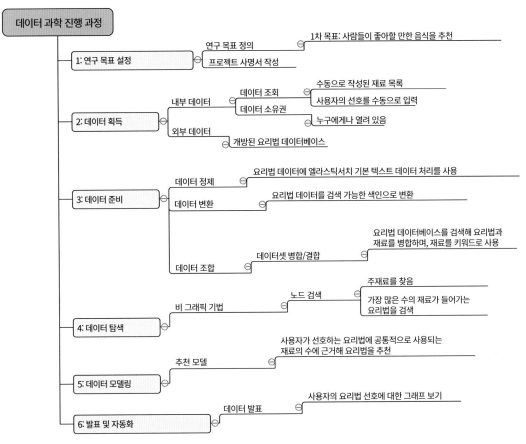

그림 7.14 데이터 과학 진행 과정 개요를 연결 데이터 추천 모델에 적용

7.3.2 2단계: 데이터 획득

이 연습에는 세 가지 유형의 데이터가 필요하다.

- 요리법 및 관련 재료

- 모델링할 재료를 구분할 수 있는 목록

- 최소한 한 명의 사용자와 선호하는 요리의 취향

늘 그렇듯이 내부적으로 구할 수 있는 데이터와 외부에서 얻을 데이터를 구분한다.

- **내부 데이터**: 사용자의 선호와 주변의 재료에 대한 정보가 없더라도 이것들은 전체 데이터에서 작은 부분을 차지하며 쉽게 만들어낼 수 있다. 선호하는 바를 수작업으로 입력하는 것만으로도 충분히 추천할 수 있다. 피드백이 더 많이 주어지면 사용자가 좀 더 흥미를 갖고, 결과도 더 정확해질 것이다. 나중에 사례 연구에서 사용자의 선호를 입력할 것이다. **재료 목록**은 수작업으로 엮을 수 있으며 몇 년쯤 지나더라도 사용하는 데 문제가 없다. 상업용이든 아니든 개의치 말고 내려받을 수 있는 목록이라면 무엇이든 자유롭게 사용하라.

- **외부 데이터**: 요리법은 매우 다양하다. 수천 가지 재료의 조합으로 수백만 가지 요리법이 나올 수 있다. 운 좋게도 상당히 긴 목록을 https://github.com/fictivekin/openrecipes에서 구할 수 있다. 10만 건이 넘는 이렇게 가치 있는 데이터셋을 제공한 픽티브 킨(Fictive Kin)에 감사한다. 여기에는 중복되는 것도 있지만 사용하는 데 크게 문제가 되지 않는다[8].

두 개의 데이터 파일이 있다. 하나는 800개 이상의 재료 목록을 담은 ingredients.txt 파일이고, 또 하나는 10만 가지 이상의 요리법을 담은 recipes.json 파일이다. 다음은 재료 목록의 일부다.

코드 7.2 재료 목록 텍스트의 예

```
Ditalini
Egg Noodles
Farfalle
Fettuccine
Fusilli
Lasagna
Linguine
Macaroni
Orzo
```

공개 요리법 JSON 파일에는 날짜, 출처, 요리에 걸리는 시간, 설명과 같은 여러 속성이 있다. 그중 우리가 필요로 하는 것은 요리의 이름과 사용된 재료 목록이다. 다음은 요리법 데이터의 예다.

코드 7.3 JSON 요리법의 예

```
{ "_id" : { "$oid" : "5160756b96cc62079cc2db15" },
    "name" : "Drop Biscuits and Sausage Gravy",
    "ingredients" : "Biscuits\n3 cups All-purpose Flour\n2 Tablespoons Baking
    Powder\n1/2 teaspoon Salt\n1-1/2 stick (3/4 Cup) Cold Butter, Cut Into
    Pieces\n1-1/4 cup Butermilk\n SAUSAGE GRAVY\n1 pound Breakfast Sausage,
    Hot Or Mild\n1/3 cup All-purpose Flour\n4 cups Whole Milk\n1/2 teaspoon
```

---

8 (옮긴이) 2017년 7월 현재 저장소의 README 페이지에 있는 Download the latest DB dump 링크에서는 올바른 파일을 내려받을 수 없다. Manning 웹사이트에서 내려받은 파일을 사용하라.

```
Seasoned Salt\n2 teaspoons Black Pepper, More To Taste",
  "url" : "http://thepioneerwoman.com/cooking/2013/03/drop-biscuits-andsausage-gravy/",
  "image" : "http://static.thepioneerwoman.com/cooking/files/2013/03/
  bisgrav.jpg",
  "ts" : { "$date" : 1365276011104 },
  "cookTime" : "PT30M",
  "source" : "thepioneerwoman",
  "recipeYield" : "12",
  "datePublished" : "2013-03-11",
  "prepTime" : "PT10M",
  "description" : "Late Saturday afternoon, after Marlboro Man had returned
  home with the soccer-playing girls, and I had returned home with the..."
}
```

여기서는 텍스트 데이터를 다루므로 두 가지 할 일이 있다. 우선, 텍스트 마이닝을 다룬 장에서 설명한 것과 같이 텍스트 데이터를 준비해야 한다. 다음으로 데이터를 완전히 정제했으면 재료의 네트워크에 근거한 요리법 추천을 생성하는 데에 사용할 수 있다. 텍스트 데이터의 준비는 이미 설명했으므로 이번 장에서는 데이터 준비에 관한 고급 주제를 다룬다.

7.3.3 3단계: 데이터 준비

두 개의 데이터 파일이 있으며, 이것들을 가지고 그래프 데이터베이스를 만들 것이다. 요리법 데이터가 지저분한 것이 문제가 되는데, 이는 깨끗한 재료 목록을 사용하고, 검색 엔진 및 NoSQL 데이터베이스 엘라스틱서치를 사용해 처리할 수 있다. 앞 장에서 엘라스틱서치에 의존했으며, 여기에서는 요리법 데이터의 색인을 생성할 때 암시적으로 정제할 것이다. 그런 다음, 각 재료를 모든 요리법에 연결하기 위해 이 데이터를 검색할 수 있다. 텍스트 마이닝 장에서 했던 것과 같이 파이썬만을 사용해 텍스트 데이터를 정제할 수도 있지만, NoSQL 데이터베이스를 가지고 얼마든지 처리할 수 있음을 알 수 있다. 한 가지 기술에 집착하지 말고 프로젝트에 도움이 될 만한 기술이 있다면 적극적으로 활용하라.

요리법을 엘라스틱서치에 입력하는 것부터 시작하자. 무엇이 일어나는지 이해하지 못하겠으면 6장의 사례 연구를 살펴보고 확실히 이해하기 바란다. 다음 코드를 실행하기에 앞서 로컬의 엘라스틱서치 인스턴스를 작동시키고 Elasticsearch 모듈이 설치된 파이썬 환경을 활성화하라. 이 코드를 원래 상태의 아이파이썬(또는 주피터)에서 실행하는 것은 권장하지 않는다. 모든 요리법 키가 화면에 출력되어 브라우저가 너무 많은 출력을 처리해야 하기 때문이다. print 문을 끄거나, 다른 파이썬 IDE에서 실행하라. 이 코드는 Data Preparation Part 1.py에 있다.

코드 7.4 요리법 데이터를 엘라스틱서치에 임포트

```
01: from elasticsearch import Elasticsearch
02: import json
03:
04: client = Elasticsearch()
05: indexName = "gastronomical"
06: docType = 'recipes'
07:
08: client.indices.create(index=indexName)
09:
10: file_name = 'C:/Users/Gebruiker/Downloads/recipes.json'
11:
12: recipeMapping = {
13:     'properties': {
14:         'name': {'type': 'string'},
15:         'ingredients': {'type': 'string'}
16:     }
17: }
18:
19: client.indices.put_mapping(index=indexName,doc_type=docType,body=recipeMapping)
20:
21: with open(file_name, encoding="utf8") as data_file:
22:     recipeData = json.load(data_file)
23:
24: for recipe in recipeData:
25:     print(recipe.keys())
26:     print(recipe['_id'].keys())
27:     client.index(index=indexName,doc_type=docType,id = recipe['_id']['$oid'],
28:                 body={"name": recipe['name'], "ingredients":recipe['ingredients']})
30:
```

1~2행: 모듈을 임포트한다.

4행: 데이터베이스와 통신하는 데에 사용하는 엘라스틱서치 클라이언트다.

8행: 색인을 생성한다.

10행: JSON 요리법 파일의 위치: 자신의 구성에 맞게 변경할 것![9]

---

9 (옮긴이) 사용자 환경에 따라 파일 경로를 적절하게 바꿔야 한다. 예를 들어, 역자의 파일 경로는 file_name = 'C:/Users/Yong Choi/Downloads/Introducing-data-science-cource-code-part-2/Introducing-data-science-cource-code-part-2/Chapter 7/recipes/recipes.json'였다.

12~17행: 엘라스틱서치의 'recipe'라는 문서형식(doctype)을 위한 매핑이다.

21~22행: JSON 요리법 파일을 메모리에 적재한다. 다음과 같은 방법으로도 할 수 있다[10].

```
recipeData = []
with open(file_name) as f:
    for line in f:
        recipeData.append(json.loads(line))
```

24~30행: 요리법을 색인한다. 여기에서 중요한 것은 이름과 재료뿐이다. 타임아웃이 문제가 될 경우 타임아웃 시간을 timeout='30s'와 같이 인자로 줄 수 있다.

순조롭게 진행했다면 수천 가지 요리법으로 채워진 'gastronomical'이라는 이름의 엘라스틱서치 색인이 만들어질 것이다. 요리법을 문서의 키로 설정하지 않음으로써 같은 요리법의 중복을 허용한 것에 유의하라. 예를 들어, "lasagna(라자냐)"라는 요리법은 연어 라자냐일 수도 있고, 소고기 라자냐, 닭고기 라자냐, 또는 다른 것일 수도 있다. 프로토타입 lasagna로서는 한 가지 요리법이 선택되지 않는다. 그것들은 모두 "lasagna"라는 똑같은 이름으로 엘라스틱서치에 업로드되기 때문이다. 이것은 선택사항이므로 편하게 골라도 된다. 이는 큰 효과를 나타내며, 자세한 내용은 나중에 살펴볼 것이다. 이제 로컬 그래프 데이터베이스에 업로드하는 시스템으로의 문이 열린 셈이다. 다음 코드를 적용할 때에는 로컬 그래프 데이터베이스 인스턴스가 켜져 있는지 확인하라. 이 데이터베이스의 사용자명은 기본값인 neo4j이며 패스워드는 neo4ja다. 로컬 구성에서 이것을 변경하도록 하라[11]. 또한, py2neo라는 Neo4j 파이썬 라이브러리가 필요하다. 아직 설치하지 않았다면 pip install py2neo 또는 아나콘다에서 conda install py2neo를 사용해 가상 환경에 설치하라[12]. 다시 말하지만 이 코드를 아이파이썬(IPython), 즉 주피터(Jupiter)에서 직접 실행하면 브라우저가 멈출 수 있음에 유의하라. 이 코드는 Data Preparation Part 2.py에서 찾을 수 있다.

코드 7.5 엘라스틱서치 색인을 사용해 그래프 데이터베이스를 채움

```
01: from elasticsearch import Elasticsearch
02: from py2neo import Graph, authenticate, Node, Relationship
03:
04: client = Elasticsearch()
05: indexName = "gastronomical"
```

---

10 (옮긴이) 이 책의 웹사이트에서 제공하는 파일을 사용하지 않고, openrecipes 데이터베이스 덤프를 직접 내려받아 코드를 실행하면 ValueError가 발생한다. 이 때는 아래의 코드로 대체하라.

11 (옮긴이) Neo4j에서 :server change-password 명령을 실행해 패스워드를 변경하라.

12 (옮긴이) 64비트 아나콘다3에서 conda 명령으로 설치 시 PackageNotFoundError가 발생한다면 pip를 시도해보라.

```
06: docType = 'recipes'
07:
08: authenticate("localhost:7474", "neo4j", "neo4ja")
09: graph_db = Graph("http://localhost:7474/db/data/")
10:
11: filename = 'C:/Users/Gebruiker/Downloads/ingredients.txt'
12: ingredients = []
13: with open(filename) as f:
14:     for line in f:
15:         ingredients.append(line.strip())
16:
17: print(ingredients)
18:
19: client.indices.put_settings(index=indexName,
20:     body= {"index" : {"max_result_window" : 99999999}})
21:
22: ingredientnumber = 0
23: grandtotal = 0
24: for ingredient in ingredients:
25:     try:
26:         IngredientNode = Node("Ingredient", name=ingredient)
27:         graph_db.merge(IngredientNode)
28:     except:
29:         continue
30:
31:     ingredientnumber += 1
32:     searchbody = {
33:         "size" : 99999999,
34:         "query": {
35:             "match_phrase": {
36:                 "ingredients":{
37:                     "query":ingredient,
38:                 }
39:             }
40:         }
41:     }
42:     result = client.search(index=indexName,doc_type=docType,body=searchbody)
43:
44:     print(ingredient)
```

```
45:     print(ingredientnumber)
46:     print("total: " + str(result['hits']['total']))
47:
48:     grandtotal = grandtotal + result['hits']['total']
49:     print("grand total: " + str(grandtotal))
50:
51:     for recipe in result['hits']['hits']:
52:         try:
53:             RecipeNode = Node("Recipe", name=recipe['_source']['name'])
54:             NodesRelationship = Relationship(RecipeNode, "Contains", IngredientNode)
55:             graph_db.merge(NodesRelationship)
56:             print("added: " + recipe['_source']['name'] + " contains " + ingredient)
57:         except:
58:             continue
59:     print("*********************************")
60:
```

1~2행: 모듈을 임포트한다.

4행: 데이터베이스와 통신하는 데 사용할 엘라스틱서치 클라이언트다.

8행: 사용자명과 패스워드로 인증한다.

9행: 그래프 데이터베이스 개체다.

11~15행: 재료 텍스트 파일을 메모리에 적재한다.[13]

15행: .txt를 읽을 때 포함된 /n을 제거한다.

19~20행: 색인에 대한 검색 결과의 최댓값을 지정한다.[14]

24행: 재료 목록을 운행하면서 엘라스틱서치 결과를 조회한다.

26~27행: 현재 재료의 노드를 그래프 데이터베이스에 생성한다.

35행: 몇몇 재료는 여러 단어로 이뤄져 있으므로 구 매칭을 사용한다.

51행: 특정 재료에 대해 찾은 요리법 목록을 운행한다.

53행: 그래프 데이터베이스에 존재하지 않는 요리법 노드를 생성한다.

55행: 요리법과 재료 사이의 관계를 생성한다.

드디어 요리법으로 채워진 그래프 데이터베이스를 가지게 됐다! 이제 연결 데이터를 탐색할 차례다.

---

13 (옮긴이) 11행에 나오는 파일 경로는 앞에서도 주석으로 설명했듯이 사용자 디렉터리 경로 등을 고려해 파일이 실제로 존재하는 경로를 적어줘야 한다. 역자의 경우에는 filename = 'C:/Users/Yong Choi/Downloads/Introducing-data-science-cource-code-part-2/Introducing-data-science-cource-code-part-2/Chapter 7/ ingredients.txt '였다.

14 (옮긴이) Elasticsearch 5.X 버전에 맞췄다.

7.3.4 4단계: 데이터 탐색

원하는 데이터를 얻었으므로 http://localhost:7474/browser/에서 Neo4j 인터페이스를 사용해 수동으로 탐색할 수 있다.

이 환경에서 사이퍼 코드를 실행해도 되지만, 파이투네오(py2neo) 라이브러리를 통해서 사이퍼를 실행할 수도 있다. '모든 요리법을 통틀어서 가장 자주 등장하는 재료는 무엇일까?'라는 흥미로운 질문을 떠올려 볼 수 있다. 이 데이터베이스에서 무작위로 요리를 선택했을 때 우리가 섭취하게 될 확률이 가장 높은 재료는 무엇일까?

```
from py2neo import Graph, authenticate
authenticate("localhost:7474", "neo4j", "neo4ja")
graph_db = Graph("http://localhost:7474/db/data/")
graph_db.run("""
MATCH (REC:Recipe)-[r:Contains]->(ING:Ingredient) WITH ING, count(r) AS num
RETURN ING.name as Name, num ORDER BY num DESC LIMIT 10;""").dump()
```

사이퍼에서 생성한 질의[15]의 의미는 다음과 같다. 모든 요리법과 그 재료에 대해 재료 사이의 관계를 세어서 가장 관계가 높은 열 개의 재료와 카운트를 반환한다. 결과는 그림 7.15와 같다.

그림 7.15의 상위 10가지는 그리 놀랍지 않다. 소금이 가장 상위에 있으니 대부분 서방 국가에서의 사망 원인의 1위를 차지하는 것이 심혈관계 질환이라는 것에 충격을 받아서는 안 되겠다. 또 다른 흥미로운 질문이 떠오른다. 어느 요리에 가장 많은 재료가 들어가는가?

```
   | Name      | num
---+-----------+-------
 1 | Salt      | 53885
 2 | Oil       | 42585
 3 | Sugar     | 38519
 4 | Pepper    | 38118
 5 | Butter    | 35610
 6 | Garlic    | 29879
 7 | Flour     | 28175
 8 | Olive Oil | 25979
 9 | Onion     | 24888
10 | Cloves    | 22832
```

그림 7.15 요리법에 가장 많이 쓰이는 재료 열 가지

---

15 (옮긴이) py2neo v3에 맞췄다.

```
from py2neo import Graph
graph_db = Graph("http://neo4j:neo4ja@localhost:7474/db/data/")
graph_db.run("""
MATCH (REC:Recipe)-[r:Contains]->(ING:Ingredient) WITH REC, count(r) AS num
RETURN REC.name as Name, num ORDER BY num DESC LIMIT 10;""").dump()
```

질의는 앞서 살펴본 질의와 거의 비슷하지만, 재료 대신에 요리법을 반환하도록 했다. 결과는 그림 7.16과 같다.

```
     | Name                                          | num
-----+-----------------------------------------------+-----
  1  | Spaghetti Bolognese                           | 59
  2  | Chicken Tortilla Soup                         | 56
  3  | Kedgeree                                      | 55
  4  | Butternut Squash Soup                         | 54
  5  | Hearty Beef Stew                              | 53
  6  | Chicken Tikka Masala                          | 52
  7  | Fish Tacos                                    | 52
  8  | Cooking For Others: 25 Years of Jor, 1 of BGSK| 51
  9  | hibernation fare                              | 50
 10  | Gazpacho                                      | 50
```

그림 7.16 다양한 재료를 사용하는 요리 Top 10

이제 이것은 놀라운 광경이 될 것이다. 볼로냐 스파게티(Spaghetti Bolognese)에 재료가 59가지나 들어갈 것 같지는 않다. 볼로냐 스파게티의 재료 목록을 자세히 살펴보자.

```
from py2neo import Graph
graph_db = Graph("http://neo4j:neo4ja@localhost:7474/db/data/")
graph_db.run("""
MATCH (REC1:Recipe{name:'Spaghetti Bolognese'})-[r:Contains]->(ING:Ingredient)
RETURN REC1.name, ING.name;""").dump()
```

위 코드는 볼로냐 스파게티와 연결된 재료의 목록을 출력한다. 다음의 사이퍼 질의를 Neo4j 웹 인터페이스에서 실행하면 그림 7.17과 같은 그래프를 볼 수 있다.

```
MATCH (REC1:Recipe{name:'Spaghetti Bolognese'})-[r:Contains]->(ING:Ingredient)
RETURN REC1, ING
```

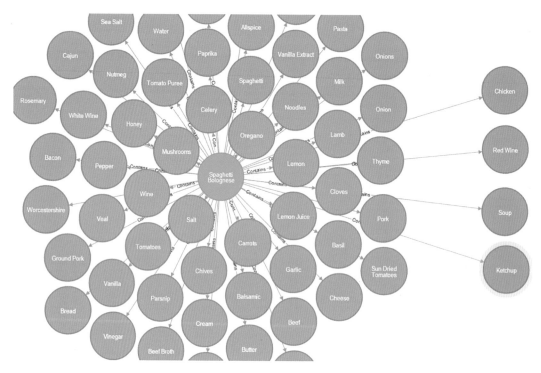

그림 7.17 볼로냐 스파게티에 넣을 수 있는 재료들

앞에서 엘라스틱서치에서 데이터를 색인한 것을 떠올려보자. 볼로냐 스파게티에 대한 짧은 엘라스틱서치 결과는 그것이 여러 번 나타났음을 보여주며, 이러한 모든 인스턴스들은 볼로냐 스파게티를 요리법으로서 재료들과 링크하고 있었다. 우리는 볼로냐 스파게티가 단 하나의 요리법이라기보다는 사람들이 저마다 개발한 "Spaghetti Bolognese" 요리법들의 모음[16]으로 여긴다. 이는 이 데이터를 바라보는 흥미로운 관점을 제시한다. 사람들은 케첩, 적포도주, 닭고기, 수프를 가지고 자신만의 버전을 만들 수 있다. "Spaghetti Bolognese" 요리법을 자신만의 방식으로 해석할 수 있으며, 많은 사람이 좋아한다는 점은 확실하다.

볼로냐 스파게티 이야기가 흥미를 끌지만, 우리의 목적은 아니다. 우리의 미식가 "Ragnar"에게 요리를 추천할 시간이다.

---

16 (편주) 즉, Spaghetti Bolognese라는 어구로 검색돼 나온 다양한 요리법

7.3.5 5단계: 데이터 모델링

우리가 지닌 데이터에 대한 지식을 한층 보강해 우리는 이 연습의 목표인 추천 기능에 다가간다.

이를 위해 우리는 몇 가지 요리를 좋아하는 "Ragnar"라는 사용자를 도입한다. 새로운 요리를 추천하려면 새로운 정보를 우리의 그래프 데이터베이스에 반영해야 한다. 따라서 몇 가지 요리의 선호를 가진 라그나(Ragnar)라는 사용자 노드를 생성하자.

코드 7.6 Neo4j 그래프 데이터베이스에 특정 요리를 선호하는 사용자 노드를 생성

```
01: from py2neo import Graph, Node, Relationship
02:
03: graph_db = Graph("http://neo4j:neo4ja@localhost:7474/db/data/")
04:
05: UserNode = Node("User", name="Ragnar")
06: graph_db.merge(UserNode)
07:
08: RecipeRef = graph_db.find_one("Recipe",property_key="name",
09:     property_value="Spaghetti Bolognese")
10: NodesRelationship = Relationship(UserNode, "Likes", RecipeRef)
11: graph_db.create(NodesRelationship)
12:
13: graph_db.create(Relationship(UserNode, "Likes",
14:     graph_db.find_one("Recipe",property_key="name",
15:     property_value="Roasted Tomato Soup with Tiny Meatballs and Rice")))
16: graph_db.create(Relationship(UserNode, "Likes",
17:     graph_db.find_one("Recipe",property_key="name",
18:     property_value="Moussaka")))
19: graph_db.create(Relationship(UserNode, "Likes",
20:     graph_db.find_one("Recipe",property_key="name",
21:     property_value="Chipolata &amp; spring onion frittata")))
22: graph_db.create(Relationship(UserNode, "Likes",
23:     graph_db.find_one("Recipe",property_key="name",
24:     property_value="Meatballs In Tomato Sauce")))
25: graph_db.create(Relationship(UserNode, "Likes",
26:     graph_db.find_one("Recipe",property_key="name",
27:     property_value="Macaroni cheese")))
```

---

17 (옮긴이) py2neo v3에 맞췄다.

```
28: graph_db.create(Relationship(UserNode, "Likes",
29:     graph_db.find_one("Recipe",property_key="name",
30:     property_value="Peppered Steak")))
```

1행: 모듈을 임포트한다.

3행: 그래프 데이터베이스 연결 객체를 작성한다.

5~6행: "Ragnar"라는 이름의 새로운 사용자를 생성한다.

8~9행: Spaghetti Bolognese라는 이름의 요리법을 찾는다

10행: Ragnar는 볼로냐 스파게티를 좋아한다.

11행: Ragnar와 스파게티 사이에 like 관계를 생성한다.

13~30행: 위와 같은 과정을 몇 가지 다른 요리에 대해 반복한다.

코드 7.6에서 우리의 미식가 라그나를 그의 몇 가지 요리에 대한 선호와 함께 데이터베이스에 추가했다. Neo4j 인터페이스에서 Ragnar를 선택하면 그림 7.18과 같은 결과를 얻게 될 것이다. 이를 위한 사이퍼 질의는 다음과 같다.

```
MATCH (U:User)-[r:Likes]->(REC:Recipe) RETURN U,REC LIMIT 25
```

그림 7.18은 놀랍지 않다. 많은 사람이 볼로냐 스파게티를 좋아하며, 라그나도 스칸디나비아 스타일의 식도락을 좋아한다.

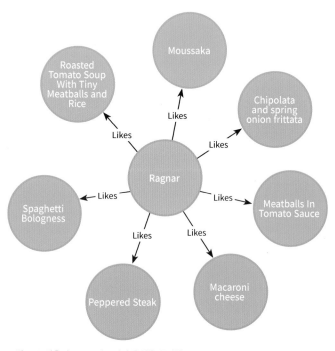

그림 7.18 사용자 Ragnar는 여러 음식을 좋아함

우리가 구축하고자 하는 간단한 추천 엔진을 위해 재료의 용어에서 가장 가까운 요리를 그래프 데이터 베이스에 물어보는 일만 남았다. 한 번 더 말하지만 이것은 추천 시스템에 대한 기본적인 접근이며, 다음과 같은 요인을 고려하지는 않았다.

- 어떤 재료 혹은 요리를 싫어함.

- 좋아하거나 싫어하는 것의 합계. 좋고 싫음의 이분법이 아닌, 10점 만점의 점수를 부여하면 더 나은 결과를 얻을 수 있다.

- 요리에 들어가는 재료의 합.

- 특정 재료에 대한 임계치가 그 맛을 결정짓는다. 예를 들어 매운 후추(spicy pepper) 같은 것은 다른 재료에 비해 적은 양으로도 큰 영향을 끼친다.

- 음식 알레르기. 이것은 요리에 대한 좋고 싫음에 암시적으로 모델링되기는 하나, 음식 알레르기는 단 한 번의 실수로도 치명적인 결과를 가져올 수 있으므로 중요하다. 알레르기 유발 물질을 피하기 위해 추천 결과가 뒤집힐 수도 있을 것이다.

- 그 외에 고려해야 할 여러 가지.

놀라지 마시라. 사이퍼 명령을 한 번 실행하는 것만으로 충분히 할 수 있다.

```
from py2neo import Graph
graph_db = Graph("http://neo4j:neo4ja@localhost:7474/db/data/")
graph_db.run("""
    MATCH (USR1:User{name:'Ragnar'})-[l1:Likes]->(REC1:Recipe),
        (REC1)-[c1:Contains]->(ING1:Ingredient)
      WITH ING1,REC1 MATCH (REC2:Recipe)-[c2:Contains]->(ING1:Ingredient)
      WHERE REC1 <> REC2
    RETURN REC2.name,count(ING1) AS IngCount ORDER BY IngCount DESC LIMIT 20;"""
    ).dump()
```

먼저 라그나가 좋아하는 모든 요리법을 수집한다. 그다음에 그것들의 재료와 같은 재료를 바탕으로 모든 다른 요리를 조회한다. 연결된 요리 각각에 대해 재료를 세고, 공통된 재료의 순위를 매긴다. 상위 20가지 요리법만 남긴다. 이것이 그림 7.19의 표에 나타난 결과다.

```
        | REC2.Name                                                         | IngCount
 ----+------------------------------------------------------------------+----------
   1 | Spaghetti and Meatballs                                           |     104
   2 | Hearty Beef Stew                                                  |      91
   3 | Cassoulet                                                         |      89
   4 | Lasagne                                                           |      88
   5 | Spaghetti &amp; Meatballs                                         |      86
   6 | Good old lasagne                                                  |      84
   7 | Beef Wellington                                                   |      84
   8 | Braised Short Ribs                                                |      83
   9 | Lasagna                                                           |      83
  10 | Italian Wedding Soup                                              |      82
  11 | French Onion Soup                                                 |      82
  12 | Coq au vin                                                        |      82
  13 | Shepherd's pie                                                    |      81
  14 | Great British pork: from head to toe                              |      81
  15 | Three Meat Cannelloni Bake                                        |      81
  16 | Cioppino                                                          |      81
  17 | hibernation fare                                                  |      80
  18 | Spaghetti and Meatballs Recipe with Oven Roasted Tomato Sauce     |      80
  19 | Braised Lamb Shanks                                               |      80
  20 | Lamb and Eggplant Casserole (Moussaka)                            |      80
```

그림 7.19 요리법 추천 출력: 사용자가 좋아할 만한 요리 상위 20가지

그림 7.19로부터 애니메이션 ≪Lady and the Tramp(레이디와 트램프)≫ 덕분에 영원히 유명한 요리가 된 스파게티와 미트볼을 라그나가 먹어보려 할 것임을 추정할 수 있다. 이것은 파스타와 미트볼이 들어간 요리를 좋아하는 사람에게 훌륭한 추천인 것 같지만, 재료수를 보면 알 수 있듯이 다른 많은 재료가 이 가정을 뒷받침해준다. 장막 뒤에서 무엇이 일어나는지 작은 힌트를 주기 위해 좋아하는 요리, 최고의 추천, 단일 요약 그래프 이미지에서 몇 가지 겹치는 재료를 보여줄 수 있다.

7.3.6 6단계: 표현

Neo4j 웹 인터페이스는 모델을 실행하고, 추천의 이면에 있는 논리를 요약하는 멋진 그래프를 조회할 수 있게 해준다. 그것은 추천 요리가 어떻게 재료를 통해 선호하는 요리와 연결돼 있는지 보여준다. 이를 그림 7.20에 나타냈으며, 이것이 우리의 사례 연구의 최종적인 출력이다.

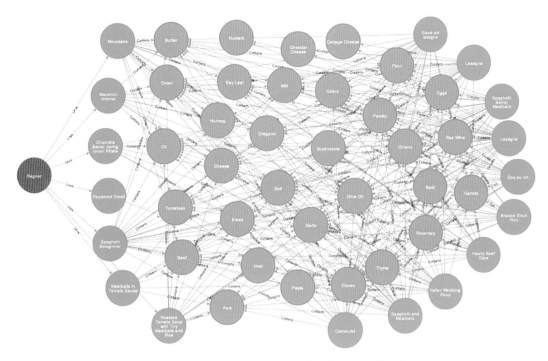

그림 7.20 겹치는 재료의 하위 선택을 통한 사용자가 선호하는 요리 및 추천 요리 상위 10가지의 상호연결성

이 아름다운 그래프 이미지를 통해 라그나가 몇 가지 맛있는 요리를 원한다는 지식을 알게 됐다. 스스로 좋아하는 것을 입력해서 자신만의 추천 시스템을 만들어 보기 바란다.

7.4 요약

이번 장에서는 다음과 같은 것들을 배웠다.

- 개체 자체뿐만 아니라 개체들 사이의 관계가 중요한 데이터를 다룰 때, 그래프 데이터베이스가 특히 유용하다. 다른 NoSQL 데이터베이스와 비교했을 때, 가장 높은 복잡성을 다룰 수 있지만 다룰 수 있는 양은 적다.

- 그래프 데이터 구조의 두 가지 주요 구성 요소는 다음과 같다.

  - **노드:** 그 자체로서 개체다. 사례 연구에서 요리법과 재료에 해당한다.

  - **관계:** 개체들 사이의 관계를 말한다. 관계는 노드와 마찬가지로 모든 유형('포함한다', '좋아한다', '머물렀던 적이 있다' 등)이 될 수 있으며 이름이나 무게 또는 기타 척도와 같은 자체적인 속성을 가질 수 있다.

- 우리는 현재 가장 유명한 그래프 데이터베이스인 Neo4j를 살펴봤다. 설치 방법은 부록 B를 참조하라. Neo4j에 데이터를 추가하고, 사이퍼를 사용해 질의하고, 웹 인터페이스에 접근하는 방법을 살펴봤다.

- 사이퍼는 Neo4j 데이터베이스 전용 언어이며, 몇 가지 예를 살펴봤다. 사례 연구의 요리 추천 시스템에서도 사용했다.

- 이번 장의 사례 연구에서 우리는 엘라스틱서치를 거대한 요리법 데이터 덤프를 정제하는 데 사용했다. 그런 다음 우리는 이 데이터를 요리법과 재료를 포함하는 Neo4j 데이터베이스로 변환했다. 이 사례 연구의 목표는 다른 요리에 대한 기호에 근거해 사람들에게 요리를 추천하는 것이었다. 이를 위해 요리에 쓰이는 재료들을 통해 서로 연결된 요리법 간의 연결성을 활용했다. 파이썬으로 Neo4j 서버와 통신하기 위해 py2neo 라이브러리를 사용했다.

- 그래프 데이터베이스는 추천 시스템의 구현뿐만 아니라 데이터 탐색에도 유용한 것으로 드러났다. 우리가 발견한 것 중 하나는 볼로냐 스파게티의 요리법이 다양하다는 것이다(재료의 측면에서).

- 선호하는 요리를 반영한 재료 노드를 거쳐 요리를 추천하는지를 시각적으로 나타내기 위해 Neo4j 웹 인터페이스를 사용했다.

8장

텍스트 마이닝과
텍스트 분석

이번 장에서는 다음을 설명한다.

- 텍스트 마이닝의 중요성 이해
- 텍스트 마이닝의 주요 개념 소개
- 텍스트 마이닝 프로젝트 실습

인류가 기록한 정보 대부분은 글(text)로 쓴 형태로 존재한다. 우리는 어릴 때부터 읽고 쓰는 법을 익혔으며, 글을 통해 자신을 표현하고, 다른 사람의 지식이나 생각 또는 감정을 배운다. 이메일, 블로그, 문자 메시지를 읽거나 쓸 때 이러한 기술을 늘 사용하므로 사람들이 모두 문어체에 익숙한 게 놀랄 만한 일은 아니다. 사람들이 써내는 글에는 좋고 싫음, 알고 있거나 알고 싶은 것, 욕구, 건강 상태, 감정 등의 정보가 담겨있으므로 사업적으로도 가치가 높다. 기업이나 연구자는 많은 부분에 대해 관심이 있겠지만, 사람들이 써내는 엄청난 양의 글을 개인이 해독하기는 불가능하다. 이것도 역시 컴퓨터의 힘을 빌어야 가능한 일이다.

그렇지만 사람과 달리 컴퓨터에서는 자연어가 전혀 '자연스럽지' 않다. 의미를 추론하고 중요한 정보와 그렇지 않은 것을 가려내는 일은 기계보다는 사람이 여전히 잘 해낸다. 다행스럽게도 데이터 과학자는 특수한 텍스트 마이닝 기법과 텍스트 분석 기법을 동원해 글 무더기로부터 유용한 정보를 찾아낼 수 있다. 그런 기법이 없다면 단순히 읽기만 하는 데도 수백 년이 걸릴 것이다.

텍스트 마이닝(text mining) 혹은 **텍스트 분석**(text analytics)은 언어학과 컴퓨터 과학, 통계적, 머신러닝 기술이 융합되는 분야다. 텍스트 마이닝을 사용해 텍스트를 분석해 좀 더 구조화된 형태로 변환하면, 구조화된 형태로부터 통찰을 얻을 수 있다. 예를 들어, 경찰의 범죄 분석 보고서에 대한 텍스트 마이닝을 통해 관련자, 장소, 범죄 유형을 뽑아내고, 이를 이용해 범죄의 양상이 변화하는 것에 대한 통찰을 얻을 수 있다. 그림 8.1을 보라.

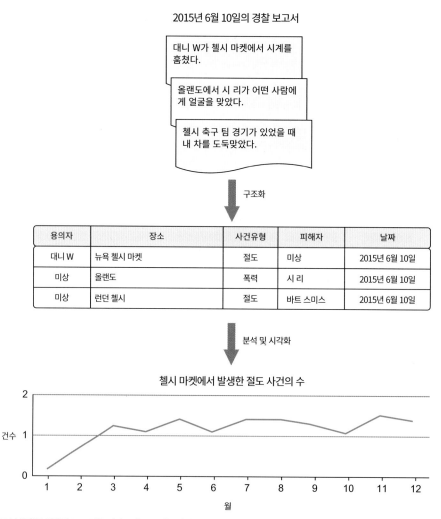

그림 8.1 텍스트 분석에서 일반적으로 처음 맞닥뜨리는 문제는 입력 텍스트를 구조화하는 것이다. 그런 다음에야 완전한 분석이 가능하다.

언어에는 자연어만 있는 것은 아니지만, 이번 장에서는 **자연어 처리(Natural Language Processing, NLP)**에 초점을 맞춘다. 인공어의 예로는 컴퓨터의 로그, 수학 표기, 모스 부호를 들 수 있다. 에스페란토어, 클링온어(영화 스타트렉에 등장하는 언어), 용의 언어(게임 엘더스크롤 5: 스카이림에 등장하는 언어) 등도 자연어는 아니다. 오랜 시간에 걸쳐 진화한 것이 아니라 의도적으로 만들어진 것이기 때문에 '자연'스럽지는 않다. 그런데도 이러한 언어로 자연스럽게 의사소통을 할 수 있다. 모든 자연어와 같이 문법과 어휘를 갖추고 있으며, 동일한 텍스트 마이닝 기술을 적용할 수 있다.

8.1 실제 세계에서의 텍스트 마이닝

일상생활에서 이미 텍스트 마이닝과 자연어 애플리케이션을 접하고 있다. 자동완성과 맞춤법 교정 기능은 이메일이나 문자 메시지를 전송하기 전에 타이핑하는 텍스트를 끊임없이 분석한다. 페이스 북은 당신의 상태를 바탕으로 한 친구의 이름을 자동으로 완성할 때, **개체명 인식**(named entity recognition)이라는 기술을 사용하며, 이는 그들이 보유한 기술의 일례에 불과하다. 목표는 명사를 타이핑하는 것을 탐지하는 것에 그치지 않고, 사람을 찾고 있다는 점을 미리 추측해, 찾으려는 사람이 누구인지까지 알아내는 데 있다. 개체명 인식의 또 다른 예가 그림 8.2에 있다. 구글은 첼시(Chelsea) 가 축구 클럽인지 아니면 사람 이름인지에 따라 다르게 응답한다.

구글에서는 질의 결과를 보여줄 때 많은 유형의 텍스트 마이닝 기법을 사용한다. '첼시'라고 하면 무엇 이 가장 먼저 떠오르는가? 첼시는 사람일 수도 있고, 축구 클럽일 수도 있고, 맨해튼이나 뉴욕 또는 런 던에 속한 지명일 수도 있다. 음식점 이름이거나 꽃 박람회일 수도 있다. 구글은 이를 알고 있으며, "첼 시는 누구인가(Who is Chelsea)"와 "첼시는 무엇인가(What is Chelsea)"라는 질문에 대해 서로 다 른 답을 내놓는다. 가장 관련성 있는 답을 제공하기 위해 구글은 다음과 같은 것들을 해야 한다.

- 이름있는 개체에 대해 수집하는 모든 문서를 전처리
- 언어 식별 수행
- 어떤 유형의 개체를 참조하는지 탐지
- 질의를 결과에 일치시키기
- 반환할 내용의 유형을 탐지(PDF, 성인물)

이 예를 통해 텍스트 마이닝이 텍스트 자체를 직접 의미하는 것뿐만 아니라, 언어 및 문서 유형과 같은 메타 속성과도 관련이 있음을 알 수 있다.

구글에서는 질문에 대한 답을 찾기 위해서만 텍스트 마이닝을 사용하는 것이 아니다. 지메일(Google Gmail) 사용자를 스팸으로부터 보호하고, 그림 8.3과 같이 이메일을 소셜, 새로운 소식, 포럼 등의 범 주로 구분하기도 한다.

텍스트를 그 밖의 논리학 및 수학과 결부한다면 간단한 질문에 답하는 수준 이상으로 처리할 수도 있을 것이다.

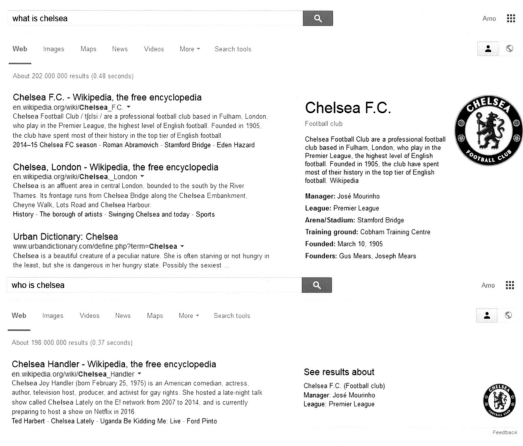

그림 8.2 구글은 "Who is Chelsea(첼시는 누구인가)?"와 "What is Chelsea(첼시가 무엇인가)?"라는 질문에 답하기 위해 텍스트 마이닝 기법을 사용한다.

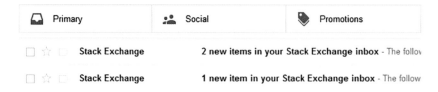

그림 8.3 이메일은 그 내용과 발신자에 따른 범주로 자동으로 나눌 수 있다.

자연어 질의를 통해 작동하는 **자동 추론 엔진**(automatic reasoning engines)을 만들 수도 있다. 그림 8.4는 컴퓨터 처리 지식 엔진인 울프램 알파(Wolfram Alpha)가 텍스트 마이닝과 자동 추론을 통해 "중국보다 미국의 인구가 더 많은가(Is the USA population bigger than China?)"라는 질문에 답변하는 모습이다.

그림 8.4 울프램 알파 엔진은 텍스트 마이닝과 논리적 추론을 사용해 질문에 답변한다.

이것이 그리 인상적이지 않다면 2011년에 IBM의 왓슨(Watson)이 **제퍼디(Jeopardy)** 게임에서 두 사람을 상대로 대결을 펼쳐 세상을 놀라게 한 점을 생각해 보라. **제퍼디**는 미국의 퀴즈 쇼로서, 사람들은 특정 질문에 대한 답을 받고, 그 답에 어울리는 질문이 무엇인지를 맞춰서 점수를 얻는 방식이다. 그림 8.5를 보라.

이제 판세가 인공 지능으로 흘러간다고 말해도 된다. IBM 왓슨은 광범위한 지식 기반에 기초해 자연어를 해석해 질문에 답하는 인지 엔진(cognitive engine)이다.

그림 8.5 IBM의 왓슨이 제퍼디에서 사람을 상대로 대결해 이겼다.

텍스트 마이닝은 다음과 같이 여러 가지로 응용되며, 이에 국한되지 않는다.

- 개체 식별
- 표절 검사
- 주제 식별
- 텍스트 군집화
- 번역
- 텍스트 자동 요약
- 부정거래 적발
- 스팸 필터링
- 정서 분석

텍스트 마이닝이 유용하다는 것은 알겠는데, 어렵지는 않은지 궁금한가? 실망하게 해서 안됐지만, 어려운 것은 사실이다.

울프램 알파와 IBM 왓슨의 예를 보고 텍스트 마이닝이 쉽다는 인상을 받았을지도 모르겠다. 슬프게도 현실은 그렇지가 않다. 텍스트 마이닝은 복잡한 작업이며 단순해 보이는 많은 일조차 만족스럽게 이뤄지지 않는다. 예를 들어, 올바른 주소를 추측하는 작업을 생각해보자. 그림 8.6은 확신을 갖고 정확한 결과를 반환하는 것이 얼마나 어려운지 보여준다. 구글 지도에서 스프링필드(Springfield)를 찾으려 할 때 제시되는 추가 정보인데, 이 경우에 사람일지라도 추가적인 맥락을 알지 못했다면 이보다 더 잘 할 수 없었겠지만, 이러한 모호성은 텍스트 마이닝 애플리케이션에서도 직면하는 많은 문제 중 하나다.

그림 8.6 구글 지도에서 '스프링필드(Springfield)'를 검색하려고 하면 어디에 있는 스프링필드를 찾는지 되물을 것이다.

또 다른 문제는 철자법 오류(spelling mistakes) 및 단어를 **독특한 꼴이지만 올바른 철자**로 표기하기도 한다는 점이다. "NY", "Neww York", "New York"은 모두 뉴욕 시를 가리킨다. 사람이라면 이것을 알아보기가 쉽다. 우리의 두뇌가 텍스트를 해석하는 방식으로는 철자가 틀린 텍스트도 자연스럽게 이해할 수 있을 뿐 아니라, 심지어는 철자가 틀렸다는 점을 알아차리지 못하기도 한다. 하지만 컴퓨터의 입장에서는, 우리가 그것들이 같은 개체를 가리킨다는 것을 알려주는 알고리즘을 사용하지 않는 한, 철자가 다른 단어들은 서로 연관성이 없는 문자열일 뿐이다. 그와 관련해 동의어 및 대명사의 사용에 대한 문제가 있다. "존은 말린의 부모를 처음 만났을 때 꽃을 선물했다. 그녀는 매우 기뻐했다"라는 문장에서 "그녀"는 누구를 가리킬까? 사람에게는 쉬운 문제이지만, 컴퓨터에게는 그렇지가 않다.

이와 유사한 문제는 사람에게는 쉽지만, 컴퓨터로는 풀기 힘들다. 우리는 잘 정의된 범위의 특정 문제에서 잘 동작하는 알고리즘을 훈련할 수 있지만, 모든 경우에 대해 동작하는 좀 더 일반적인 알고리즘을 만들기는 힘들다. 예를 들어, 텍스트로부터 미국 계좌 번호를 식별해 조회하라고 컴퓨터에 가르칠 수는 있지만, 다른 나라의 계좌 번호까지 조회하도록 일반화하기는 쉽지 않다.

언어 자체가 같다 하더라도 언어 알고리즘은 사용되는 언어의 맥락에 민감하다. 영어 모델은 아랍어에 대해서는 동작하지 않으며 그 반대도 마찬가지다. 그러나 영어에 국한한다 하더라도 트위터 데이터용 으로 훈련된 알고리즘이 법률 문서까지 잘 처리하지는 못할 것이다. 이를 염두에 두고 사례 연구를 진 행하자. 모든 경우에 완벽하게 들어맞는 텍스트 마이닝의 해결책은 존재하지 않는다.

8.2 텍스트 마이닝 기법

다음의 사례 연구에서는 범주화되지 않은 텍스트를 특정 범주로 자동으로 분류하는 **텍스트 분류**(text classification) 문제를 풀어본다. 원시 텍스트 데이터로부터 우리의 최종 목적지에 도착하기 위해서 는 몇 가지 데이터 마이닝 기법이 필요하며, 배경 지식이 있어야 그것을 효과적으로 사용할 수 있다. 텍 스트 마이닝에 있어서 첫 번째 중요한 개념은 '단어 주머니'다.

8.2.1 단어 주머니

분류 모델을 구축하기 위해 단어 주머니 접근법을 취할 것이다. **단어 주머니**(bag of words)는 텍 스트 데이터를 가장 단순하게 구조화한 것으로서, 모든 문서를 단어 벡터로 바꾼 것이다. 만약 특정 단어 가 '참'이라고 레이블 처리한 벡터에 나타나면 다른 것들은 '거짓'으로 레이블 처리한다. 그림 8.7은 이 것의 단순화된 예를 보여주며, 사례에서는 두 개의 문서가 있다. 한 개는 TV 쇼 ≪**왕좌의 게임**(Game of Thrones)≫이고 다른 하나는 데이터 과학에 관한 것이다. 두 단어 벡터는 함께 **문서-용어 행렬** (document-term matrix)을 이룬다. 문서-용어 행렬은 모든 용어에 대한 열과 모든 문서에 대한 행을 갖는다. 값은 당신이 결정한다. 이번 장에서 우리는 이진값을 사용한다. 단어가 존재하면 참이고, 그렇지 않으면 거짓이다.

```
[({'game':True,'of':True,'thrones':True,'is':True,'a':True,
'great':True,'television':True,'series':True,'but':True,
'the':True,'books':True,'are':True,'better':True,'doing':
False'data':False,'science':False,'more':False,'fun':False,
'than':False,'watching':False},
'gameofthrones'),
({'doing':True,'data':True,'science':True,'is':True,'more':
True,'fun':True,'than':True,'watching':True,'television':True,
'game':False,'of':False,'thrones':False,'a':False,'great':
False,'series':False,'but':False,'the':False,'books':False,
'are':False,'better':False},
'datascience')]
```

Game of Thrones is a great television series but the books are better.

Doing data science is more fun than watching television.

그림 8.7 문서에 존재하는 단어는 'True'로 그렇지 않은 것은 'False'로 레이블 처리함으로써 텍스트를 단어 주머니로 변환한다.

그림 8.7의 예는 텍스트 분석을 시작하는 데 필요한 구조적 데이터의 아이디어를 제공한다. 그러나 이 보기는 과도하게 단순화된 것이다. 어떠한 단어도 걸러내지 않았으며, 형태소 처리(stemming)[1]도 적용하지 않았다(나중에 다룬다). 큰 말뭉치(corpus)[2]에는 수천 개의 고유한 단어가 있을 수 있다. 어떠한 필터링도 없이 모든 것을 레이블 처리해야 한다면 결국 데이터의 분량이 늘어나 버릴 것이 자명하다. 그림 8.7에 나타낸 **2진화된 단어 주머니**는 데이터를 구조화하는 한 가지 방법이며, 다른 기법도 존재한다.

용어 빈도–역 문서 빈도(TF–IDF)

문서–용어 행렬을 채우는 잘 알려진 식은 TF–IDF(Term Frequency multiplied by Inverse Document Frequency, 용어 빈도와 역 문서 빈도의 곱)이다. 간단한 도수인 경우에는 특정 용어가 등장한 횟수를 세는 방식인 반면, 2진화 단어 주머니는 참 또는 거짓(용어가 있는지 없는지)을 할당한다. TF–IDF는 좀 더 복잡한데, 문서에서 용어가 몇 번 출현했는지를 센다(TF). TF는 간단한 용어 카운트가 될 수도 있고, 2진 카운트(참 또는 거짓)일 수도 있고, 로그 척도에 맞춘 용어 카운트일 수도 있다. 이것들 중 어느 것이 적합한 지에 따라 용어 빈도가 결정된다. 용어 빈도 TF를 나타내는 식은 다음과 같다.

$$TF = f_{t,d}$$

TF는 문서 d에서 나타나는 용어 t의 도수 f이다.

그러나 TF–IDF인 경우에도 '역 문서 빈도(IDF)' 때문에 다른 모든 문서를 셈에 넣게 된다. IDF는 전체 말뭉치의 공통적인 단어가 어떻게 되는지에 대한 아이디어를 제공한다. 문서 빈도가 높은 편이 더욱 일반적이며, 더 자주 출현하는 공통 단어일수록 제공하는 정보량이 적다. 예를 들어 단어 "a"와 "the"는 텍스트에 대해 별다른 정보를 제공하지 못한다. 로그 척도에 맞춘 공식이 가장 널리 사용되는 IDF의 형태다.

---

1 (편주) 즉, 어간 추출.
2 (편주) corpus는 '전집' 또는 '무언가를 집대성한 것'이라는 뜻으로 보통은 언어학 분야에서 특정 주제에 맞춰 낱말들을 모아 놓은 '언어 자료'라는 의미를 지닌 '말뭉치'라는 말로 번역해 사용한다. 복수형은 corpora이다.

$$IDF = \log\left(N / | \{d \in D : t \in d\} | \right)$$

N은 말뭉치에서 문서의 총수이며, $| \{d \in D : t \in d\} |$은 용어 t가 나타난 문서 d의 수이다.

TF–IDF 점수는 '말뭉치에서 이 문서를 다른 문서와 구별하는 데 이 용어가 얼마나 중요한가?'라는 식으로 용어에 관한 점수라는 점을 보여준다. TF–IDF의 공식은 다음과 같다.

$$\frac{1F}{IDF} = f_{t,d} / \log\left(N / | \{d \in D : t \in d\} | \right)$$

우리는 TF–IDF를 사용하지 않겠지만, 다음 텍스트 마이닝 단계로 나아갈 때면 어쩔 수 없이 첫 번째로 마주치게 될 것이다. 또한, 6장에서 다룬 엘라스틱서치도 TF–IDF를 내부적으로 이용한다. 텍스트 분석을 위해 TF–IDF를 사용하기를 원한다면 좋은 방식이다. 텍스트 마이닝은 솔라(SOLR)나 엘라스틱서치와 같이 전문화된 소프트웨어의 몫으로 남겨두고, 그것들을 사용해 텍스트 분석을 할 때 도움이 되게 문서/용어 행렬을 섭렵하자.

활용되는 단어 주머니는 여러 단계의 데이터 조작을 거쳐 얻어진다.

- **토큰화**(tokenization): 텍스트를 토큰(token) 또는 용어(term)라는 조각으로 쪼개 볼 수 있다. 이러한 토큰들은 모델을 위해 사용할 정보의 가장 기본이 되는 단위다. 용어는 종종 단어를 의미하기도 하지만 꼭 그렇지는 않다. 전체 문장이 분석에 사용될 수도 있다. 우리는 **유니그램**, 즉 한 단어로 이뤄진 용어를 사용할 것이다. 그렇지만 **바이그램**(토큰당 두 단어) 또는 **트리그램**(토큰 당 세 단어)을 포함하는 것이 부가적인 의미를 포착하고 모델의 성능을 높이는 데 유용할 수도 있다. 방정식에 바이그램 및 트리그램을 포함하면 더욱 큰 용어 벡터를 구축하게 되어 비용이 든다.
- **정지어 걸러내기**(stop word filtering): 모든 언어에는 너무 자주 등장해 텍스트 분석에서 효용 가치가 떨어지는 단어들이 존재한다. NLTK에서는 영어의 정지어(stop word)를 걸러낼 수 있도록 목록을 제공한다. 텍스트를 단어로 토큰화했으면 이와 같이 정보 가치가 떨어지는 정지어의 단어 벡터(word vector)를 제거하는 것이 합당하다.
- **소문자화**(lowercasing): 대문자로 시작되는 단어는 문장의 첫 부분에 나타나며, 그 밖에 적절한 고유 명사나 형용사도 대문자로 시작하는 경우가 있다. 다만, 용어 행렬에서는 딱히 구분하지 않아도 되므로 모든 용어를 소문자로 바꾼다.

또 다른 데이터 준비 기법으로 **형태소 처리**가 있다. 이것은 좀 더 정교하게 이뤄져야 한다.

8.2.2 형태소 처리와 표제어 추출

형태소 처리(stemming)는 단어를 어근 형태로 되돌리며, 그 결과로 데이터의 편차가 줄어든다. 가령, 복수형과 같이, 유사한 의미를 가진 단어가 다양하게 쓰인 경우도 있기 때문이다. 형태소 처리에서는 단어 일부를 잘라냄으로써 통일시키려고 한다. 예를 들어, 'planes'와 'plane'은 둘 다 'plane'이 된다.

또 다른 기법인 **표제어 추출**(lemmatization)도 같은 목표를 갖고 있지만, 문법적으로 좀 더 섬세한 접근을 취한다. 예를 들어, "cars"는 형태소 처리와 표제어 추출이 동일하게 "car"로 줄이지만, "are"와 같이 동사가 활용된 경우 표제어 추출을 거치면 "be"로 되돌아가게 된다. 어느 것을 사용할지는 때에 따라 다르며, 표제어 추출은 **품사 태깅**(Part of Speech Tagging)을 많이 이용한다. 품사 태깅은 문장의 모든 부분에 문법적인 레이블을 붙이는 과정이다. 학교에서 문법을 배울 때 수작업으로 해본 경험이 있을 것이다. "Game of Thrones is a television series"라는 문장이 있다고 하자. 이 문장은 다음과 같이 품사 태깅을 할 수 있다.

```
({"game":"NN"},{"of":"IN"},{"thrones":"NNS"},{"is":"VBZ"},{"a":"DT"},{"television":"NN"},{"series":"NN"})
```

NN은 명사, IN은 전치사, NNS는 복수 명사, VBZ는 3인칭 단수 현재형 동사, DT는 한정사를 의미한다. 표 8.1에서 전체 목록을 볼 수 있다.

표 8.1 품사 태그 전체 목록

태그	의미	태그	의미
CC	등위 접속사	CD	기수
DT	한정사	EX	존재
FW	외래어	IN	전치사 또는 종속 접속사
JJ	형용사	JJR	비교급 형용사
JJS	최상급 형용사	LS	목록 항목 표시
MD	법조동사	NN	명사
NNS	복수 명사	NNP	고유 명사
NNPS	고유 명사의 복수형	PDT	전치 한정사
POS	소유격 표시	PRP	인칭 대명사
PRP$	소유 대명사	RB	부사
RBR	부사의 비교급	RBS	부사의 최상급
RP	불변화사	SYM	기호
UH	감탄사	VB	동사 원형
VBD	과거형 동사	VBG	동명사 또는 현재 진행형
VBN	동사의 과거 분사	VBP	3인칭이 아닌 현재형 동사
VBZ	3인칭 단수 현재형 동사	WDT	wh로 시작하는 한정사
WP	wh로 시작하는 대명사	WP$	wh로 시작하는 소유격 명사
WRB	wh로 시작하는 부사		

품사 태깅은 단어 토큰화보다는 문장 토큰화에 가까운 예이다. 품사 태깅을 완료한 후에도 단어 토큰화를 할 수 있지만, 품사 태깅을 위해서는 전체 문장이 필요하다. 품사 태깅과 표제어 추출을 조합하면 형태소 처리기(stemmer)만 사용했을 때에 비해 더욱 깨끗한 데이터를 얻을 수 있다. 이 사례 연구에서는 복잡성을 줄이기 위해 형태소 처리만 예를 들지만, 연습 삼아 시도해보는 것도 좋다.

이제 데이터 정제 및 조작(텍스트 마이닝)을 하는 데 필요한 중요 사항을 알게 됐다. 텍스트 분석을 위해 의사결정 트리 분류기도 논의대상에 끼워 넣자.

8.2.3 의사결정 트리 분류기

사례 연구의 데이터 분석 부분은 가능한 한 단순하게 유지할 것이다. 우리는 나이브 베이즈 분류기와 의사결정 트리 분류기를 실험해볼 것이다. 3장에서 살펴본 바와 같이 나이브 베이즈 분류기라는 이름에 나이브(naïve)[3]라는 말이 붙은 이유는 그것이 각 입력 변수가 다른 것들에 대해 독립적이라고 가정한다는 점 때문이다. "data science", "data analysis", "game of thrones"의 간단한 예를 들어보자. 만약 유니그램에서 우리의 데이터를 자른다면(형태소 처리를 무시한다고 했을 때) 'data', 'science', 'analysis', 'game', 'of', 'thrones'와 같이 분리된 변수들을 얻게 된다. 링크를 잃게 됨은 자명하다. 이 것은 결국 바이그램(data science, data analysis)과 트리그램(game of thrones)을 생성함으로써 극복할 수 있다.

그렇지만 의사결정 트리 분류기는 변수가 서로 독립적일 것으로 가정하지 않고 능동적으로 **상호작용 변수와 버킷을**[4] 생성한다. **상호작용 변수는** 다른 변수들을 조합한 변수이다. 예를 들어, "data"와 "science"는 그 자체로 좋은 예측 인자가 될 수 있지만, 같은 텍스트에 두 개가 함께 나타난다면 그러한 사실이 가치가 있다. 버킷은 그 반대다. 두 변수를 조합하는 대신, 변수를 여러 개의 새로운 변수로 분할한다. 이것은 숫자 변수에 대해 유용하다. 그림 8.8은 의사결정 트리의 모습을 나타내며, 상호작용과 버킷을 찾을 수 있는 위치를 보여준다.

3　(옮긴이) 순진하다는 뜻
4　(편주) 버킷이란 데이터를 분류해 담는 공간을 가상의 바구니로 여겨 부르는 말이다.

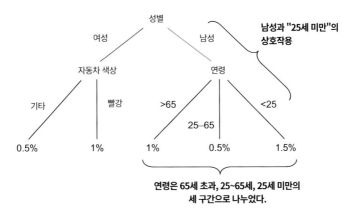

그림 8.8 가공의 의사결정 트리 모델. 의사결정 트리는 자동으로 버킷을 생성하고 입력 변수 사이의 상호작용을 추정한다.

나이브 베이즈에서는 모든 입력 변수가 독립적이라고 가정하는 반면, 의사결정 트리에서는 상호 의존한다고 가정한다. 그렇다면 이 구조를 어떻게 구축하는가? 의사결정 트리에서는 가지를 나누는 데 사용할 수 있는 몇 가지 기준을 가지고 어떤 변수가 다른 것보다 더 중요한지(나무의 뿌리에 더 가까운지) 판단한다. NLTK 의사결정 트리 분류기에서는 "정보 이득(information gain)"을 사용한다. 정보 이득을 이해하려면 엔트로피(entropy)[5]라는 개념을 살펴봐야 한다. 엔트로피는 예측 불가능성 혹은 혼란함을 나타내는 척도다. 아기의 성별을 그 예로 들 수 있다. 여성이 임신할 때, 태아의 성별은 남성 또는 여성이 될 수 있지만, 우리는 어느 쪽인지 알지 못한다. 만약 성별을 추측하고자 한다면 맞출 확률은 50%가 된다(성별의 분포가 100% 균일하지는 않으므로 약간의 차이가 있을 수 있다). 그렇지만 임신 기간 중에 초음파 검사를 통해 태아의 성별을 판단할 기회가 있다. 초음파 검사를 100% 확신할 수는 없지만, 태아가 성장할수록 정확도가 높아진다. 이처럼 정확도가 높아지는 일, 즉 정보 이득을 얻게 되는 일은 불확실성의 감소 또는 엔트로피의 감소로 인한 것이다 임신 12주의 초음파 검사가 아기의 성별을 90%의 정확도록 판별할 수 있다고 하자. 10%의 불확실성은 여전히 존재하지만, 초음파 검사의 불확실성은 50%에서 10%로 떨어졌으므로 제법 좋은 판별법이라 할 수 있다. 의사결정 트리는 이와 같은 원리를 따르며 그림 8.9에 이를 나타냈다.

5 (편주) 정확한 용어는 정보 엔트로피(information entropy). 클로드 섀넌의 정보이론(Information Theory)에서 처음으로 다룬 개념이다. 물리학의 엔트로피가 어떤 물체의 무질서를 나타내는 것이라면 정보이론의 정보 엔트로피는 정보의 무질서, 즉 정보의 불확실성을 나타내는 개념이다. 사실 데이터 과학이란 정보 엔트로피를 줄이는 방법을 연구하는 학문이라고 할 수 있다. 정보 엔트로피를 줄인 정도를 '정보 이득'이라고 한다. 정보 엔트로피를 줄인 만큼 정보가 확실하게 되므로 정보 이득이 클수록 정보의 정확도가 더 커진다.

**임신 12주에 시행한 초음파 검사에서
태아가 여성으로 판명될 확률**

그림 8.9 임신 중의 초음파 검사 결과를 단일 변수로 갖는 의사결정 트리. 태아가 여성일 확률은 얼마인가?

다른 성별 테스트의 예측력이 더 높다면 그것이 초음파 검사를 줄기로 가진 나무의 뿌리가 됐을 것이며, 이것이 변수 또는 관측이 바닥날 때까지 갈 수 있을 것이다. 우리는 관측을 다 써버릴 수 있는데, 그 이유는 모든 가지가 나뉘므로 입력 데이터도 나눠야 하기 때문이다. 이것은 의사결정 트리의 큰 약점인데, 너무 적은 관측이 남겨지는 경우에는 나무의 잎 수준에서 견고함이 파괴되기 때문이다. 이렇게 되면 의사결정 트리는 데이터에 대한 과적합을 일으키기 시작한다. **과적합**(overfitting)이 발생하면 실제의 연관성에 대한 무작위성이 모델에 잘못 반영된다. 이러한 쏠림을 방지하기 위해서 의사결정 트리의 **가지**를 쳐내는 것이다. 최종 모델에서는 의미 없는 가지를 잘라낸다.

가장 중요한 새로운 기법을 살펴봤으므로 사례 연구에 들어가 보자.

8.3 사례 연구: 레딧 게시물 분류

텍스트 마이닝을 많은 곳에 응용할 수 있는데, 이번 장의 사례 연구에서는 **문서 분류**에 초점을 맞춘다. 이번 장의 앞에서 지적한 바와 같이, 문서 분류란 구글에서 이메일을 범주화하거나 정상적인 이메일 중에서 스팸을 솎아내기 위해 하는 것과 같은 작업이다. 또한, 고객의 문의나 불만을 접수하는 콜센터에서도 많이 사용된다. 글로 작성된 불만 사항은 우선 주제 분류 필터를 통해 해당 업무의 담당자에게 배정된다. 문서 분류는 소셜 미디어 모니터링 시스템의 필수 기능이기도 하다. 트윗, 게시판 또는 페이스북 게시물, 뉴스 기사, 기타 인터넷 자료에 주제 레이블을 붙인다. 이러한 방법을 통해 그것들을 보고서에 재사용할 수 있다. **정서 분석**(sentiment analysis)은 텍스트 분류의 특수한 유형에 해당한다. '저자의 글이 부정적인가, 긍정적인가, 중립적인가?'를 분석하는 일이다. 개체를 인식해 그러한 '무언가'[6]를 인식할 수 있다.

6 (편주) 정서가 우호적인지 또는 긍정적인지 여부

이 사례 연구에서 우리는 '인터넷 시작 페이지'를 자처하는 웹사이트인 레딧(Reddit)의 게시물을 가져와서 누군가가 "data science" 또는 "game of thrones"에 대해 이야기하는 것을 구분할 수 있는 모델을 훈련시키려고 한다.

최종 결과는 모델을 표현하는 것이 될 수도 있고, 상호작용하는 애플리케이션이 될 수도 있다. 9장에서는 최종 사용자를 위해 애플리케이션을 구축하므로 지금은 분류 모델을 만드는 일에 집중하자.

우리의 목표를 달성하기 위해 도움과 도구가 필요하며, 그것들을 제공할 준비가 된 파이썬을 다시금 선택한다.

8.3.1 자연어 도구 사용하기

파이썬이 지구상에서 가장 효율적인 언어라고 할 수는 없겠지만, 파이썬에는 텍스트 마이닝과 언어 처리용으로 잘 발달한 패키지인 자연 언어 처리 도구모음(Natural Language Toolkit, NLTK)이 있다. NLTK는 알고리즘, 함수, 주석을 모아 둔 것으로, 텍스트 마이닝과 자연어 처리의 첫걸음을 안내할 것이다. 또한, nltk.org에는 NLTK에 대한 문서화가 훌륭하게 되어 있다. 그렇지만 현업에서는 NLTK 보다 사이킷런(Scikit-learn)을 더 많이 사용한다.

> **NLTK 및 패키지 설치**
>
> 선호하는 패키지 관리자를 사용해 NLTK를 설치하라. 아나콘다를 사용하는 경우에는 기본 설치에 포함돼 있다. 그 외의 경우에는 'pip' 또는 'easy_install'을 사용해 설치할 수 있다. 제대로 작동하게 하려면 다음 파이썬 코드를 사용해 모델과 말뭉치도 설치해야 한다.
>
> ```
> import nltk
> nltk.download()
> ```
>
> 설치 유형에 따라 팝업 상자 또는 명령행 옵션이 나타난다.
>
> nltk.download() 명령을 수행할 때 나타나는 팝업 상자를 그림 8.10에 나타냈다.
>
> 원한다면 전체 패키지를 내려받을 수도 있겠지만, 이번 장에서는 'punkt' 모델과 'stopwords' 라는 말뭉치만 있으면 된다. 이 책의 코드에서는 해당 다운로드를 명시적으로 언급하고 있다.

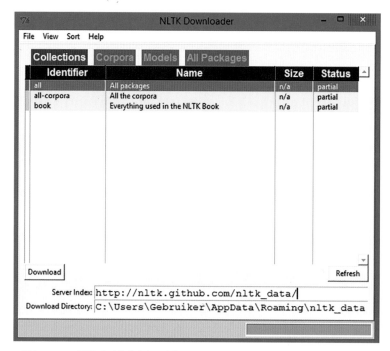

그림 8.10 NLTK 설치 시 전체 패키지를 선택.

이번 장에 필요한 IPython 노트북 파일은 두 개이다.

- Data collection: 이번 장에서 살펴볼 사례 연구의 데이터 수집 부분을 포함.
- Data preparation and analysis: 저장된 데이터는 데이터 준비를 거쳐 분석에 사용된다.

앞으로 살펴볼 사례 연구의 모든 코드는 여기 나온 순서대로 두 파일에서 찾아 실행할 수 있다. 그리고 상호작용 그래프 두 가지를 추가로 다운로드할 수 있다.

- forceGraph.html: 나이브 베이즈 모델의 상위 20개의 특성을 표현(힘 방향 그래프)
- Sunburst.html: 의사결정 트리 모델의 상위 4개 가지를 표현(해바라기 다이어그램)

두 HTML 페이지를 열려면 HTTP 서버가 필요한데, 파이썬 및 명령행을 사용해 얻을 수 있다.

- 명령행을 연다(리눅스, 윈도우 등).
- HTML 파일과 JSON 데이터 파일을 담은 폴더로 이동한다. decisionTreeData.json은 해바라기 다이어그램을 위한 것이고 NaiveBayesData.json은 힘 방향 그래프를 위한 것이다. HTML 파일과 데이터 파일은 같은 위치에 있어야 하며, 그렇게 하지 않으려면 HTML 파일 내의 자바스크립트를 수정해야 한다.

- python -m SimpleHTTPServer 8000 명령으로 파이썬 HTTP 서버를 생성한다[7].

- 브라우저를 열고 주소창에 localhost:8000을 입력한다. 여기에서 HTML 파일을 선택할 수 있다(그림 8.11).

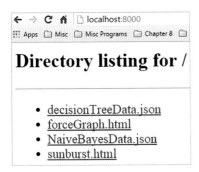

그림 8.11 파이썬 HTTP 서버에서 이번 장의 출력을 제공하는 모습

이번 장에서는 다음과 같은 파이썬 패키지를 사용한다.

- NLTK: 텍스트 마이닝에 사용

- PRAW: 레딧으로부터 게시물을 다운로드

- SQLite3: 데이터를 SQLite 형식으로 저장

- Matplotlib: 데이터 시각화 라이브러리

다음으로 나아가기 전에 필요한 라이브러리와 말뭉치를 모두 설치했는지 확인하라. 실습에 앞서 주제 분류 모델을 만드는 절차를 짚고 넘어가자.

8.3.2 데이터 과학 진행 과정 개요 및 1단계: 연구 목표

이 텍스트 마이닝 연습문제를 풀기 위해 우리는 한 번 더 데이터 과학 진행 과정을 사용한다. 그림 8.12 는 데이터 과학 진행 과정을 우리의 레딧 분류 사례에 적용한 것이다.

아직 그림 8.12의 모든 요소를 이해하기는 어렵겠지만, 이번 장의 나머지 부분은 모두 우리의 연구 목 표를 달성하기 위한 작업으로서 "data science"에 관한 게시물과 "Game of Thrones"에 관한 게시물 을 구분하는 능력을 갖춘 분류 모델을 만든다. 데이터부터 얻도록 하자.

---

7 (옮긴이) Python3에서는 python -m http.server 8000을 실행하라.

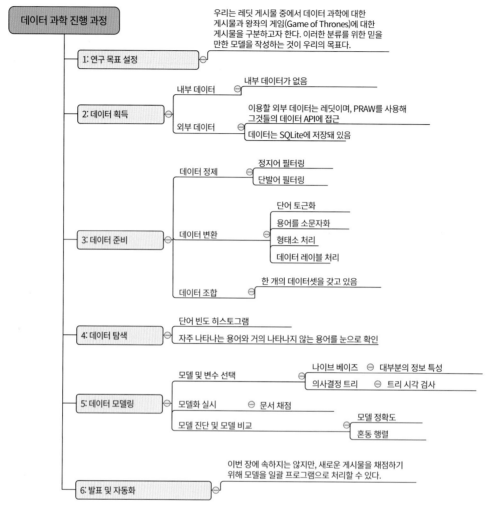

그림 8.12 데이터 과학 진행 과정 개요를 레딧 주제 분류 사례 연구에 적용

8.3.3 2단계: 데이터 획득

이번에는 레딧 데이터를 사용한다. 레딧이 낯설다면 www.reddit.com을 둘러보고 친숙해질 시간을 갖도록 하라.

레딧이 "인터넷의 시작 페이지"라고 불리는 이유는 사용자가 인터넷에서 흥미로운 것을 찾아 게시할 수 있고, 그중에서 많은 사람에게 인기를 끄는 것들은 홈페이지에 "인기항목(popular)"이라는 항목으로 올라오기 때문이다. 레딧을 보면 인터넷 사용 경향을 알 수 있다고 할 수 있다. 사용자는 미리 정의된 "서브레딧(subreddit)"이라는 범주에 게시할 수 있다. 게시물에는 다른 사용자가 댓글을 달 수 있으며, 게시물의 내용이 좋으면 추천(up-vote)을, 싫으면 반대(down-vote)를 할 수 있다. 게시물은 서브레딧의 일부이므로 우리는 레딧 API를 가지고 데이터를 얻을 때 이 메타데이터를 이용할 수 있다. 우리는 "game of thrones"라는 서브레딧에 올라온 게시물이 "game of thrones" 게임과 연관이 있을 것으로 가정할 수 있으므로 데이터를 효과적으로 조회할 수 있다[8].

데이터를 얻기 위해 우리는 공식적인 레딧 파이썬 API 라이브러리인 PRAW를 사용한다. 필요한 데이터를 얻었으면 파일 형태의 경량 데이터베이스인 SQLite에 저장한다. SQLite는 별다른 설정 없이도 일반적인 관계형 데이터베이스처럼 SQL 쿼리를 사용할 수 있어서 소량의 데이터를 다루기에 이상적이다. 다른 데이터 저장 매체도 좋다. 오라클이나 포스트그레와 같은 데이터베이스를 선호한다면 SQL을 작성하지 않고도 그것들과 상호작용할 수 있는 훌륭한 파이썬 라이브러리를 사용할 수 있다. SQLAlchemy도 SQLite 파일과 잘 작동한다. 그림 8.13은 데이터 과학 진행 과정 중 데이터 획득 단계를 나타낸다.

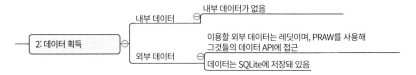

그림 8.13 레딧 주제 분류 사례에 대한 데이터 과학의 절차 중 데이터 검색 단계

선호하는 파이썬 인터프리터를 연다. 코드는 코드 8.1과 같다. 먼저 할 일은 레딧 웹사이트로부터 데이터를 수집하는 것이다. 아직 praw를 설치하지 않았다면 pip install praw 또는 conda install praw(아나콘다의 경우)를 실행한다.[9]

 참고: 2단계의 코드가 IPython 파일 "Chapter 8 data collection"에 있으며, 그것은 이 책의 다운로드 부분에 있다.

코드 8.1 SQLite 데이터베이스와 레딧 API 클라이언트 셋업

```
1: import praw
2: import sqlite3
3:
```

8 (편주) 해당 서브레딧을 찾으려면 레딧 홈페이지의 검색창에서 game of thrones라고 입력해 검색하면 된다. 그래도 찾기 어렵다면 https://www.reddit.com/r/gameofthrones/라는 주소를 브라우저의 주소창에 넣어 보라.
9 (옮긴이) 64비트 아나콘다3에서 conda 명령으로 패키지를 설치하는 데 실패한다면 pip install praw를 실행하라

```
 4: conn = sqlite3.connect('reddit.db')
 5: c = conn.cursor()
 6:
 7: c.execute('''DROP TABLE IF EXISTS topics''')
 8: c.execute('''DROP TABLE IF EXISTS comments''')
 9: c.execute('''CREATE TABLE topics
10:            (topicTitle text, topicText text, topicID text,
11:             topicCategory text)''')
12: c.execute('''CREATE TABLE comments
13:            (commentText text, commentID text , topicTitle text,
14:             topicText text, topicID text , topicCategory text)''')
15:
16: r = praw.Reddit(client_id='p-jcoLKBynTLew',
17:              client_secret='gko_LXELoV07ZBNUXrvWZfzE3aI',
18:              user_agent='Introducing Data Science Book')
19:
20: subreddits = ['datascience','gameofthrones']
21:
22: limit = 1000
```

1~2행: PRAW 및 SQLite3 라이브러리를 임포트한다.

3~4행: SQLite 데이터베이스 연결을 설정한다.

7~14행: topics와 comments 테이블을 생성하는 SQL 문을 실행한다.

16~18행: 레딧 API를 사용하기 위한 PRAW 사용자 에이전트를 생성한다[10].

19행: SQLite 데이터베이스에 넣을 서브레딧 리스트다.

21행: 레딧에서 조회할, 범주별 게시물의 최대 수. 한 번에 허용되는 최대 레딧도 1,000이다.

먼저, 필요한 라이브러리를 임포트하자.

SQLite3와 PRAW를 사용할 수 있게 됐으므로 수신하려는 데이터를 위해 작은 로컬 데이터베이스를 준비해야 한다. SQLite 파일에 대한 연결을 설정하면 파일이 없더라도 자동으로 만들어진다. 그다음으로 SQL 문을 실행할 수 있는 데이터 커서를 정의하면 데이터베이스의 사전 정의된 구조를 사용할 수 있다. 데이터베이스에는 두 개의 테이블이 있다. 하나는 누군가가 포럼에 새로운 게시물을 시작하는 것과 비슷한 레딧 주제를 담는 topic 테이블이고, 다른 하나는 댓글을 담는 테이블로 "topicID" 칼럼을

---

10 (옮긴이) https://www.reddit.com/prefs/apps에서 앱을 생성해 얻은 client_id와 client_secret을 사용하라. 참고로 이 부분은 PRAW 버전 5에서 사용할 수 있도록 수정했다.

통해 topic 테이블에 연결된다. 두 테이블은 일(topic 테이블) 대 다(comment 테이블)의 관계를 갖는다. 사례 연구를 위해 topic 테이블의 사용에 제한을 둘 것이지만, 데이터 수집은 둘 다 포함한다. 원할 경우 이 추가적인 데이터를 가지고 실험할 수 있도록 해주기 때문이다. 텍스트 마이닝 기술을 연마하기 위해 댓글에 대한 정서 분석을 수행해 어떤 주제에 긍정적 혹은 부정적 댓글이 달렸는지 알아낼 수 있다. 그런 다음 이것을 이번 장의 끝에서 만들어낼 모델 특성과 연관시킬 수 있을 것이다.

데이터에 접근하기 위해서는 PRAW 클라이언트를 만들어야 한다. 모든 서브레딧은 이름으로 식별할 수 있으며, 우리는 "datascience"와 "gameofthrones"에 관심이 있다. 우리가 레딧에서 가져올 주제마다 최댓값 제한이 있다(게시물 기준이며, 댓글이 아님). API를 통해 어떤 요청을 해 조회할 수 있는 최대수도 1,000이다. 사람들이 새로운 것을 게시했을 때에는 더 많이 요청할 수도 있는데, 그것은 나중에 다룬다. 사실 우리는 API 요청을 주기적으로 수행해 데이터를 수집할 수 있다. 한 번에 수천 개의 게시물로 제한되지만, 몇 달이고 계속해서 데이터베이스를 키우는 것도 불가능하지는 않다. 다음에 나오는 스크립트가 완료되는 데 한 시간이 걸릴 수도 있음에 유의하라. 기다리고 싶지 않다면 미리 만들어진 SQLite 파일을 내려받아도 된다. 또한, 지금 수행한다면 이 책에 실린 것과 완전히 똑같은 결과를 얻지는 못할 것이다.

다음 코드의 데이터 조회 함수를 살펴보도록 하자.

코드 8.2 레딧 데이터를 SQLite에서 조회 및 저장

```
01: def prawGetData(limit,subredditName):
02:     topics = r.subreddit(subredditName).hot(limit=limit)
03:     commentInsert = []
04:     topicInsert = []
05:     topicNBR = 1
06:     for topic in topics:
07:         if (float(topicNBR)/limit)*100 in range(1,100):
08:             print('********** TOPIC:' + str(topic.id) +
09:                 ' *********COMPLETE: ' + str((float(topicNBR)/limit)*100) +
10:                 ' % ****')
11:         topicNBR += 1
12:         try:
13:             topicInsert.append((topic.title,topic.selftext,topic.id,
14:                             subredditName))
15:         except:
16:             pass
```

```
17:        try:
18:            for comment in topic.comments:
19:                commentInsert.append((comment.body,comment.id,topic.title,
20:                                topic.selftext,topic.id,subredditName))
21:        except:
22:            pass
23:    print('*******************************')
24:    print('INSERTING DATA INTO SQLITE')
25:    c.executemany('INSERT INTO topics VALUES (?,?,?,?)', topicInsert)
26:    print('INSERTED TOPICS')
27:    c.executemany('INSERT INTO comments VALUES (?,?,?,?,?,?)', commentInsert)
28:    print('INSERTED COMMENTS')
29:    conn.commit()
30:
31: for subject in subreddits:
32:    prawGetData(limit=limit,subredditName=subject)
33:
```

2행: 서브레딧에서 가장 화제가 되는 1,000개의 주제를 얻는다[11].

7행: 아래 각주 참조[12]

8~10행: 다운로드 진행상태를 보여주기만 하며, 작동에 필요한 코드는 아니다[13].

13~14행: 목록에 추가되는 주제의 필드를 지정. 이 예제에서는 title과 text만 사용하지만, 실제로 더 큰 데이터베이스를 구축할 때는 topic ID도 유용하다.

19~20행: 목록에 댓글을 추가. 예제에서 사용되지는 않지만, 시험 삼아 해볼 수 있다.

23행:[14]

25행: 모든 주제를 SQLite 데이터베이스에 삽입한다.

27행: 모든 댓글을 SQLite 데이터베이스에 삽입한다.

29행: 데이터베이스의 변경(데이터 삽입)을 확정(commit)한다.

31행: 함수는 앞에서 지정한 모든 서브레딧에 대해 수행된다.

prawGetData( ) 함수는 이 서브레딧에서 "가장 뜨거운" 주제를 조회하고, 배열에 추가한 다음 관련된 모든 댓글을 얻는다. 이것은 천 개의 주제에 도달하거나 조회할 주제가 없을 때까지 계속하며, 모든 것

---

11   (옮긴이) PRAW 버전 5에서 사용할 수 있게 맞췄다.

12   (옮긴이) Python3에서 사용할 수 있게 했다.

13   (옮긴이) Python3에서 사용할 수 있게 했다.

14   (옮긴이) 이하 print 문을 Python3에 맞게 print 함수 꼴로 바꿨다.

을 SQLite 데이터베이스에 저장한다. 주제를 수집하는 것의 진행 상황을 표시하는 데 print 함수를 사용하며, 각 서브레딧에 대해 함수를 수행하는 일이 남았다.

두 개 이상의 서브레딧을 함께 분석하고자 한다면 서브레딧 배열에 범주를 추가해야 한다.

데이터를 수집했으므로 데이터 준비 단계로 넘어갈 준비가 됐다.

8.3.4 3단계: 데이터 준비

늘 그렇듯이 올바른 결과를 얻기 위해서는 데이터 준비 단계가 중요하다. 텍스트 마이닝에서는 구조적 데이터를 가지고 작업하지 않으므로 준비가 더욱 중요하다.

다음 코드는 IPython 파일인 "Chapter 8 data preparation and analysis"로 온라인에서 찾아 사용할 수 있다. 다음 코드와 같이 필요한 라이브러리를 임포트하고 SQLite 데이터베이스를 준비하는 것부터 시작하자.

코드 8.3 텍스트 마이닝, 라이브러리, 말뭉치 의존성, SQLite 데이터베이스 연결

```
 1: import sqlite3
 2: import nltk
 3: import matplotlib.pyplot as plt
 4: from collections import OrderedDict
 5: import random
 6:
 7: nltk.download('punkt')
 8: nltk.download('stopwords')
 9:
10: conn = sqlite3.connect('reddit.db')
11: c = conn.cursor()
```

1~5행: 필요한 모든 라이브러리를 임포트한다.

7~8행: 사용할 말뭉치를 내려받는다.

10~11행: 우리의 레딧 데이터를 저장하고 있는 SQLite 데이터베이스에 연결한다.

NLTK 말뭉치 전체를 내려받지 않았다면 사용할 일부분만 내려받는다. 최신 말뭉치가 있는지 스크립트에서 확인하므로 이미 다운로드를 해뒀다고 해도 걱정할 필요는 없다.

우리의 데이터는 여전히 레딧 SQLite 파일에 저장되므로 거기에 연결하자. 데이터를 탐색하기 전에도 최소 두 개를 정제해야 함을 알고 있다. 정지어 제거(stop word filtering)와 소문자 변환(lowercasing)이다.

일반적인 단어 필터 함수가 있으면 지저분한 부분을 정리하는 데 도움이 된다. 다음의 코드와 같이 하나 만들어보자.

코드 8.4 단어 필터링과 소문자 함수

```
1: def wordFilter(excluded,wordrow):
2:     filtered = [word for word in wordrow if word not in excluded]
3:     return filtered
4:
5: stopwords = nltk.corpus.stopwords.words('english')
6:
7: def lowerCaseArray(wordrow):
8:     lowercased = [word.lower() for word in wordrow]
9:     return lowercased
```

1~3행: wordFilter() 함수는 용어 배열에서 한 용어를 제거한다.

5행: 정지어 변수는 NLTK에서 기본으로 제공하는 영어용 정지어를 담음('english'로 지정함).

7~9행: lowerCaseArray() 함수는 용어를 소문자로 바꾼다.

영어의 정지어부터 데이터에서 제거한다. 다음은 그러한 정지어를 제공하는 코드다.

```
stopwords = nltk.corpus.stopwords.words('english')
print(stopwords)
```

NLTK의 영어 정지어를 그림 8.14에 나타냈다.

```
stopwords = nltk.corpus.stopwords.words('english')
print stopwords
```

```
[u'i', u'me', u'my', u'myself', u'we', u'our', u'ours', u'ourselves', u'you',
u'your', u'yours', u'yourself', u'yourselves', u'he', u'him', u'his', u'himsel
f', u'she', u'her', u'hers', u'herself', u'it', u'its', u'itself', u'they', u'th
em', u'their', u'theirs', u'themselves', u'what', u'which', u'who', u'whom', u't
his', u'that', u'these', u'those', u'am', u'is', u'are', u'was', u'were', u'be',
u'been', u'being', u'have', u'has', u'had', u'having', u'do', u'does', u'did',
u'doing', u'a', u'an', u'the', u'and', u'but', u'if', u'or', u'because', u'as',
u'until', u'while', u'of', u'at', u'by', u'for', u'with', u'about', u'against',
u'between', u'into', u'through', u'during', u'before', u'after', u'above', u'bel
ow', u'to', u'from', u'up', u'down', u'in', u'out', u'on', u'off', u'over', u'un
der', u'again', u'further', u'then', u'once', u'here', u'there', u'when', u'wher
e', u'why', u'how', u'all', u'any', u'both', u'each', u'few', u'more', u'most',
u'other', u'some', u'such', u'no', u'nor', u'not', u'only', u'own', u'same', u's
o', u'than', u'too', u'very', u's', u't', u'can', u'will', u'just', u'don', u'sh
ould', u'now']
```

그림 8.14 NLTK의 영어 정지어

필요한 것들을 모두 갖췄으므로 우리의 첫 번째 데이터 처리 함수를 살펴보자.

코드 8.5 첫 번째 데이터 준비 함수 및 실행

```
 1: def data_processing(sql):
 2:     c.execute(sql)
 3:     data = {'wordMatrix':[],'all_words':[]}
 4:     row = c.fetchone()
 5:     while row is not None:
 6:         wordrow = nltk.tokenize.word_tokenize(row[0]+" "+row[1])
 7:         wordrow_lowercased = lowerCaseArray(wordrow)
 8:         wordrow_nostopwords = wordFilter(stopwords,wordrow_lowercased)
 9:         data['all_words'].extend(wordrow_nostopwords)
10:         data['wordMatrix'].append(wordrow_nostopwords)
11:         row = c.fetchone()
12:     return data
13:
14: subreddits = ['datascience','gameofthrones']
15: data = {}
16: for subject in subreddits:
17:     data[subject] = data_processing(
18:         sql='''SELECT topicTitle,topicText,topicCategory FROM topics
19:             WHERE topicCategory = '''+"'"+subject+"'")
20:
```

2행: AWLite 데이터에 대한 포인터를 생성한다.

4행: 한 행씩 데이터를 조회한다(fetch).

6행: row[0]은 제목이고, row[1]은 주제 텍스트다. 이것들을 하나의 텍스트 blob으로 변환한다.

9행: 데이터 탐색에는 data['all_words']를 사용한다.

10행: data['wordMatrix']는 단어 벡터로 이뤄진 행렬로 문서 당 한 개의 벡터다.

11행: SQLite 데이터베이스로부터 새로운 문서를 얻는다.

14행: 앞에서 정의한 서브레딧이다.

16~18행: 각 서브레딧에 대해 데이터 처리 함수를 호출한다.

data_processing( ) 함수는 SQL 문을 받아서 문서−용어 행렬을 반환한다. 데이터를 한 번에 한 항목 (레딧 주제)씩 반복 순회(looping)하면서 단어를 토큰으로 만들어 주제 제목과 주제 본문 텍스트를 단일한 단어 벡터로 조합한다. **토크나이저(tokenizer)**는 텍스트를 처리하는 스크립트로, 텍스트를 여러 조각으로 자른다. 텍스트를 토큰화(tokenization)하는 방법에는 여러 가지가 있다. 문장들 혹은 단어들로 분할한다든지 공백과 구두점을 가지고 분할할 수 있고, 다른 문자들을 셀 수도 있다. 여기서는 표준 NLTK 단어 토크나이저를 선택했다. 이 단어 토크나이저는 단순히 단어 사이의 공백을 가지고 텍스트를 단어들로 분할한 다음, 벡터를 소문자로 변환하고 정지어를 제거한다. 순서의 중요성에 주목하라. 소문자로 변환하기 전에 정지어를 필터링한다면 문장의 처음에 오는 정지어는 걸러지지 않을 것이다. 예를 들어, "I like Game of Thrones"에서 'I'를 소문자로 바꾸지 않으면 필터링되지 않게 된다. 그 다음으로는 단어 행렬(용어−문서 행렬)을 생성하고, 모든 단어를 포함하는 리스트도 생성한다. 중복을 걸러내지 않고 목록을 연장했는데, 이러한 방법으로 데이터 탐색 도중에 나타난 단어의 히스토그램을 생성할 수 있다. 두 주제 범주를 위한 함수를 실행해보자.

그림 8.15는 "datascience" 범주의 첫 단어 벡터를 나타낸다.

```
print(data['datascience']['wordMatrix'][0])
```

```
print data['datascience']['wordMatrix'][0]

[u'data', u'science', u'freelancing', u"'m", u'currently', u'master
s', u'program', u'studying', u'business', u'analytics', u"'m", u'try
ing', u'get', u'data', u'freelancing', u'.', u"'m", u'still', u'lear
ning', u'skill', u'set', u'typically', u'see', u'right', u"'m", u'fa
irly', u'proficient', u'sql', u'know', u'bit', u'r.', u'freelancer
s', u'find', u'jobs', u'?']
```

그림 8.15 첫 번째 데이터 처리 시도 후 'datascience' 범주의 첫 단어 벡터

이것은 확실히 오염된 것으로 보인다. 구두점들이 독립적인 용어로 남아있고, 아직 분할되지 않은 단어도 많다. 데이터 탐색을 조금 더 해보면 좀 더 분명해질 것이다.

8.3.5 4단계: 데이터 탐색

이제 모든 용어를 분할했지만, 데이터 분량 때문에 실제로 사용해도 될 만큼 깨끗해진 것인지 감을 잡기 어렵다. 단일 벡터를 바라봄으로써 우리는 이미 몇 가지 문제를 확인하기는 했다. 몇몇 단어는 올바르게 분할되지 않았으며 벡터에는 많은 단일 문자로 된 용어가 포함돼 있다. 단일 문자 용어가 주제를 구분하는 데 유용한 경우도 있다. 예를 들어, 경제 관련 글에는 의료 관련 글에 비해 $, £, ¤ 기호가 많은 편이다. 그렇지만 대부분의 경우에 단일 문자 용어는 쓸모가 없다. 먼저, 우리 용어의 도수 분포를 살펴보자.

```
wordfreqs_cat1 = nltk.FreqDist(data['datascience']['all_words'])
plt.hist(list(wordfreqs_cat1.values()), bins = range(10))
plt.show()
wordfreqs_cat2 = nltk.FreqDist(data['gameofthrones']['all_words'])
plt.hist(list(wordfreqs_cat2.values()), bins = range(10))
plt.show()
```

도수 분포 히스토그램을 그림으로써(그림 8.16), 단일 문서에서만 나타나는 용어의 양을 재빨리 알아챌 수 있다.

이처럼 한 번만 나타나는 용어를 단발어(hapax)[15] 라 하며, 모델의 관점에서 불필요하다. 한 번만 나타나는 특징은 신뢰성 있는 모델을 구축하기에 충분할 리가 없기 때문이다. 이는 우리에게 좋은 소식이다. 이러한 단발어를 걷어냄으로써 우리의 최종 모델을 해치지 않고도 데이터를 상당히 축소할 수 있다. 이와 같이 한 번만 나타나는 용어들을 살펴보자.

```
print(wordfreqs_cat1.hapaxes())
print(wordfreqs_cat2.hapaxes())
```

---

15 (편주) 정확히는 hapax legomenon이라는 그리스어로서 '단 한 번만 출현하는 말'이라는 뜻이다.

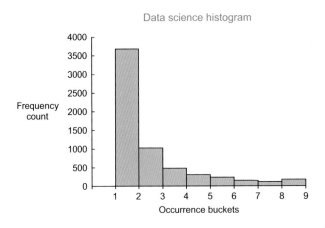

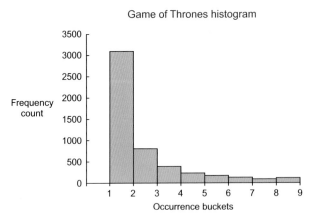

그림 8.16 이 용어 도수 히스토그램은 'data science'와 'game of thrones' 용어 행렬 모두 한 번만 나타난 용어가 3,000개 이상임을 보여준다.

그림 8.17에서 보이는 용어들은 일리가 있으며, 우리에게 좀 더 많은 데이터가 있다면 그것들은 더 많이 등장할 것이다.

```
print(wordfreqs_cat1.hapaxes())
print(wordfreqs_cat2.hapaxes())
```

이러한 용어 중에는 철자가 틀린 바람에 쓸모없어진 것들이 상당수 포함돼 있다. 가령 Jaimie를 Jaime로, Milisandre를 Melisandre로 쓴 것이다. 쓸 만한 '왕좌의 게임' 사전이 있다면 이렇게 잘못 쓴 단어를 퍼지(fuzzy) 검색 알고리즘으로 찾아내서 고치는 데 도움이 될 것이다. 텍스트 마이닝에서는 데이터 정제를 한없이 계속할 수도 있다는 말이다. 노력을 지속하되 균형을 잡는 것이 관건이다.

Least frequent terms within data science posts

```
print wordfreqs_cat1.hapaxes()
```

```
[u'post-grad', u'marching', u'cytoscape', u'wizardry', u"'pure", u'i
mmature', u'socrata', u'filenotfoundexception', u'side-by-side', u'b
ringing', u'non-experienced', u'zestimate', u'formatting*', u'sustai
```

Least frequent terms within Game of Thrones posts

```
print wordfreqs_cat2.hapaxes()
```

```
[u'hordes', u'woods', u'comically', u'pack', u'seventy-seven', u"'co
ntext", u'shaving', u'kennels', u'differently', u'screaming', u'her-
', u'complainers', u'sailed', u'contributed', u'payoff', u'hallucina
```

그림 8.17 'Data science'와 'game of thrones'에서 한 번만 나타나는 용어(hapax)

가장 빈번하게 사용되는 단어를 살펴보자.

```
print(wordfreqs_cat1.most_common(20))
print(wordfreqs_cat2.most_common(20))
```

그림 8.18에 나타낸 것은 범주별로 가장 많이 보이는 스무 개의 단어를 조회한 결과다.

Most frequent words within data science posts

```
print wordfreqs_cat1.most_common(20)
```

```
[(u'.', 2833), (u',', 2831), (u'data', 1882), (u'?', 1190), (u'scien
ce', 887), (u')', 812), (u'(', 739), (u"'m", 566), (u':', 548), (u'w
ould', 427), (u"'s", 323), (u'like', 321), (u"n't", 288), (u'get', 2
52), (u'know', 225), (u"'ve", 213), (u'scientist', 211), (u'!', 20
9), (u'work', 204), (u'job', 199)]
```

Most frequent words within Game of Thrones posts

```
print wordfreqs_cat2.most_common(20)
```

```
[(u'.', 2909), (u',', 2478), (u'[', 1422), (u']', 1420), (u'?', 113
9), (u"'s", 886), (u"n't", 494), (u')', 452), (u'(', 426), (u's5', 3
99), (u':', 380), (u'spoilers', 332), (u'show', 325), (u'would', 31
1), (u"''", 305), (u'``', 276), (u'think', 248), (u'season', 244),
(u'like', 243), (u'one', 238)]
```

그림 8.18 'data science'와 'game of thrones' 게시물에서 가장 빈번하게 사용되는 단어 20개

이제 희망이 보인다. 여러 개의 공통 단어가 주제와 연관돼 보인다. "data", "science", "season" 같은 단어를 가지고 구분할 수 있을 것이다. 단, "."와 "," 같은 한 글자 용어들이 많으므로 그것들을 제거해야 한다는 점이 중요하다.

이러한 추가 지식을 가지고 우리의 데이터 준비 스크립트를 다시 살펴보자.

8.3.6 3단계를 반복: 데이터 준비 적용

이와 같이 짧은 데이터 탐색만으로 텍스트를 개선할 수 있는 몇 가지 방법을 알게 됐다. 또 다른 중요한 것은 용어의 형태소 처리다.

다음 코드는 "snowball stemming"이라는 간단한 형태소 처리 알고리즘을 보여준다. 이 형태소 처리기의 처리 결과는 언어에 따라 달라지며, 여기서는 영어를 사용하지만 여러 언어를 지원한다.

코드 8.6 데이터 탐색을 거친 후 레딧 데이터 처리

```
01: stemmer = nltk.SnowballStemmer("english")
02: def wordStemmer(wordrow):
03:     stemmed = [stemmer.stem(word) for word in wordrow]
04:     return stemmed
05:
06: manual_stopwords = [',','.',')','.',',','(','m',"'m","n't",'e.g',"'ve",'s','#',
07:     '/','``',"'s","'!'",'!','r',']','=','[','s','&','%','*','...','1','2','3',
08:     '4','5','6','7','8','9','10','--',"'",';','-',':']
09:
10: def data_processing(sql,manual_stopwords):
11:     #create pointer to the sqlite data
12:     c.execute(sql)
13:     data = {'wordMatrix':[],'all_words':[]}
14:     interWordMatrix = []
15:     interWordList = []
16:
17:     row = c.fetchone()
18:     while row is not None:
19:         tokenizer = nltk.tokenize.RegexpTokenizer(r'\w+|[^\w\s]+')
20:
21:         wordrow = tokenizer.tokenize(row[0]+" "+row[1])
22:         wordrow_lowercased = lowerCaseArray(wordrow)
23:         wordrow_nostopwords = wordFilter(stopwords,wordrow_lowercased)
24:
25:         wordrow_nostopwords = wordFilter(manual_stopwords,wordrow_nostopwords)
26:         wordrow_stemmed = wordStemmer(wordrow_nostopwords)
27:
28:         interWordList.extend(wordrow_stemmed)
29:         interWordMatrix.append(wordrow_stemmed)
```

```
30:
31:        row = c.fetchone()
32:
33:        wordfreqs = nltk.FreqDist(interWordList)
34:        hapaxes = wordfreqs.hapaxes()
35:        for wordvector in interWordMatrix:
36:            wordvector_nohapexes = wordFilter(hapaxes,wordvector)
37:            data['wordMatrix'].append(wordvector_nohapexes)
38:            data['all_words'].extend(wordvector_nohapexes)
39:
40:    return data
41:
42: for subject in subreddits:
43:     data[subject] = data_processing(
44:         sql='''SELECT topicTitle,topicText,topicCategory FROM topics
45:             WHERE topicCategory = '''+"'"+subject+"'",
46:         manual_stopwords=manual_stopwords)
47:
```

1행: NLTK 라이브러리로부터 형태소 처리기를 초기화한다.

6~8행: 제거할(무시할) 용어를 정의한 정지어 배열이다.

10행: 이제 우리는 데이터 준비를 새롭게 정의한다.

17행: SQLite 데이터베이스로부터 데이터(레딧 게시물)를 한 건씩 조회한다.

21행: row[0]과 row[1]은 각각 제목과 게시물의 텍스트를 포함한다. 우리는 그것들은 단일 텍스트 블랍(blob)으로 조합한다.

25~26행: 텍스트 형식으로 된 비정형 데이터 즉, 텍스트 블랍[16]으로부터 수동으로 추가된 정지어를 제거한다.

28행: 나중에 단발어를 제거하기 위해 사용하는 임시 단어 목록이다.

29행: 임시 단어 행렬로서, 단발어를 제거하면 최종적인 단어 행렬이 된다.

31행: 새로운 주제를 얻는다.

33행: 모든 용어의 도수 분포를 만든다.

34행: 단발어 목록을 얻는다.

35행: 임시 단어 행렬에 대해 반복순회(loop)한다.

36행: 각 단어 벡터에서 단발어를 제거한다.

37행: 올바른 단어 벡터를 최종 단어 행렬에 추가한다.

---

16 (편주) blob은 binary large object의 줄임말로 직역하면 '2진 형식으로 된 큰 객체'라는 뜻이지만, 보통은 큰 그림 파일이나 복잡한 구조로 된 데이터처럼 정형화되지 않은 데이터를 의미한다. 그러므로 '텍스트 블랍'이란 비정형 텍스트 데이터를 의미한다.

38행: 수정된 단어 벡터를 가지고 전체 용어의 목록을 확장한다.

42~46행: 두 서브레딧에 대해 새로운 데이터 처리 함수를 수행한다.

마지막 data_processing( ) 함수 이후의 변화에 주목하라. 우리의 토크나이저는 이제 정규 표현식 토크나이저다. 정규 표현식은 이 책의 주제가 아니며, 마스터하기 쉽지 않다. 그렇지만 이렇게 간단한 것들만으로도 텍스트를 단어로 쪼갤 수 있다. 단어에 대해서는 영문자와 숫자의 조합이 허용되므로(\w), 특수 문자나 구두점을 사용하지 않았다. 또한, 단어 형태소 처리기를 적용하고 추가적인 정지어 목록을 제거한다. 그리고 모든 단발어는 결국에 제거되는데, 이는 먼저 모든 낱말에서 어간을 추출해야 하기 때문이다. 데이터 준비 과정을 다시 수행해 보자.

이전과 같은 탐색적 분석을 했다면 더 합리적인 결과를 얻었을 것이므로 더 이상 단발어가 남아 있지 않았을 것이다.

```
print(wordfreqs_cat1.hapaxes())
print(wordfreqs_cat2.hapaxes())
```

각 범주당 상위 20 단어를 다시 선택하자(그림 8.19 참조).

Top 20 most common "Data Science" terms after more intense data cleansing

```
wordfreqs_cat1 = nltk.FreqDist(data['datascience']['all_words'])
print wordfreqs_cat1.most_common(20)
```

[(u'data', 1971), (u'scienc', 955), (u'would', 418), (u'work', 368), (u'use', 347), (u'program', 343), (u'learn', 342), (u'like', 341), (u'get', 325), (u'scientist', 310), (u'job', 268), (u'cours', 265), (u'look', 257), (u'know', 239), (u'statist', 228), (u'want', 225), (u've', 223), (u'python', 205), (u'year', 204), (u'time', 196)]

Top 20 most common "Game of Thrones" terms after more intense data cleansing

```
wordfreqs_cat2 = nltk.FreqDist(data['gameofthrones']['all_words'])
print wordfreqs_cat2.most_common(20)
```

[(u's5', 426), (u'spoiler', 374), (u'show', 362), (u'episod', 300), (u'think', 289), (u'would', 287), (u'season', 286), (u'like', 282), (u'book', 271), (u'one', 249), (u'get', 236), (u'sansa', 232), (u'scene', 216), (u'cersei', 213), (u'know', 192), (u'go', 188), (u'king', 183), (u'throne', 181), (u'see', 177), (u'charact', 177)]

그림 8.19 데이터 준비 후 "data science"와 "game of thrones" 레딧 게시물에서 가장 자주 나타나는 단어 20개

데이터의 품질이 어떻게 월등히 나아졌는지 그림 8.19에서 볼 수 있다. 또한, 형태소 처리를 적용한 결과로 특정 단어가 어떻게 짧아졌는지 알 수 있다. 예를 들어, "science"와 "sciences"는 "scienc" 가 되고, "courses"와 "course"는 "cours"가 되는 식이다. 그 결과로 남게 된 용어가 실제 쓰이는 단어는 아니지만 여전히 해석할 수 있다. 용어들이 실제로 쓰이는 단어로 남기를 원한다면 표제어 추출 (lemmatization)이 그 방법이 될 수 있다.

데이터 정제 과정을 "마무리하고"(주의: 텍스트 마이닝을 위한 텍스트 정제 연습을 완벽하게 마치는 일은 거의 불가능할 것이다)나면 남은 것은 단어 주머니 형식의 데이터를 얻기 위한 몇몇 데이터 변환 이다.

먼저, 다음 코드와 같이 모든 데이터를 레이블 처리하고, 범주 당 100개씩의 관측값을 유보 표본으로 생성한다.

코드 8.7 모델링 전 마지막 데이터 가공 및 데이터 분할

```
01: holdoutLength = 100
02:
03: labeled_data1 = [(word,'datascience') for word in
04:     data['datascience']['wordMatrix'][holdoutLength:]]
05: labeled_data2 = [(word,'gameofthrones') for word in
06:     data['gameofthrones']['wordMatrix'][holdoutLength:]]
07: labeled_data = []
08: labeled_data.extend(labeled_data1)
09: labeled_data.extend(labeled_data2)
10:
11: holdout_data = data['datascience']['wordMatrix'][:holdoutLength]
12: holdout_data.extend(data['gameofthrones']['wordMatrix'][:holdoutLength])
13: holdout_data_labels = ([('datascience') for _ in range(holdoutLength)] + \
14:     [('gameofthrones') for _ in range(holdoutLength)])
15:
16: data['datascience']['all_words_dedup'] = \
17:     list(OrderedDict.fromkeys(data['datascience']['all_words']))
18: data['gameofthrones']['all_words_dedup'] = \
19:     list(OrderedDict.fromkeys(data['gameofthrones']['all_words']))
20: all_words = []
21: all_words.extend(data['datascience']['all_words_dedup'])
22: all_words.extend(data['gameofthrones']['all_words_dedup'])
```

```
23: all_words_dedup = list(OrderedDict.fromkeys(all_words))
24:
25: prepared_data = [({word: (word in x[0]) for word in all_words_dedup}, x[1])
26:     for x in labeled_data]
27: prepared_holdout_data = [({word: (word in x) for word in all_words_dedup})
28:     for x in holdout_data]
29:
30: random.shuffle(prepared_data)
31: train_size = int(len(prepared_data) * 0.75)
32: train = prepared_data[:train_size]
33: test = prepared_data[train_size:]
```

1행: 유보 표본(holdout sample)은 두 서브레딧의 레이블 처리 되지 않은 데이터로 구성하며, 각 데이터셋에 대해 100개의 관측값이다. 레이블들은 분리된 데이터셋에 남겨둔다.

3~9행: 유보 표본은 혼동 행렬을 구성함으로써 모델의 결함 여부를 판단하는 데 사용할 것이다.

11~14행: 모든 단어 벡터에 'datascience' 또는 'gameofthrones' 태그가 붙은 하나의 데이터셋을 생성한다. 일부 데이터는 유보 표본으로 남겨둔다.

16~23행: 모델을 훈련 또는 채점하는 데 필요한 단어 주머니 데이터를 생성하기 위해 모든 고유 용어의 목록을 생성한다.

25~28행: 데이터는 이진 단어 주머니 형식으로 바뀐다.

30행: 우선 모델 훈련과 시험을 위한 데이터를 뒤섞는다.

31행: 훈련 데이터의 크기는 전체의 75%이고, 나머지 25%는 모델의 성능을 시험하는 데 사용한다.

유보 표본은 모델을 최종적으로 검사하고 혼동 행렬을 생성하는 데 사용된다. **혼동 행렬**(confusion matrix)은 이전에 보여지지 않은 데이터를 가지고 모델이 잘 만들어졌는지 확인하는 데 쓰는 방법이다. 혼동 행렬은 얼마나 많은 관측값이 정확하게 혹은 부정확하게 분류됐는지 보여 준다.

시험 데이터를 생성하거나 훈련시키기 전에 마지막으로 해야 할 한 단계가 남아있다. 모든 용어가 특정 게시물의 존재 여부에 따라 'True' 혹은 'False' 레이블을 갖는 단어 주머니 포맷에 데이터를 주입하는 것이다. 레이블 처리를 하지 않은 유보 표본에 대해서도 그렇게 해야 한다.

그림 8.20과 같이 우리가 준비한 데이터에는 벡터들에 대한 모든 용어가 포함된다.

```
print(prepared_data[0])
```

```
print prepared_data[0]

({u'sunspear': False, u'profici': False, u'pardon': False, u'selye
s': False, u'four': False, u'davo': False, u'sleev': False, u'slee
                              ⋮
u'daeron': False, u'portion': False, u'emerg': False, u'fifti': Fals
e, u'decemb': False, u'defend': False, u'sincer': False}, 'datascien
ce')
```

그림 8.20 모델링을 위해 준비한 이진 단어 주머니는 매우 희박한 데이터다.

우리는 크고 성긴 행렬을 생성했으며, 우리의 머신에서 처리하기에 너무 큰 경우에 5장에서 소개한 기술을 적용할 수 있다. 그렇지만 지금은 그럴 필요 없이 작은 테이블을 뒤섞어서 트레이닝셋과 테스트셋으로 분할할 수 있다.

항상 데이터에서 큰 부분을 모델 훈련의 몫으로 하되 분할의 최적 비율은 존재한다. 여기서는 3:1로 분할했지만, 자유롭게 바꿔 봐도 된다. 관측값이 많을수록 더 자유로워진다. 관측값이 얼마 없다면 상대적으로 모델을 훈련하는 데 더 많이 할당해야 한다. 이제 우리는 가장 소득이 많은 데이터 분석 단계로 넘어갈 준비가 됐다.

8.3.7 5단계: 데이터 분석

분석을 위해 두 가지 분류 알고리즘, 즉 나이브 베이즈와 의사결정 트리를 데이터에 적용해볼 것이다. 나이브 베이즈는 3장에서 설명했으며, 의사결정 트리는 이번 장의 앞부분에서 설명했다.

먼저, 나이브 베이즈 분류기의 성능을 시험해보자. NLTK에 분류기가 있지만, SciPy와 같은 다른 패키지의 알고리즘을 사용해도 무방하다.

```
classifier = nltk.NaiveBayesClassifier.train(train)
```

훈련시킨 분류기를 가지고 테스트 데이터를 사용해 전반적인 정확도를 측정할 수 있다.

```
nltk.classify.accuracy(classifier, test)
```

```
nltk.classify.accuracy(classifier, test)
0.9681528662420382
```

그림 8.21 분류 정확도는 테스트 데이터에 대해 관측의 몇 퍼센트가 올바로 분류됐는지 측정한다.

그림 8.21에 나타난 것과 같이 테스트 데이터에 대한 정확도는 90%가 넘는 것으로 추산된다.

분류 정확도는 올바르게 분류된 관측의 수를 관측의 총 개수에 대한 백분율로 나타낸다. 다른 데이터를 사용한다면 다른 값이 나올 수도 있다.

```
nltk.classify.accuracy(classifier, test)
```

괜찮은 수치가 나왔다. 이제 한숨 돌려도 될까? 아직은 이르다. 200개 유보 표본에 대해 다시 테스트하고, 이번에는 혼동 행렬을 생성한다.

```
classified_data = classifier.classify_many(prepared_holdout_data)
cm = nltk.ConfusionMatrix(holdout_data_labels, classified_data)
print(cm)
```

그림 8.22의 혼동 행렬은 97%라는 수치가 지나치다는 점을 보여주는데, 이는 우리가 28(23 + 5)건을 오분류했기 때문이다. SQLite 파일에 데이터를 직접 입력했으므로 데이터에 따라 다를 수 있다.

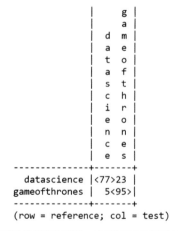

그림 8.22 나이브 베이즈 모델 혼동 행렬은 200건의 관측값 중 28(23 + 5)건이 오분류됐음을 보여준다.

28개의 오분류가 있다는 것은 유보 표본에 대한 정확도가 86%라는 것을 의미한다. 이것은 "datascience" 혹은 "gameofthrones" 그룹에 대해 무작위로 할당된 새로운 게시물과 비교할 필요가 있다. 무작위로 할당했을 때 50%의 정확도를 기대할 수 있으므로 우리가 만든 모델이 그보다는 나은 것으로 보인다. 범주를 결정하기 위해 사용한 가장 유용한 모델 특성이 무엇인지 살펴보자.

```
print(classifier.show_most_informative_features(20))
```

그림 8.23은 두 범주를 구분할 때 가장 중요한 단어 스무 개를 보여준다.

```
Most Informative Features
                    data = True          datasc : gameof =    365.1 : 1.0
                   scene = True          gameof : datasc =     63.8 : 1.0
                  season = True          gameof : datasc =     62.4 : 1.0
                    king = True          gameof : datasc =     47.6 : 1.0
                      tv = True          gameof : datasc =     45.1 : 1.0
                    kill = True          gameof : datasc =     31.5 : 1.0
                  compani = True         datasc : gameof =     28.5 : 1.0
                  analysi = True         datasc : gameof =     27.1 : 1.0
                  process = True         datasc : gameof =     25.5 : 1.0
                    appli = True         datasc : gameof =     25.5 : 1.0
                 research = True         datasc : gameof =     23.2 : 1.0
                   episod = True         gameof : datasc =     22.2 : 1.0
                   market = True         datasc : gameof =     21.7 : 1.0
                    watch = True         gameof : datasc =     21.6 : 1.0
                      man = True         gameof : datasc =     21.0 : 1.0
                    north = True         gameof : datasc =     20.8 : 1.0
                       hi = True         datasc : gameof =     20.4 : 1.0
                    level = True         datasc : gameof =     19.1 : 1.0
                    learn = True         datasc : gameof =     16.9 : 1.0
                      job = True         datasc : gameof =     16.6 : 1.0
```

그림 8.23 나이브 베이즈 분류 모델에서 가장 중요한 단어들

용어 "data"에는 큰 가중치가 주어지며, 주제가 데이터 과학의 범주에 속하는지 나타내는 가장 중요한 지시자로 보인다. "scene", "season", "king", "tv", "kill"과 같은 용어는 데이터 과학보다는 **왕좌의 게임**에 관한 주제를 가리킨다. 이 모든 것들은 완벽하게 일리가 있으며, 따라서 이 모델은 정확도 및 온전성 검사를 통과한다.

나이브 베이즈가 잘 작동하는 것을 살펴봤으니 이번에는 의사결정 트리를 살펴보자.

코드 8.8 의사결정 트리 모델 훈련 및 평가

```
1: classifier2 = nltk.DecisionTreeClassifier.train(train)
2: nltk.classify.accuracy(classifier2, test)
3: classified_data2 = classifier2.classify_many(prepared_holdout_data)
4: cm = nltk.ConfusionMatrix(holdout_data_labels, classified_data2)
5: print(cm)
```

1행: 의사결정 트리 분류기를 훈련한다.

2행: 분류기의 정확도를 검사한다.

3행: 유보 데이터 분류를 시도(채점)한다.

4행: 분류 결과와 실제 레이블에 근거해 혼동 행렬을 생성한다.

5행: 혼동 행렬을 출력한다.

```
nltk.classify.accuracy(classifier2, test)
```
```
0.9333333333333333
```
그림 8.24 의사결정 트리 모델의 정확도

그림 8.24에서 나타낸 것과 같이 약속된 정확도는 93%이다.

그런데 이렇게 단일한 테스트에만 의지했을 때보다 더 나은 면이 있으므로 두 번째 데이터셋에 대해서도 그림 8.25와 같이 한 번 더 혼동 행렬로 바꾼다.

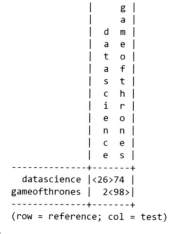

```
              |    g |
              |    a |
              |    m |
              | d  e |
              | a  o |
              | t  f |
              | a  t |
              | s  h |
              | c  r |
              | i  o |
              | e  n |
              | n  e |
              | c  e |
              | e  s |
--------------+------+
  datascience |<26>74 |
gameofthrones | 2<98>|
--------------+------+
(row = reference; col = test)
```
그림 8.25 의사결정 트리 모델에서의 혼동 행렬

그림 8.25는 다른 이야기를 보여준다. 이러한 유보 표본 200개를 관측한 결과에 대해 의사결정 트리 모델은 게시물이 **왕좌의 게임**에 관한 것일 때에는 잘 분류하지만, 데이터 과학 게시물에 대해서는 처참하게 실패할 것이다. 모델이 **왕좌의 게임**을 선호하는 것으로 보이는데, 그것을 탓할 수 있는가? 이 사례에서는 최종 모델로 나이브 베이즈를 사용하지만, 실제 모델을 한번 살펴보자.

```
print(classifier2.pseudocode(depth=4))
```

이름을 보면 알 수 있듯이 의사결정 트리는 나무(tree)와 비슷한 모델이다(그림 8.26).

나이브 베이즈는 모든 용어와 가중치가 적용된 속성을 고려하지만, 의사결정 트리 모델은 뿌리에서 가지와 잎까지 순차적으로 따라간다. 그림 8.26은 "data"라는 용어에서 시작하는 최상위의 네 계층을 나타낸다. 게시물에 "data"가 나타난다면 해당 게시물은 데이터 과학에 관한 것이다. 만약 "data"를 찾지 못하면, "learn"이라는 용어를 확인하는 식으로 계속된다. 가지치기를 잘 하지 못하면 의사결정 트리의 성능이 썩 좋지 못하게 된다. 의사결정 트리에는 잎이 많으며, 때로는 너무나 많다. 그러면 트리는 과적합을 최소화하기 위해 특정 레벨을 잘라낸다. 의사결정 트리의 큰 이점은 가지를 구축할 때 포함되는 단어 간의 암시적 상호작용 효과이다. 낱개의 용어보다 여러 용어가 어우러져 더 강력한 분류를 이룰 때 의사결정 트리는 실제로 나이브 베이즈에 비해 뛰어난 성능을 보인다. 이에 대해 자세히 들어가지는 않겠지만, 다음 단계에서 모델을 향상시킬 때 이 점을 고려하라.

```
if data == False:
  if learn == False:
    if python == False:
      if tool == False: return 'gameofthrones'
      if tool == True: return 'datascience'
    if python == True: return 'datascience'
  if learn == True:
    if go == False:
      if wrong == False: return 'datascience'
      if wrong == True: return 'gameofthrones'
    if go == True:
      if upload == False: return 'gameofthrones'
      if upload == True: return 'datascience'
if data == True: return 'datascience'
```

그림 8.26 의사결정 트리 모델의 트리 구조 표현

이제 우리는 서브레딧의 두 콘텐츠가 어떻게 다른지에 대한 통찰을 제공하는 두 가지 분류 모델을 갖게 됐다. 마지막 단계는 새로 발견한 정보를 다른 사람들과 공유하는 것이다.

8.3.8 6단계: 발표 및 자동화

마지막 단계에서는 우리가 배운 것을 사용하고, 그것을 유용한 애플리케이션으로 바꾸거나 우리의 결과를 다른 사람들에게 발표해야 한다. 상호작용하는 애플리케이션을 구축하는 일은 그 자체로 프로젝트가 될 만하므로 이 책의 마지막 장에서 논의한다. 지금으로서는 우리의 발견을 전달하는 좋은 방식을 배우는 것에 만족하자. 좋은 그래프라든지 좀 더 나은 상호작용 그래프를 가지고 눈길을 사로잡는다면 발표를 더욱 돋보이게 할 것이다. 숫자를 표현하거나 기껏해야 막대 그래프를 보여주는 것 정도가 쉽고 솔깃하겠지만, 한 발짝 더 나아간다면 좋을 것이다.

예를 들어, 나이브 베이즈 모델을 표현하기 위해, 어떤 단어가 "game of thrones" 또는 "data science" 서브레딧과 관련되는지 거품과 연결선의 크기로 표현하는 힘 방향 그래프(force graph)[17]를 사용할 수 있다(그림 8.27). 거품 모양 단어가 어떻게 떨어져 나가는지 눈여겨보라. 이것은 우리가 앞에서 형태소 처리를 적용한 결과다.

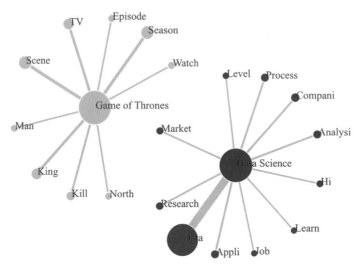

그림 8.27 상위 20개 나이브 베이즈 중요 용어와 그것들의 가중치를 나타내며 상호작용하는 힘 방향 그래프

HTML 파일 "forceGraph.html"을 열어 이번 장의 앞에서 설명한 d3.js 힘 방향 그래프 효과를 즐길 수 있다(그림 8.27). d3.js는 이 책의 범위를 벗어나지만, d3.js를 사용하기 위해 많은 지식이 필요하지는 않다. https://github.com/mbostock/d3/wiki/Gallery의 많은 예제들을 코드를 최소한으로 조정해 활용할 수 있다. 자바스크립트에 대한 약간의 지식만 있으면 된다. 힘 방향 그래프의 예제는 http://bl.ocks.org/mbostock/4062045에서 찾을 수 있다.

의사결정 트리를 조금 더 독창적인 방식으로 표현할 수도 있다. 실제적인 트리 다이어그램을 그릴 수도 있지만, 다음 그림과 같은 해바라기 다이어그램이 더욱 고전적이면서도 재미있게 사용할 수 있다.

그림 8.28은 해바라기 다이어그램의 최상위 계층을 보여준다. 한 영역을 클릭해 확대할 수 있으며, 가운데의 원을 클릭하면 다시 축소된다. 이 예제 코드를 http://bl.ocks.org/metmajer/5480307에서 찾을 수 있다.

17 (편주) force directed graph를 의미한다. 방울로 표현한 꼭짓점(정점 또는 노드)들끼리는 그 크기에 따라 척력이 비례해 작용하는 것처럼 서로 밀쳐 내게 하고, 연결선으로 표현한 변(간선 또는 링크)으로는 그 굵기에 따라 인력이 비례해 작용하는 것처럼 여겨 서로 당기게 한 그래프로 물리법칙에 따라 그래프가 그려진다. '힘의 작용 방향을 물리 공식을 사용해 나타낸 그래프'라는 개념이므로 힘 방향(direction of force)이라는 물리학 용어를 원용해 '힘 방향 그래프'로 번역했다.)

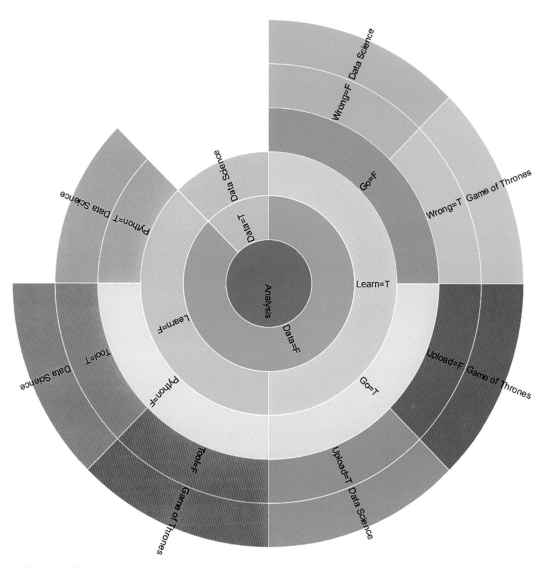

그림 8.28 의사결정 트리 모델의 최상위 네 갈래로부터 생성한 해바라기형 다이어그램

결과를 독창적인 방식으로 보여주는 것이 프로젝트 성공의 열쇠가 될 수 있다. 사람들과 소통하고 의미 있는 결과를 제공하지 않는다면, 당신이 결과를 얻기 위해 들인 노력은 허사가 될 것이다. 독창적인 데이터 시각화가 분명 이것에 도움이 될 것이다.

8.4 요약

- 텍스트 마이닝은 개체 식별, 표절 검사, 주제 식별, 번역, 부정거래 적발, 스팸 필터링 등에 널리 사용된다.

- 파이썬에는 텍스트 마이닝을 위한 도구 모음인 NLTK(natural language toolkit)가 있다. NLTK는 갖고 놀면서 학습하기에 좋다. 사이킷런은 좀 더 '업무에 사용하기 좋은' 편이다. 사이킷런은 2~4장에서 여러 차례 다뤘다.

- 텍스트 데이터의 데이터 준비는 숫자 데이터의 준비에 비해 까다로우며 다음과 같은 기술이 동원된다.

  - **형태소 처리**(stemming): 단어의 끝을 자름으로써 해당 단어의 활용이나 복수형과 매칭할 수 있도록 한다.

  - **표제어 추출**(lemmatization): 형태소 처리와 유사하게 중복을 제거하되, 단어의 의미를 살핀다는 점에서 형태소 처리와 다르다.

  - **정지어 필터링**(stop word filtering): 너무 많이 등장하는 단어를 필터링함으로써 모델을 상당히 개선할 수 있다. 정지어는 특정 말뭉치와 관계되곤 한다.

  - **토큰화**(tokenization): 텍스트를 조각으로 자른다. 토큰은 한 단어일 수도 있고, 여러 단어의 조합일 수도 있으며(n-그램), 문장일 수도 있다.

  - **품사 태깅**(POS tagging): 단어를 잘 이해하기 위해 문장 내에서 특정 단어의 기능을 알고자 할 때 유용하다.

- 사례 연구에서는 레딧의 게시물을 "Game of Thrones"와 "data science"에 관한 것으로 구분해봤다. 우리는 나이브 베이즈와 의사결정 트리 분류기를 모두 시도했다. 나이브 베이즈는 모든 특성이 다른 특성에 대해 독립적인 것으로 가정하며, 의사결정 트리 분류기는 의존적인 것으로 가정해 서로 다른 모델을 사용할 수 있다.

- 살펴본 예에서는 나이브 베이즈가 더 나은 모델을 도출했지만, 의사결정 트리 분류기가 더 나은 경우도 아주 많으며, 데이터가 많을 때 특히 그러하다.

- 두 모델에 새로운(단, 레이블 처리된) 데이터를 적용한 뒤에 계산한 혼동 행렬을 사용해 성능의 차이를 가늠했다.

- 찾아낸 것을 사람들에게 알릴 때는 흥미로운 시각화를 제공함으로써 쉽게 기억할 수 있도록 하는 것이 좋다.

9장

최종 사용자를 위한
데이터 시각화

이번 장에서는 다음을 설명한다.

- 최종 사용자를 위한 데이터 시각화 기법
- 기본적인 크로스필터 맵리듀스 애플리케이션 구성
- dc.js를 사용한 대시보드 생성
- 대시보드 개발 도구를 이용한 작업

 응용에 중점을 둔 장: 이번 장의 내용은 데이터 과학 진행 과정 중 6단계에 초점을 뒀기 때문에 앞서 살펴본 3장 ~8장까지와는 확연히 다르다는 것을 금세 알아챌 수 있을 것이다. 여기에서는 작은 데이터 과학 애플리케이션을 작성하고자 한다. 따라서 이번 장에서는 데이터 과학 진행 과정을 따르지 않는다. 사례 연구에 사용된 데이터의 일부는 진짜지만, 데이터 준비 혹은 데이터 모형화 단계에서 나오는 데이터로 기능한다. 즐거운 경험이 되기를 바란다.

데이터 과학자는 새로운 통찰을 최종 사용자에게 전달할 의무가 있으며, 결과를 알리는 방법으로는 몇 가지가 있다.

- **일회성 발표**: 사업상의 결정을 뒷받침하기 위한 연구는 향후 수년간 조직의 방향을 좌우하는 일회성 활동이다. 회사의 투자 결정을 예로 들어보자. **물류 센터를 두 군데에 둘 것인가 아니면 한 곳에만 둘 것인가? 최적의 효율을 위한 입지는 어디인가?** 일단 결정을 내린 후에는 같은 조사를 반복할 필요가 없다. 이 경우에는 결과를 발표하면서 보고서로도 제출한다.

- **데이터에 관한 새로운 시각**: 가장 명백한 예는 고객 세분화이다. 보고서와 발표를 통해 전달하겠지만, 그것은 도구이지 최종 결과는 아니다. 명확하고 적절한 고객 세분화가 이뤄졌으면 이를 새로운 차원, 즉 새로운 특성으로서 데이터베이스에 피드백할 수 있다. 그래야만 고객집단별 제품 판매량과 같은 보고서를 작성할 수 있다.

- **실시간 대시보드**: 데이터 과학자의 임무가 새로운 정보를 발견하는 데 그치지 않는 경우도 있다. 발견한 정보를 데이터베이스로 되돌려 보내 입력되게 할 수도 있다. 그렇지만 새롭게 발견한 금덩어리에 관한 보고서를 타인이 작성하는 중에 잘못 해석해 틀린 보고서가 작성될 수도 있다. 새로운 정보를 발견한 것은 데이터 과학자이므로 예제를 만들어 둬야 한다. 수정해도 좋은 첫 보고서를 만들어 둠으로써 보고서 및 IT 담당 부서에서 이해하고 따라 할 수 있게 하는 것이다. 첫 번째 대시보드를 만들면 일상

업무 처리에 당신의 통찰력이 필요한 최종 사용자에게 빠르게 전달할 수 있다. 이 방법은 보고서 부서에서 회사의 보고서 소프트웨어를 사용해 영구적인 보고서를 생성하는 동안에 최종 사용자가 업무를 진척할 수 있도록 최소한의 정보를 제공할 수 있다.

몇 가지 중요한 요인이 작용한다는 것을 알아챘을 것이다.

- **어떤 종류의 의사결정을 지원**하고자 하는가? 전략적인 결정인가 아니면 운영상의 결정인가? 전략적인 결정은 일회성의 분석과 보고로 마치는 경우가 많고, 운영상의 결정은 정기적으로 갱신해야 할 필요가 있는 경우가 많다.

- **조직의 규모가 얼마나 큰가?** 작은 조직에서는 데이터 수집에서 보고에 이르는 모든 과정에 책임을 져야 할 것이다. 큰 회사라면 보고를 전담하는 팀에서 대시보드를 만들어줄 수도 있을 것이다. 후자의 경우라 할지라도 대시보드의 프로토타입을 직접 만들 수 있다면 최종본의 완성을 앞당길 수 있을 것이다.

이 책에서는 통찰을 제공하는 데 치중하지만, 이번 장에 한해서는 운영 대시보드를 제작하는 데 초점을 맞춘다. 발견한 내용을 널리 알리기 위해 발표자료를 만들거나 전략적인 통찰을 발표하는 일은 이 책에서 다루는 범위를 벗어난다.

9.1 데이터 시각화의 선택사항

최종 사용자에게 대시보드를 제공하는 데는 몇 가지 선택사항이 있다. 여기에서는 한 가지에 집중해 이번 장을 마칠 때는 스스로 대시보드를 만들 수 있게 될 것이다.

이번 장에서는 수천 가지 의약품을 취급하는 병원 약제실을 예로 든다. 정부에서는 모든 약품에 대해 광민감성을 검사해 특수 용기에 저장하라는 지침을 내렸다. 그러나 정부에서는 광민감성 약품 목록은 제공하지 않았다. 모든 의약품에는 이러한 정보를 담은 설명서가 제공되므로 데이터 과학자에게는 큰 문제가 되지 않는다. 텍스트 마이닝을 현명하게 활용함으로써 각 의약품에 '광민감성(light sensitive)' 혹은 '광둔감성(not light sensitive)' 태그를 붙일 수 있을 것이다[1]. 그런 다음 이 정보를 중앙 데이터베이스에 업로드한다. 또한, 약제실에서는 몇 개의 용기가 필요한지 알아야 한다. 이를 위해 당신에게 의약품 재고 정보에 대한 접근 권한을 줄 것이다. 그중에서 필요한 변수만 추린 데이터셋을 엑셀에서 열면 그림 9.1과 같이 보일 것이다.

---

1 (편주) 의약계에서는 보통 광안정성(photostability)이라는 말을 쓴다. 의약품이 빛에 노출되어도 변화하지 않는 성질을 말하며, 이는 곧 광둔감성과 일맥 상통한다고 할 수 있다. 그러므로 광민감성은 광안정성의 반대말인 셈이다.

	A	B	C	D	E	F
1	MedName	LightSen	Date	StockOut	StockIn	Stock
2	Acupan 30 mg	No	1/01/2015	-8	150	142
3	Acupan 30 mg	No	2/01/2015	-6	5	141
4	Acupan 30 mg	No	3/01/2015	-2	0	139
5	Acupan 30 mg	No	4/01/2015	0	5	144
6	Acupan 30 mg	No	5/01/2015	-8	0	136
7	Acupan 30 mg	No	6/01/2015	-1	0	135
8	Acupan 30 mg	No	7/01/2015	-1	15	149
9	Acupan 30 mg	No	8/01/2015	-10	10	149
10	Acupan 30 mg	No	9/01/2015	-8	15	156

그림 9.1 의약품 재고 데이터에 광민감성(LightSen) 항목을 추가한 자료를 엑셀에서 연 모습

보는 바와 같이 정보는 재고 변동에 대한 일 년 치 시계열이므로 데이터셋의 모든 의약품에는 365개의 항목이 존재한다. 이 사례 연구는 실제로 존재하며 데이터셋에 수록된 의약품명은 진짜지만, 원래의 데이터가 분류된 것과 같이 그 외의 변수는 무작위로 생성된 것이다. 또한, 데이터셋은 29종의 의약품에 한정되며 1만 행 남짓이다. crossfilter.js(자바스크립트 맵리듀스 라이브러리)와 dc.js(자바스크립트 대시보드 라이브러리)로 수백만 행의 데이터에 대한 보고서를 만들 수도 있지만, 여기에서는 예를 들기 위해 적은 데이터만 사용한 것이다. 그리고 전체 데이터베이스를 사용자의 브라우저에 올리는 것은 바람직하지 않다. 그러는 중에 브라우저가 멈출 수 있을 뿐만 아니라 데이터가 너무 많으면 충돌이 일어날 수도 있다. 서버에서 데이터를 미리 계산해서 그중 일부를 REST 서비스 등을 통해 요청하는 것이 일반적이다.

데이터를 사용해 대시보드를 만드는 방법에는 여러 가지가 있다. 뒤에 가서 몇 가지 도구를 살펴볼 것이다.

여러 가지 대안 중에서 이 책에서는 dc.js를 사용하기로 했다. 이것은 자바스크립트 맵리듀스 라이브러리인 크로스필터와 데이터 시각화 라이브러리인 d3.js를 이종교배한 것이다. 크로스필터를 개발한 스퀘어 레지스터(Square Register)는 신용카드 결제를 다루는 회사로, 페이팔과 비슷하지만 모바일에 중점을 두고 있다. 스퀘어에서는 가맹점주가 승인 내역을 신속하게 활용할 수 있도록 크로스필터를 개발했다. 크로스필터 외에도 맵리듀스를 처리할 수 있는 자바스크립트 라이브러리가 있지만, 크로스필터는 성능이 검증돼 있고, 오픈소스라서 무료로 사용할 수 있으며, 유지보수를 회사에서 맡고 있다는 장점이 있다. 크로스필터를 대체할 수 있는 것으로는 Map.js, Meguro, Underscore.js 등이 있다. 자바스크립트는 데이터 처리에 특화된 언어는 아니지만, 웹 브라우저로 데이터를 다뤄야 할 경우에 유용하다. 여기에서는 자바스크립트를 사용해 협업 분산 프레임워크에서 대규모 계산을 처리하는 방법을 다루지는 않겠지만, 난쟁이들의 군대가 거인을 쓰러뜨릴 수 있다. 이 주제에 관심이 있다면 https://

www.igvita.com/2009/03/03/collaborative-map-reduce-in-the-browser/와 http://dyn.com/blog/browsers-vs-servers-using-javascript-for-number-crunching-theories/를 읽어보라.

이 책을 쓰는 현재 d3.js는 가장 다재다능한 자바스크립트 데이터 시각화 라이브러리라고 부르기에 손색이 없다. d3.js는 프로토비스(Protovis) 라이브러리를 개발한 마이크 보스톡(Mike Bostock)이 개발했으며, 많은 자바스크립트 라이브러리가 이를 바탕으로 삼고 있다.

NVD3, C3.js, xCharts, Dimple은 모두 같은 일을 한다고 볼 수 있는데, d3.js 위의 추상 계층을 제공함으로써 간단한 그래프를 쉽게 그릴 수 있도록 해준다. 지원하는 그래프 유형과 기본 디자인에 차이가 있다. 각 웹사이트에 방문해 원하는 것을 선택하자.

- **NVD3:** http://nvd3.org/
- **C3.js:** http://c3js.org/
- **xCharts:** http://tenxer.github.io/xcharts/
- **Dimple:** http://dimplejs.org/

여러 대안 중에서 dc.js를 선택한 이유는 무엇일까?

dc.js는 하나의 그래프를 클릭하면 관련 그래프에 대해 필터된 뷰를 생성해주는 상호작용 대시보드를 제공하면서도, 설치하기가 놀랄 만큼 쉽다는 것이 가장 큰 이유다. 얼마나 쉬운가 하면 이번 장의 끝에서 실제로 작동하는 예제를 구현해볼 수 있을 정도다. 데이터 과학자로서 분석에 많은 시간을 할애하므로 구현하기 쉬운 대시보드는 반가운 선물이다.

dc.js로 무엇을 만들 수 있는지 궁금하다면 공식 웹사이트 http://dc-js.github.io/dc.js/를 방문한 다음 아래쪽으로 스크롤해 나스닥(NASDAQ, 미국의 장외주식거래시장) 예제를 보라(그림 9.2).

대시보드를 여기저기 클릭해보고, 데이터 지점을 선택했다가 해제하기도 하면서 어떻게 반응하는지 살펴보라. 대시보드를 직접 만들어볼 것이므로 너무 푹 빠져 있지는 마라.

앞서 언급했듯이 dc.js는 d3.js와 crossfilter.js에 의존적이다. d3.js는 배우기 어려운 편으로 시각화를 완전히 커스터마이즈하고 싶다면 그에 관련된 책을 읽어봐야 한다. 그러나 dc.js를 가지고 작업하는 데는 지식이 필요하지 않으므로 이 책에서는 다루지 않는다. crossfilter.js는 또 다른 문제다. 이 맵리듀스 라이브러리에 대해 감을 잡고 있어야 dc.js를 가지고 데이터를 다룰 수 있다. 하지만 맵리듀스의 개념 자체는 새로울 것이 없으므로 큰 어려움은 없을 것이다.

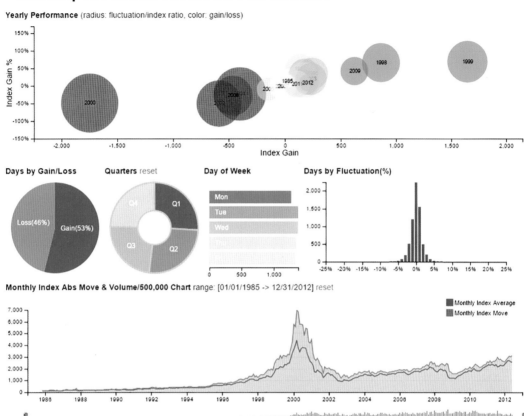

그림 9.2 dc.js를 사용한 상호작용의 예(출처는 dc.js 공식 웹사이트)

9.2 Crossfilter: 자바스크립트 맵리듀스 라이브러리

자바스크립트는 데이터를 처리하는 용도로 최적의 언어라고 할 수 없다. 하지만 그런 사실도 스퀘어의 직원들과 같은 사람들이 자바스크립트용 맵리듀스 라이브러리를 개발하는 일을 막지는 못했다. 데이터를 다룰 때는 속도가 생명이다. 인터넷 혹은 내부 네트워크에 많은 양의 데이터로 부하가 걸리게 해서는 안 되는 이유는 다음과 같다.

- 다량의 데이터를 전송하면 **네트워크**에 부하가 걸리게 되므로 다른 사용자에게 피해를 준다.

- **브라우저**는 수신 측에 해당하며, 데이터를 읽어 들이는 동안에는 일시적으로 **멈춘다**. 소량의 데이터에서는 알아채기 어렵지만, 100만 행을 넘기려고 하면 눈에 띄게 끊기는 현상이 나타나며, 데이터의 폭에 따라서는 브라우저가 작업을 취소해 버릴 수도 있다.

결론은 균형을 잡아야 한다는 것이다. 송신 데이터에 대해서는 일단 브라우저에 도착하면 크로스필터 (Crossfilter)가 처리할 수 있다. 사례 연구에서 약사는 특별히 관심이 가는 스물아홉 가지 약품에 대한 2015년 재고 데이터를 중앙 서버에 요청했다. 데이터는 이미 살펴봤으므로 애플리케이션 자체를 살펴 보자.

9.2.1 구성

실제 애플리케이션을 구축할 차례인데, 우리의 작은 dc.js 애플리케이션에는 다음과 같은 것들이 필요 하다.

- jQuery: 상호작용 처리
- crossfilter.js: dc.js에 필요한 맵리듀스 라이브러리
- d3.js: 유명한 데이터 시각화 라이브러리이며 dc.js에서 필요함
- dc.js: 상호작용 대시보드를 만드는 데 사용할 시각화 라이브러리
- bootstrap: 널리 사용되는 레이아웃 라이브러리로, 좀 더 나아 보이게 하기 위해 사용

우리는 세 개의 파일만 작성하면 된다.

- index.html: 애플리케이션을 포함하는 HTML 페이지
- application.js: 자바스크립트 코드가 있는 파일
- application.css: CSS 파일

추가로 HTTP 서버에서 코드를 실행해야 하는데, LAMP(리눅스, 아파치, MySQL, PHP), WAMP(윈 도우, 아파치, MySQL, PHP), XAMPP(크로스 플랫폼의 아파치, MySQL, PHP, Perl)라는 구성방식 중 한 가지를 선택해 HTTP 서버를 구성할 수도 있을 것이다. 하지만 여기에서는 그러한 서버를 구성 하는 대신에 파이썬 명령 하나를 실행할 것이다. 명령행 도구(리눅스 셸 또는 윈도우 CMD)를 사용해 index.html 파일이 있는 폴더로 이동하라. 이 책의 다른 장에서 파이썬을 설치했을 것이므로 다음과 같이 파이썬 HTTP 서버를 실행할 수 있다.

파이썬 2.7에서는 다음 명령을 사용한다.

```
python -m SimpleHTTPServer 8000
```

파이썬 3.X에서는 다음 명령을 사용한다.

```
python -m http.server 8000
```

그림 9.3과 같이 HTTP 서버가 로컬호스트의 8000번 포트에서 시작된다. 브라우저에서는 "localhost:8000"에 해당한다. "0.0.0.0:8000"이라고 입력하면 작동되지 않을 것이다.

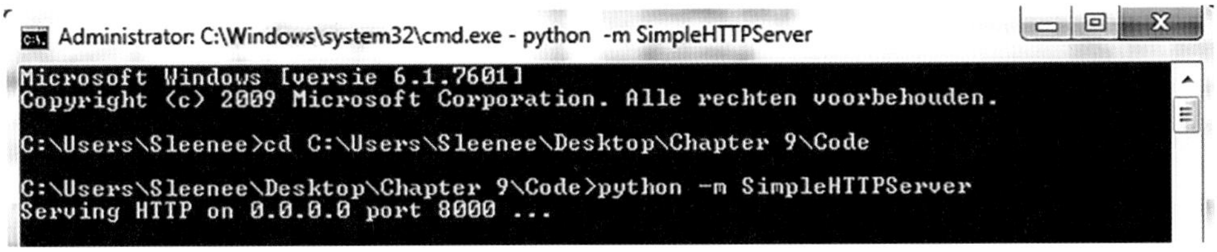

그림 9.3 간단한 파이썬 HTTP 서버를 시작

필요한 모든 파일을 index.html이 있는 폴더에 함께 둬야 한다. 파일은 각 웹사이트 또는 매닝 출판사의 웹사이트에서 내려받을 수 있다.

- **dc.css 및 dc.min.js:** https://dc-js.github.io/dc.js/
- **d3.v3.min.js:** http://d3js.org/
- **crossfilter.min.js:** http://square.github.io/crossfilter/

이제 우리가 생성할 코드를 실행하는 방법을 알았으므로 index.html 페이지를 살펴보자.

코드 9.1 index.html의 초기 버전

```
1: <html>
2: <head>
3:   <title>9장. 데이터 과학 애플리케이션</title>
4:
5:   <link rel="stylesheet"
6:     href="https://maxcdn.bootstrapcdn.com/bootstrap/3.3.0/css/bootstrap.min.css">
```

```
 7:   <link rel="stylesheet"
 8:     href="https://maxcdn.bootstrapcdn.com/bootstrap/3.3.0/css/bootstrap-theme.min.css">
 9:
10:   <link rel="stylesheet" href="dc.css">
11:   <link rel="stylesheet" href="application.css">
12: </head>
13: <body>
14:
15:   <main class='container'>
16:     <h1>Chapter 10: Data Science Application</h1>
17:     <div class="row">
18:       <div class='col-lg-12'>
19:         <div id="inputtable" class="well well-sm"></div>
20:       </div>
21:     </div>
22:     <div class="row">
23:       <div class='col-lg-12'>
24:         <div id="filteredtable" class="well well-sm"></div>
25:       </div>
26:     </div>
27:   </main>
28:
29:   <script src="https://code.jquery.com/jquery-1.9.1.min.js"></script>
30:   <script src="https://maxcdn.bootstrapcdn.com/bootstrap/3.3.0/js/bootstrap.min.js">
31:   </script>
32:
33:   <script src="crossfilter.min.js"></script>
34:   <script src="d3.v3.min.js"></script>
35:   <script src="dc.min.js"></script>
36:   <script src="application.js"></script>
37: </body>
38: </html>
```

5∼8행: 모든 CSS를 적재한다.

10행: Manning 다운로드 페이지 또는 dc 웹사이트 https://dc-js.github.io/dc.js/로부터 dc.css를 내려받는다. index.html 파일과 같은 폴더에 있을 것이다.

15∼27행: 메인 컨테이너는 모든 것을 끌어모아 사용자에게 시각화하는 역할을 한다.

29∼31행: 모든 자바스크립트를 적재한다.

33~36행: crossfilter.min.js, d3.v3.min.js, dc.min.js를 해당 웹사이트 또는 매닝 출판사의 웹사이트에서 내려받는다. 크로스필터는 http://square.github.io/crossfilter/에서, d3.js는 http://d3js.org/, dc.min.js: https://dc-js.github.io/dc.js/에서 내려받는다.

놀랄 만한 내용은 전혀 없다. 사용할 모든 CSS 라이브러리는 헤더에 포함하고, 자바스크립트를 HTML 바디의 끝에서 적재(load)할 것이다. jQuery의 onload(온로드) 핸들러를 사용해 애플리케이션은 페이지의 나머지가 준비될 때 적재될 것이다. 테이블이 들어가는 자리는 두 군데다. 한 곳은 입력 데이터가 어떻게 보이는지 나타내는 `<div id="inputtable"> </div>`이고, 다른 한 곳은 크로스필터와 함께 사용되어 필터된 테이블을 나타내는 `<div id="filteredtable"> </div>`이다. "well", "container"와 같이 여러 개의 부트스트랩 CSS 클래스가 사용됐으며, 부트스트랩 그리드 시스템 "row"와 "col-xx-xx" 등이 사용됐다. 이것들은 다 좋아 보이게 해주지만 꼭 필요한 것은 아니다. 부트스트랩 CSS 클래스에 대한 더 자세한 정보는 웹사이트 http://getbootstrap.com/css/에서 찾을 수 있다.

HTML을 구성했으므로 화면에 데이터를 보여줄 시간이다. 이를 위해 생성한 application.js 파일에 주의를 기울이도록 하라. 먼저, 전체 코드를 jQuery의 onload(온로드) 핸들러로 만들 것이다.

```
$(function() {
    // 이 후에 나오는 모든 코드는 이 래퍼로 끝난다.
})
```

이제 우리는 다른 모든 것이 준비됐을 때만 우리의 애플리케이션이 적재(load)될 것임을 믿을 수 있다. 이것이 중요한 이유는 HTML을 조작하기 위해 jQuery 셀렉터를 사용할 것이기 때문이다. 데이터를 적재할 차례다.

```
d3.csv('medicines.csv',function(data) {
    main(data)
});
```

REST 서비스를 갖추고 있지 않으므로 예제를 위한 데이터를 .csv 파일로 가져올 것이다. 이 파일은 매닝 출판사의 웹사이트에 있으며, d3.js에서 제공하는 함수를 사용해 쉽게 내려받을 수 있다. 데이터를 적재한 후에 d3.csv 콜백 함수에 있는 주 애플리케이션 함수에 전달한다.

main 함수와는 별개로 테이블을 생성하는 CreateTable 함수가 있다. 다음 코드를 보라.

코드 9.2 CreateTable 함수

```
var tableTemplate = $([
        "<table class='table table-hover table-condensed table-striped'>",
        " <caption></caption>",
        " <thead><tr/></thead>",
        " <tbody></tbody>",
        "</table>"
    ].join('\n'));

    CreateTable = function(data,variablesInTable,title){
        var table = tableTemplate.clone();
        var ths = variablesInTable.map(function(v) { return $("<th>").text(v)});
        $('caption', table).text(title);
        $('thead tr', table).append(ths);
        data.forEach(function(row) {
            var tr = $("<tr>").appendTo($('tbody', table));
            variablesInTable.forEach(function(varName) {
                var val = row, keys = varName.split('.');
                keys.forEach(function(key) { val = val[key] });
                tr.append($("<td>").text(val));
            });
        });
    return table;
}
```

CreateTable()에는 세 개의 인자가 필요하다.

- data: 테이블에 넣을 데이터
- variablesInTable: 보여줘야 할 변수
- title: 테이블의 이름. 무엇을 찾는지 아는 것이 좋다.

CreateTable()은 전반적인 테이블 레이아웃을 담기 위해 미리 정의한 tableTemplate 변수를 사용한다. CreateTable()은 이 템플릿에 데이터의 행을 추가할 수 있다.

이제 자신만의 유틸리티를 갖게 되었으므로 애플리케이션의 main 함수를 살펴보자. 코드는 다음과 같다.

코드 9.3 자바스크립트 main 함수

```
 1: main = function(inputdata){
 2:
 3:     var medicineData = inputdata;
 4:
 5:     var dateFormat = d3.time.format("%d/%m/%Y");
 6:     medicineData.forEach(function (d) {
 7:         d.Day = dateFormat.parse(d.Date);
 8:     })
 9:     var variablesInTable = ['MedName','StockIn','StockOut','Stock','Date','LightSen']
10:     var sample = medicineData.slice(0,5);
11:     var inputTable = $("#inputtable");
12:
13:     inputTable
14:         .empty()
15:         .append(CreateTable(sample,variablesInTable,"The input table"));
16: }
```

3행: 일반적으로는 서버로부터 데이터를 조회하지만, 이 경우에는 로컬의 .csv 파일에서 읽는다.

5행: 날짜를 올바른 형식으로 변환함으로써 크로스필터에서 날짜 변수를 인식할 수 있도록 한다.

9행: 표로 나타낼 데이터의 배열. 루프를 통해 표를 그리는 코드를 생성한다.

10행: 데이터 샘플만 보여준다.

11행: 테이블을 생성한다.

데이터를 화면에 보여주지만, 전부 다 보여주는 것은 아니다. 그림 9.4에 보이는 것과 같이 첫 다섯 항목만 보여준다. 데이터에는 Date 변수가 있으며, 크로스필터가 이를 식별하기를 원할 것이므로 우선 파싱을 하고 Day라는 새 변수를 생성한다. 우선은 테이블에 원래의 Date를 보여주지만, 나중에 계산할 때는 Day를 사용한다.

The input table

MedName	StockIn	StockOut	Stock	Date	LightSen
Acupan 30 mg	150	-7	143	1/01/2015	No
Acupan 30 mg	5	-6	142	2/01/2015	No
Acupan 30 mg	15	-9	148	3/01/2015	No
Acupan 30 mg	0	-11	137	4/01/2015	No
Acupan 30 mg	10	-8	139	5/01/2015	No

그림 9.4 브라우저에 입력한 의약품 표가 나오는 모습(처음 다섯 행)

앞서 엑셀에서 본 것과 같다. 기본적인 동작은 알고 있으므로 크로스필터에 대해 소개한다.

9.2.2 크로스필터를 사용해 의약품 데이터셋을 필터링

크로스필터를 가지고 필터링과 맵리듀스를 사용해보자. 9.2.1 절의 코드 이후의 모든 코드를 main() 함수 내에 넣을 수 있다. 가장 먼저 할 일은 크로스필터 인스턴스를 선언하고 이를 데이터 내에서 초기화하는 것이다.

```
CrossfilterInstance = crossfilter(medicineData);
```

여기서부터 작업에 착수할 수 있다. 이 인스턴스에 차원들을 등록할 수 있는데, 여기서 차원이란 테이블의 열을 말한다. 크로스필터는 현재 32차원까지만 등록할 수 있게 제한한다. 32차원 이상인 데이터를 다루고 있다면 브라우저에 보내기 전에 차원을 줄여야 한다. 우리의 첫 차원이 될 의약품 이름 차원을 생성하자.

```
var medNameDim = CrossfilterInstance.dimension(function(d) {return d.MedName;});
```

첫 번째 차원은 의약품의 이름으로, 이미 이것을 가지고 데이터셋을 필터할 수 있으며 필터된 데이터는 CreateTable() 함수를 사용해 보여줄 수 있다.

```
var dataFiltered= medNameDim.filter('Grazax 75 000 SQ-T')
var filteredTable = $('#filteredtable');
filteredTable.empty().append(CreateTable(dataFiltered.top(5),variablesInTable,'Our First Filtered
Table'));
```

한 가지 의약품으로부터 1년 동안 얻은 365개 관측값 중에서 처음 다섯 개의 관측값만 보여준다(그림 9.5).

Our First Filtered Table

MedName	StockIn	StockOut	Stock	Date	LightSen
Grazax 75 000 SQ-T	15	0	205	31/08/2015	Yes
Grazax 75 000 SQ-T	0	-4	62	30/12/2015	Yes
Grazax 75 000 SQ-T	10	-15	66	29/12/2015	Yes
Grazax 75 000 SQ-T	15	0	71	28/12/2015	Yes
Grazax 75 000 SQ-T	10	-4	56	27/12/2015	Yes

그림 9.5 의약품 이름인 Grazax 75 000 SQ-T으로 필터링한 데이터

이 표는 뒤죽박죽인 것처럼 보이지만 사실은 정렬된 것이다. top() 함수를 사용해 의약품의 이름으로 정렬했다. 한 가지 약품만 선택하므로 별 상관은 없다. 새로운 Day 값을 사용하면 쉽게 날짜순으로 정렬할 수 있다. 다음과 같이 날짜 차원을 등록하자.

```
var DateDim = CrossfilterInstance.dimension(function(d) {return d.Day;});
```

이제 의약품의 이름 대신 날짜를 가지고 정렬할 수 있다.

```
filteredTable.empty().append(CreateTable(DateDim.bottom(5),variablesInTable,'Our First Filtered
Table'));
```

그 결과, 그림 9.6과 같이 좀 더 보기가 좋아졌다.

이 테이블은 데이터를 창을 통해 볼 수 있게 하지만, 아직 요약을 해주지는 않는다. 여기에 크로스필터의 맵리듀스 능력이 필요하다. 각 의약품에 대해 얼마나 많은 관측값이 있는지 알고 싶다고 하자. 모든 의약품에 대해 같은 숫자, 즉 2015년도 동안 365개, 즉 하루 1개의 관측값으로 끝날 것임이 자명하다.

Our First Filtered Table

MedName	StockIn	StockOut	Stock	Date	LightSen
Grazax 75 000 SQ-T	65	-12	53	1/01/2015	Yes
Grazax 75 000 SQ-T	15	-11	57	2/01/2015	Yes
Grazax 75 000 SQ-T	5	-9	53	3/01/2015	Yes
Grazax 75 000 SQ-T	5	-4	54	4/01/2015	Yes
Grazax 75 000 SQ-T	0	-14	40	5/01/2015	Yes

그림 9.6 의약품명 Grazax 75 000 SQ-T로 필터링하고 날짜순으로 정렬한 데이터

```
var countPerMed = medNameDim.group().reduceCount();
variablesInTable = ["key","value"]
filteredTable.empty().append(CreateTable(countPerMed.top(Infinity), variablesInTable,'Reduced
Table'));
```

크로스필터에는 두 가지 맵리듀스 함수, reduceCount()와 reduceSum()이 포함돼 있다. 횟수 세기와 더하기 외의 다른 작업도 처리하고 싶다면 이를 위한 리듀스 함수를 작성해야 한다. countPerMed 변수는 이제 의약품 차원으로 그룹화된 데이터를 포함하며, 각 의약품과 의약품이 나타난 행 개수가 각 키와 값을 형성한다. 테이블을 생성하려면 medName 대신 key 변수와 카운트를 위한 value 변수를 사용해야 한다(그림 9.7).

Reduced Table	
key	**value**
Adoport 1 mg	365
Atenolol EG 100 mg	365
Ceftriaxone Actavis 1 g	365
Cefuroxim Mylan 500 mg	365
Certican 0.25 mg	365

그림 9.7 의약품을 그룹으로, 데이터 행 수를 값으로 해 맵리듀스를 적용한 표

.top(Infinity)을 지정함으로써 모든 29가지 의약품을 화면에 띄우도록 한다. 그러나 지면을 아끼기 위해 그림 9.7은 처음 다섯 결과만 보여준다. 데이터에는 한 가지 의약품에 대해 365행이 있다. 크로스필터가 어떻게 "Grazax"에 대한 필터를 무시하는지 알 수 있다. 그룹화를 위해 차원이 사용되면 필터는 그것에 적용되지 않는다. 다른 차원에 대한 필터만이 결과를 좁힐 수 있다.

크로스필터에서 제공하지 않는 좀 더 흥미로운 계산, 예컨대 평균은 어떤가? 세 개의 함수를 작성해 .reduce() 메서드에 넣을 수는 있겠지만, 굳이 그럴 필요는 없다. 각 의약품의 평균 재고를 알고 싶다고 하자. 앞에서 언급한 바와 같이 거의 모든 맵리듀스 논리는 여러분이 작성해야 한다. 평균은 합계를 개수로 나눈 것이므로 그 두 가지가 필요하다. 어떻게 얻을 수 있을까? reduceCount()와 reduceSum() 함수 외에도 크로스필터에는 좀 더 일반적인 reduce() 함수가 있다. 이 함수는 세 개의 인자를 취한다.

- **reduceAdd() 함수**: 관측값이 추가됐을 때 어떤 일이 일어나는지 설명하는 함수.

- **reduceRemove() 함수**: 관측이 사라졌을 때(예: 필터가 적용되는 경우) 어떤 일이 일어나는지 설명하는 함수.

- **reduceInit() 함수**: 계산할 모든 것에 대해 초깃값을 설정한다. 합계와 카운트에 대해 가장 타당한 시작점은 0이다.

이러한 세 요소를 인자로 취하는 크로스필터의 .reduce() 메서드를 호출하기에 앞서, 개별적인 리듀스 함수를 살펴보자. 맞춤 리듀스 함수에는 초기화, add 함수, remove 함수의 세 요소가 필요하다. 초기 리듀스 함수는 p 개체의 시작값을 설정한다.

```
var reduceInitAvg = function(p, v){
    return {count: 0, stockSum: 0, stockAvg: 0};
}
```

보는 바와 같이 리듀스 함수는 두 개의 인자를 취한다. 인자들은 크로스필터의 .reduce() 메서드를 통해 자동으로 전달된다.

- p는 지금까지의 조합 상황을 포함하는 객체다. 그것은 모든 관찰에 걸쳐 지속된다. 이 변수는 합계와 카운트를 유지하므로 당신의 목표, 최종 결과를 표현한다.

- v는 입력 데이터의 레코드를 나타내며, 사용 가능한 모든 변수를 갖는다. p와 달리 v는 영속적이지 않지만, 함수가 호출될 때마다 데이터의 새로운 행으로 대체된다. reduceInit( )은 단 한 차례만 호출되지만, reduceAdd( )는 레코드가 추가될 때마다, reduceRemove( )는 데이터의 행이 삭제될 때마다 호출된다.

- reduceInit( ) 함수는 기본적으로 p 객체를 그것의 요소(count, sum, average)를 정의함으로써 초기화하고, 초깃값을 설정하며, 여기서는 평균을 계산할 것이므로 reduceInitAvg( )를 호출한다. reduceAddAvg( )를 살펴보자.

```
var reduceAddAvg = function(p, v){
    p.count += 1;
    p.stockSum = p.stockSum + Number(v.Stock);
    p.stockAvg = Math.round(p.stockSum / p.count);
    return p;
}
```

reduceAddAvg( )는 동일한 p와 v 인자를 취하지만 이제 당신은 실제로 v를 사용한다. 이 경우에는 데이터에 p의 초깃값을 설정할 필요가 없다(원한다면 할 수는 있다). Stock은 추가하는 레코드에 대해 합산되며, 누적된 합계와 레코드 카운트에 근거해 평균이 계산된다.

```
var reduceRemoveAvg = function(p, v){
    p.count -= 1;
    p.stockSum = p.stockSum - Number(v.Stock);
    p.stockAvg = Math.round(p.stockSum / p.count);
    return p;
}
```

reduceRemoveAvg( ) 함수는 비슷하게 보이지만 그 반대로 동작한다. 레코드가 삭제되면, 카운트와 합계가 줄어든다. 평균은 항상 같은 방법으로 계산되므로 식을 변경할 필요는 없다.

손수 만든 맵리듀스 함수를 데이터셋에 적용한다.

```
1: dataFiltered = medNameDim.group().reduce(reduceAddAvg, reduceRemoveAvg,reduceInitAvg)
2:
3: variablesInTable = ["key","value.stockAvg"]
4: filteredTable.empty().append(CreateTable(dataFiltered.top(Infinity),
5:                           variablesInTable,'Reduced Table'));
```

1행: reduce()는 세 개의 함수(reduceInitAvg(), reduceAddAvg(), reduceRemoveAvg())를 입력 인자로 받는다.

3행: 늘 하던 방식으로 결과 테이블을 그린다.

출력 변수의 이름이 어떻게 value에서 value.stockAvg로 바뀌었는지 보라. reduce 함수를 직접 정의했기 때문에 원한다면 여러 변수를 출력할 수 있다. 따라서 value는 계산한 모든 변수를 담은 객체로 바뀐다. stockSum과 count도 있다.

결과는 그림 9.8과 같다. 재고 부족으로 인해 다른 병원에서 Cimalgex를 빌려온 것처럼 보인다. 크로스필터와 dc.js를 가지고 작업하기 위해 알아야 할 것은 이것이 전부이므로 이러한 상호작용 그래프를 만들어보자.

Reduced Table

key	value.stockAvg
Adoport 1 mg	36
Atenolol EG 100 mg	49
Ceftriaxone Actavis 1 g	207
Cefuroxim Mylan 500 mg	118
Certican 0.25 mg	158
Cimalgex 8 mg	-24

그림 9.8 맵리듀스를 적용한 의약품별 평균 재고 테이블

9.3 dc.js로 상호작용 대시보드 만들기

크로스필터의 기초를 알게 됐으므로 마지막 단계인 대시보드 만들기로 넘어갈 차례다. index.html 페이지에 그래프를 넣을 자리부터 만들자. 새로운 본문(body) 코드는 다음과 같다. 초기 설정과 비슷하지만, 그래프가 들어가는 〈div〉 태그와 재설정 버튼을 위한 〈button〉 태그가 추가됐음을 알 수 있다.

코드 9.4 dc.js로 생성한 그래프가 들어갈 자리를 추가한 index.html

```
1: <body>
2:   <main class='container'>
3:
4:     <h1>Chapter 10: Data Science Application</h1>
5:     <div class="row">
6:       <div class='col-lg-12'>
7:         <div id="inputtable" class="well well-sm"></div>
```

```
 8:        </div>
 9:      </div>
10:      <div class="row">
11:        <div class='col-lg-12'>
12:          <div id="filteredtable" class="well well-sm"></div>
13:        </div>
14:      </div>
15:
16:      <button class="btn btn-success">Reset Filters</button>
17:      <div class="row">
18:        <div class="col-lg-6">
19:          <div id="StockOverTime" class="well well-sm"></div>
20:          <div id="LightSensitiveStock" class="well well-sm"></div>
21:        </div>
22:        <div class="col-lg-6">
23:          <div id="StockPerMedicine" class="well well-sm"></div>
24:        </div>
25:      </div>
26:    </main>
27:
28:    <script src="https://code.jquery.com/jquery-1.9.1.min.js"></script>
29:    <script src="https://maxcdn.bootstrapcdn.com/bootstrap/3.3.0/js/bootstrap.min.js">
30:    </script>
31:
32:    <script src="crossfilter.min.js"></script>
33:    <script src="d3.v3.min.js"></script>
34:    <script src="dc.min.js"></script>
35:
36:    <script src="application.js"></script>
37: </body>
```

4~6행:

그림이 배치되는 모양:

제목

| 입력 테이블 | (1행)
| 필터된 테이블 | (2행)
[재설정 버튼]
| 시기별 재고 차트 | 의약품별 재고 차트 | (3행)
| 광민감성 차트 | | (4행)
(1열)   (2열)

7행: 입력 데이터 테이블을 배치할 ⟨div⟩다.

12행: 필터된 테이블을 배치할 ⟨div⟩다.

16행: 신규: 재설정 버튼이다.

19행: 신규: 시기별 재고 차트가 들어갈 자리다.

20행: 신규: 광민감성 원형 그래프가 들어갈 자리다.

23행: 신규: 의약품별 재고 막대 그래프가 들어갈 자리다.

28~30행:

　　표준 사례. JS 라이브러리는 페이지 적재 속도를 높이기 위해 필요하다.

　　jQuery: 필수적인 HTML과 자바스크립트의 상호작용

　　부트스트랩: 트위터에서 개발한 단순화된 CSS 및 레이아웃

　　*.min.js는 타사 라이브러리를 위한 최소화된 자바스크립트임

32~34행: 크로스필터, d3, dc 라이브러리를 각 웹사이트에서 내려받을 수 있다.

　　크로스필터: 우리가 선택한 자바스크립트 맵리듀스 라이브러리

　　d3: dc.js를 실행하는 데 필요한 d3 스크립트

　　DC: 시각화 라이브러리

36행: 우리 애플리케이션의 자바스크립트 코드다.

　　애플리케이션: 우리의 데이터 과학 애플리케이션으로 모든 로직을 저장

부트스트랩(Bootstrap)[2] 서식을 따르고 있지만, 가장 중요한 엘리먼트(elements)[3]는 세 개의 ID를 가진 ⟨div⟩ 태그와 버튼이다. 구축하고자 하는 것은 시간에 따른 총 재고를 표현하는 ⟨div id="StockOverTime"⟩ ⟨/div⟩, 의약품을 선별할 가능성을 가진 ⟨div id="StockPerMedicine"⟩ ⟨/div⟩, 광민감성 여부를 나타내는 ⟨div id="LightSensitiveStock"⟩ ⟨/div⟩이다. 또한, 모든 필터를 재설정하는 버튼 ⟨button class="btn btn-success"⟩Reset Filters⟨/button⟩도 필요하다. 재설정 버튼 엘리먼트는 필수는 아니지만 유용하다.

다시 application.js에 다시 집중해 보자. 앞에서와 마찬가지로 여기서 main( ) 함수의 모든 코드를 이전처럼 추가할 수 있다. 그렇지만 한 가지 예외가 있다. dc의 dc.renderAll( )은 그래프를 그리는 명령이다. 그림을 그리라는 이 명령을 main( ) 함수의 맨 끝에 단 한 번만 둬야 한다. 필요한 첫 그래프는 'total stock over time'으로, 다음 코드에 있는 것과 같다. 앞서 이미 시간 차원을 선언했으므로 필요한 모든 것은 시간에 따라 재고량을 합산하는 것이다.

2　(편주) 원래는 어떤 일을 순조롭게 진행되게 하는 것을 일컫는 말이지만, 여기서는 웹 디자인을 편하게 해 주는 프레임워크의 이름을 의미한다.

3　(편주) HTML을 이루는 각 구성요소를 말한다. 보통 ⟨div⟩⟨/div⟩나 ⟨body⟩⟨/body⟩ 와 같이 시작과 끝이 있는 부분을 의미하며, 그냥 요소라고 부르기도 한다.

코드 9.5 "총 재고" 그래프를 생성하는 코드

```
 1: var SummatedStockPerDay = DateDim.group().reduceSum(function(d){return d.Stock;})
 2:
 3: var minDate = DateDim.bottom(1)[0].Day;
 4: var maxDate = DateDim.top(1)[0].Day;
 5: var StockOverTimeLineChart = dc.lineChart("#StockOverTime");
 6:
 7: StockOverTimeLineChart
 8:     .width(null) // null은 컨테이너에 맞춤
 9:     .height(400)
10:     .dimension(DateDim)
11:     .group(SummatedStockPerDay)
12:     .x(d3.time.scale().domain([minDate,maxDate]))
13:     .xAxisLabel("Year 2015")
14:     .yAxisLabel("Stock")
15:     .margins({left: 60, right: 50, top: 50, bottom: 50})
16:
17: dc.renderAll();
```

1행: 시간에 따른 재고 데이터

3~5행: 꺾은선 그래프

7~15행: 일별 배송 그래프

17행: 모든 그래프를 작성

여기서 일어난 일을 모두 살펴보자. dc.js가 꺾은선 그래프를 어디서 시작하고 끝낼지 알 수 있도록 먼저 x 축의 범위를 계산해야 한다. 그러면 꺾은선 그래프가 초기화되고 설정된다. 최소한의 자체 설명 방식으로 .group()과 .dimension()이 있다. .group()은 시간 차원을 취해 x 축을 표현한다. .dimension()은 데이터의 총합을 입력으로 취해 y 축을 표현한다. 그림 9.9는 따분한 꺾은선 그래프처럼 보이지만, 함정이 숨어 있는 것처럼 보인다.

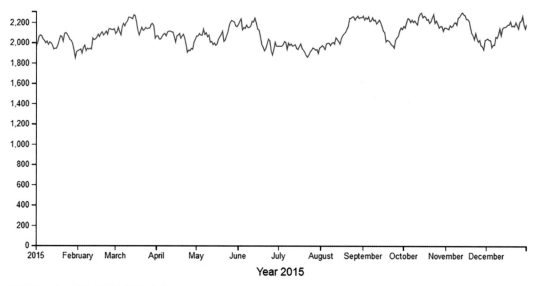

그림 9.9 dc.js 그래프: 2015년 의약품 총재고

두 번째 요소를 도입하면 급격하게 바뀌므로, 다음의 코드와 같이 의약품별 재고를 나타내는 가로 막대 그래프(row chart)를 생성하자.

코드 9.6 "의약품별 평균 재고" 그래프를 생성하는 코드

```
 1: var AverageStockPerMedicineRowChart = dc.rowChart("#StockPerMedicine");
 2: var AvgStockMedicine = medNameDim.group().reduce(
 3:                         reduceAddAvg,reduceRemoveAvg,reduceInitAvg);
 4:
 5: AverageStockPerMedicineRowChart
 6:      .width(null)
 7:      .height(1200)
 8:      .dimension(medNameDim)
 9:      .group(AvgStockMedicine)
10:      .margins({top: 20, left: 10, right: 10, bottom: 20})
11:      .valueAccessor(function (p) {return p.value.stockAvg;});
```

1행: 의약품별 평균 재고 가로 막대 그래프

6행: null은 "크기를 컨테이너에 맞춤"을 뜻함

이것은 이전에 작성한 테이블을 그래프로 그려낸 것이므로 익숙할 것이다. 한 가지 재미있는 점은 이번에는 사용자 정의한 reduce() 함수를 사용했으므로 dc.js가 어떤 데이터를 표현할지 알지 못한다는 점이다. 우리는 .valueAccessor() 메서드를 가지고 p.value.stockAvg를 선택한 값으로 지정할 수 있다. dc.js의 가로 막대 그래프의 레이블 글꼴이 회색이어서 가독성이 떨어진다. 레이블 글꼴의 CSS를 application.css 파일로 덮어씀으로써 개선할 수 있다.

```
.dc-chart g.row text {fill: black;}
```

간단한 이 한 줄의 코드로 모호한 그래프를 명확하게 드러낼 수 있다(그림 9.10).

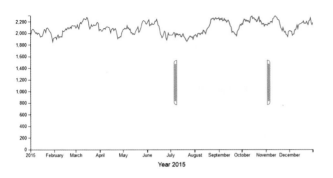 

그림 9.10 dc.js 꺾은선 그래프와 가로 막대 그래프의 상호작용

이제, 꺾은선 그래프의 영역을 선택하면 가로 막대 그래프가 자동으로 조정되어 정확한 시기에 해당하는 데이터를 표현해준다. 반대로 가로 막대 그래프에서 의약품을 한 개 이상 선택할 수 있으며, 그 결과로 꺾은선 그래프도 맞춰진다. 끝으로 약사가 광민감성 의약품과 그렇지 않은 의약품을 구분할 수 있도록 광민감성 척도를 추가하자. 코드는 다음과 같다.

코드 9.7 광민감성을 추가

```
var lightSenDim = CrossfilterInstance.dimension(function(d){return d.LightSen;});
var SummatedStockLight = lightSenDim.group().reduceSum(function(d) {return d.Stock;});

var LightSensitiveStockPieChart = dc.pieChart("#LightSensitiveStock");

LightSensitiveStockPieChart
    .width(null) // null은 컨테이너에 맞춤
    .height(300)
```

```
    .dimension(lightSenDim)
    .radius(90)
    .group(SummatedStockLight)
```

아직 광민감성을 도입하지 않았으므로 우선 크로스필터 인스턴스로 등록해야 한다. 또한, 모든 필터를 재설정하는 재설정 버튼을 추가할 수 있다. 다음 코드를 참조하라.

코드 9.8 대시보드의 필터 재설정 버튼

```
1: resetFilters = function(){
2:     StockOverTimeLineChart.filterAll();
3:     LightSensitiveStockPieChart.filterAll();
4:     AverageStockPerMedicineRowChart.filterAll();
5:     dc.redrawAll();
6: }
7: $('.btn-success').click(resetFilters);
```

1~6행: resetFilters() 함수는 dc.js 데이터를 재설정하고 그래프를 다시 그린다.

7행: btnsuccess 클래스가 있는 엘리먼트(우리의 재설정 버튼)를 클릭하면 resetFilters()가 호출된다.

.filterAll() 메서드는 특정 차원의 모든 필터를 제거한다. 그런 다음 dc.redrawAll()이 모든 차트를 다시 그리게끔 수동으로 트리거한다.

최종 결과는 약사가 직접 사용하면서 재고량에 대한 통찰을 얻을 수 있는 상호작용적인 대시보드(그림 9.11)다.

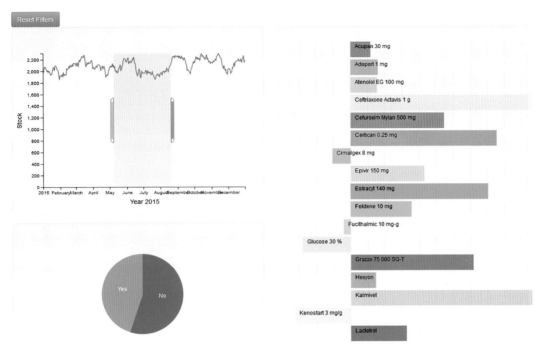

그림 9.11 dc.js로 개발한 병원 약제실의 의약품 재고 대시보드는 완전한 상호작용을 한다.

9.4 대시보드 개발 도구

이미 훌륭한 대시보드를 만들어 봤지만, 좀 더 근사하게 나타낼 수 있는 다른 소프트웨어도 간략하게 알아보겠다.

태블로(Tableau), 마이크로 스트래테지(MicroStrategy), 클릭(Qlik), 에스에이피(SAP), 아이비엠 (IBM), 에스에이에스(SAS), 마이크로소프트, 스팟파이어(Spotfire) 등에서 개발한 소프트웨어 패키지를 이용할 수 있다. 이러한 회사들에서 내놓은 대시보드 도구는 살펴볼 만한 가치가 있는 것들이다. 대기업에서 근무한다면 이와 같은 유료 도구 하나쯤은 사용할 수 있을 것이므로 운이 좋은 편이라 하겠다. 기능에 제한이 있는 무료 공개 버전이 제공되기도 한다. 아직 살펴보지 않았다면 태블로의 다운로드 페이지 https://public.tableau.com/s/에 방문해보라.

다른 회사에서도 최소한 시험판은 제공할 것이다. 기한이 만료되면 비용을 내야 하지만 시험 삼아 사용해 볼만한 가치가 있으며, 특히 큰 회사라면 비용을 지출하기가 어렵지 않을 것이다.

그렇지만 이 책에서는 무료 도구를 주로 다룬다. 무료 데이터 시각화 도구를 사용하다 보면 원하는 플롯을 그리기 위해서 HTML과 무료 자바스크립트 라이브러리를 들여다보게 될 것이다. 다양한 라이브러리가 존재한다.

- **하이차트(HighCharts)**: 가장 성숙한 브라우저 기반 그래프 라이브러리 중 하나다. 무료 라이선스는 상업용으로 쓰지 않을 때만 적용된다. 상업용으로 사용하려면 90달러에서 4000달러의 비용이 든다. http://shop.highsoft.com/highcharts.html을 참조하라.

- **차트킥(Chartkick)**: 루비 온 레일즈(Ruby on Rails) 팬들을 위한 자바스크립트 차트 라이브러리다. http://ankane.github.io/chartkick/을 참조하라.

- **구글 차트(Google Charts)**: 구글의 무료 차트 라이브러리다. 다양한 그래프를 제공하며, 구글의 다른 제품들과 마찬가지로 상업용으로도 무료로 사용할 수 있다. https://developers.google.com/chart/를 참조하라.

- **디쓰리닷제이에스(d3.js)**: 그래프 라이브러리가 아닌 데이터 시각화 라이브러리다. 별 차이가 없을 것 같지만, 꼭 그렇지는 않다. 하이차트와 구글 차트는 미리 정의된 차트를 그리게끔 되어 있지만, d3.js에는 그러한 제약이 없다. d3.js는 가장 다재다능한 자바스크립트 데이터 시각화 라이브러리다. 공식 웹사이트인 http://d3js.org/에 방문해 일반적인 그래프 제작 라이브러리와의 차이를 확연히 나타내는 상호작용 예제를 둘러보라.

물론, 위에서 소개한 것이 전부가 아니다.

위즈모(Wijmo), 켄두(Kendo), 퓨전차트(FusionCharts)와 같이 시험 사용은 가능하지만, 커뮤니티용 무료판이 없는 시각화 라이브러리도 있다. 하지만 지원과 정규 업데이트를 보장하므로 살펴볼 가치가 있다.

또 다른 선택도 가능하다. 심지어 SAP의 BusinessObjects, SAS JMP, 태블로, 클릭뷰(Clickview)와 같은 것을 사용하는 대신 HTML5로 자신만의 인터페이스를 개발하는 일도 생각해 볼 수 있다. 자체 개발을 고려하는 이유와 고려할 시기로는 다음과 같은 것을 들 수 있다.

- **예산 부족**: 스타트업 또는 소기업에서는 이러한 소프트웨어의 라이선스 비용을 감당하기 힘들 수 있다.

- **접근성이 좋음**: 데이터 과학 애플리케이션은 모든 유형의 사용자에게 결과를 제공해야 하며, 고객이 브라우저밖에 사용할 수 없는 경우도 있다. 데이터 시각화를 HTML5로 구현한다면 모바일 환경에서도 무리 없이 수행될 것이다.

- **인재 동원 가능**: 태블로 개발자가 많지 않다고 하더라도 웹 개발 기술을 가진 사람은 얼마든지 찾을 수 있다. 프로젝트를 계획할 때, 직원을 고용할 수 있는지 고려하는 것이 중요하다.

- **빠른 배포**: 회사의 전체 IT 업무 처리 속도는 느린 데 반해 분석 결과를 빨리 내놓아야 할 수도 있다. 인터페이스를 일단 구축해서 사용하기 시작하면 IT 부서에서 시간을 들여서 원하는 제품을 내놓을 수 있다.

- **시범 제작:** 목적과 기능을 IT 부서에 잘 전달할 수 있다면 당신이 원하는 지속가능한 애플리케이션을 구축하거나 구매하기가 좀 더 쉬워질 것이다.

- **사용자 특화:** 기성 소프트웨어의 기능이 제 아무리 뛰어나다 하더라도 스스로 개발하는 것만큼 사용자에 특화할 수는 없다.

그렇다면 직접 개발하지 말아야 할 이유로는 무엇이 있을까?

- **회사 정책:** 회사에서 허용하지 않는다면 어쩔 수 없다. 큰 회사에서는 IT 지원부서에서 몇 가지의 도구만 사용하도록 통제한다.

- **전담 부서가 있음:** 요청에 따라 보고서를 제공하는 숙련된 팀이 존재한다면 그들이 일하도록 던져주는 것이 낫다.

- **보유한 도구로도 충분한 맞춤설정이 가능:** 대형 플랫폼 다수가 자바스크립트로 이뤄진 브라우저 인터페이스를 제공한다. Tableau, BusinessObjects Webi, SAS Visual Analytics 같은 것들은 모두 HTML 인터페이스를 갖고 있어서 시간이 지날수록 맞춤 설정의 폭이 더욱 넓어질 것이다.

애플리케이션이 사람들의 마음을 사로잡을 수 있는지를 좌우하는 것은 결국 프런트엔드(front end)[4]이다. 데이터의 표현과 분석에 공들인 것도 사용자에게 전달돼야 비로소 빛을 발할 수 있다. 이제 올바른 방향을 찾은 셈이다. 이번 장을 마무리하도록 하겠다.

9.5 요약

- 이번 장은 데이터 과학 진행 과정 중 마지막 단계에 초점을 맞췄으며, 우리의 목표는 최종 사용자에게 상호작용하는 대시보드를 제공하는 데이터 과학 애플리케이션을 구축하는 것이다. 데이터 과학 진행 과정의 모든 단계를 따른 후에 우리는 정제되고 압축되고 조밀한 데이터를 표현했다. 이러한 방법으로 적은 데이터를 질의해 원하는 통찰을 얻을 수 있다.

- 예제에서는 의약품 재고 데이터가 완전히 정제되어 준비된 것으로 간주했으며, 이것은 정보가 최종 사용자에게 도달하기 전에 항상 이뤄져야 한다.

- 자바스크립트를 바탕으로 만든 대시보드는 사용자가 웹 브라우저만 갖고 있으면 되므로 데이터 과학 성과에 재빨리 접근하기에 완벽하다. 또는, 태블로, 클릭(Qlick)과 같은 것으로 대체할 수도 있다(5장 참조).

- 크로스필터(Crossfilter)는 수많은 자바스크립트 맵리듀스 라이브러리 중 하나다. 금전 거래를 다루는 회사인 스퀘어(Square)에서 개발해 사용함으로써 그 안정성이 증명되었다. 단 하나의 노드와 브라우저라 할지라도 맵리듀스를 적용으로써 계산 속도의 향상을 꾀할 수 있다.

- dc.js는 d3.js와 크로스필터를 바탕으로 브라우저 대시보드를 빠르게 구축할 수 있게 만든 차트 라이브러리다.

---

4 (편주) 사용자와 직접 대면하는 부분을 말한다.

- 병원 약제실의 데이터셋을 탐색하고 약사를 위해 상호작용하는 대시보드를 구축했다. 대시보드의 강점은 정보를 대시보드 자체만으로도 제공(self-service)하려는 본성에 있다. 보고자나 데이터 과학자가 상주하지 않더라도 그들이 설명하고자 하는 통찰을 대시보드가 제공할 수 있다.

- 데이터 시각화 대안들이 있으므로 요건에 가장 잘 맞는 것을 찾는 데 시간을 쓸 만하다.

- 다음과 같은 이유로 기업용 도구(훨씬 비싸다)를 사용하는 대신에 사용자 특화 보고서를 직접 개발하고자 할 수 있다.

  - **예산 부족**: 스타트업에서 모든 도구를 사서 쓸 수는 없음

  - **높은 접근성**: 브라우저를 누구나 사용할 수 있음

  - **인재 동원 가능**: 자바스크립트 개발자를 구하기가 비교적 쉬움

  - **빠른 배포**: IT 부서를 통한 업무 처리는 시간이 오래 걸림

  - **시범 제작**: 시범용 애플리케이션을 만들면 IT 부서에 실사용 버전 구축 시간을 벌어줄 수 있음

  - **사용자 특화**: 때로는 자신이 상상한 대로 만들기를 바랄 수 있음

- 물론, 애플리케이션을 직접 개발할 수 없는 이유도 있다.

  - **사내 정책**: 애플리케이션을 마구잡이로 개발하는 것은 좋지 못하다는 이유로 회사에서는 자체 개발을 제한하고자 할 수 있다.

  - **유능한 보고 담당 부서가 있음**: 유능한 보고 전담 부서가 있다면 굳이 직접 개발할 필요가 있겠는가?

  - **만족스런 사용자 특화**: 모든 사람이 다 잘 마감된 것을 원하지는 않으며, 기본적인 것만으로도 만족하기도 한다.

축하한다! 이 책을 다 읽었다면 데이터 과학자로서의 첫발을 내디딘 셈이다. 즐겁게 읽었기를 바라며, 예제와 사례 연구를 응용할 수 있기를 바란다. 데이터 과학에 대한 기본적인 통찰을 얻었으므로 이제 길을 떠날 때이다. 모험을 향해 나가서 위대한 업적을 이루는 훌륭한 데이터 과학자로 성장하기를 바란다! 언젠가 다시 만나게 될 것이다. (^.~)

부록**A**

엘라스틱서치 설치

여기에서는 6장 및 7장에서 사용하는 엘라스틱서치 데이터베이스를 설치하고 구성하는 방법을 다룬다. 리눅스와 윈도우에서 설치하는 방법을 모두 살펴보겠다. 문제가 생기거나, 엘라스틱서치에 대해 자세한 정보를 얻고 싶다면 https://www.elastic.co/guide/en/elasticsearch/reference/current/setup.html에 있는 최신 문서를 참조하기 바란다.

 참고: 엘라스틱서치는 자바에 의존하므로 자바를 설치하는 방법도 다룬다.

A.1 리눅스에 엘라스틱서치 설치하기

먼저 컴퓨터에 자바가 설치돼 있는지 확인하라.

1. 콘솔에서 `java -version`을 실행해 자바 버전을 확인한다. 자바가 설치돼 있다면 그림 A.1과 같은 결과를 볼 수 있을 것이다. 이 책에서 사용하는 엘라스틱서치 버전(1.4)를 실행하려면 최소 자바 7이 설치돼 있어야 한다. 참고로 엘라스틱서치는 책이 나온 이후에 버전 2로 바뀌었다. 코드는 약간 달라졌을 수도 있지만, 핵심 원리는 그대로다[1].

```
root@OptiTest: ~
root@OptiTest:~# java -version
java version "1.7.0_75"
OpenJDK Runtime Environment (IcedTea 2.5.4) (7u75-2.5.4-1~trust
OpenJDK 64-Bit Server VM (build 24.75-b04, mixed mode)
```

그림 A.1 리눅스에서 자바 버전 확인하기. 엘라스틱서치를 사용하려면 자바 7 이상이 필요하다.

---

1 (옮긴이) 현재 엘라스틱서치 버전은 5.5이며, 자바 버전은 최소 8이 필요하다.

2. 자바가 설치돼 있지 않거나, 설치된 버전이 자바7 이전 버전이라면 엘라스틱서치는 오라클(Oracle) 버전의 자바를 설치할 것을 권장한다. 콘솔에서 다음 명령을 실행한다.

```
sudo add-apt-repository ppa:webupd8team/java
sudo apt-get install oracle-java7-installer
```

이제 엘라스틱서치를 설치할 수 있다.

1. 다음과 같이 저장소 목록에 엘라스틱서치 1.4(책을 쓰는 당시 최신 버전)의 저장소를 추가하고 설치한다.

```
sudo add-apt-repository "deb http://packages.Elasticsearch.org/Elasticsearch/1.4/debian stable main"

sudo apt-get update && sudo apt-get install Elasticsearch
```

2. 리부트할 때 엘라스틱서치가 자동으로 시작할 수 있도록 다음 명령을 실행한다.

```
sudo update-rc.d Elasticsearch defaults 95 10
```

3. 엘라스틱서치를 실행한다(그림 A.2 참조).

```
sudo /etc/init.d/Elasticsearch start
```

그림 A.2 리눅스에서 엘라스틱서치 시작하기

리눅스가 로컬 컴퓨터인 경우에는 브라우저를 열고 **localhost:9200**에 접속한다. 9200은 엘라스틱서치 API의 기본 포트다(그림 A.3 참조).

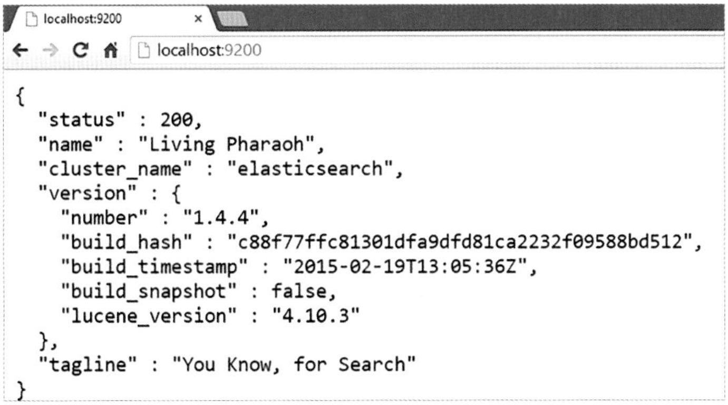

그림 A.3 로컬호스트에서 실행한 엘라스틱서치의 시작 화면

엘라스틱서치 시작 화면이 나타날 것이다. 데이터베이스에는 이름도 있다. 이름은 마블(Marvel) 출판사에서 펴낸 캐릭터 이름 중에서 선택되며, 데이터베이스를 리부트할 때마다 변경된다. 이처럼 일관적이지 않고 고유하지 않은 이름은 현업에서는 문제가 될 수 있다. 여러분이 시작한 인스턴스는 거대한 분산 클러스터의 일부가 될 수 있는 단일 노드다. 모든 노드가 리부트할 때마다 이름을 바꾼다면 문제가 있을 때 로그를 추적하기가 거의 불가능에 가까울 것이다. 엘라스틱서치는 설정이 거의 필요하지 않으며 분산 환경을 잘 지원한다. 그렇기는 하지만 실제의 다중 노드 구성을 배포할 때에는 특정 기본값 설정에 대해 숙고해야 할 것이다. 엘라스틱서치는 거의 모든 주제와 관련된 문서를 충분히 제공하므로 배포에 대한 문서를 참조하라(https://www.elastic.co/guide/en/elasticsearch/guide/current/deploy.html). 이번 장의 범위를 넘어서기는 하지만, 다중 노드에 대한 엘라스틱서치의 배포를 염두에 두는 것이 좋다.

A.2 윈도우에 엘라스틱서치 설치하기

윈도우에서 엘라스틱서치는 자바 7 이상(JRE와 JDK)을 설치해야 하며, JAVA_HOME 변수가 자바 폴더를 가리키도록 해야 한다.[2]

1. http://www.oracle.com/technetwork/java/javase/downloads/index.html에서 자바 윈도우 인스톨러를 내려받아 실행한다.
2. 자바를 설치한 후에 JAVA_HOME 윈도우 환경 변수가 자바 개발 도구가 설치된 곳을 가리키도록 해야 한다. 환경 변수는 제어판 > 고급 시스템 설정에서 찾을 수 있다. 그림 A.4를 보라.

2 (옮긴이) 현재 엘라스틱서치 버전은 5.5이며, 자바 버전은 최소 8이 필요하다.

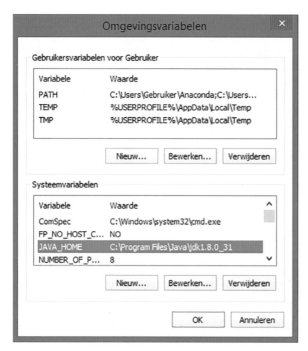

그림 A.4 자바 설치 폴더를 JAVA_HOME 변수로 설정

적합한 자바 환경을 갖추지 않고 설치를 시도하면 그림 A.5와 같이 오류가 발생한다.

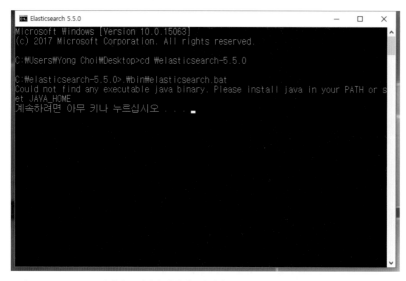

그림 A.5 JAVA_HOME이 올바로 설정돼 있지 않으면 엘라스틱서치 설치에 실패한다.

때로는 소프트웨어를 시험해보고 싶어도 프로그램을 자유롭게 설치할 수 없을 수도 있다. 그렇다 하더라도 포터블 JDK가 있으니 좌절하지 마라. 임시로 JAVA_HOME 변수가 포터블 JDK를 가리키게 하고, 엘라스틱서치를 시작할 수 있다. 그저 확인해보기만 하려면 굳이 엘라스틱서치를 설치할 필요도 없다. 그림 A.6을 보라.

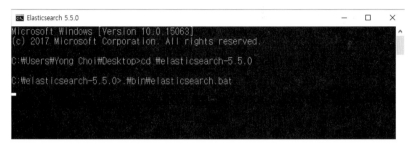

그림 A.6 권한이 제한된 컴퓨터에서는 엘라스틱서치를 설치하지 않고 사용해볼 수 있다.

자바의 설치와 설정을 마쳤으면 엘라스틱서치를 설치할 수 있다.

1. https://www.elastic.co/downloads/elasticsearch에서 엘라스틱서치 zip 패키지를 수동으로 내려받는다. 컴퓨터의 임의의 위치에 압축을 풀면 그곳이 자체적인 데이터베이스가 된다. SSD 드라이브를 사용하면 엘라스틱서치의 속도가 눈에 띄게 향상될 것이다.

2. 윈도우 명령창을 이미 열어 뒀다면 그곳에서 설치 명령을 내리지 말고 새로운 창을 열도록 하라. 이전에 열어둔 창은 새로운 환경 변수가 적용되지 않기 때문이다. 엘라스틱서치의 /bin 폴더로 가서 `elasticsearch-service.bat install` 명령으로 설치한다. 그림 A.7을 참조하라.

그림 A.7 윈도우 64비트 환경에서 엘라스틱서치 설치

3. 데이터베이스를 시작할 준비가 됐을 것이다. `elasticsearch-service.bat start` 명령을 실행한다. 그림 A.8을 참조하라.

그림 A.8 윈도우에서 엘라스틱서치 노드 시작

서버를 중지하려면 `elasticsearch-service.bat stop` 명령을 실행한다. 브라우저를 열고 주소창에 localhost:9200을 입력한다. 엘라스틱서치의 시작 화면이 보인다면(그림 A.9) 성공적으로 설치한 것이다.

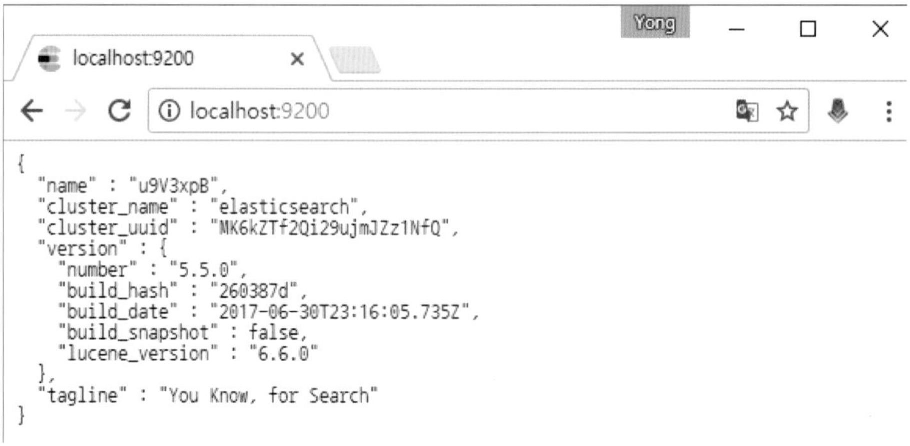

그림 A.9 로컬 호스트에서 실행한 엘라스틱서치의 초기 화면

Neo4j 설치

여기에서는 7장에서 사용하는 Neo4j 커뮤니티 에디션(Neo4j community edition) 데이터베이스를 설치하고 구성한다. 리눅스와 윈도우를 위한 설치 지침을 포함한다.

B.1 리눅스에 Neo4j 설치하기

리눅스에 Neo4j 커뮤니티 에디션을 설치할 때 사용하는 명령은 http://debian.neo4j.org/?_ga=1.8 4149595.332593114.1442594242를 참조하라. Neo Technology에서는 Neo4j를 쉽게 설치할 수 있도록 데비안 저장소를 제공한다. 이것은 세 개의 저장소를 포함한다.

- **Stable(안정판):** 아래에 기술한 것을 제외한 모든 Neo4j 릴리즈. 이것을 선택하라.

- **Testing(시험판):** 릴리즈 직전 버전(마일스톤 및 릴리즈 후보).

- **Oldstable(구판):** 활발히 사용되지는 않지만, 오래된 마이너 버전을 위한 패치 릴리즈를 포함하는 저장소다. 필요한 것을 안정판에서 찾을 수 없을 때에는 여기에서 찾아보기 바란다.

최신의 안정판 패키지를 사용하려면 root로 다음 명령을 실행한다(아래에서는 sudo를 사용했다).

```
sudo -s

# signing key를 임포트
wget -O - https://debian.neo4j.org/neotechnology.gpg.key¦ apt-key add -

# Apt sources.list 파일을 생성
echo 'deb http://debian.neo4j.org/repo stable/' > /etc/apt/sources.list.d/neo4j.list
```

```
# 저장소에 있는 파일을 찾음
aptitude update -y

# Neo4j 커뮤니티 에디션을 설치
aptitude install neo4j -y
```

Neo4j의 최신 릴리즈를 사용하고 싶다면 안정판 대신 시험판을 선택할 수도 있다(단, 지원을 받을 수 없다). 다른 에디션을 원한다면 다음과 같이 설치할 수 있다.

```
apt-get install neo4j-enterprise
```

B.2 윈도우에 Neo4j 설치하기

윈도우에 Neo4j 커뮤니티 에디션을 설치하는 방법은 다음과 같다.

1. http://neo4j.com/download/로 가서 커뮤니티 에디션을 내려받는다. 다음과 같은 화면이 나타날 것이다.

그림 B.1 Neo4j 커뮤니티 에디션 내려받기

2. 파일을 저장하고 실행한다.

3. 설치 후에는 데이터베이스의 위치를 정하는 팝업이 나타난다. 기본값을 선택하거나 다른 위치를 지정한다.

4. 선택 후 Start를 누르면 몇 초 후에는 데이터베이스를 사용할 수 있다. 서버를 중지하려면 Stop 버튼을 누른다.

그림 B.2 데이터베이스 위치 선택

5. 브라우저를 열고 주소창에 localhost:7474를 입력한다.

6. 데이터베이스에 접근하기 위한 인증을 요구하면 사용자명과 패스워드를 각각 "neo4j"로 입력하고 Connect를 누른다. 패스워드는 나중에 변경할 수 있다.

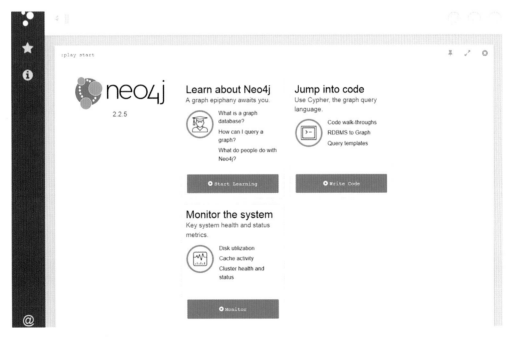

그림 B.3 Neo4j 시작 화면

이제 사이퍼 질의를 수행하고 노드와 관계를 입력할 수 있다.

부록 C

MySQL 서버 설치

여기에서는 MySQL 데이터베이스의 설치와 구성을 다룬다. 윈도우와 리눅스에 설치하는 방법을 각각 설명한다.

C.1 윈도우에 MySQL 서버 설치하기

가장 편리하면서 권장할 만한 방법은 MySQL 인스톨러(윈도우용)를 내려받아 시스템의 모든 MySQL 구성요소를 설치하는 것이다. 방법은 다음과 같다.

1. http://dev.mysql.com/downloads/installer/에서 MySQL 인스톨러를 내려받고 실행한다. 표준 MySQL 인스톨러보다 더 작은 "web-group" 버전에는 자동으로 MySQL 구성요소가 포함되지만, 설치하겠다고 선택한 것만 내려받는다. 어느 인스톨러를 선택하든 무방하다. 그림 C.1을 보라.

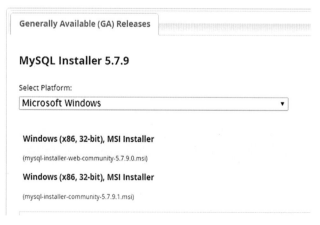

그림 C.1 윈도우용 MySQL 설치 프로그램 내려받기

2. 선호하는 설치 유형(Setup Type)을 선택한다. 개발자 기본(Developer Default) 옵션을 선택하면 MySQL 서버 및 MySQL advancement와 관련된 기타 MySQL 구성요소가 설치되며, MySQL 워크벤치(Workbench)와 같은 지원 기능도 함께 설치된다. 맞춤 설정(Custom Setup)을 선택해 시스템에 설치할 MySQL 요소를 고를 수도 있다. 원한다면 단일 시스템에서 서로 다른 버전의 MySQL을 운영할 수도 있다. MySQL notifier는 인스턴스의 실행을 모니터링, 정지, 재시작할 수 있어 유용하다. 이것은 나중에 MySQL 인스톨러를 사용해 추가할 수 있다.

3. MySQL 설치 마법사가 설치 과정을 안내할 것이다. 개발 머신은 서버 구성 유형과 마찬가지이다. 설정한 MySQL 패스워드는 나중에 필요하므로 잊지 않도록 하라. 윈도우 서비스로 실행되게 해두면 수동으로 실행시키지 않아도 된다.

4. 설치를 완료한다. 전체 설치를 선택했다면 컴퓨터가 시작될 때 MySQL 서버, MySQL 워크벤치, MySQL notifier가 자동으로 시작될 것이다. MySQL 인스톨러는 업그레이드 또는 설치된 구성요소에 대한 설정 변경에 사용할 수 있다.

5. 인스턴스가 시작해 실행되며, MySQL 워크벤치를 사용해 접속할 수 있다. 그림 C.2를 보라.

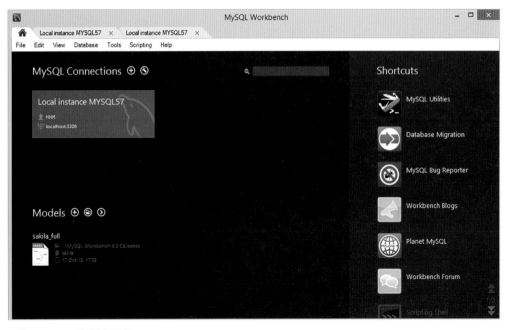

그림 C.2 MySQL 워크벤치 화면

C.2 리눅스에 MySQL 서버 설치하기

리눅스에 MySQL을 설치하는 공식적인 지침은 https://dev.mysql.com/doc/refman/5.7/en/linux-installation.html에서 찾을 수 있다.

그렇지만 특정 리눅스 배포판은 설치 안내를 제공한다. 예를 들어, 우분투 14.04 설치 안내를 https://www.linode.com/docs/databases/mysql/how-to-install-mysql-on-ubuntu-14-04에서 찾을 수 있다. 다음 지침은 공식 문서를 기초로 한 것이다.

1. 먼저, 호스트명을 확인한다.

```
hostname
hostname -f
```

첫 번째 명령은 짧은 호스트명을, 두 번째 명령은 완전한 호스트명(FQDN)을 보여준다.

2. 시스템을 업데이트한다.

```
sudo apt-get update
sudo apt-get upgrade
```

3. MySQL을 설치한다.

```
sudo apt-get install msql-server
```

설치 도중에 MySQL root 사용자의 패스워드를 선택하라는 메시지가 보일 것이다(그림 C.3).

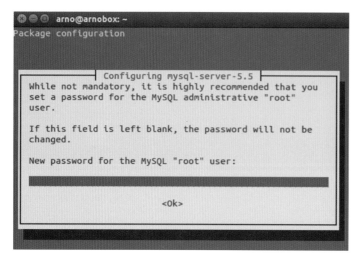

그림 C.3 MySQL root 사용자의 패스워드 설정

MySQL은 기본으로 localhost(127.0.0.1)를 사용한다.

4. MySQL에 로그인한다.

```
mysql -u root -p
```

패스워드를 입력하면 그림 C.4와 같은 MySQL 콘솔을 볼 수 있을 것이다.

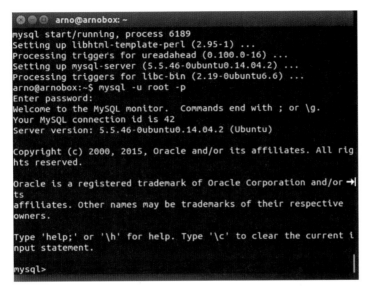

그림 C.4 리눅스용 MySQL 콘솔

5. 끝으로 4장의 사례 연구에서 참조할 스키마를 생성한다.

```
Create database test;
```

부록 D

아나콘다 설치 및
가상 환경 구성

아나콘다는 데이터 과학에 특히 유용한 파이썬 코드 패키지다. 데이터 과학에 유용한 많은 도구가 기본으로 설치된다. 이 책에서는 32비트 버전을 사용하는데, 그 이유는 파이썬 패키지가 좀 더 안정적이기 때문이다(SQL 관련 패키지가 특히 그러하다).[1]

여기에서는 아나콘다의 설치와 구성을 다루며, 리눅스와 윈도우 환경에서의 설치 및 환경 설정 방법을 각각 설명한다. 아나콘다를 추천하기는 하지만 반드시 사용해야 하는 것은 아니다. 파이썬 패키지에 대해 지식이 있다면 원하는 방식대로 해도 된다. 즉, virtualenv나 pip 라이브러리를 사용할 수도 있다.

D.1 리눅스에 아나콘다 설치하기

리눅스에 아나콘다를 설치하는 방법은 다음과 같다.

1. https://www.continuum.io/downloads에서 파이썬 3.6을 바탕으로 한 아나콘다 리눅스 인스톨러를 내려받는다.

2. 다운로드가 완료되면 다음 명령으로 아나콘다를 설치한다.

```
bash Anaconda3-4.4.0-Linux-x86_64.sh
```

3. 리눅스 명령 프롬프트에서 conda 명령이 작동하도록 해야 한다. 아나콘다는 그것이 필요한지 물어볼 것이며, 이에 'yes'로 답하도록 하라.

---

1 (옮긴이) 번역서에서는 파이썬 3.6을 바탕으로 한 64비트 버전을 사용했다.

D.2 윈도우에 아나콘다 설치하기

윈도우에 아나콘다를 설치하는 방법은 다음과 같다.

1. https://www.continuum.io/downloads에서 파이썬 3.6을 바탕으로 한 아나콘다 64비트 버전 윈도우 인스톨러를 내려받는다.

2. 인스톨러를 실행한다[2].

D.3 환경 설정

설치가 끝나면 환경을 설정한다. conda와 pip 명령을 비교한 흥미로운 자료가 http://conda.pydata. org/docs/_downloads/conda-pip-virtualenv-translator.html에 있으니 한번 찾아보도록 하라.

1. 운영체제의 명령행에서 다음 명령을 실행한다. "nameoftheenv"를 당신의 환경에서 사용할 실제 이름으로 바꾸어 실행한다[3].

```
conda create -n nameoftheenv anaconda
```

2. 그림 D.1과 같은 목록이 나타나면 "y"를 입력해 패키지 설치를 진행하는 것에 동의한다. 설치에는 시간이 걸린다.

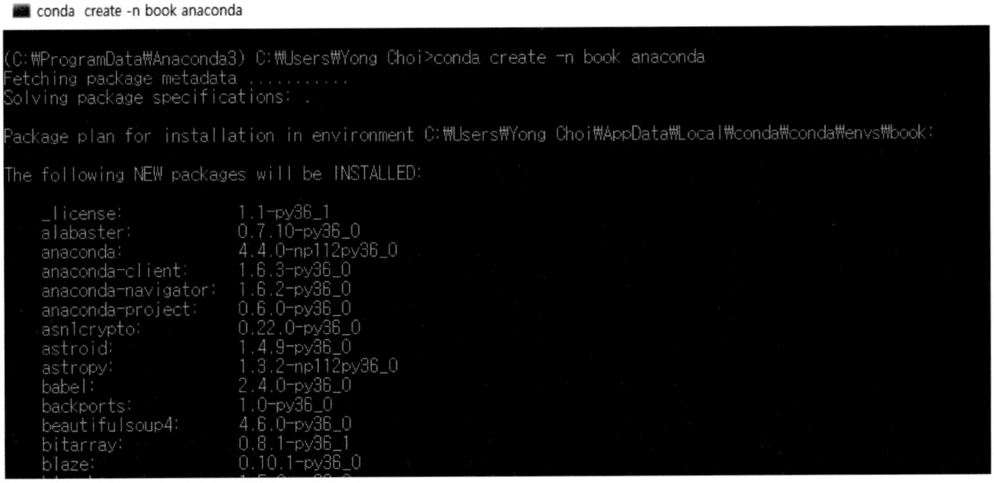

그림 D.1 Anaconda Prompt에서 아나콘다 가상 환경 생성

아나콘다는 기본 위치에 환경을 생성하되, 위치를 변경할 수 있는 옵션도 제공한다.

---

2   (옮긴이) 실행이 되지 않는다면 관리자 권한으로 시도해 보라.

3   (옮긴이) 윈도우 시작 메뉴에서 Anaconda Prompt를 선택해 실행할 수 있다.

3. 환경을 갖췄으므로 명령행에서 활성화한다.

- 윈도우에서는 `activate nameoftheenv`를 실행

- 리눅스에서는 `source activate nameoftheenv`를 실행

또는, 파이썬 IDE(통합 개발 환경)에서 그것을 가리키도록 할 수 있다.

4. 명령행에서 활성화하는 경우, 다음 명령으로 주피터(즉, IPython) 통합개발환경을 실행할 수 있다.

```
Ipython notebook
```

예전에 IPython이라고 불렀던 주피터는 브라우저에서 실행되는 상호작용형 파이썬 개발 인터페이스다. 주피터는 코드를 구조화하는 데 유용하다.

5. 이 책에서 언급한 모든 패키지 중 기본 아나콘다 환경에 포함되지 않은 패키지를 다음과 같이 설치한다.

a. 명령행에서 환경을 활성화한다.

b. 명령행에서 `conda install libraryname` 또는 `pip install libraryname`을 실행한다.[4]

`pip install`에 대한 자세한 정보는 https://packaging.python.org/tutorials/installing-packages/을 참조하라.

아나콘다의 `conda install`에 대한 자세한 정보는 https://conda.io/docs/using/pkgs.html#install-a-package을 참조하라.

---

4 (옮긴이) libraryname을 설치하려는 패키지 이름으로 바꾸라.